中国电子信息产业统计年鉴（软件篇）

2016

工业和信息化部运行监测协调局

電子工業出版社·

Publishing House of Electronics Industry

北京·BEIJING

图书在版编目（CIP）数据

中国电子信息产业统计年鉴. 2016. 软件篇 / 工业和信息化部运行监测协调局编. —北京：电子工业出版社，2017.11

ISBN 978-7-121-32928-9

Ⅰ. ①中… Ⅱ. ①工… Ⅲ. ①电子信息产业—统计资料—中国—2016—年鉴②软件—电子计算机工业—统计资料—中国—2016—年鉴 Ⅳ. ①F492-66②F426.67-66

中国版本图书馆 CIP 数据核字（2017）第 259045 号

责任编辑：徐蔷薇　　　特约编辑：劳嫦娟
印　　刷：北京画中画印刷有限公司
装　　订：北京画中画印刷有限公司
出版发行：电子工业出版社
　　　　　北京市海淀区万寿路 173 信箱　邮编　100036
开　　本：787×1 092　1/16　印张：21.75　字数：571 千字　彩插：4
版　　次：2017 年 11 月第 1 版
印　　次：2017 年 11 月第 1 次印刷
定　　价：368.00 元

ISBN 978-7-121-32928-9

凡所购买电子工业出版社图书有缺损问题，请向购买书店调换。若书店售缺，请与本社发行部联系，联系及邮购电话：（010）88254888，88258888。

质量投诉请发邮件至 zlts@phei.com.cn，盗版侵权举报请发邮件至 dbqq@phei.com.cn。

本书咨询联系方式：xuye@phei.com.cn。

编辑委员会

编 辑 说 明

1.《中国电子信息产业统计年鉴（软件篇）2016》（以下简称本年鉴）是全面记载 2016 年度中国软件和信息技术服务业发展的综合统计资料，汇集了全国各地区软件和信息技术服务业发展情况及对产业发展细分领域的分析论述，系统反映了中国软件和信息技术服务业在 2016 年取得的成就、存在的问题和发展趋势。

2．本年鉴共分综述、综合统计数据、三资企业统计数据、内资企业统计数据四部分。

3．"综述"部分的内容：一是 2016 年中国软件和信息技术服务业综合发展指数研究报告；二是重点产业发展领域、国际软件产业及软件人才等方面的概况及趋势；三是主要省、直辖市、自治区 2016 年软件和信息技术服务业发展概况及趋势。

4．本年鉴统计范围：一是在我国境内注册（港、澳、台地区除外），主要从事软件研发、系统集成及相关信息技术服务等业务，且主营业务年收入 500 万元以上，具有独立法人资格的软件企业（含软件认证企业）；二是在我国境内注册，主营业务年收入 1000 万元以上，并有软件研发、系统集成服务及相关信息技术服务收入，且该收入占本企业主营业务 30%以上的独立法人单位；三是在我国境内注册，主要从事集成电路设计的企业或其集成电路设计和测试的收入占本企业主营业务 60%以上，且主营业务年收入 500 万元以上的独立法人单位。

5．本年鉴统计数据来源于工业和信息化部统计年报，其中分省数据暂未包括西藏地区。

6．本年鉴统计数据不包括中国港、澳、台地区。

7．本年鉴由工业和信息化部运行监测协调局组织编写，并得到部内有关司局、省（直辖市、自治区）工业和信息化主管部门、部直属单位、有关协会、企业及专家的大力支持，在此谨表谢意。

目　录

I　综　述

Ⅱ 综 合 统 计

Ⅲ 三资企业统计

Ⅳ 内资企业统计

I 综　述

2016 年我国软件和信息技术服务业主要指标完成情况

指 标 名 称	单 位	本年完成	指 标 名 称	单 位	本年完成
企业个数	个	32310	年末所有者权益	万元	355456992
软件业务收入	万元	482322235	年初所有者权益	万元	258187947
其中：1．软件产品收入	万元	150278252	应交所得税	万元	8238521
2．信息技术服务收入	万元	260904233	应交增值税	万元	13878459
3．嵌入式系统软件收入	万元	71139750	出口已退税额	万元	1282683
软件业务出口额	万美元	4994608	研发经费	万元	45452003
其中：软件外包服务出口额	万美元	964586	固定资产投资额	万元	15468573
嵌入式系统软件出口额	万美元	2044205	本年折旧	万元	8191927
主营业务成本	万元	414223594	从业人员年末人数	人	5858212
主营业务税金及附加	万元	9563721	其中：软件研发人员	人	2196447
利润总额	万元	65578520	管理人员	人	914881
流动资产平均余额	万元	400220838	其中：硕士以上	人	620436
资产合计	万元	703089552	大本	人	3146247
应收账款	万元	109134498	大专以下	人	2091479
负债合计	万元	347632560	从业人员年平均人数	人	5605114
应付账款	万元	87364756	本年应付职工薪酬	万元	69158814

2016 年我国软件和信息技术服务业统计概况图表

软件和信息技术服务业完成收入情况

单位：亿元

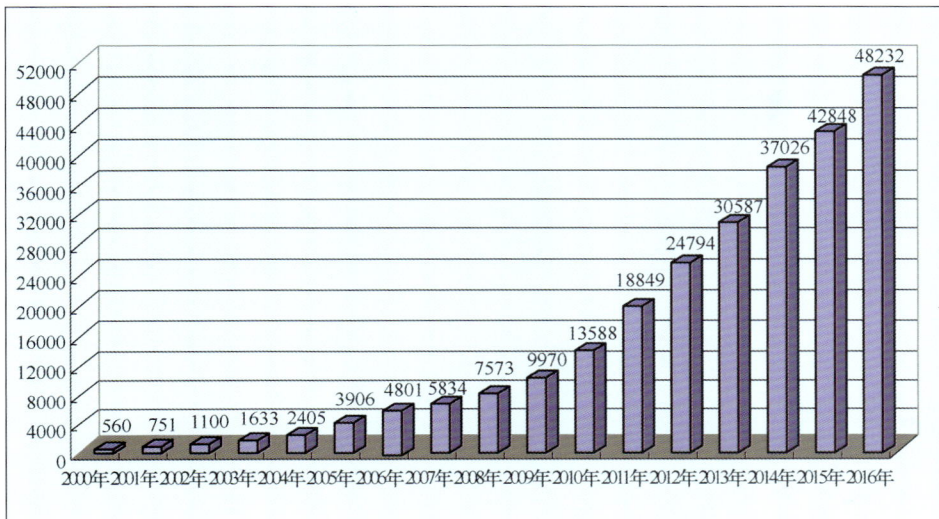

软件和信息技术服务业实现利润情况

单位：亿元

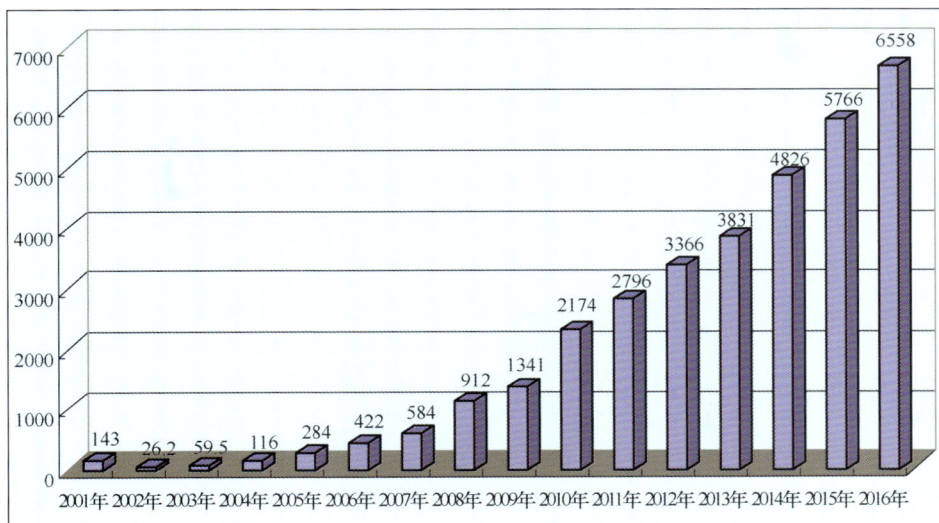

软件收入构成变化情况

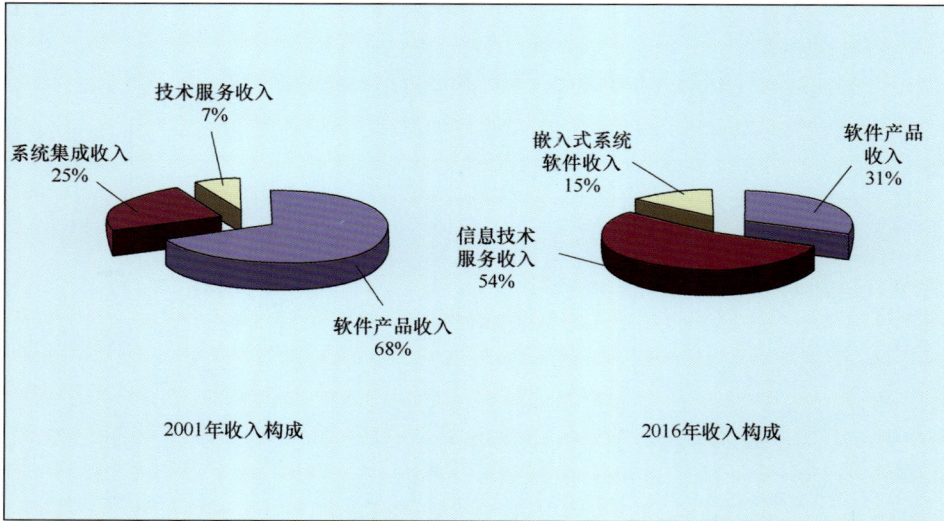

系统集成收入 25%
技术服务收入 7%
软件产品收入 68%

2001年收入构成

嵌入式系统软件收入 15%
软件产品收入 31%
信息技术服务收入 54%

2016年收入构成

软件和信息技术服务业实现销售利润率、人均利税情况

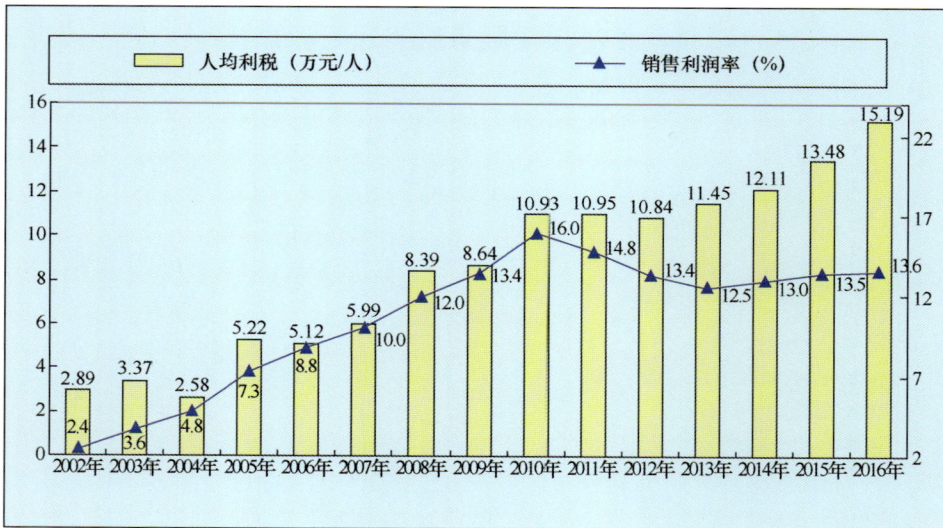

人均利税（万元/人）　　　销售利润率（%）

年份	人均利税	销售利润率
2002年	2.89	2.4
2003年	3.37	3.6
2004年	2.58	4.8
2005年	5.22	7.3
2006年	5.12	8.8
2007年	5.99	10.0
2008年	8.39	12.0
2009年	8.64	13.4
2010年	10.93	16.0
2011年	10.95	14.8
2012年	10.84	13.4
2013年	11.45	12.5
2014年	12.11	13.0
2015年	13.48	13.5
2016年	15.19	13.6

软件出口情况

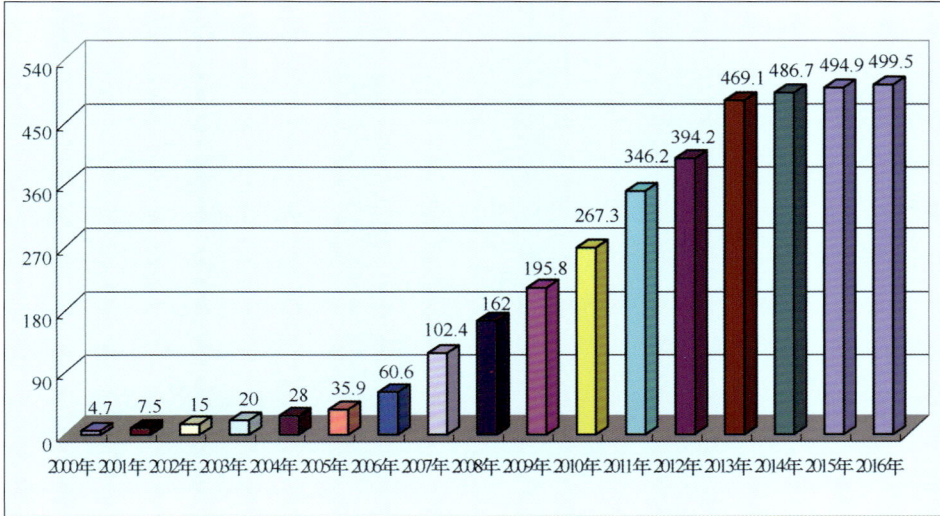

单位：亿美元

软件出口主要国家 (地区) 情况

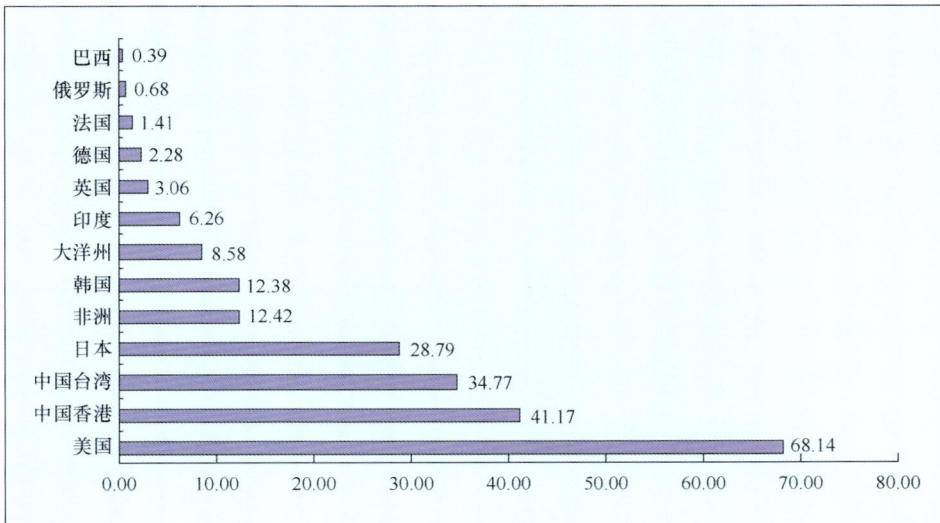

单位：亿美元

软件和信息技术服务企业规模构成情况

单位：个

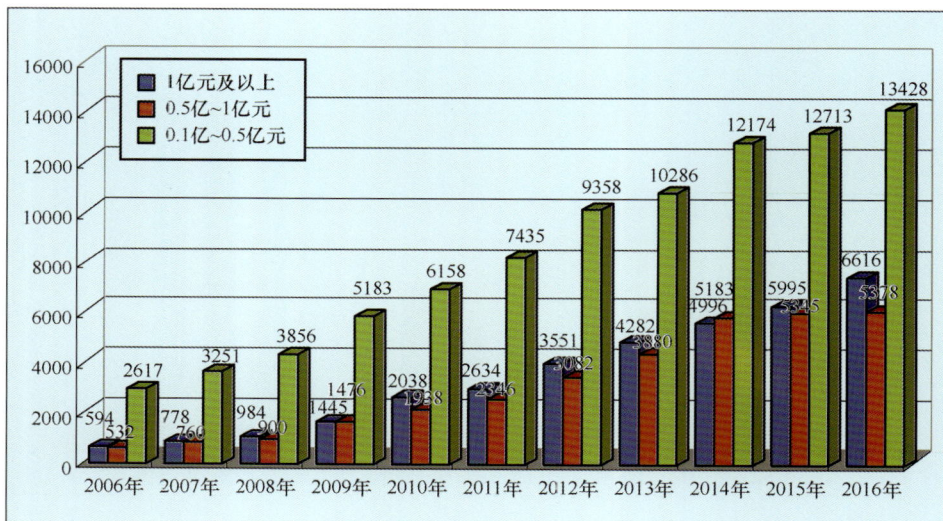

软件和信息技术服务企业按规模分布情况

单位：个

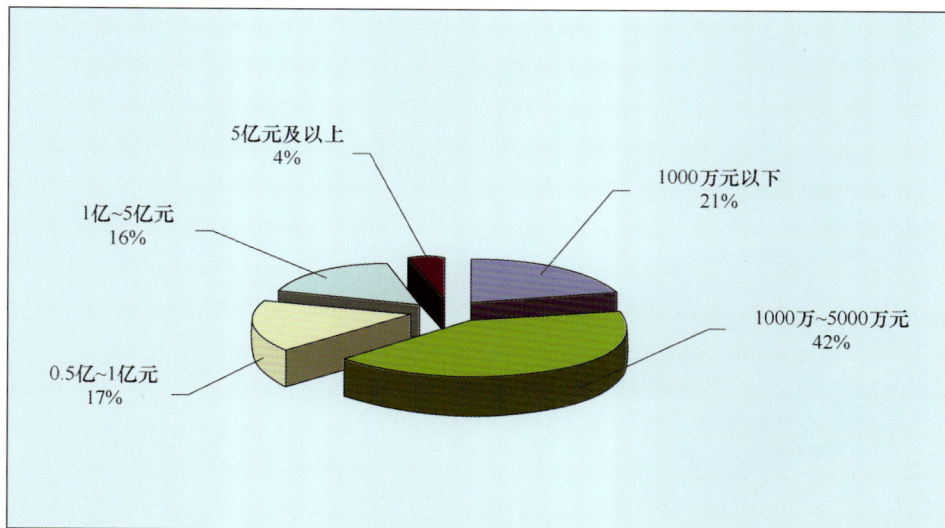

（注：分组中上组限不在内，下组限在内）

软件产品收入构成情况

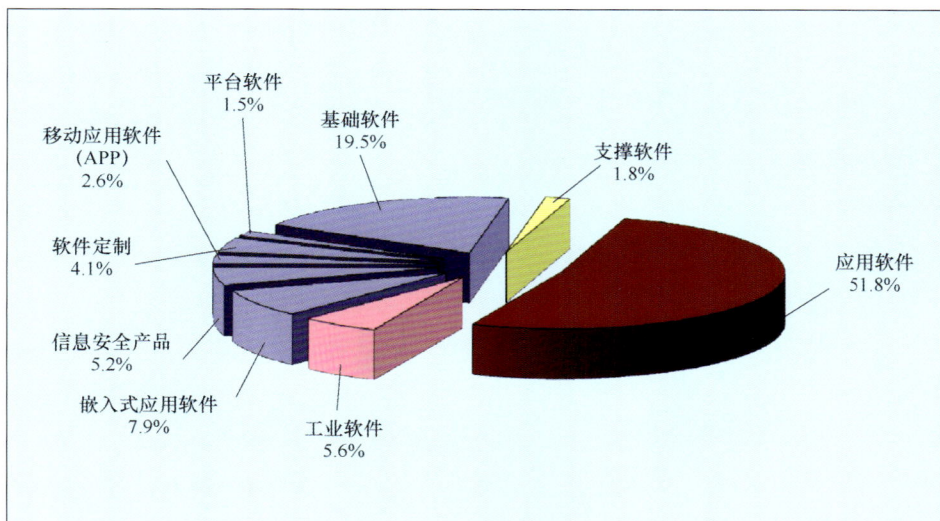

平台软件 1.5%
移动应用软件（APP）2.6%
软件定制 4.1%
信息安全产品 5.2%
嵌入式应用软件 7.9%
工业软件 5.6%
基础软件 19.5%
支撑软件 1.8%
应用软件 51.8%

各控股类型软件和信息技术服务企业收入构成情况

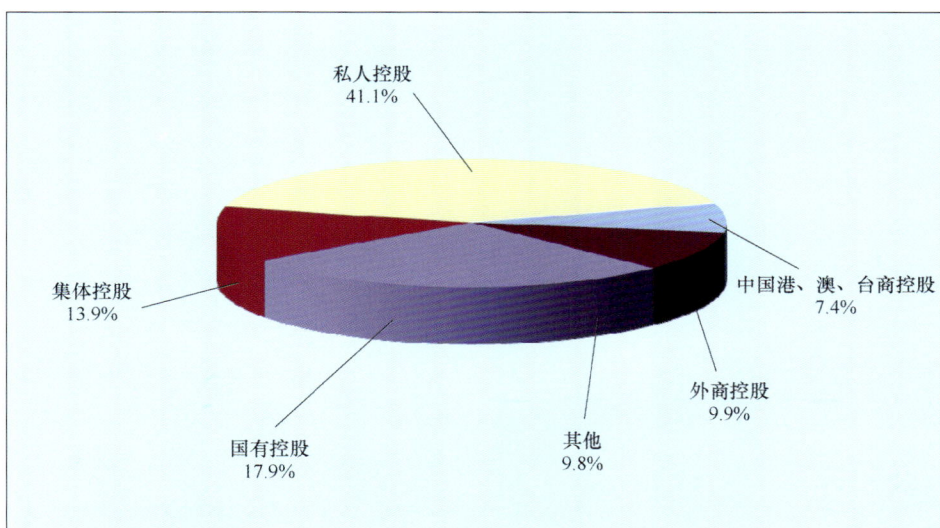

私人控股 41.1%
集体控股 13.9%
国有控股 17.9%
其他 9.8%
外商控股 9.9%
中国港、澳、台商控股 7.4%

不同规模软件和信息技术服务企业收入构成情况

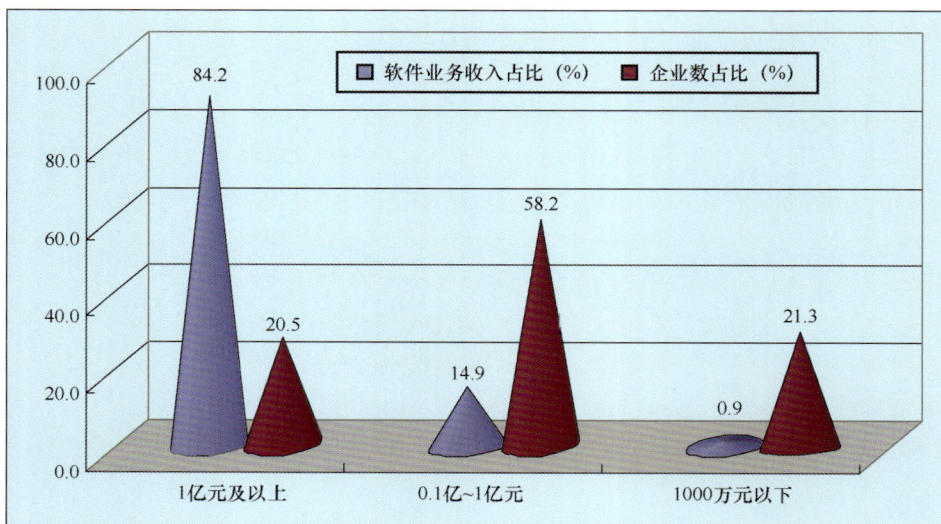

图例：软件业务收入占比（%）、企业数占比（%）

- 1亿元及以上：软件业务收入占比 84.2，企业数占比 20.5
- 0.1亿~1亿元：软件业务收入占比 14.9，企业数占比 58.2
- 1000万元以下：软件业务收入占比 0.9，企业数占比 21.3

软件收入前十名省市情况

单位：亿元

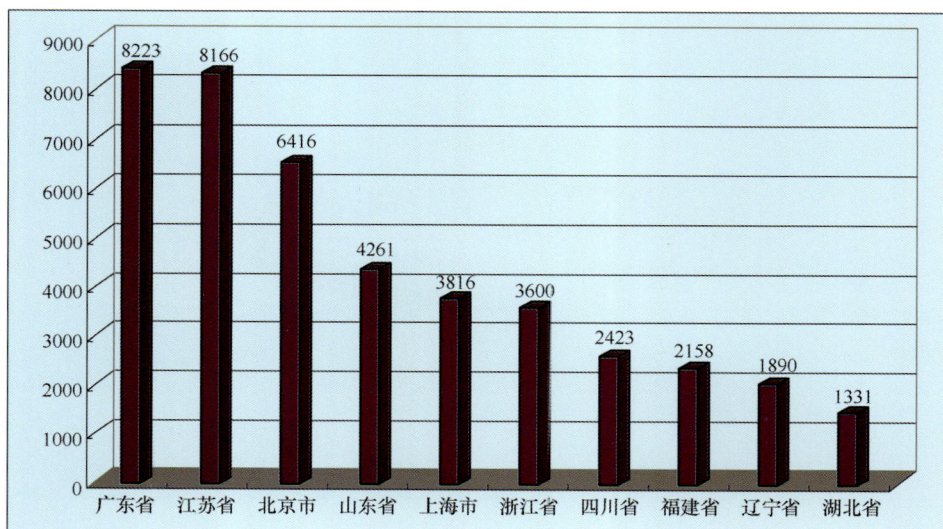

- 广东省 8223
- 江苏省 8166
- 北京市 6416
- 山东省 4261
- 上海市 3816
- 浙江省 3600
- 四川省 2423
- 福建省 2158
- 辽宁省 1890
- 湖北省 1331

软件和信息技术服务业从业人员构成情况

单位：万人

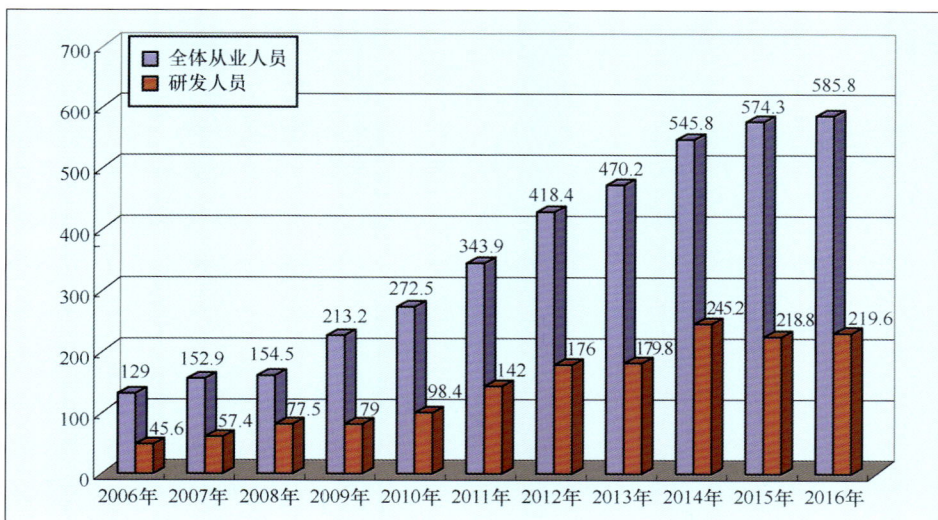

年份	全体从业人员	研发人员
2006年	129	45.6
2007年	152.9	57.4
2008年	154.5	77.5
2009年	213.2	79
2010年	272.5	98.4
2011年	343.9	142
2012年	418.4	176
2013年	470.2	179.8
2014年	545.8	245.2
2015年	574.3	218.8
2016年	585.8	219.6

软件和信息技术服务业从业人员学历构成情况

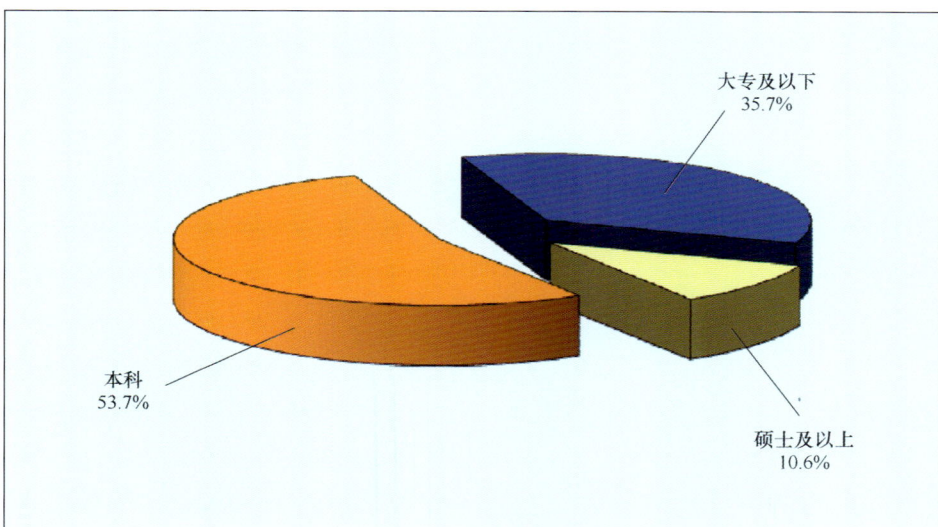

大专及以下 35.7%

本科 53.7%

硕士及以上 10.6%

中国软件和信息技术服务业综合发展指数报告（2016）

第一章　软件和信息技术服务业综合发展指数综述

一、编制背景

党的十八大以来，面对复杂的国内外经济形势，我国软件和信息技术服务业迎难而上，奋发作为，取得了显著发展成就。

1．业务收入翻倍增长

2012 年以来，我国软件和信息技术服务业年均增长 18.1%，高于战略性新兴产业增速 4.6 个百分点。2016 年软件产业实现业务收入 4.8 万亿元，是 2012 年的 1.95 倍。

2．效益水平稳步提升

2016 年，软件和信息技术服务业销售利润率为 10.4%，比 2012 年提高 0.6 个百分点，为近五年来的最高水平。每百元主营业务收入成本为 65.5 元，比 2012 年降低 3.2 元。

3．产业影响力显著增强

十八大以来的五年，是软件和信息技术服务业影响力显著增强的五年。产业加速向国民经济的各个领域渗透，是建设制造强国和网络强国的核心支撑，是供给侧结构性改革中创新增长的主要驱动力量，是消费升级的重要助力。随着云计算、大数据、区块链、人工智能等技术的兴起，带来了更多的新产品、服务和模式创新，不断催生新的业态和经济增长点，是我国经济发展新动能的重要来源。

在全球新一轮科技革命浪潮席卷下，软件和信息技术服务业也迎来变革、创新、跨界、融合的新机遇，云计算、物联网、移动互联网、大数据、智能制造、协同制造等新兴领域蓬勃发展，新技术、新业态加速涌现，商业模式、服务模式加快创新。在软件和信息技术服务业的快速变革期，强化对产业的综合监测分析具有很强的迫切性。工信部运行监测协调局 2017 年编制了"中国软件和信息技术服务业综合发展指数"，通过构建软件和信息技术服务业综合发展指数，从定量的角度勾勒出产业发展图景，综合评估产业发展水平及成效，通过对比分析找出产业发展的不足，以期把握产业综合运行态势，推动产业健康发展。

二、编制过程

（一）厘清产业监测现状，编制指标体系

对当前软件和信息技术服务业统计监测现状进行摸底，确保指标体系中为数据易获取且来源权威的指标。在此基础上，遵循产业评价理论和软件产业发展特点，以《软件和信息技术服务业发展规划（2016—2020）》发展目标为依托，借鉴国内外主流指标体系，确定指标体系框架及具体指标。形成指标体系初步框架后，与产业主管部门、统计专家、产业专家进行沟通，在充分吸纳各方意见的基础上对指标体系进行了修改完善。

（二）构建评价模型，进行指数试算

在上述工作的基础上，初步构建起软件和信息技术服务业评价指标体系和测算模型。为验证测算模型的准确性，进行数据预采集，并进行指数试算，通过测算结果初步分析，校验测算模型。

（三）广泛征求意见，明确指标体系及评价模型

组织行业协会、高校、科研院所、地方工业和信息化主管部门召开座谈会，就指标体系框架设计、指标选取及测算方法进行沟通，对指标体系和测算方法做进一步的修改完善，最终形成软件和信息技术服务业评价指标体系，并明确测算方法。

（四）邀请业内专家，确定指标体系权重

邀请来自中央及地方工业和信息化主管部门，北大、人大、中科院等高校，行业协会，中国中小企业促进中心、中国电子技术标准化研究院等科研院所，"软件百家"重点企业的几十位专家对指标体系权重进行打分，根据专家打分情况，通过加权平均处理确定指标体系权重。

（五）开展实地调研，了解产业发展动态

赴北京、惠州、深圳共计 14 家企业调研，涉及软件开发、系统集成、云计算、大数据、信息安全、机器人等领域，通过与企业座谈交流，掌握产业最新发展动态，为指数分析奠定基础。

（六）采集数据并计算，形成分析报告

数据主要来源于工信部及统计局，少量数据通过向地方工业和信息化主管部门发放调查问卷的方式获得。数据采集完成后，采用灰色关联法计算出全国及国内各省市软件和信息技术服务业综合发展指数，并在对指数进行分析的基础上形成本报告。

三、构建依据

（一）理论依据

一个完整的产业评价一般由"产业当前运行要素评价"和"产业未来驱动要素评价"两部分组成。其中，"产业当前运行要素评价"聚焦当前产业运行现状，包括规模评价、绩效评价等；"产业未来驱动要素评价"聚焦产业未来发展动力的核心要素培育状况，包括产业内部驱动要素和产业外部驱动要素评价。

（二）现实依据

产业评价目标应与产业发展目标相契合，因此，产业发展目标是构建软件和信息技术服务业发展指数的现实依据。根据《软件和信息技术服务业发展规划（2016—2020 年）》（工信部规〔2016〕425 号），软件和信息技术服务业发展目标为：到 2020 年，产业规模进一步扩大，技术创新体系更加完备，产业有效供给能力大幅提升，融合支撑效益进一步凸显，培育壮大一批国际影响力大、竞争力强的龙头企业，基本形成具有国际竞争力的产业生态体系。并从产业规模、技术创新、融合支撑、企业培育、产业集聚五个方面提出了量化指标。以发展目标为依据，可提炼相应评价指标如表 1 所示。

表 1　软件和信息技术服务业发展目标

序号	发展目标	具体目标	对应评价指标
1	产业规模	软件和信息技术服务业收入、软件出口、软件从业人员	软件和信息技术服务业务收入、软件出口占业务收入比重、软件硕士以上从业人员占比
2	技术创新	研发投入	研发投入强度
3	融合支撑	工业软件、工业信息安全保障体系、关键应用软件	智能制造支撑、安全支撑、行业应用
4	企业培育	大企业	软件百家业务收入占比
5	产业集聚	软件名城、国家新型工业化产业示范基地等	软件和信息技术服务集聚区业务收入占比

（三）指标体系借鉴

当前软件和信息技术服务业发展评价较少，从共通性的角度考虑，可以借鉴已经比较成熟的竞争力评价、高技术产业评价、现代服务业评价，为软件和信息技术服务业综合发展指数的确立提供参考。国内外发展指数评价维度借鉴如表 2 所示。

表 2　国内外发展指数评价维度借鉴

序号	名称	评价维度	来源
1	IMD 国际竞争力评价指数	国内经济、国际化程度、政府政策和运行、金融环境、基础设施、企业管理、科学技术和国民素质	瑞士国际管理发展学院
2	工业竞争力指数	制造业的国内产出水平、制造业的国际贸易水平	联合国工业发展组织
3	ITU 信息化发展指数	ICT 接入指数、ICT 应用指数、ICT 技能指数	国际电信联盟
4	软件和信息技术服务业竞争力评价指数	产业规模、技术创新、人力资源、企业运营成本、环境支撑力	东北财经大学
5	中国电子商务发展指数	规模指数、成长指数、渗透指数、支撑指数	电子商务交易国家工程实验室
6	我国高新技术产业竞争力评价指数	竞争实力、竞争潜力、竞争环境	哈尔滨工程大学
7	我国现代服务业评价指数	发展水平、增长潜力、基础条件、专业化程度	武汉理工大学
8	中关村指数	经济增长指数、经济效益指数、技术创新指数、人力资本指数和企业发展指数	北京社会科学院、中关村创新发展研究院、北京方迪经济发展研究院
9	两化融合评估指数	基础环境、工业应用、应用效益	中国电子信息产业发展研究院

四、构建原则

（一）可操作性原则

在指标选择上，采用易于量化、易于获取数据的指标，数据来源渠道权威可靠，如工信部等权威机构直接统计数据等，保证测算结果能较准确地反映实际情况。

（二）导向性原则

指数的构成指标设计应围绕国家发展战略和工信部行业管理重点进行，通过指数评价，实现引导产业发展的目的。在指标选取时，重点考虑软件和信息技术服务业对经济社会发展的渗透支撑及产业集群发展、创新发展情况等。

（三）可比性原则

在指数构建时，注意评价结果的横向、纵向可比。横向主要指不同省市之间软件和信息技术服务业的对比分析，纵向主要指全国或主要地区在不同年度的自身对比分析。

五、指标体系

根据软件和信息技术服务业指数构建的理论依据和现实依据，借鉴国内外发展指数评价维度，从产业现状和产业未来发展两个角度设置一级指标，其中产业现状用"规模效益"和"服务支撑"进行评价，一方面衡量软件和信息技术服务业发展的当前状况，另一方面结合软件和信息技术服务业"是建设制造强国和网络强国的核心支撑"的定位，从供给的角度重点衡量软件和信息技术服务业对其他产业的支撑情况；产业未来发展用"成长创新"和"发展环境"进行评价。在一级指标框架下，结合软件和信息技术服务业发展目标，借鉴国内外发展指数指标体系确定二级指标、三级指标。最终，形成由 4 个一级指标，14 个二级指标和 19 个三级指标构成的软件和信息技术服务业综合发展指数评价指标体系（见表 3）。

表 3　软件和信息技术服务业发展指数指标体系

一级指标	二级指标	三级指标
规模效益	规模总量	软件和信息技术服务业务收入
	盈利能力	销售利润率
服务支撑	行业应用	应用软件支撑能力
	智能制造支撑	工业软件支撑能力
		嵌入式系统软件支撑能力
	安全支撑	信息安全产品支撑能力
	电子商务应用	电子商务平台支撑能力
成长创新	创新能力	研发投入强度
		软件著作权数量
	新业态发展	新业态收入增速
	大企业培育	软件百家收入占全国软件业务收入比重
	产业集聚	软件和信息技术服务集聚区收入占当地软件业务收入比重
	国际化	从事跨国经营活动企业占当地软件企业比重
		软件出口占当地软件业务收入比重

一级指标	二级指标	三级指标
发展环境	基础设施	互联网普及率
		固定互联网宽带接入端口
	政策环境	公共服务平台数量
		企业享受优惠政策已退税额占应交税额比重
	人才环境	硕士以上从业人员占软件从业人员比重

六、计算方法

（一）数据来源

除特别标注外，数据均来自工业和信息化部及地方经信委。

（二）权重确定方法

软件和信息技术服务业评价指标体系以"专家打分法"确定权重。软件和信息技术服务业综合发展指数指标体系权重如表4所示。

表4　软件和信息技术服务业综合发展指数指标体系权重

一级指标	权重	二级指标	权重	三级指标	权重	权重排名
规模效益	0.3000	规模总量	0.1683	软件和信息技术服务业务收入	0.1683	1
		盈利能力	0.1317	销售利润率	0.1317	2
服务支撑	0.2368	行业应用	0.0729	应用软件支撑能力	0.0729	3
		智能制造支撑	0.0724	工业软件支撑能力	0.0373	12
				嵌入式系统软件支撑能力	0.0351	13
		安全支撑	0.0462	信息安全产品支撑能力	0.0462	8
		电子商务应用	0.0454	电子商务平台服务支撑能力	0.0454	10
成长创新	0.2790	创新能力	0.0900	研发投入强度	0.0599	5
				软件著作权数量	0.0301	14
		新业态发展	0.0530	新业态收入增速	0.0530	6
		大企业培育	0.0519	软件百家收入占全国软件业务收入比重	0.0519	7
		产业集聚	0.0458	软件和信息技术服务集聚区收入占当地软件业务收入比重	0.0458	9
		国际化	0.0382	从事跨国经营活动企业占比	0.0197	18
				软件出口占当地软件业务收入比重	0.0185	19
发展环境	0.1842	基础设施	0.0553	互联网普及率	0.0263	16
				固定互联网宽带接入端口	0.0290	15
		政策环境	0.0684	公共服务平台数量	0.0262	17
				企业享受优惠政策已退税额占应交税额比重	0.0422	11
		人才环境	0.0605	硕士以上从业人员占软件从业人员比重	0.0605	4

（三）评价方法

全国及细分行业评价以 2014 年为基期进行指数计算，保持指标体系架构不变，根据行业特点对指标进行微调。分省市评价[①]选用灰色关联评价模型，比较各省市指标数列与 2020 年目标数列几何形状的接近程度，几何形状越接近，其关联度越大。通过关联度排出评价对象之间的优选顺序。

对于一个参考数据列 x_0，比较数列为 x_i，则第 i 个评价对象第 k 个指标与第 k 个最优指标的关联系数 $\varepsilon_i(k)$ 计算公式如下：

$$\varepsilon_i(k)=\frac{\min\limits_{i}\min\limits_{k}\left|x_0(k)-x_i(k)\right|+\rho\max\limits_{i}\max\limits_{k}\left|x_0(k)-x_i(k)\right|}{\left|x_0(k)-x_i(k)\right|+\rho\max\limits_{i}\max\limits_{k}\left|x_0(k)-x_i(k)\right|}$$

式中，$\rho\in[0,1]$，一般取 $\rho=0.5$。

（四）分指数和综合指数的合成方法

根据计算出的关联系数，分别计算出发展水平指数、服务支撑指数、发展活力指数、发展环境指数，然后根据四个分指数加权计算出软件和信息技术服务业综合发展指数。

分指数的合成方法如下：

$$I_j=\frac{\sum\limits_{k=j\min}^{j\max}\varepsilon_i(k)W_k}{\sum\limits_{k=j\min}^{j\max}W_k}\qquad(j=1，2，3，4)$$

分别代表发展水平指数、服务支撑指数、发展活力指数、发展环境指数。

综合指数的合成方法如下：

$$I_n=\sum\limits_{j=1}^{4}\left(I_j\sum\limits_{i=j\min}^{j\max}W_i\right)$$

第二章　2016 年全国软件和信息技术服务业发展情况

一、综合指数分析

（一）产业"十三五"开局良好

2016 年是我国"十三五"开局之年，是推进结构性改革的攻坚之年，软件和信息技术服务业面临国内外形势的深刻变化开局良好，综合指数得分逐年提高，2016 年为 135.9 分，比 2015 年提高 13.6 分，增长率为 11.1%（见图 1）。

（二）服务支撑作用凸显

从综合指数构成看，2016 年规模效益、服务支撑、成长创新和发展环境指数的得分分别为 119.2 分、173.6 分、132.9 分和 119 分，比 2015 年分别提高了 10.4 分、37.7 分、0.9 分和 7.1 分，增长幅度分别为 9.6%、27.7%、0.68% 和 6.3%。而这四个指数在 2015 年的增幅分别

---

① 西藏和港、澳、台暂无数据，对 30 个省、市、自治区进行评价。

是 8.8%、35.9%、32%和 11.9%。可以看出，软件和信息技术服务业的服务支撑作用凸显，成长创新和发展环境指数增幅下滑，影响了 2016 年软件和信息技术服务业的发展水平（见图 2）。

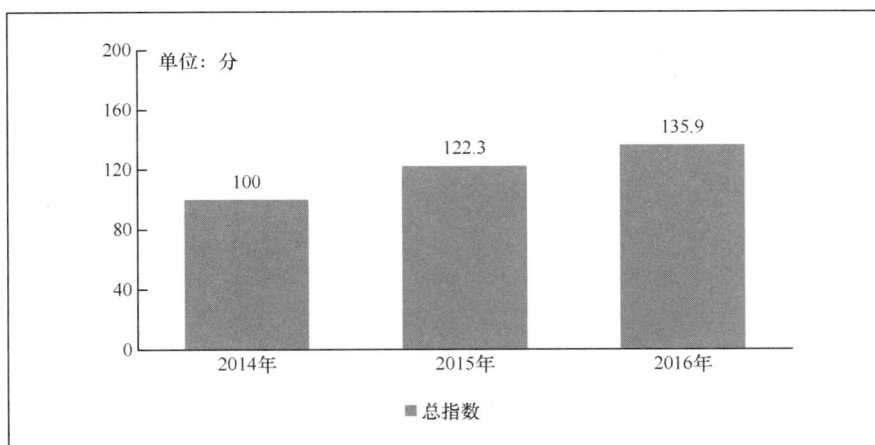

图 1　2014—2016 我国软件和信息技术服务业综合发展指数

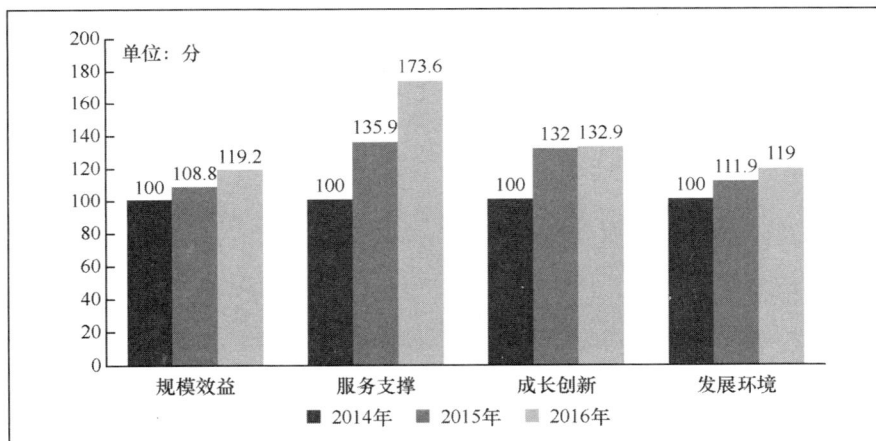

图 2　2014—2016 年分项指数情况

二、分项指数分析

（一）规模效益分析

规模效益指数包括规模总量和盈利能力两项指标。2016 年规模效益指数同比增长 9.6%，低于总指数的增幅。主要表现在以下两个方面。

1. 业务收入高位趋缓，效益水平稳步提升

2016 年，软件和信息技术服务业实现业务收入 4.8 万亿元，同比增长 12.57%，增速比 2015 年同期下降 3.2 个百分点，虽然增速放缓，但仍然是服务业中增长较快的行业（见图 3）。2016 年，软件和信息技术服务业销售利润率为 10.36%，较 2015 年增长 0.51 个百分点，为 2012 年以来的最高水平（见图 4）。

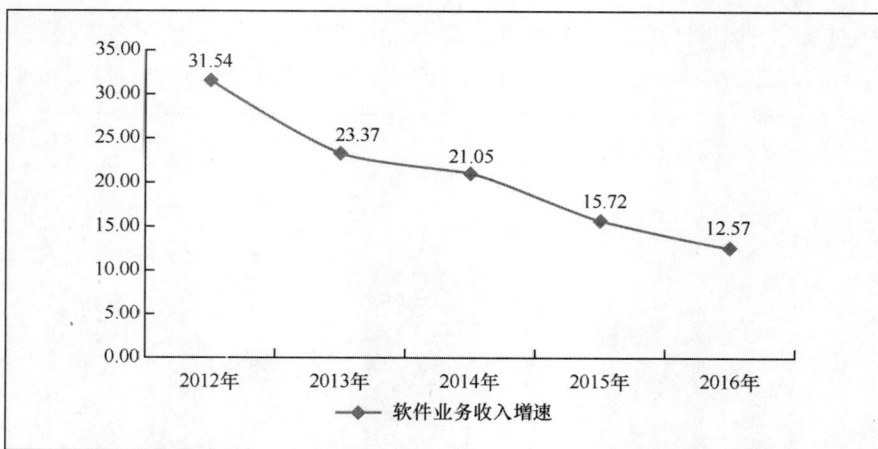

图 3　2012—2016 年软件和信息技术服务业务收入增长情况（%）

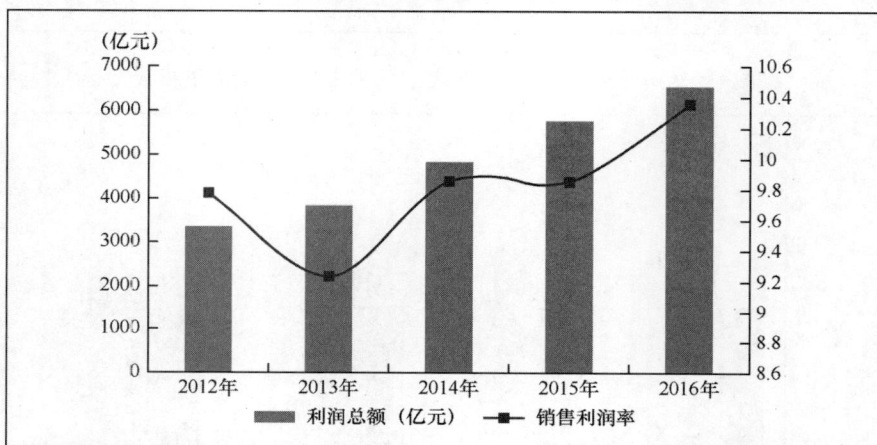

图 4　2012—2016 年软件和信息技术服务业效益情况

2．服务化趋势明显，产业结构高端转型

2016 年，软件产业三个细分行业中，信息技术服务收入 2.6 万亿元，占软件产业比重达 54.1%，比 2014 年提高 3.56 个百分点，呈持续增加态势（见图 5）。2012—2016 年信息技术服务年均增速为 19.15%，高于软件产品开发增速 1.55 个百分点，高于嵌入式系统软件增速 3.61 个百分点。从信息技术服务内部构成看，数据服务、运营服务、电子商务平台技术服务所占比重也在不断提高，从 2014 年的 36.55%提高到 2016 年的 40.78%，高端转型态势明显（见图 6）。

（二）服务支撑分析

服务支撑指数包括行业应用、智能制造支撑、安全支撑、电子商务应用四个指标。2016 年服务支撑指数同比增长 27.7%，是所有分项指数中增长最快的一个。主要表现在以下四个方面。

1．引领各领域创新

2016 年，应用软件在金融、医疗、教育、能源等领域深入渗透，不断催生行业新模式，是引领行业数字化转型和创新的关键动力。应用软件服务支撑能力较 2015 年提高了 9.46%。

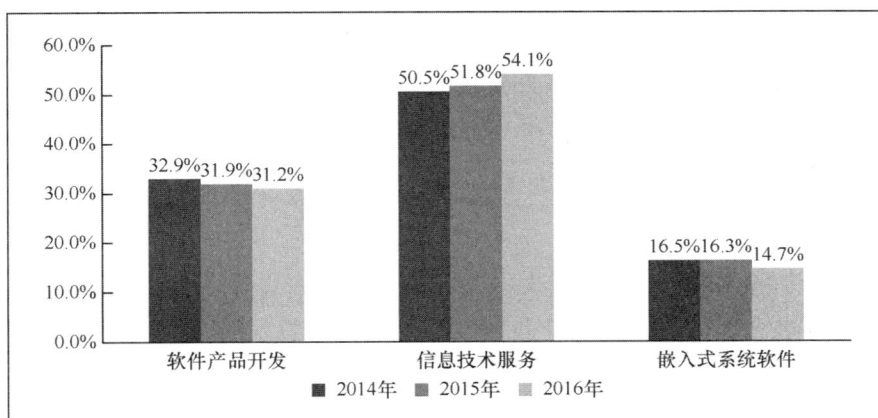

图 5　2014—2016 年软件和信息技术服务业结构对比

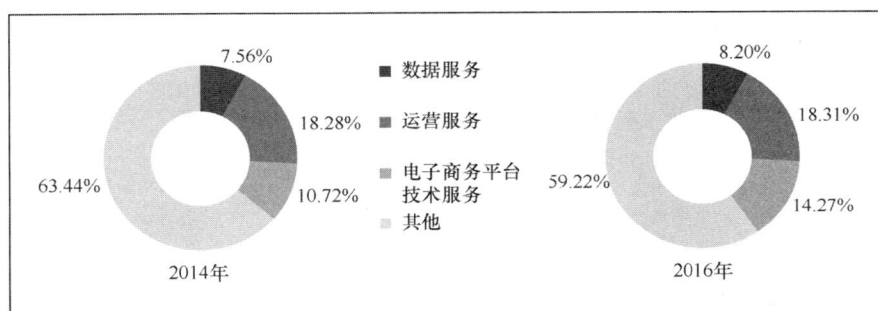

图 6　2014 年和 2016 年信息技术服务结构对比

2．服务制造强国战略

2016 年，国务院出台《关于深化制造业与互联网融合发展的指导意见》等重大政策，协同"中国制造 2025"和"互联网+"行动计划，进一步推动我国制造业与互联网融合，加快制造强国战略的落实，在政策的推动下，面向制造业的软件和信息技术服务迅速发展。2016 年，智能制造支撑指数得分 165.6 分，比 2015 年增长 26.8%。

3．提升信息安全保障能力

网络信息安全问题已从产业隐患上升到事关全局的国家战略性问题，在高速发展的新兴信息技术领域尤为严峻。在这样的背景下，安全产品需求日益增长，2016 年软件产业安全支撑指数得分 204.9，比 2015 年增长 33.6%，高于综合指数增速 22.5 个百分点。

4．推动电子商务快速发展

2016 年，我国电子商务交易额为 26.1 万亿元，同比增长 19.8%，交易额约占全球电子商务零售市场的 39.2%[①]。电子商务高速发展的背后是对电子商务平台运营服务的巨大需求，2016 年电子商务平台运营服务支撑指数得分 244.3 分，比 2015 年增长 41.9%。

（三）成长创新分析

成长创新指数包括创新能力、新业态发展、大企业培育、产业集聚和国际化五个指标。

---

① 数据来源：商务部。

2016年成长创新指数同比增长0.68%，增幅较2015年下滑。主要表现在以下四个方面。

1. 研发投入保持较高水平，知识产权储备持续增强

2016年软件产业创新能力指数得分115.0分，比2015年提高7.6分，增长率为7.1%，高于成长创新指数整体增幅。2016年，软件和信息技术服务业研发投入4545亿元，占软件业务收入比重达7.17%，比"十二五"初期提高了1.85个百分点（见图7）。根据欧盟委员会联合研究中心IRI发布的"2016全球企业研发投入排行榜"（World Top 2500 R&D investors），我国研发投入前100名企业主要集中在汽车及其零配件、软件和信息技术服务、IT硬件及设备、工业工程、建筑及材料、电子及电气设备领域。其中，软件和信息技术服务业占比为12%，在主要行业中排名第二位，仅次于汽车及其零配件行业（见图8）。2016年，我国软件和信息技术服务企业软件著作权数量超过2万件，是2011年的3倍。

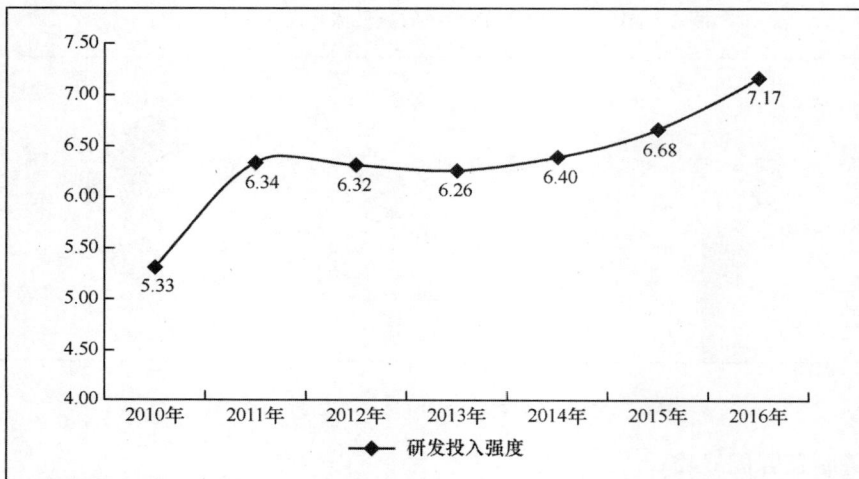

图7　2010—2016年软件和信息技术服务业研发投入情况

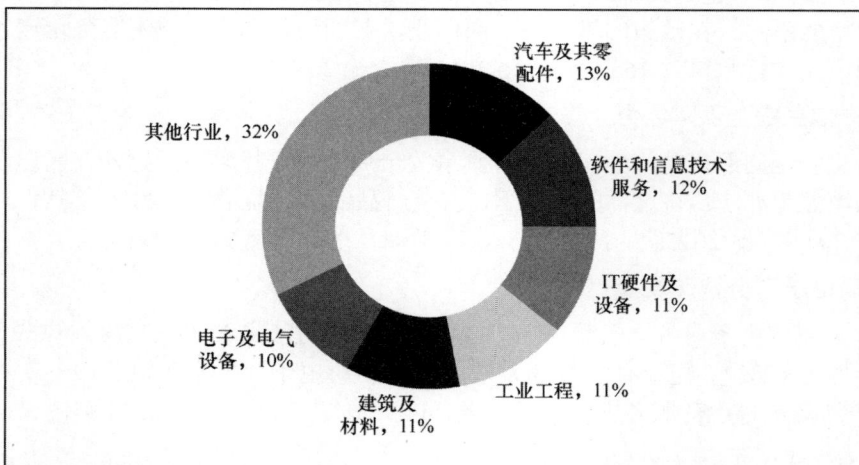

图8　我国研发投入100强企业行业分布

2. 产业创新活跃，新业态发展迅速

在云计算、大数据、移动互联网等新技术、新业态、新模式的驱动下，软件和信息技术服务业进入新一轮创新活跃期。2016 年，我国软件和信息技术服务新业态发展指数得分 259.8 分，在各指标中指数得分最高。云计算、大数据等新业态得到越来越多用户的认可，生态建设和商业模式日益丰富，已经逐步从试点迈入实际应用阶段，成为产业的新增长点。

3．大企业培育增长放缓

大企业培育指数得分 88.3 分，较基期下降了 11.7 分。根据 2016 年发布的第 15 届中国软件业务收入前百家企业情况，软件百家企业共完成业务收入 6005 亿元，占软件和信息技术服务全行业收入比重为 12.45%，比 2014 年基期水平下降了 1.74 个百分点（见图 9），大企业培育增长放缓成为我国软件和信息技术服务业成长创新指数增长乏力的原因之一。

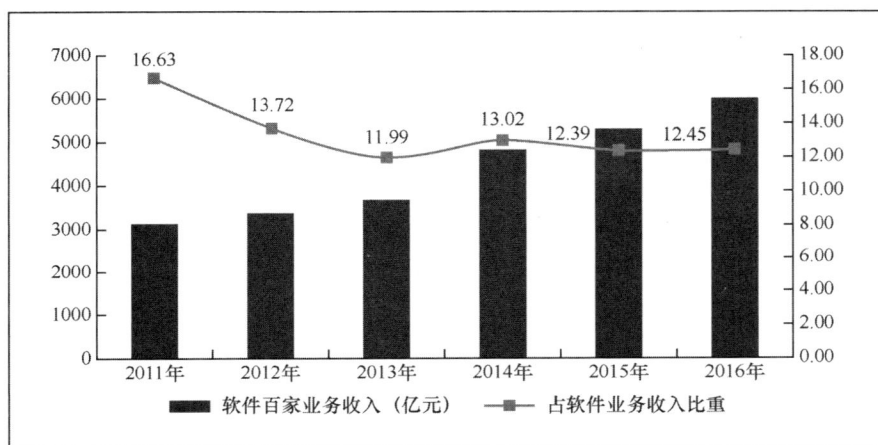

图 9　第 10～第 15 届"软件百家"企业收入情况

4．出口增长低于全行业增速，企业境外并购交易保持活跃[①]

2016 年，我国软件产业国际化发展方面有喜有忧，出口经历 2015 年的增速放缓后，一直以低于全行业平均水平的速度增长，软件业务出口占软件业务收入比重下滑，成为影响软件产业成长创新指数增长放缓的主要原因。2016 年全国软件产业实现出口 519 亿美元，同比增长 5.8%，低于全行业平均水平 6.8 个百分点。但是，随着互联网的深度渗透和新兴技术的不断创新，企业加速跨界发展步伐，通过并购合作抢占新市场或补充自身短板增强市场竞争力，推动软件和信息技术服务相关并购交易持续增长。2016 年，在出境并购方面，信息技术服务行业并购规模为 93.40 亿美元，仅次于工业行业，排名第二位，出境并购交易的数量最多，为 58 例（见图 10）。

（四）发展环境分析

发展环境指数包括基础设施、政策环境、人才环境三个指标。2016 年，发展环境指数同比增长 6.3%，低于 2015 年 11.9% 的增幅，主要表现在以下三个方面。

---

① 数据来源：CVSource。

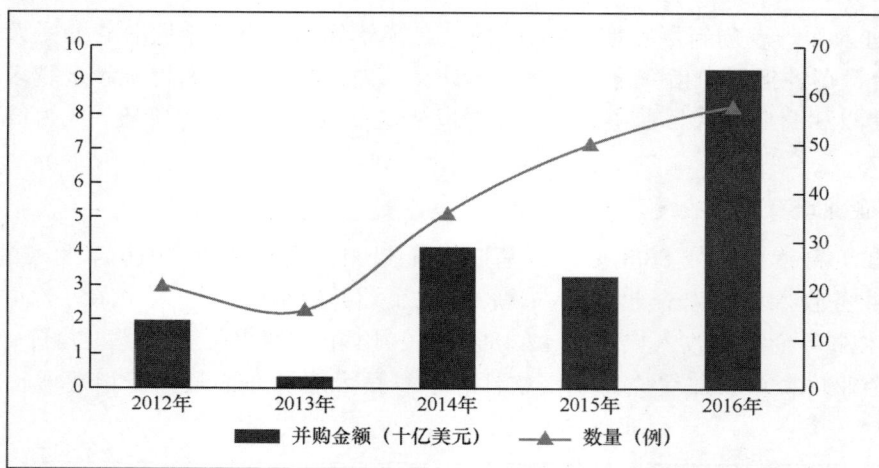

图 10　2012—2016 年信息技术服务业出境并购交易金额及数量

1．信息基础设施不断完善，公共服务能力进一步提升

2016 年，我国信息基础设施不断完善，网民规模达 7.31 亿人，互联网普及率达到 53.2%，比 2015 年提高了 2.9 个百分点。互联网宽带接入端口数量达到 6.9 亿个，比 2015 年净增 1.1 亿个，同比增长 19.6%。2016 年基础设施指数得分 142.1 分，比 2015 年提高了 17.5 分，增长率为 14.1%。公共服务平台建设稳步提升，2016 年全国软件产业重点公共服务平台数量较 2015 年增长 24.2%。

2．政策推动日益强化，制度调整接续影响执行效果

政府接连出台促进服务业增长、提高服务业水平的政策，信息技术服务业的政策环境持续优化。2015 年，随着政策的逐步落实，相关配套政策和地方政策相继出台，信息技术服务业的战略地位提升到前所未有的高度。国家和地方层面的利好政策连续出台，有力地带动了产业新兴领域的快速发展。简政放权深入推进，双软认定依规取消，但在接续文件发布之前，通过"双软认定"进行落实的企业增值税即征即退等政策受到一定影响。2016 年企业享受优惠政策已退税额占应交税额比重为 14.7%，比 2015 年下降 2.8 个百分点，成为影响发展环境指数增长放缓的主要原因。

3．人才供给逐年增加，高层次人才比重有所提高

作为知识密集型产业，人才是产业快速创新发展的基础条件之一。2016 年，软件和信息技术服务业从业人数为 586 万人，电子信息和计算机类本科毕业生超过 30 万人，同比增长 4.9%，增幅比 2015 年同期提高了 1.5 个百分点。软件产业人才结构有所优化，人才环境指数得分 103.8 分，比 2015 年提高 3.6 分，主要是高层次人才比重有所增加，从 2015 年的 10.2% 提升至 2016 年的 10.6%。

第三章　2016 年软件和信息技术服务业区域发展情况

一、综合指数分析

（一）指数得分及排名

根据软件和信息技术服务业综合发展指数指标体系，计算出 2016 年各省市软件产业综合指数，其中，广东省指数最高，为 76.73，与"十三五"目标值差 23.27；平均值为 65.80，均值以上省市 10 个，具体指数及排名情况如图 11 所示。

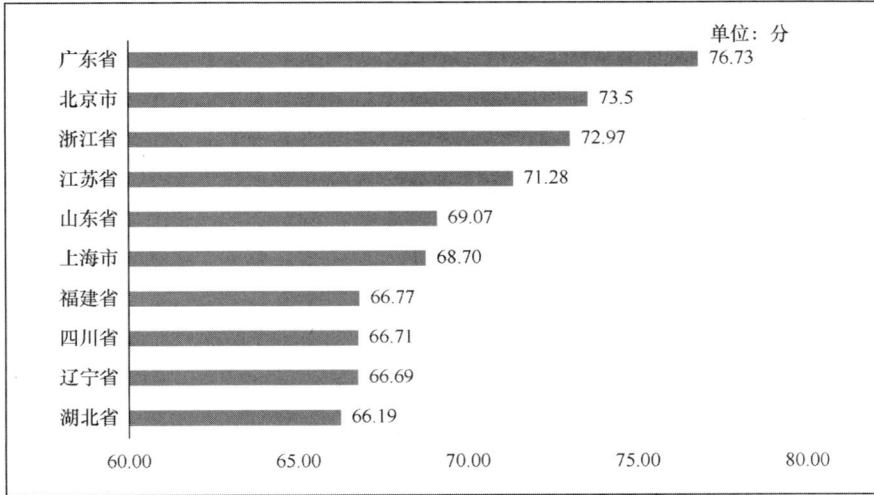

图 11　2016 年软件和信息技术服务业综合指数均值以上省市情况

（二）发展情况分析

1．产业从东向西呈梯次发展格局

从 2016 年综合指数得分看，位于东部地区的广东、北京、浙江、江苏、山东、上海领先优势明显，指数得分远高于其他省市，是软件和信息技术服务业发展的领先力量。其中，广东、北京、浙江、江苏排名稳定，连续三年分列前四名。2016 年，山东超过上海位列第五。东部地区经济实力雄厚，人才技术密集，既拥有软件和信息技术服务的巨大市场需求，又具备优质的产业发展要素资源，形成了软件和信息技术服务业在东部相对集聚的格局。福建、四川、辽宁、湖北、湖南、山西、吉林、陕西、重庆、黑龙江、天津、安徽、河北、河南指数得分差异相对较小，每年排名略有变动，但基本稳定在第 7~20 位之间，是软件和信息技术服务业发展的中坚力量。内蒙古、海南、宁夏、贵州、江西、云南、新疆、甘肃、广西、青海指数得分相对较低，以西部地区为主，是软件和信息技术服务业发展的潜在力量。

2．东部和西部地区呈"两头快速增长"态势

与 2015 年相比，指数增长较快的省市有浙江、广东、北京、天津、黑龙江、四川、江苏、内蒙古、山东、吉林和福建，指数增速均超过 3%，其中浙江最快，指数增速达 5.8%。可以看出，软件和信息技术服务业发展呈现"两头高速增长"态势，一方面，东部地区产业集聚效应凸显，集群内产业内生发展动力强劲，促进地区内软件和信息技术服务业持续高速增长。受京津冀协同一体化加快推进影响，天津软件产业指数排名比 2015 年提高 7 位，其中 2016 年 1—11 月，北京市软件和信息服务业企业对津、冀共投资 129 次，同比增长 48.3%，投资金额 24.0 亿元，同比增长 61.0%。另一方面，一些西部省市紧抓软件和信息技术服务业变革机遇，结合自身优势，从无到有地培育和发展大数据、云计算等新兴产业，有望实现跨越式发展，2016 年内蒙古成为继贵州之后的西部地区第二个国家大数据综合实验区，产业排名比 2015 年提高 5 位。

3. 各省市产业发展特色鲜明

北京、广东软件产业全面发展，各项实力均处于较高水平，规模效益、服务支撑、成长创新、发展环境指数得分都在 70 分以上。江苏嵌入式系统软件、工业软件和电子商务平台运营服务增长突出，对国民经济的服务支撑作用凸显，服务支撑指数居各省市首位。重庆市成长创新能力和发展环境不断增强，带动产业规模和服务支撑能力加快提升，2016 年重庆市软件业务收入超过 1000 亿元，成为全国第 13 个、西部第 3 个迈入千亿元软件产业的省级行政区。2016 年广东省、北京市、江苏省、重庆市软件产业发展特点分别如图 12～图 15 所示。

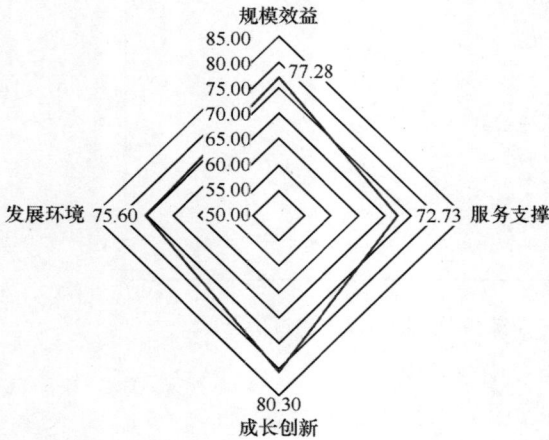

图 12　2016 年广东省软件产业发展特点

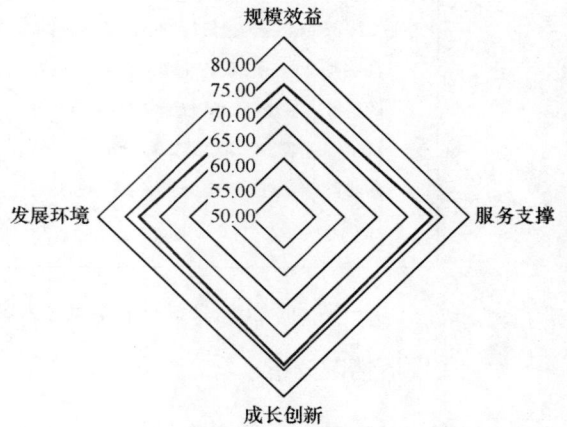

图 13　2016 年北京市软件产业发展特点

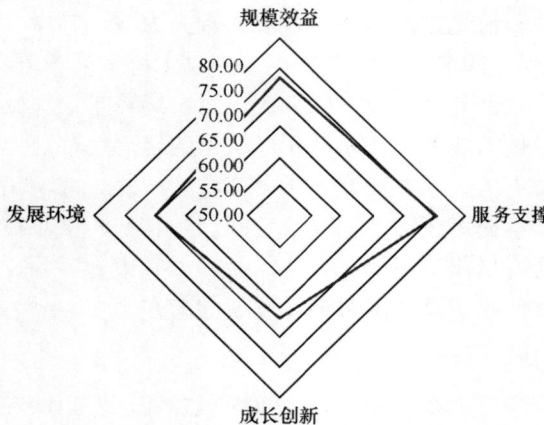

图 14　2016 年江苏省软件产业发展特点

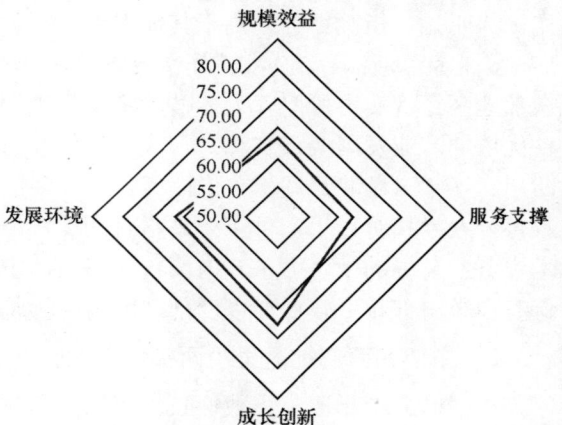

图 15　2016 年重庆市软件产业发展特点

二、分项指数分析

（一）规模效益分析

1. 指数得分及排名

根据软件和信息技术服务业综合发展指数指标体系，计算出 2016 年各省市软件产业四个一级指标中"规模效益"指数，其中，广东省最高，为 77.28 分，与"十三五"目标值差

22.72 分。均值 65.82 分，均值以上省市 9 个，具体指数及排名情况如图 16 所示。

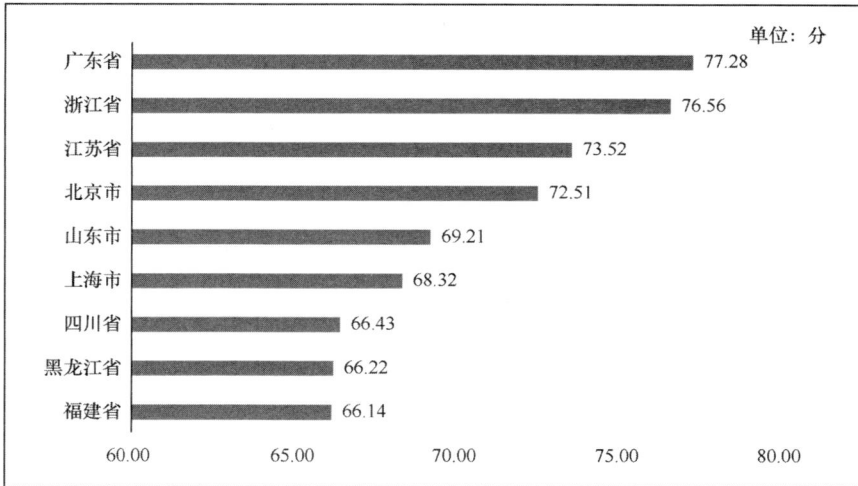

单位：分

省市	指数
广东省	77.28
浙江省	76.56
江苏省	73.52
北京市	72.51
山东市	69.21
上海市	68.32
四川省	66.43
黑龙江省	66.22
福建省	66.14

图 16　2016 年软件和信息技术服务业规模效益指数均值以上省市情况

2．发展情况分析

中部和西部地区在规模效益增长方面表现好于综合指数。从 2016 年规模效益指数增长速度看，贵州、河南、宁夏、青海、新疆指数增速快于综合指数增速，按规模效益排名的名次较综合指数排名有大幅提升。

（二）服务支撑分析

1．指数得分及排名

根据软件和信息技术服务业综合发展指数指标体系，计算出 2016 年各省市软件产业四个一级指标中"服务支撑"指数，其中，江苏省指数值最高，为 74.95 分，与"十三五"目标值差 25.05 分。指数均值 63.79 分，均值以上省市 8 个，具体指数及排名情况如图 17 所示。

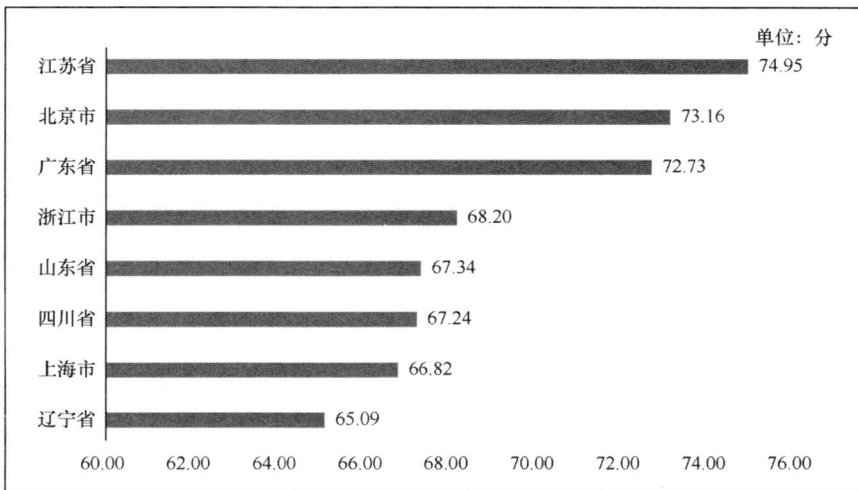

单位：分

省市	指数
江苏省	74.95
北京市	73.16
广东省	72.73
浙江市	68.20
山东省	67.34
四川省	67.24
上海市	66.82
辽宁省	65.09

图 17　2016 年软件和信息技术服务业服务支撑指数均值以上省市情况

2．发展情况分析

从区域分布看，软件和信息技术服务业的服务支撑能力呈两极分化格局。江苏、北京、广东、浙江、山东、四川、上海、辽宁、福建、陕西、湖南、天津、湖北 2016 年服务支撑指数得分较高，其他省市得分差异不大。

供给侧结构性改革效果显现，软件和信息技术服务业对"制造强国"和"网络强国"的服务支撑能力不断增强，不同省市各具特色。随着"中国制造 2025""互联网+"、国家大数据战略的深入实施，对软件和信息技术服务业提出了更高的要求，软件企业加快供给侧改革步伐，深入挖掘用户的深层需求，研发高品质的产品，为制造强国和网络强国建设提供了强劲动力，服务支撑作用凸显。江苏省服务支撑指数为 74.95 分，居各省市首位，江苏省传统软件企业充分把握金融、能源、通信、医疗等行业普遍面临结构升级的契机，以相关企业的信息化、智能化、平台化改造需求为切入点，加强对嵌入式系统软件的研发和云计算等服务化转型，打造新的业务增长点，2016 年嵌入式系统软件实现收入 2882 亿元，同比增长 23.7%。浙江主要在行业应用软件和电子商务平台运营方面有较强的实力，上海、天津、辽宁、福建在工业软件方面优势突出。四川和陕西是西部地区仅有的两个服务支撑指数得分较高的省市，其中四川在信息安全支撑方面发展迅速，陕西在行业应用软件服务方面聚集了一批优秀企业。山东服务支撑指数得分 67.34 分，居第五位，以国产自主可控软件为特色，在 ERP 软件、安全软件、工业软件等领域居全国前列。

（三）成长创新分析

1．指数得分及排名

根据软件和信息技术服务业综合发展指数指标体系，计算出 2016 年各省市软件产业四个一级指标中"成长创新"指数，其中，广东省最高，为 80.30 分，与"十三五"目标值差 19.70 分。指数均值 66.55 分，均值以上省市 14 个，具体指数及排名情况如图 18 所示。

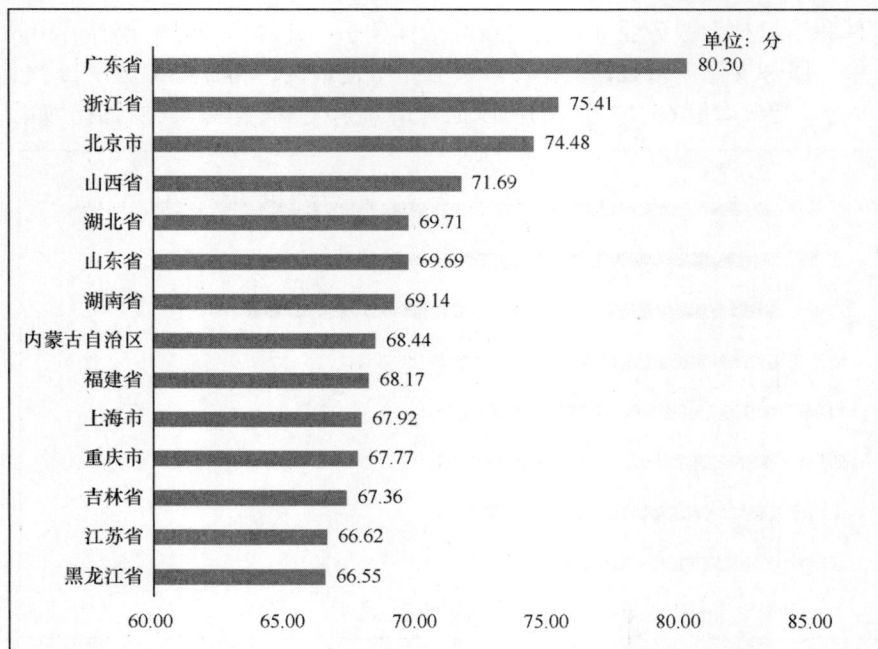

图 18　2016 年软件和信息技术服务业成长创新指数均值以上省市情况

2．发展情况分析

东部地区引领软件产业的成长创新，中西部地区发展活力不断增强。广东、浙江、山东居各省市成长创新指数得分前三位，在创新能力、新业态发展、大企业培育、产业集聚及国际化方面综合实力较强。湖北、湖南、内蒙古、重庆等中西部省份成长创新指数得分较高，在成长创新指数中的排名均高于在总指数中的排名，显示出较高的产业发展活力。

（四）发展环境分析

1．指数得分及排名

根据软件和信息技术服务业综合发展指数指标体系，计算出 2016 年各省市软件产业四个一级指标中"发展环境"指数，其中，广东省最高，为 75.60 分，与"十三五"目标值差 24.40 分。指数均值 67.19 分，均值以上省市 14 个，具体指数及排名情况如图 19 所示。

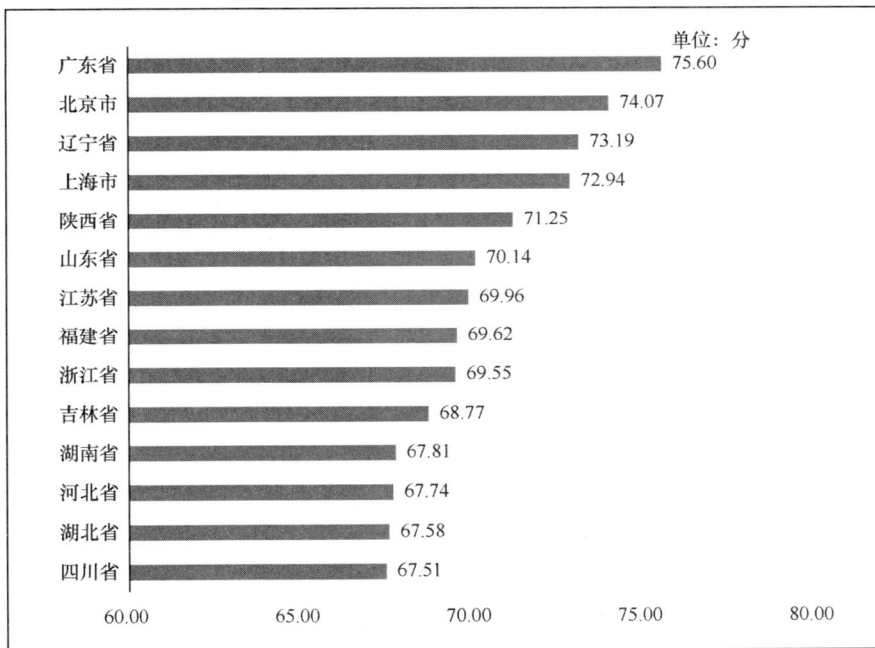

图 19　2016 年软件和信息技术服务业发展环境指数均值以上省市情况

2．发展情况分析

发展环境指数分布情况与软件产业东中西梯次产业格局相一致。从软件产业发展环境指数得分情况看，位于软件产业发展第一梯队的广东、北京、浙江、江苏、山东、上海等东部省市发展环境指数得分也居前列，其次是中部地区，西部地区产业发展环境指数得分总体偏低。

各省市从基础设施、政策、人才等不同方面发力提升软件产业发展环境。北京在互联网普及率、企业享受税收优惠两个指标得分排名中均居首位，表明产业发展的基础设施环境优越，软件产业相关政策落实到位。天津市在信息技术基础设施建设方面表现突出，互联网城域出口带宽达到 4680Gbps，光纤覆盖率 100%，提前实现"宽带中国"的建设目标。福建省软件产业公共服务平台建设水平不断提高，福建星瑞格软件有限公司与台北库柏合作开发星瑞格国产数据库源代码及技术移转公共服务平台，总投资 3.5 亿元，为企业提供安全、可靠的数据库软件；由新大陆和上润两家龙头企业牵头成立海峡物联网应用促进中心，与厦门物联网协会、福州开发区物联网产业协会、福州大学物信学院等开展合作，为物联网企业与传统企业搭建交流对接平台；积极推动建设星云大数据服务平台、物联网支撑运营平台、数字家庭创新应用服务平台，提升数据接入服务水平。2016 年北京市、天津市、福建省软件产业发展环境特点如图 20～图 22 所示。

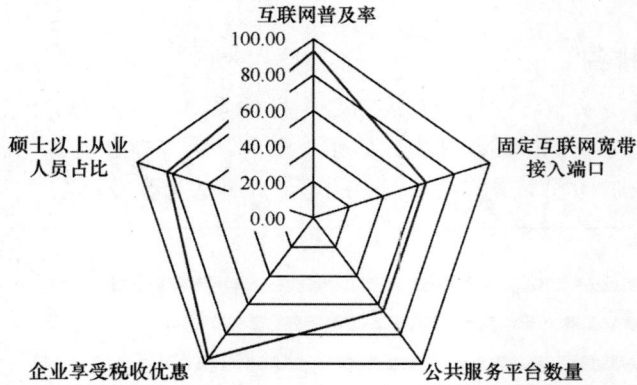

图 20　2016 年北京市软件产业发展环境特点

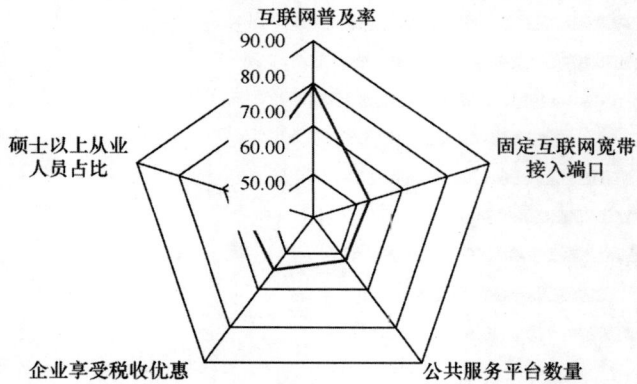

图 21　2016 年天津市软件产业发展环境特点

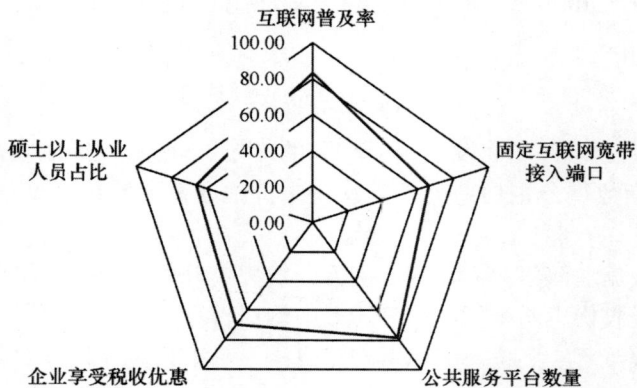

图 22　2016 年福建省软件产业发展环境特点

第四章 2016 年软件和信息技术服务细分行业发展情况

一、软件产品开发行业

（一）行业发展水平加速提升

2016 年，我国软件产品开发行业综合发展指数得分 137.0 分，比 2015 年提高 22.1 分，增长率为 19.2%，增幅与 2015 年的 11.5%相比扩大 7.7 个百分点，在整体经济发展放缓的背景下，行业呈现较好发展态势（见图 23）。

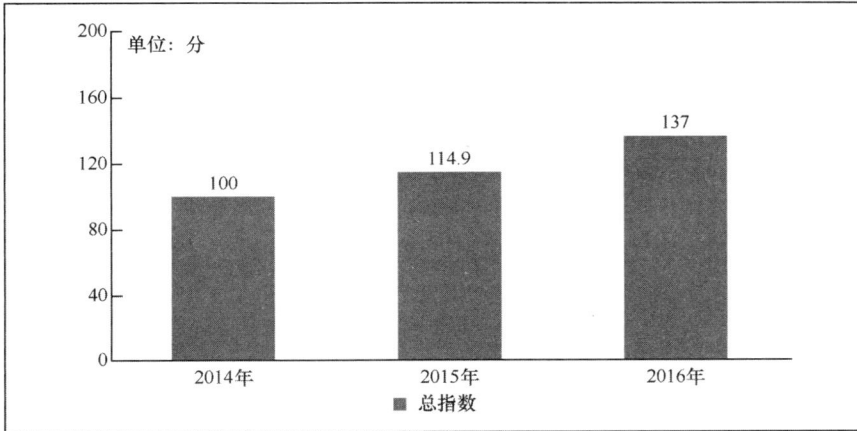

图 23 2014—2016 我国软件产品开发行业综合发展指数

从综合指数构成看，2016 年软件产品开发行业规模效益、服务支撑、成长创新和发展环境指数的得分分别为 126.4 分、163.6 分、142.8 分和 111.1 分。其中，规模效益、服务支撑、成长创新指数比 2015 年分别提高了 20.7 分、35.8 分和 27.8 分，发展环境指数得分比 2015 年下降了 2.3 分。四个指数的增长幅度分别为 19.6%、28.0%、24.2%和−2.0%，而 2015 年增幅分别为 5.7%、27.8%、15.0%和 13.4%。可以看出，2016 年软件产品行业规模效益持续提升，服务支撑作用进一步凸显，成长创新能力显著增强，有力地支撑了综合指数的增长（见图 24）。

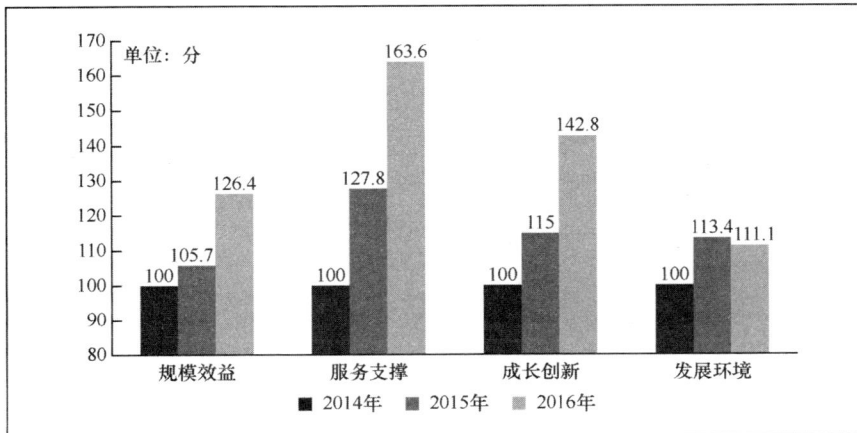

图 24 2014—2016 年软件产品行业分项指数情况

（二）收入增长放缓，效益水平显著提升

2016 年软件产品开发行业实现收入 1.5 万亿元，同比增长 10.04%，增速比 2015 年同期下降 1.91 个百分点，比全行业增速低 2.6 个百分点（见图 25）。销售利润率为 15.09%，比 2015 年大幅增长 3.79 个百分点，高出全行业平均水平 4.7 个百分点，为近五年来最高水平（见图 26）。

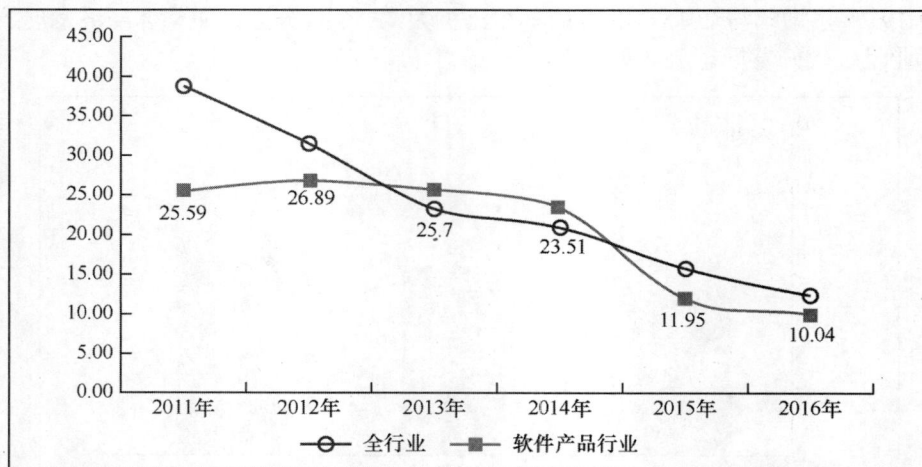

图 25　2011—2016 年软件产品开发及全行业收入增长情况（%）

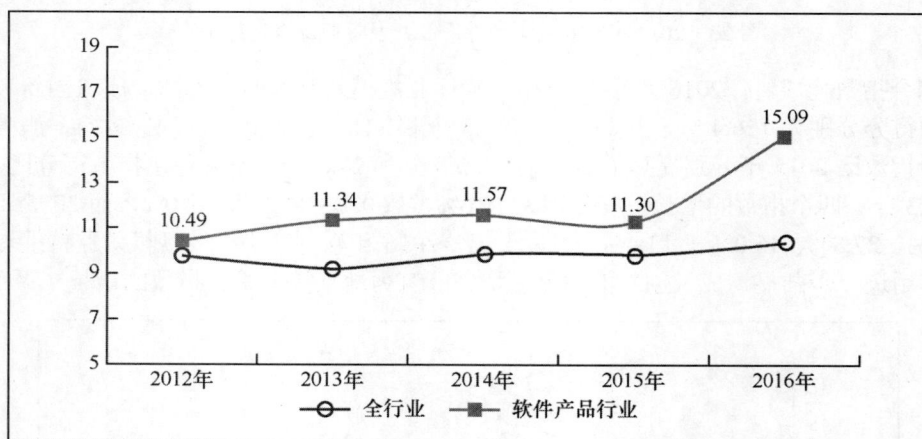

图 26　2012—2016 软件产品开发及全行业销售利润率情况（%）

（三）移动互联网浪潮推动行业新业态迅猛发展

2016 年，软件产品开发行业新业态发展指数得分 260.7 分，同比增长 54.7%，大幅高于成长创新指数 30.5 个百分点。主要是移动互联网的崛起催生了新业态、新模式的发展，移动智能终端操作系统、移动 APP 快速增长态势。当前移动应用数量众多，功能各异，满足用户多元化需求，2016 年我国移动 APP 收入同比增长 52.1%。

二、信息技术服务行业

（一）行业发展水平高位波动

信息技术服务已成为我国软件产业发展的主力军，以云计算、大数据为代表的新兴业态加速演进，为信息技术服务业发展增添了新动力源，并带动产业向智能化、网络化方向延伸。2016 年，我国信息技术服务行业综合发展指数得分 141.7 分，比 2015 年提高 13.9 分，增长率为 10.9%，增幅与 2015 年的 27.8% 相比下降了 16.9 个百分点（见图 27）。

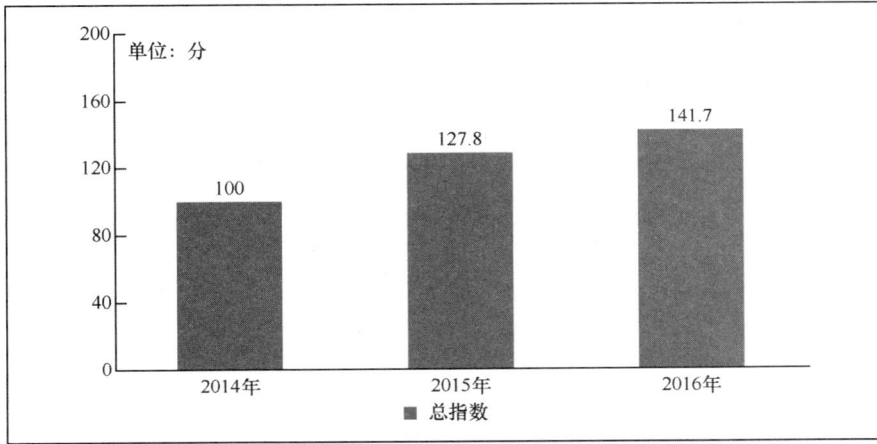

图 27　2014—2016 我国信息技术服务行业综合发展指数

从综合指数构成看，2016 年信息技术服务行业规模效益、服务支撑、成长创新和发展环境指数的得分分别为 116.4 分、202.5 分、138.5 分和 109.7 分。四个指数的增长幅度分别为 5.6%、38.7%、−4.5% 和 2.5%，而 2015 年增幅分别为 10.2%、46.0%、45.1% 和 7.0%。其中，规模效益、服务支撑、发展环境指数比 2015 年分别提高了 6.2、56.5 分和 2.7 分，成长创新指数得分比 2015 年下降了 6.6 分（见图 28）。可以看出，2016 年服务支撑能力的提升支撑了信息技术服务行业综合指数的增长，但规模效益、成长创新和发展环境指数增速放缓或下滑影响了综合指数的增速。

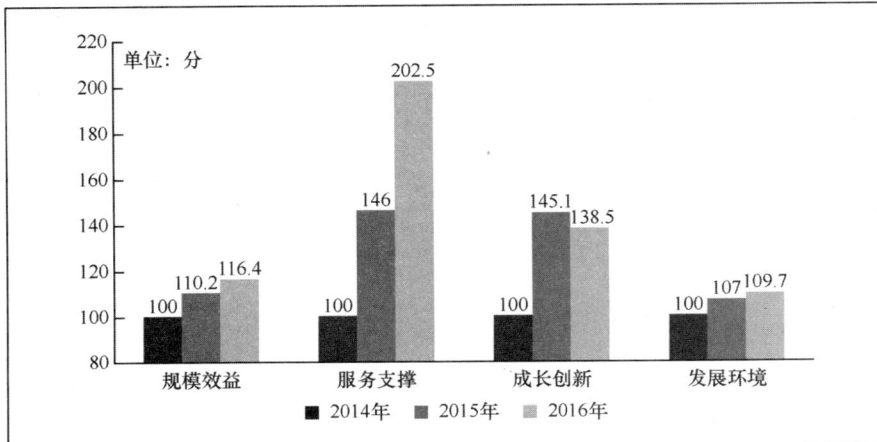

图 28　2014—2016 年信息技术服务行业分项指数情况

（二）信息安全的服务支撑能力快速提升

随着信息安全问题日益增多，专业的信息安全系统建设与运维服务需求迅速增长，信息安全服务也演化为多技术、多产品、多功能的融合，多层次、全方位、全网络的立体监测和综合防御趋势不断加强，以满足复杂的信息安全需求。随着虚拟化及云服务理念的渗透，信息安全盈利模式由软硬件产品向服务转移，2016 年安全支撑指数为 160.9 分，比 2015 年提高40.9 分，同比增长 34.1%。

三、嵌入式系统软件行业

（一）行业发展水平提升相对平缓

嵌入式系统软件行业是我国软件和信息技术服务业的重要组成部分，各领域的智能化需求拉动了行业增长，嵌入式系统软件已成为产品和装备数字化改造、智能化增值的关键性、带动性技术。2016 年，我国嵌入式系统软件行业综合发展指数得分 116.5 分，比 2015 年提高3.1 分，增长率为 2.7%（见图 29），指数增速与软件产品开发行业和信息技术服务行业比相对平缓。

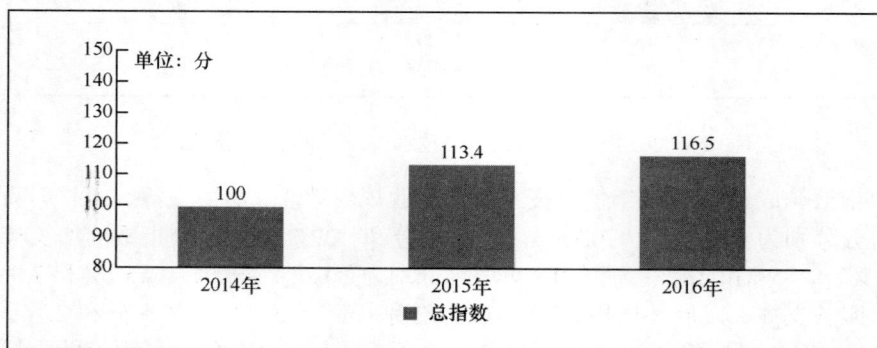

图 29　2014—2016 我国嵌入式系统软件行业综合发展指数

从综合指数构成看，2016 年嵌入式系统软件行业规模效益、服务支撑、成长创新和发展环境指数的得分分别为 109.3 分、140.3 分、110.0 分和 107.6 分。四个指数的增长幅度分别为−4.9%、13.3%、4.8%和−2.3%，而 2015 年增幅分别为 15.0%、23.8%、5.0%和 10.2%。其中，服务支撑、成长创新指数比 2015 年分别提高了 16.4 分和 5.0 分，规模效益、发展环境指数得分比 2015 年分别下降了 5.7 分和 2.5 分。可以看出，成长创新和服务支撑指数保持平稳增长，规模效益和发展环境指数增长略有下滑，影响了 2016 年嵌入式系统软件行业的发展水平（见图 30）。

（二）研发投入强度稳步提升

2016 年，嵌入式系统软件行业研发投入强度 6.0%，高于 2015 年同期 0.3 个百分点，高于 2014 年 1.2 个百分点，反映在创新能力指数上，2016 年得分 124.1 分，高于综合指数 6.0分，有力地支撑了嵌入式系统软件行业综合指数增长（见图 31）。

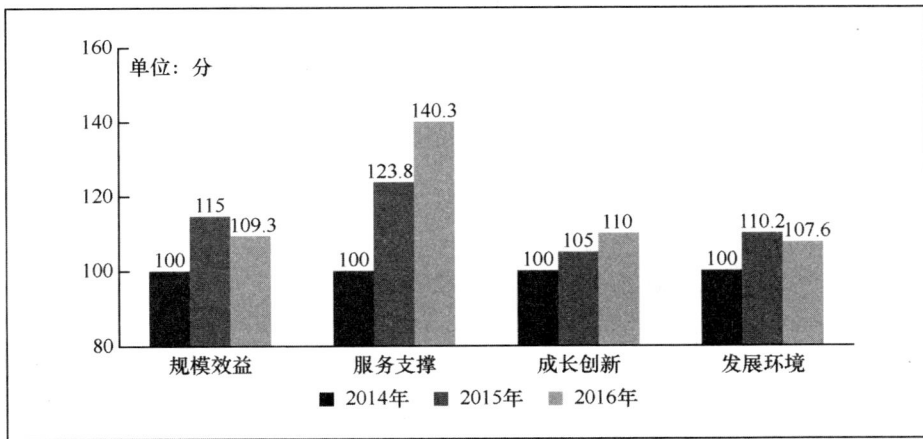

图 30　2014—2016 年嵌入式系统软件行业分项指数情况

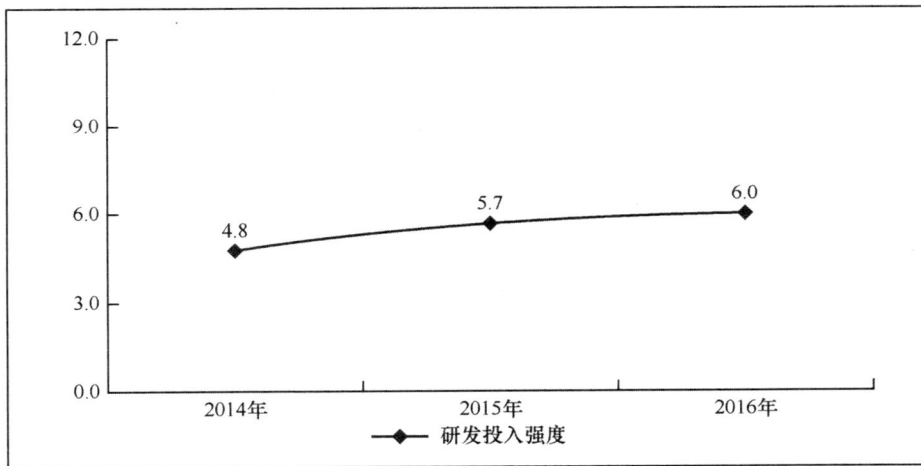

图 31　2014—2016 嵌入式系统软件研发投入强度情况（%）

（三）大企业实力不断增强，行业集中度提高

2016 年发布的第 15 届软件业务收入前百家企业中，嵌入式系统软件企业收入 2421 亿元，同比增长 18.2%，增速比 2015 年同期提高 10.3 个百分点。前百家企业嵌入式系统软件收入占全部嵌入式系统软件收入的比重也进一步提高，2016 年达 34.0%，比 2015 年提高 4.7 个百分点，行业集中水平高于软件产品行业和信息技术服务业。2016 年，大企业培育指数为 109.7 分，同比增长 16.0%。

四、综合比较

从各细分行业总指数增长速度看，软件产品行业综合水平提高最快，指数增速为 19.2%，高于全行业 8.1 个百分点（见图 32）。从分项指数看，软件产品行业在规模效益和成长创新两个方面提升最快，指数增速分别为 19.6%和 24.2%；信息技术服务行业在服务支撑和发展环境两个方面提升最快，指数增速分别为 38.7%和 2.5%（见图 33）。

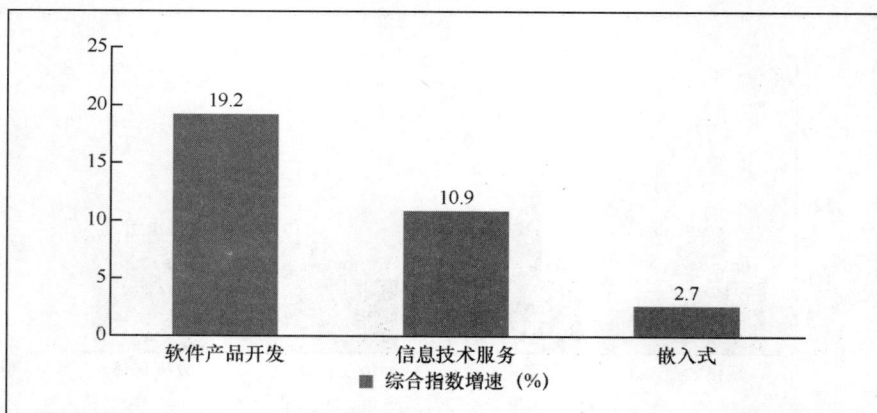

图 32　细分行业 2016 年综合发展指数增长情况对比

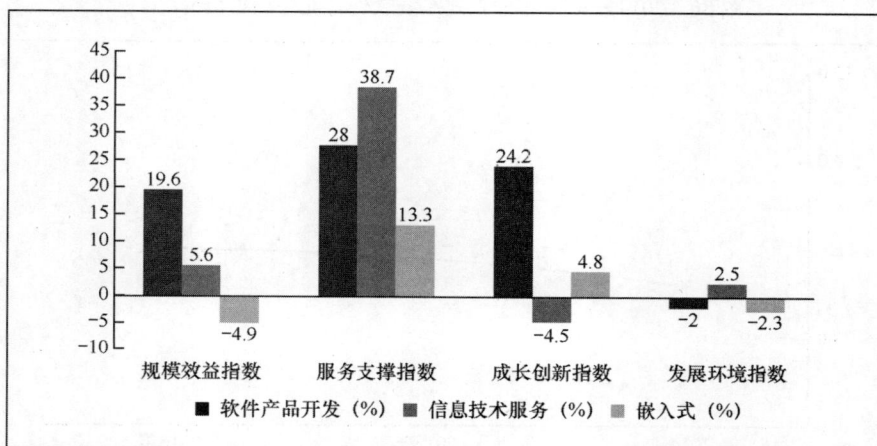

图 33　细分行业四个分项指数增长情况对比

第五章　软件和信息技术服务业发展机遇与挑战

一、发展机遇

（一）支持软件产业新业态发展的宏观政策环境已形成

继 2015 年国家层面出台了《关于促进云计算创新发展培育信息产业新业态的意见》《关于积极推进"互联网+"行动的指导意见》《促进大数据发展行动纲要》等一系列文件支持引导云计算、大数据等新业态发展之后，2016 年是各地密集出台云计算、大数据发展行动计划、规划的一年，鼓励软件产业新业态发展的政策得到进一步细化落实，从中央到地方已经形成了良好的政策环境，为软件产业新业态快速发展提供了政策保障。

（二）智能制造、业务云化蕴含巨大的市场潜力

制造业智能化、服务化趋势凸显，对软件和信息技术服务的需求增长迅速。随着《中国制造 2025》及重点领域技术路线图的发布和实施，以及地方配套方案密集出台，围绕智能制

造的软件产品和服务市场将呈现爆发式增长。随着信息技术的快速发展，企业内新业务、新需求不断增加，业务数据逐渐增多，IT 系统对性能的要求也随之增高，传统 IT 架构不再适应新业务增长的需求。越来越多的企业开始对传统 IT 架构进行改革，由传统分离式基础架构开始向云计算、云数据中心基础架构转变。当前，电信运营商已经开始向全面云化转型，传统企业也加快了面向用户业务的云化步伐，未来不断增长的企业云化转型需求将为软件产业带来巨大的市场空间。

（三）"一带一路"助推软件企业走出去

经贸合作是"一带一路"建设的基础和先导，是整个对外开放新格局的核心，随着"一带一路"建设的推进，将带动越来越多的软件企业走出去。不少处于"一带一路"的发展中国家和地区仍存在较大的"数字鸿沟"，为我国软件企业开拓海外市场创造了机遇，跨境电子商务、通用软件、软件外包等领域将加速增长。此外，其他产业在开拓海外市场过程中也带动了我国软件企业走出去，如高铁的国际化发展将带动面向高铁市场的软件产品和信息服务的国际化。

（四）产业发展所需的信息基础设施不断完善

网络基础设施的完善、宽带的普及和网速的提升，能够为软件产业发展提供良好的平台，是软件产业进一步发展的重要基础。当前我国信息基础设施建设力度不断加大，高速光纤宽带网建设加快推进，互联网骨干网络架构进一步优化，宽带网络覆盖率不断提升，大数据、云计算基础设施加速布局，对于拓展电子商务发展空间、促进新兴业态发展、扩大信息消费需求均有重要促进作用。

二、面临的挑战

（一）国际影响力有待提升

从国际贸易看，我国软件和信息技术服务业出口仅占很小份额，且很大一部分是以嵌入式软件形式随通信设备等电子信息产品出口，主要市场仍在国内。从企业发展看，我国软件和信息技术服务业缺乏有国际影响的大企业，2015 年微软实现业务收入 936 亿美元，相当于我国软件百家企业业务收入之和。

（二）核心竞争力不足

我国软件企业对核心技术掌握不足，软件产品以应用型软件为主，技术含量相对较低，需要依赖国外系统软件作为开发平台。这导致我国在开发技术、开发工具和开发理念方面更多的是充当追随者，而不是领导者。

（三）人才供给存在结构性矛盾

作为高智力密集型产业，人才问题一直是困扰软件和信息技术服务业发展的重要因素，当前产业人才结构性矛盾突出，领军型人才、复合型人才和高技能人才紧缺。高校人才培养模式与企业需求间存在偏差，大部分高校毕业生需再培训才能承担开发任务。

2017 年（第 16 届）中国软件业务收入前百家企业发展报告

根据国家统计局批准、工业和信息化部统计的 2016 年全国软件和信息技术服务业年报数据，经地方工业和信息化主管部门初步审核、工业和信息化部最终核定，2017 年（第 16 届）中国软件业务收入前百家企业（以下简称软件百家企业）名单揭晓。

一、本届软件百家基本情况

本届软件百家企业入围门槛为软件业务年收入 14.5 亿元，比上一届提高了 1.2 亿元，同比增长 8.1%。本届软件百家企业中出现 14 家新上榜企业，更新率与上届持平。

华为技术有限公司以软件业务年收入 2178 亿元，连续十六年蝉联软件百家企业之首，海尔集团公司、浪潮集团有限公司分列第二和第三名。

二、本届软件百家企业发展特点

面对整体经济下行压力加大、行业竞争加剧的严峻市场环境，本届软件百家企业坚持走创新发展之路，着力加强研发，提升核心技术能力，打造自主可控信息技术服务体系；坚持推进转型升级和供给侧结构性改革，发展基于云计算、大数据、人工智能等新技术的产业链，扩大有效供给和中高端技术支撑，更好地满足市场需求的变化；坚持全球化发展战略，利用国内外有利资源，深度融入全球产业生态圈，2016 年实现了持续向好、稳中有进的发展局面。

（一）紧抓新的市场机遇，百亿级企业又增新员

在国家政策的有力推动下，在云计算等新兴技术的驱动下，我国软件产业正面临信息化与工业化深度融合、企业与公共组织信息化升级、企业计算平台重构的新一轮机遇期，围绕智慧城市、智慧医疗、智能制造等领域的应用需求不断涌现，软件百家企业努力抓住时机，提升实力，2016 年整体规模持续扩大，共完成软件业务收入 6620 亿元，比上届增长 10.2%，占软件和信息技术服务全行业收入的 13.7%。其中，排名首位的华为技术有限公司，软件业务收入突破 2000 亿元；软件业务收入过 100 亿元的企业达 9 家，比上届又增加 2 家。

（二）部分企业增势凸显，排名持续提升

2016 年，本届软件百家企业中有四成企业收入增长率超过 20%。其中，排名首位的华为软件业务收入同比增长 21.9%，近年来持续快速增长；部分在云计算、大数据领域具有领先优势的企业增长突出，如阿里云、京东尚科排名连续两年快速上升，2016 年分别提升了 33 位和 36 位，软件业务收入增长均超过 150%，新入围的百度云增长达到 90%；部分积极转型的企业取得新突破，如用友在新业务支撑下收入增长 68%，排名提升了 15 位；部分在新兴

领域具有核心技术的企业持续保持增长，如华讯方舟、大疆分别在移动宽带、无人机等领域占据优势，排名分别提升了 28 位和 17 位，软件业务收入增速分别达 73%和 68%；另有部分企业深耕产业链上下游或横向拓展行业领域取得不错的成效，如小米移动、云中飞依托自有终端品牌，提供移动端解决方案，分别增长 55%和 69%，排名分别提升了 9 位和 19 位；天源迪科和北明软件抓住行业计算平台重构和智慧城市深入推进机遇，分别增长 46%和 101%，排名分别提升了 17 位和 33 位。

（三）主要指标持续向好，运行质量和能力有所提升

2016 年，本届软件百家企业共实现利润总额 1479 亿元，占全行业利润的 22.6%，主营业务收入利润率为 11.5%，高出全行业 1.1 个百分点。软件百家企业在产业竞争中的盈利能力和话语权明显得到提升，运行质量得到改善，2016 年平均资产负债率下降两个百分点，应收账款下降 32%。分企业来看，部分企业效益水平表现突出，利润率超过 20%的企业达 21 家，比上届增加 6 家；其中有 9 家企业连续两年利润率超过 20%，持续盈利能力较强。

（四）研发投入力度增强，创新成果增长显著

2016 年，软件百家企业共投入研发经费 1485 亿元，比利润总额高出 6 亿元，比上届研发投入增长 20.5%，超过收入增长 10.3 个百分点；研发强度（研发经费占主营业务收入比例）达 11.5%，比上届提高 1.9 个百分点，高于全行业 4.3 个百分点；参与研发的人员数接近 39 万人，占总从业人员数的 48%，与上届相比增长 10%。据中国版权保护中心的数据，2016 年我国软件著作权登记量突破 40 万件，同比增长 39.5%；其中软件百家企业的著作权登记量超过 2.5 万件，比上届增长 14%，占全国总数的 6%。

（五）在重要领域形成引领，带动产业链生态趋向完善

随着研发投入持续加大和技术实力提升，软件百家企业在部分领域形成创新引领能力和明显竞争优势。2016 年，本届软件百家企业在基础软件领域收入占全行业比例达到 24%，在中间件领域占比超过 50%，基础类安全产品占比为 28%，安全管理产品占比为 45%，信息系统设计占比为 28%，基础环境集成服务占比为 67%。利用产业链中的领头羊地位，软件百家企业积极联合产业链上下游优势资源，通过收购并购、战略合作、产业联盟等形式打造产业链生态圈，打破传统企业之间的隔阂，进行互动和深层次嵌入，有力地推动了产业的快速发展。特别是在云计算领域，软件百家企业从产业链的各个方面进行引领和渗透，形成了包括云平台提供商、云系统集成商、云应用开发商、云服务运营商在内的完整产业链，提供丰富的新型产品和应用，推动了产业的转型升级。

（六）积极拓展海外市场，国际竞争力有所提升

面对复杂多变的国际市场，本届软件百家企业坚持参与国际竞争，积极拓展海外市场，提升市场和品牌影响力。2016 年，本届软件百家企业实现软件出口 210 亿美元。其中，软件百家企业在美国、日本、欧洲三个主要全球软件出口和外包服务市场中，竞争力有所增强，对美、日出口增长超过 100%，对欧洲出口增长 26%；但对东南亚、拉美、非洲等市场的拓展效果低于预期，出口均出现下滑。本届软件百家企业中有 51 家企业从事跨国经营活动，其中有 33 家企业设有海外研发中心或子公司，有 10 余家企业开展了海外并购活动，实现在海外市场的新布局。随着"一带一路"基础设施互联互通，以及中德智能制造合作、中巴信息走廊、中日韩软件产业合作、中国—东盟自由贸易区、孟中印缅经济走廊等各类国际合作平台建设深入推进，将为我国软件产业国际化发展提供更广阔的空间。

（七）贡献日益提升，支撑革新作用不断增强

2016 年，软件百家企业以占行业企业数不到 0.3%的比例，上缴了全行业 28%的税金，比上届税收增长 19%；吸纳从业人数达 82 万人，占全行业从业人数的 14%。软件百家企业提供自主安全可控的软件和信息技术服务能力提升，基础软件协同创新取得突破，形成具有竞争力的平台解决方案，保证了若干重大工程的顺利实施；软件百家企业在云计算、大数据、移动互联网、信息安全等领域的发展向更高层次跃升，关键应用软件和行业解决方案在产业转型、民生服务、社会治理等方面的支撑服务能力全面提升，2016 年软件百家企业在交通运输、工业软件等领域的收入占全行业比重达 44%和 20%；软件百家企业积极响应国家制造强国政策，部分集成企业向智能制造解决方案提供商转型，与制造企业合作开展智能工厂的实践探索，与传统制造企业开展深层次合作，新产品、新服务、新模式和新业态不断涌现，重塑产业链、供应链、价值链，推动传统产业生产、管理和营销模式变革。

（八）存在的问题不容忽视，发展尚需进一步努力

本届软件百家企业在多个方面都取得新的进步，但也要清醒地认识到还存在不少困难、问题和挑战，如我国软件企业整体偏小偏弱，核心技术、产品成熟度、创新能力与国际大公司存在较大差距，基础软件、系统软件仍非常薄弱等，需要长期的努力。与此同时，伴随企业快速发展又出现一些新的问题：一是管理成本和风险上升问题，软件百家企业规模扩大和业务增长，对企业的管理能力、技术能力、市场营销能力、研发能力等多方面经营能力提出更高的要求，企业的组织结构和管理体系将趋于复杂化，使企业的管理成本明显上升，2016年软件百家企业管理费用增长 14%，增速明显高于其他费用增长；二是核心人才缺乏、人才流失及人工成本上升明显问题并存，由于软件百家企业普遍面临转型升级压力，对于高端人才的需求迫切，对高端人才的争夺趋向激烈，但随着网络化、智能化的深入发展，争夺对手超出软件行业本身，互联网公司、硬件公司加入人才争夺行列，如果国内人工成本持续上升、核心人才流失严重，将会在很大程度上影响企业未来的发展和盈利能力。

2017 年（第 16 届）中国软件业务收入前百家企业名单

单位：万元

序号	企业名称	软件业务收入	序号	企业名称	软件业务收入
1	华为技术有限公司	21777227	8	国网信息通信产业集团有限公司	1055490
2	海尔集团公司	4321020	9	浙江大华技术股份有限公司	1047125
3	浪潮集团有限公司	1854390	10	航天信息股份有限公司	945764
4	杭州海康威视数字技术股份有限公司	1517945	11	株洲中车时代电气股份有限公司	808580
5	海信集团有限公司	1186142	12	华讯方舟科技有限公司	721596
6	南京南瑞集团公司	1150419	13	熊猫电子集团有限公司	695789
7	中国银联股份有限公司	1120881	14	阿里云计算有限公司	686886

序号	企业名称	软件业务收入	序号	企业名称	软件业务收入
15	北京中软国际信息技术有限公司	682949	52	北京神州泰岳软件股份有限公司	303354
16	北京京东尚科信息技术有限公司	676425	53	广州广电运通金融电子股份有限公司	295442
17	东华软件股份公司	671671	54	深圳市大疆创新科技有限公司	276548
18	东软集团股份有限公司	613112	55	石化盈科信息技术有限责任公司	274093
19	亚信科技（中国）有限公司	613089	56	百度云计算技术(北京)有限公司	270973
20	软通动力信息技术（集团）有限公司	612716	57	广州海格通信集团股份有限公司	263627
21	武汉邮电科学研究院	605081	58	携程旅游网络技术(上海)有限公司	254201
22	同方股份有限公司	601402	59	卡斯柯信号有限公司	250630
23	北京小米移动软件有限公司	597858	60	中控科技集团有限公司	249671
24	新华三技术有限公司	583499	61	深圳天源迪科信息技术股份有限公司	244821
25	文思海辉技术有限公司	562340	62	东方电子集团有限公司	239469
26	上海华东电脑股份有限公司	559629	63	北京中油瑞飞信息技术有限责任公司	236050
27	江苏省通信服务有限公司	524848	64	信雅达系统工程股份有限公司	233879
28	用友网络科技股份有限公司	498369	65	深圳创维数字技术有限公司	227427
29	福州福大自动化科技有限公司	473133	66	高德信息技术有限公司	222116
30	中国软件与技术服务股份有限公司	450188	67	银江股份有限公司	220552
31	北京全路通信信号研究设计院集团有限公司	449073	68	广东维沃软件技术有限公司	218287
32	大族激光科技产业集团股份有限公司	440725	69	北京千方科技股份有限公司	217299
33	广州佳都集团有限公司	430683	70	江苏金智集团有限公司	216804
34	国电南京自动化股份有限公司	426174	71	恒生电子股份有限公司	215880
35	浙大网新科技股份有限公司	409846	72	四川九洲电器集团有限责任公司	213429
36	深圳市云中飞网络科技有限公司	404607	73	万达信息股份有限公司	207504
37	上海华讯网络系统有限公司	401233	74	杭州海兴电力科技股份有限公司	203609
38	神州数码系统集成服务有限公司	400889	75	北京华胜天成科技股份有限公司	203235
39	上海宝信软件股份有限公司	395057	76	广联达科技股份有限公司	202913
40	太极计算机股份有限公司	392637	77	金蝶软件（中国）有限公司	201382
41	中科软科技股份有限公司	368161	78	浙江宇视科技有限公司	200728
42	深圳市金证科技股份有限公司	362728	79	博彦科技股份有限公司	193400
43	中国电子科技网络信息安全有限公司	360107	80	启明星辰信息技术集团股份有限公司	190514
44	中国民航信息网络股份有限公司	356807	81	先锋软件股份有限公司	188336
45	中兴软创科技股份有限公司	351560	82	山东中创软件工程股份有限公司	186064
46	福建星网锐捷通讯股份有限公司	338738	83	北京华宇软件股份有限公司	182011
47	四川省通信产业服务有限公司	323302	84	天津天地伟业数码科技有限公司	175025
48	平安科技（深圳）有限公司	323171	85	北京易华录信息技术股份有限公司	173896
49	北明软件有限公司	322444	86	普天信息技术研究院有限公司	173202
50	科大讯飞股份有限公司	319531	87	和利时科技集团有限公司	172239
51	新大陆科技集团有限公司	311830	88	云南南天电子信息产业股份有限公司	170597

序号	企业名称	软件业务收入	序号	企业名称	软件业务收入
89	大连华信计算机技术股份有限公司	169217	95	深圳怡化电脑股份有限公司	160138
90	江苏润和科技投资集团有限公司	169174	96	北京四维图新科技股份有限公司	158531
91	北京立思辰科技股份有限公司	168973	97	杭州士兰微电子股份有限公司	158081
92	海能达通信股份有限公司	163956	98	南京联创科技集团股份有限公司	158027
93	中冶赛迪集团有限公司	162790	99	上海贝尔软件有限公司	145224
94	北京宇信科技集团股份有限公司	162318	100	北京四方继保自动化股份有限公司	145159

2016 年软件和信息技术服务外包发展概况

一、基本情况

2006 年以来，中国服务外包产业在一系列重量级服务外包优惠和支持政策的推动下，经历了黄金十年的跨越式发展，奠定了我国服务外包的大国地位。进入新十年，虽然服务外包产业增长有所放缓，但随着我国转变经济增长方式，推行"互联网+"和"双创"战略，再加上"一带一路"战略，为服务外包的发展创造了很好的基础条件，2016 年服务外包产业逆势增长，表明中国服务外包产业仍有巨大的潜力。

（一）市场

1. 市场规模

据商务部统计，2016 年新签服务外包合同额 10213 亿元，首次突破 1 万亿元，同比增长 20.1%；执行额 7385 亿元，同比增长 17.6%。其中，离岸服务外包合同额 6608 亿元，执行额 4885 亿元，同比分别增长 16.6% 和 16.4%。我国离岸服务外包规模约占全球市场的 33%，稳居世界第二，离岸外包执行额占我国服务出口总额的 1/4。

预计 2017 年中国新签服务外包合同执行金额将继续快速增长，达到 8714 亿元，继合同金额以后，逼近一万亿元大关（见图 1）。

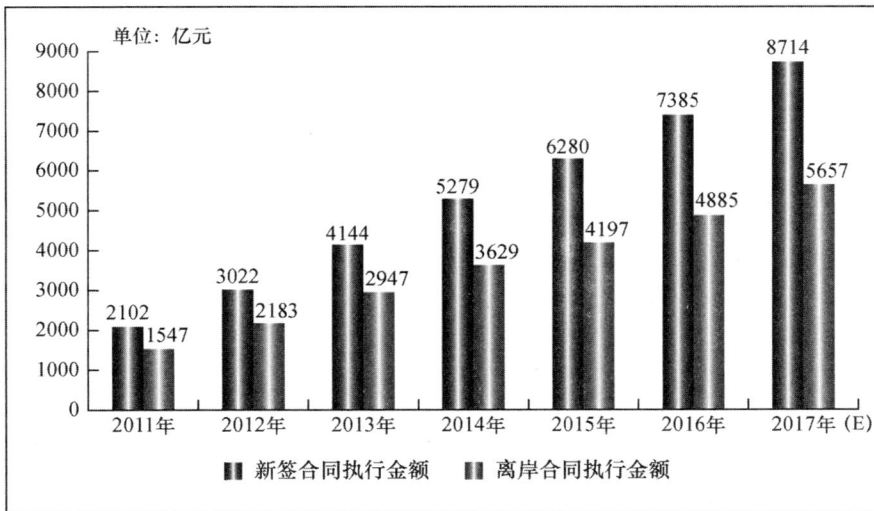

图 1　2011—2017 年中国服务外包产业发展情况统计图

2. 产业构成

（1）交付模式构成

目前，国内服务外包交付模式分为在岸交付（Onshore Outsourcing，指外包商与其外包供应商来自同一个国家，因而外包工作在国内交付）与离岸交付（Offshore Outsourcing，指外包商与其供应商来自不同国家，外包工作跨国交付）两大类，2016年中国服务外包交付模式构成如表1所示。

表1　2016年中国服务外包交付模式构成

交付类型	在岸交付	离岸交付
合同执行金额（亿元）	2500	4885
比例	33.85%	66.15%
同比增长	20.02%	16.40%

与2015年相比，两种服务外包交付模式的构成变化不大，在岸交付增长的势头放缓，而离岸交付实现了相对稳定的增长。

（2）服务类型构成

服务外包类型主要分为信息技术外包（ITO）、业务流程外包（BPO）、知识流程外包（KPO）三类。2016年中国服务外包类型构成如表2所示。

表2　2016年中国服务外包类型构成

服务类型	ITO	BPO	KPO
合同执行金额（亿元）	2293	809	1783
比例	46.90%	16.60%	36.50%
同比增长	11.40%	35.90%	15.50%

从表2中可以看出，与2015年相比，KPO增长有所放缓，传统的BPO增长加快。

（3）发包地区构成

2016年中国服务外包发包地区构成如表3所示。

表3　2016年中国服务外包发包地区构成

地区	离岸外包总额	传统地区（欧、美、日、中国香港）	一带一路地区
合同执行金额（亿元）	4885	3086	841
比例	100%	82.78%	17.22%
同比增长	16.40%	19.30%	—

（二）产业

2016年，在全球投资贸易低迷的情况下，我国服务外包继续快速发展，离岸服务外包日益成为我国促进服务出口的重要力量，对优化外贸结构、推动产业向价值链高端延伸发挥了重要作用。

产业结构正逐步优化，技术密集型业务占比提高。借助于云计算、大数据、物联网、移动互联等新一代信息技术，推动"互联网+服务外包"模式快速发展，服务外包企业稳步向高技术、高附加值业务转型。

企业专业服务水平不断提高，创新能力稳步提升。服务外包企业新增软件能力成熟度（CMM）等国际资质认证 927 项，单笔合同均价 527 万元，分别同比增长 15.3% 和 5.6%。企业的技术能力和专业服务水平不断提升，正在由提供单一技术服务逐步转向提供综合解决方案服务，由项目承接转向战略合作，由成本驱动转向创新驱动。

服务外包示范城市集聚引领作用不断增强。示范城市承接离岸服务外包执行额 4564 亿元，同比增长 15.9%，占全国的 93.4%。其中，北上广深四个城市离岸外包执行额 1385 亿元，同比增长 21.3%，占全国的 28.4%，在技术、商业模式创新方面发挥了重要的引领作用；2016 年新增的 10 个示范城市离岸外包执行额 384 亿元，同比增长 32.2%，高于示范城市及全国的整体增速，成为服务外包产业新的增长极。

从业群体不断壮大，吸纳大学生就业稳步增长。服务外包产业新增从业人员 121 万人，其中大学（含大专）以上学历 80 万人，占新增从业人数的 65.9%。截至 2016 年年底，我国服务外包产业从业人员 856 万人，其中大学（含大专）以上学历 551 万人，占从业人员总数的 64.4%。

2016 年产业集中度不高的问题得到一定改善，但离世界级服务外包企业的门槛产值 50 亿美元还有一定的差距，尚未有大型服务外包企业脱颖而出，这种状况仍在影响中国服务外包产业的管理水平、人均产值及产业核心竞争力。

中国服务外包产业生态圈如图 2 所示。

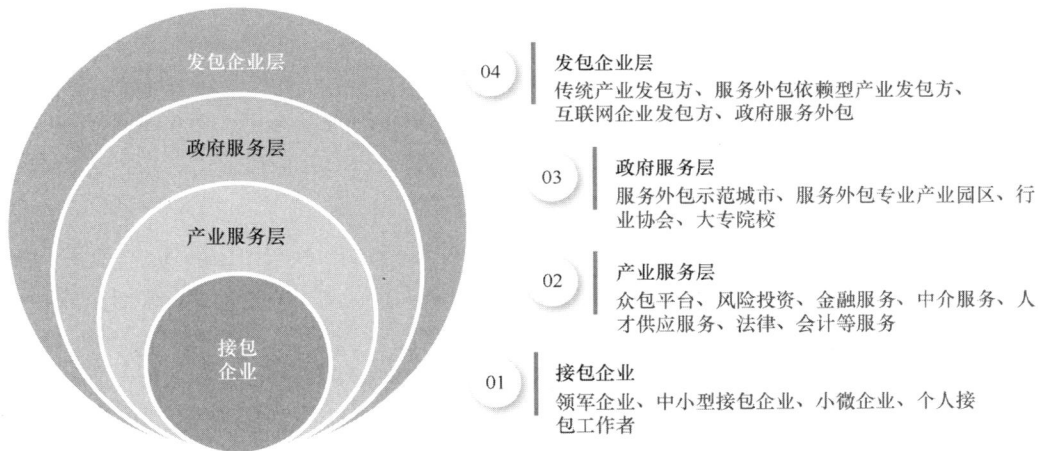

图 2　中国服务外包产业生态图

（三）变化趋势

1. 在岸外包市场需求保持较快增长，离岸外包增势稳定

2016 年，在岸外包与离岸外包的同比增长率分别为 20.2% 与 16.4%，2015 年增长率分别为 26.1% 与 15.4%，在岸外包增长速度正在放缓。从中国的经济体量来说，在岸外包的潜力远远还没有释放出来，电信、金融、政府、互联网等行业的服务外包深度还不够，在岸服务外包仍然有巨大的潜力可挖。同时，2016 年的数据也表明，离岸外包也没有达到极限，还有一定的增长潜力，这就需要我们利用国内市场的优势，提高产业集中度，提高服务质量和创

新，与排名第一的印度外包产业竞争，实现弯道超车。

2. "一带一路"继续成为离岸外包新的增长点

2016 年，一带一路沿线国家的离岸服务外包规模占离岸外包总体的比例达到了 17.22%，而且随着"一带一路"政策在沿线国家的推行，以及各项大工程的展开，一带一路服务外包需求将只增不减。

由我国倡议设立的亚投行和丝路基金，为"一带一路"提供了重要的融资渠道，也为开展服务外包合作提供了项目支撑。我国与其他国家签署的自贸协定，成为服务外包出口的有利支撑；同时，从目前来看，我国的服务外包产业水平高于大部分"一路一带"沿线国家，服务外包向这些国家和地区的流动，可以极大地促进这些国家的产业升级与转型。

3. 服务外包示范城市等服务外包产业区域布局基本形成

在我国，政府在服务产业外包的发展中起到重要作用，服务外包示范城市、服务外包产业园都是我国特殊的发展服务外包产业的形式，通过把服务外包企业集中起来，并给予集中性的资金、财税、人才等优惠政策，可以快速培育服务外包产业。经过数年的努力，我国服务外包产业已经形成了合理的地区布局，服务外包示范城市从 21 个增加至 31 个，既涵盖了北上广深等一线大城市，也统筹了中东西布局，这些服务外包示范城市起到了极强的示范效应和集中作用。

据商务部统计，2016 年，31 个示范城市承接服务外包执行额 6931.5 亿元，同比增长 16.8%。其中，离岸服务外包执行额占全国的 93.4%。示范城市服务外包对于促进产业集聚、吸纳就业作用明显。2016 年示范城市新增服务外包企业 3226 家，新增从业人员 84.2 万人。截至 2016年年底，示范城市共有服务外包企业 2.9 万家，从业人员 596 万人。示范城市的服务外包企业和从业人员约占全国的 70%，贡献了超过 90% 的业绩。

4. 服务外包产业从一二线城市向三四线城市拓展

服务外包产业是劳动密集型产业，工资以及围绕人的成本占到成本的极大部分。目前，一二线城市生活成本和工资成本居高不下，为产业向三四线城市转移提供了动力，同时，更大范围的地区布局服务外包产业不仅可以降低成本，也可以扩大就业，充分挖掘三四线城市的人力资源潜力，而且众包模式的兴起，将使得服务外包的扩散更加容易。

未来，商务部将会同有关部门优化服务外包产业和区域发展布局，建立示范城市有进有出的动态调整机制，促进一线城市提升创新能力和产业附加值，推动劳动力密集型业务向二三线城市转移；同时，认真总结示范城市发展经验，研究将示范城市的优惠政策向非示范城市地区推广复制。

5. 云计算、大数据、物联网、移动互联等新一代信息技术，正推动外包行业高度创新，众包模式就是其中之一

当前，云计算、大数据、物联网、移动互联网等新一代信息技术正在对各行各业产生强烈的冲击，服务外包也不例外。这些技术，一方面为服务外包提供了大量新的市场机会，例如，云计算和大数据，由于技术变迁比较快，企业的人才和成本无法与技术发展相匹配，相当一部分企业将此类业务外包给专业公司。

另一方面，这些新技术也在刺激服务外包企业的内部变革，众包平台就是这种变革的成

果之一，众包平台可以打破人力资源限制的瓶颈、降低项目成本、推动创新。2016年众包平台发展风起云涌，"解放号""猪八戒网""威客网""庖丁技术""快码""码市"等开始各显神通，为程序开发和服务外包带来了一场深刻的产业革命。

6. 在"互联网+"和"双创"的推动下，服务外包与垂直行业深度整合

服务外包企业说到底是服务于其他产业和行业的，尤其是一些垂直行业，"互联网+"正在不断深化，但目前互联网在这些行业的应用深度依然不够，因为每个垂直行业既有共性，也有个性，而且每个垂直行业都有自己的生态环境和长尾市场，服务外包产业的深度介入，可以帮助这些垂直产业与互联网以及新兴的信息技术结合得更加紧密，并释放出更多的生产力。

二、服务外包政策、模式与创新

（一）2016年国家宏观层面服务外包政策

国家宏观层面服务外包扶持政策在中国服务外包产业的发展过程中一直起到重要作用，可以说，没有宏观政策的扶持，就没有中国服务外包产业的崛起。

从2006年起，"服务外包千百十工程"（以下简称"千百十工程"），国办函〔2009〕9号《国务院办公厅关于促进服务外包产业发展问题的复函》、国发〔2014〕67号《国务院关于促进服务外包产业加快发展的意见》等关键文件，极大地推动了软件外包服务产业的发展。

进入2016年，"十三五"规划成为产业政策热点。2016年国家宏观服务外包支持和优惠政策如表4所示。

表4　2016国家宏观服务外包支持和优惠政策

文件号	文件名
商务部 财政部 海关总署 2016年29号	服务外包产业重点发展领域指导目录
国发〔2016〕28号	国务院关于深化制造业与互联网融合发展的指导意见
国发〔2016〕55号	国务院关于加快推进"互联网+政务服务"工作的指导意见
财税〔2016〕108号	关于新增中国服务外包示范城市适用技术先进型 服务企业所得税政策的通知
国发〔2016〕67号	国务院关于印发"十三五"国家战略性新兴产业发展规划的通知
商务部公告〔2016〕第58号	服务出口重点领域指导目录
工信部规〔2016〕425号	工业和信息化部关于印发软件和信息技术服务业发展规划（2016—2020年）的通知
商服贸司〔2016〕208号	商务部 发展改革委 教育部 科技部 工业和信息化部 财政部 人力资源社会保障部 税务总局 外汇局关于新增中国服务外包示范城市的通知
国函〔2016〕40号	国务院关于同意开展服务贸易创新发展试点的批复
商服贸发〔2017〕76号	商务部等13部门关于印发《服务贸易发展 "十三五"规划》的通知

以上文件中，有两个文件的指导和引领意义尤其重大。

首先是《服务出口重点领域指导目录》（以下简称《目录》），此文件是《国务院关于加快发展服务贸易的若干意见》（国发〔2015〕8号）的贯彻落实，加强了对服务出口重点领域的支持引导，为出台和落实服务贸易支持政策提供了依据，预计会对我国服务贸易中长期发展产生重大而积极的影响。

《目录》的编制工作以 WTO 的 12 大类为基础，引入细化的联合国服务行业分类（CPC），结合我国服务行业专家和管理部门意见，使得《目录》既符合国际规范的统一标准，又符合中国服务行业分类实际。可以为中央和国家相关部委出台支持服务贸易发展的政策提供依据，并成为指导地方政府促进服务贸易发展的指南，也对企业、媒体及社会其他相关从业人员具有知识普及和宣传引导作用。

《服务贸易发展"十三五"规划》（以下简称《规划》）也很重要，此文件是为全面落实《中华人民共和国国民经济和社会发展第十三个五年规划纲要》和《商务发展第十三个五年规划纲要》而编制的，可谓服务外包产业"十三五"的全面指导性文件。

《规划》以五大发展理念为统领，突出推进服务贸易的供给侧结构性改革，突出服务贸易的创新发展，突出服务贸易与货物贸易、与对外投资、与服务业的联动发展，突出服务贸易重要领域的引领作用，明确提出要夯实服务贸易产业基础，完善服务贸易体制机制、政策框架、促进体系和发展模式，提高服务贸易开放程度和便利化水平，着力增强服务出口能力，扩大服务贸易规模，优化服务贸易结构，培育"中国服务"国际竞争新优势。

我们相信，在"十三五"期间，宏观服务外包政策将持续推动我国服务外包产业的发展，在我国由服务外包大国迈向服务外包强国的进程中走得更好、更快、更稳，真正打造出具有国际竞争力的产业，让服务外包产业继续成为经济发展的新增长点和支柱产业。

（二）地方服务外包发展模式

对于服务外包产业的发展来说，中央宏观政策是主要推动力，各个地方尤其是服务外包示范城市，根据本地的具体情况和优势开发出了符合本地特色的服务外包产业发展道路。我们这里选取三个典型城市——上海、西安与杭州进行介绍。

1. 上海

在中国的服务外包示范城市中，北上广深为第一梯队，这四个城市离岸外包执行总额占全国的 28.4%，其中，上海是这些一线城市的代表。

2016 年，上海服务外包合同金额 92.1 亿美元，同比增长 17.4%，接包合同执行金额 67.3 亿美元，同比增长 11.9%；新增国际认证 27 个。截至 2016 年年底，上海共有服务外包企业 1876 家，当年新增 169 家。埃森哲、汇丰和花旗等世界 500 强企业纷纷在沪设立亚太全球数据处理中心，跨国企业也将财务、人事等业务流程共享中心设在上海。截至 2016 年年底，上海市服务外包企业吸纳就业人员 39.5 万人，比 2015 年年底新增 3.7 万人，就业人员中 87.5% 为大专以上学历。

作为浦东新区和自贸区所在地，上海外向型经济发达，跨国公司多，发展服务外包有得天独厚的条件。上海服务外包的发展重点落在 12 个服务外包专业园区，这些园区遍布上海的各个区县，成为产业和企业主要集聚发展的重点区域。

上海十分重视宏观政策的地方化和落实，每一项国家宏观政策一出台，上海很快就出台相应的地方政策。例如，上海根据商务部、财政部要求，及时制定国家服务外包业务资金管理的实施细则，修订国家服务外包平台资金的管理办法；围绕《服务外包产业重点发展领域指导目录》，发布上海版服务外包产业发展指导目录，积极组织实施上海市促进服务外包产业发展专项资金；同时，上海也比较注重政策的落地，为企业用好服务外包政策出谋划策。

上海也非常注重服务外包公共平台的建设，挖掘出一批创新性强、带动面宽、服务效果好的服务外包公共服务平台。这些平台不仅包括政府部门的服务平台，如上海服务外包交易促进中心服务外包企业数据库平台、上海外高桥自贸区人力资源服务平台，也包括企业运营的平台，如浦软汇智IT服务云平台、上海育碧电脑中小企业游戏研发国际化开拓平台，这些平台加快了上海服务外包企业国际化，为中小企业的发展起到了推动作用。

上海作为中心大城市，其产业推进升级效应已经显现，为长三角乃至中西部二三线城市承接在岸离岸服务外包创造了条件。

2. 杭州

杭州是二线城市的重要代表，在服务外包产业上有着相当的实力。2016年，杭州市承接服务外包合同签约额89亿美元，服务外包合同执行额80亿美元，其中离岸服务外包合同签约额62亿美元，离岸服务外包合同执行额58亿美元，同比增长13.04%。截至目前，进入商务部服务外包业务管理系统备案的企业达1375家，服务外包企业从业人员34万余人。

杭州的服务外包产业主要集中在两个国家级开发区。2016年，杭州高新技术产业开发区离岸执行额占杭州市执行总额的53.87%；杭州经济技术开发区离岸执行额占杭州市执行总额的12.25%。在行业领域上，杭州市服务外包业务中，通信服务、物联网研发、文化创意产业和金融服务外包特色鲜明。

产业发展，规划先行。2008年，杭州制定了《培育新产业，打造增长极——杭州市服务外包三年行动计划》，2012年，杭州又编制了《杭州市服务外包发展战略和产业规划》，为整个城市的服务外包产业的发展做出远景规划，使得发展不盲目。

此外，杭州市在发展特色服务外包行业上走出了地方特点，例如，杭州的文化创意产业的服务外包已经走在全国前列，这是因为杭州市针对文化创意产业出台了特殊的政策。例如，扶植了国内第一家专注服务影视文化动漫企业的跨境交易及合作的互联网平台——megamedia.market，已入驻境内外影视文化动漫企业会员单位1300家，海外战略合作伙伴遍及18个国家和地区。杭州还专门为文创企业组织市场开拓活动、申报国家级和省级文化出口重点企业和重点项目，使得文创产业尤其是影视动漫的外包服务在杭州一枝独秀。

3. 西安

西安是中西部的枢纽城市，也是中西部城市的代表。虽然与北上广深及其他二三线城市尚有差距，但作为"一带一路"规划路径上的重要城市，服务外包产业近年得到了前所未有的重视。

2016年西安服务外包合同额18亿美元，同比增长20%。合同执行额突破10亿美元，同比增长20%。服务外包合同及执行同比增长20%以上，发展速度比较快。

西安的发展模式为注重打造龙头企业，对龙头企业在离岸出口、招聘人才、资质认证、技改研发、公共平台项目、对外推介等各方面给予适当补贴，尤其对中软国际、软通动力、博彦科技等龙头企业的研发项目给予重点扶持，使其带动中小企业群体共同发展，促进企业做大做强，使西安市服务外包承接能力不断迈上新台阶。

西安亦重视服务园区建设，形成了八大服务外包产业集聚区，即西安高新区软件园、经开区服务外包产业园、航天基地、航空基地、碑林科技园、浐灞金融商务区、国际港务区、曲江文化发展区。各园区均发挥各自区位优势，实现差异竞争，错位发展。

作为丝绸之路的起点城市，西安市服务外包产业在"十三五"期间开始了新一轮的规划，发布了《关于加快服务外包产业发展的实施意见》，到 2020 年，西安市将有 3 个园区成为省级服务外包产业发展基地。到 2020 年，力争西安市服务外包业务年均增长 25%以上，其中离岸业务年均增长 20%以上，成为"一带一路"和中西部的服务外包枢纽城市。

（三）服务外包创新——众包模式

众包服务是将企业的服务外包工作需求通过互联网发包给其他公司、团队、个人，是服务外包在新技术如云计算、大数据、移动互联等冲击下而产业变革的成果，也是服务外包的"互联网+"。目前，众包模式在国内发展比较快，每年增长规模都在 100%～200%，也催生了大量的众包网站。

中国众包模式产业生态如图 3 所示。

图 3　中国众包模式产业生态

可以看到，众包模式正在靠近服务外包产业生态和产业链的中心地位，相信会对整个产业带来革命性冲击，包括外包服务的服务形式、交付模式，对成本和服务效率都会有很大的影响。

三、国内外服务外包大事记

（一）2016 年我国服务外包产业持续增长

2016 年，我国服务外包产业保持快速增长，合同额比 2015 年增长 20.1%；执行额增长 17.6%，依然保持高速增长，成为新常态下经济发展与吸纳就业的亮点。

（二）中国"一带一路"规划正式公布，预计对服务外包产业带来重大影响

2016 年 4 月 21 日，国家发展改革委、外交部、商务部联合发布了《推动共建丝绸之路经济带和 21 世纪海上丝绸之路的愿景与行动》，至此酝酿已久的"一带一路"规划正式公布，

成为"一带一路"战略的指导性文件。可以说，服务外包产业的输出和市场拓展是"一带一路"的重要战略工具之一，目前，我们已经可以看到国内承担"一带一路"沿线国家和地区的服务外包需求正在不断增加，虽然目前"一带一路"仍然以资本输出、技术输出和贸易交换为主力，但作为横跨多部门、多领域的服务外包产业将会具有极大的发展后劲。

（三）2016 年成为服务外包产业的调整年和规划年，国家级和地方级服务外包规划纷纷出炉，为未来发展奠定基础

2016 年是"十三五"规划（2016—2020 年）的第一年，以"十三五"规划为指导和蓝本，国内各个部门、地方和产业都在本年开始了自己的"十三五"规划和长期规划，主要包括电子商务、大数据、国家信息化等规划，商务部也发布了服务贸易的规划，这些规划或者与服务外包产业有直接联系，或者有间接的联系，成为国内未来五年的指导性文件，对于服务外包产业的稳定发展将起到重要作用。

（四）2016 全球服务外包大会在南京召开

2016 年 9 月 12 日，全球服务外包大会在南京隆重开幕。作为全球服务外包领域最具影响力的峰会，本届大会以"服务创新 价值重塑"为主题，围绕制造业服务化、互联网+、电子商务、移动互联网等新兴领域的发展契机举办了高峰论坛、专题论坛、对接洽谈等一系列活动。来自美国、加拿大、法国、印度等 22 个国家和地区的 500 多家企业和国际服务外包领域专家参会。

（五）海航从黑石集团手中收购文思海辉

2016 年 10 月 6 日，据《华尔街日报》报道，私募股权投资公司黑石集团（Blackstone）已经同意以大约 6.75 亿美元的价格将其规模最大的中国资产之一文思海辉技术有限公司（Pactera），出售给海航集团旗下的科技部门海航生态科技集团，交易的支付方式为现金。2016 年，文思海辉营业毛利率跌到 3%以下，出现了经营困难，此次收购对于转型中的服务外包产业带来许多思考。

（本稿件由中国软件行业协会提供）

2016 年软件人才培养概况

一、2016 年全国普通高等院校软件及相关专业情况

2016 年，软件和信息技术服务产业格局正在发生深刻变化，围绕技术路线主导权、价值链分工、产业生态的竞争日益激烈，各国在工业互联网、智能制造、人工智能、大数据等领域加速战略布局，并着力加强适应发展需要的高质量各类型工程技术人才的培养。我国普通高等院校经过多年的学科和专业建设，目前软件及相关专业人才培养已经具有相当规模。

随着我国网络安全战略意识的进一步加强，云计算、大数据、移动互联网等新兴业态快速发展，我国高等工程教育也在积极调整，加快为产业发展提供强有力的人才保障、智力支持和创新支撑。

2016 年，国务院学位委员会正式下发《国务院学位委员会关于同意增列网络空间安全一级学科博士学位授权点的通知》，共有清华大学、北京交通大学、北京航空航天大学、哈尔滨工业大学、上海交通大学等 29 所高校获得我国首批网络空间安全一级学科博士学位授权点。

2016 年，教育部公布新增"数据科学与大数据技术"本科专业和"大数据技术与应用"专科专业。

"数据科学与大数据技术"专业（专业代码 080910T）强调培养具有多学科交叉能力的大数据人才。该专业重点培养具有以下三方面素质的人才：一是理论性的，主要是对数据科学中模型的理解和运用；二是实践性的，主要是实际处理数据的能力。三是应用性的，主要是利用大数据的方法解决具体行业应用问题的能力。

"大数据技术与应用"专业（专业代码 610215）强调培养具有大数据实践能力的大数据人才。该专业重点培养具有以下两方面素质的人才：一是工具的掌握，掌握数据采集和数据分析的基本工具；二是数据分析能力，掌握实用数据分析和初步数据建模能力。

二、软件和信息技术服务业人才状况调查

根据有关调查显示，2016 年我国软件和信息技术服务业中 30 岁以下的软件专业人才占绝大多数，比例达到 79%，人才队伍结构呈现年轻化、专业化，特别是年轻化特点明显。

（一）行业人才的学历背景

软件和信息技术服务业专业技术人才普遍具有良好的学历教育背景，本科和专业硕士学历人群组是行业人才队伍构成的主力军，占比为 76.5%，大专学历人群次之，占 15.8%，而博士学历人群占比约为 2.5%（见图 1）。

软件和信息技术服务行业企业研发类专业技术人才毕业专业情况为计算机科学或软件工程相关专业占 50%，电气/电子工程相关专业占 10.2%，信息技术或网络管理相关专业占 5%（见图 2）。

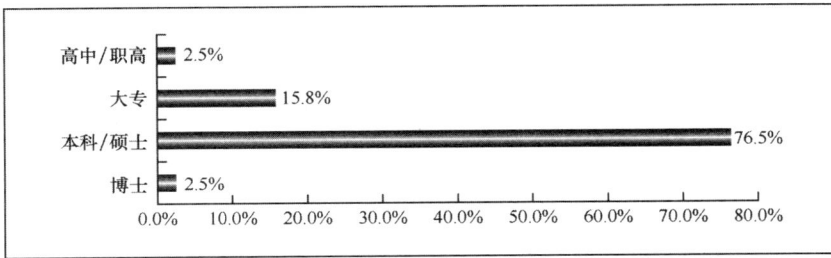

图 1 行业从业人才学历背景

数据来源：中国软件行业协会。

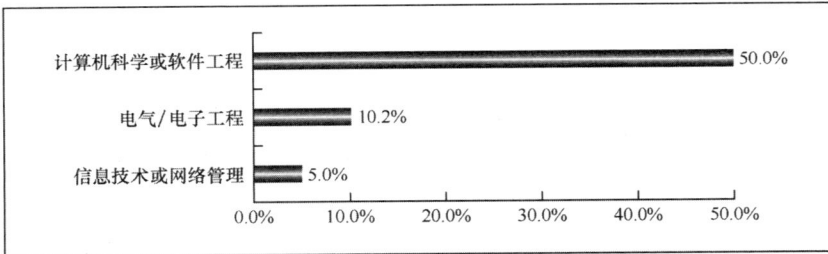

图 2 专业技术人才毕业专业

数据来源：中国软件行业协会。

（二）行业专业技术人才的学习途径

软件和信息技术服务技术发展迅速，知识更新快，这就要求从业人员必须不断学习、补充新知识，提升创新能力，以适应行业的发展。调查显示，技术类网站依然是专业技术人员获取知识的主要来源，通过社交类工具、在线课程 APP 等渠道学习的趋势在上升，有 92% 的专业技术人员主要通过访问技术媒体/技术社区/技术论坛/开源网站等渠道获取知识，同时也有 48% 的专业技术人员通过关注技术博客等渠道学习新技术（见图 3）。

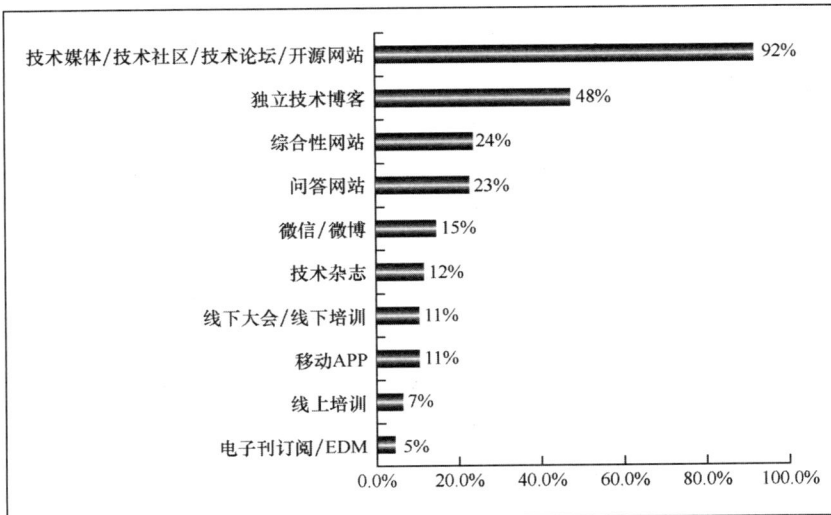

图 3 专业技术人才毕业专业

数据来源：CSDN。

（三）行业从业人员收入情况

软件和信息技术服务业从业人员的收入在逐年提高，2016 年人均工资增长 8.5%，在特级城市（北上广深）中，近一半的软件开发者月收入超过万元，这个收入水平明显高于其他地区；在一线、二线城市，近一半的软件开发者的月收入在 5001～10000 元；而三线、四线城市的软件开发者的月收入占比分布较平均，四成以上的开发者收入在 5000 元以下。对调查数据进行相关性分析后，发现收入和工作年限/经验、学历和地域都有一定关系，但与体现其工作能力的工作经验的关联度最大（见图 4）。

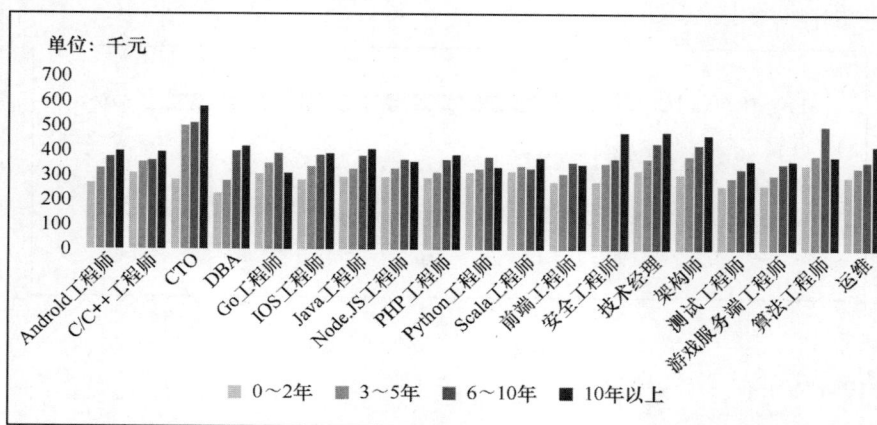

图 4 2016 技术岗位经验与平均年薪关系

数据来源：100offer。

（四）最受技术人员欢迎的开发技术

随着互联网与移动互联网的快速发展以及投资和政策激励，展示出了丰富的商业创新机会，市场继续涌现出大量新兴的互联网初创企业，这类中小型互联网企业对于应用级别开发人员的需求非常旺盛，软件研发人员在项目开发语言的选型上，除了考虑现有团队技术栈情况及项目开发需要外，还看重语言本身简单、高效的开发能力，有 79% 的软件开发者认为，并发与动态特性是未来编程语言发展的主要方向，而具备了这两种特性的语言，可以提高编程语言的易用性和高效性。调查最常用编程语言 JavaScript 连续五年夺得最常用编程语言称号，SQL 再次占据第二位，Java 居第三，但是可以看到，Python 和 Node.js 等语言日益普及，而 C#和 C 语言的使用却在减少（见图 5）。

在软件开发过程中框架、库的选择上，Node.js 和 AngularJS 仍然是最常用的技术（见图 6）。

对数据库进行调查，在应用开发项目中，MySQL 和 SQL Server 是最常用的（见图 7）。

随着云服务的快速扩张，大量企业选择使用公有云服务，公有云所提供的"关系数据库服务（RDS）"在很大程度上简化了企业的数据库开发与运维难度，市场对于单纯数据库开发与运维人员的需求正在下降。未来随着公有云技术的进一步发展，相信这一趋势还将进一步明显。作为传统数据库开发技术人员，必须紧跟技术发展，在进一步提高传统数据库认识的同时，还要掌握更多的新型数据库技术，以及云服务技术。

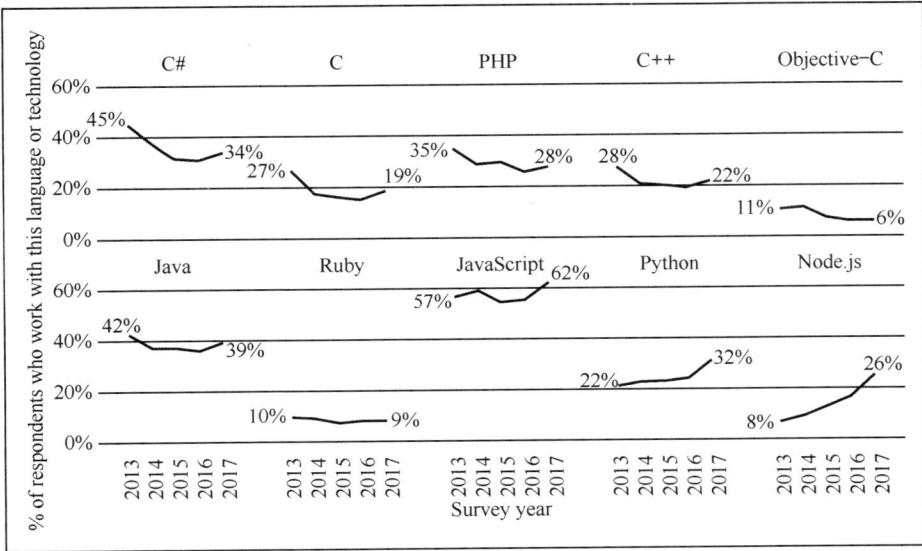

图 5 2013—2017 年最受欢迎的编程语言

数据来源：Stack Overflow。

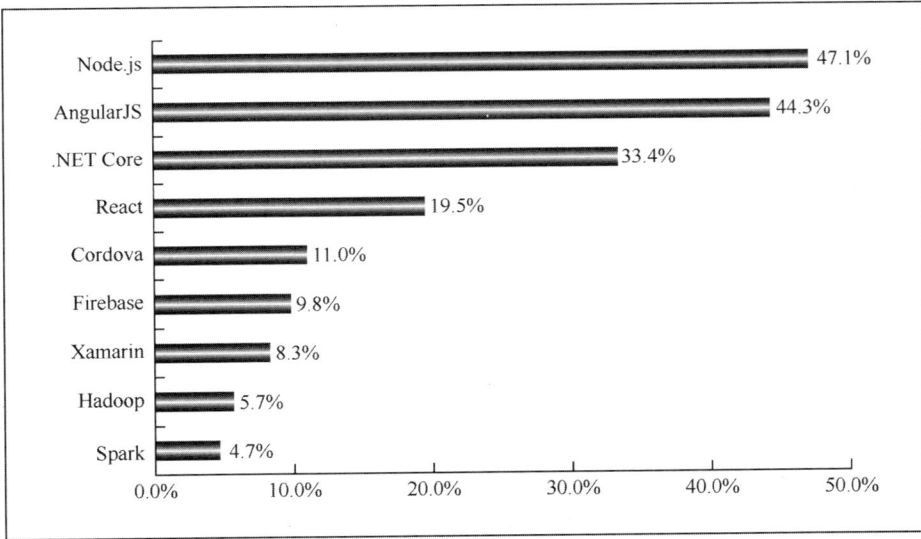

图 6 开发框架、库的选择

数据来源：Stack Overflow。

随着全球数字化、网络宽带化、互联网应用于各行各业，累积的数据量越来越大，越来越多的企业、行业和国家发现，可以利用数据更好地服务客户、发现新商业机会、扩大新市场及提升效率，通过海量数据的产生、获取、挖掘及整合，使之展现出巨大的商业价值，我们可能有全新的视角来发现新的商业机会和重构新的商业模式，人工智能、大数据将驱动 IT 产业新一轮的架构性变革，相关技术岗位的人才需求也会越来越迫切，人工智能、大数据领域企业"缺少人才"的问题会越发严重，七成以上"自主研发"构建方式的企业都会遇到人才紧缺的困难。

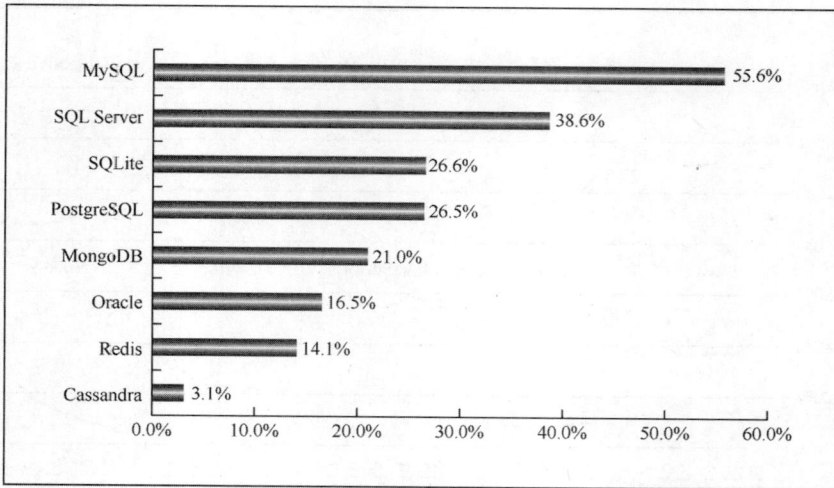

图 7　数据库的选择

数据来源：Stack Overflow。

（五）行业人才的招聘现状

在"互联网+"模式快速发展的大背景下，高科技行业涌现出大量新型业态和商业模式，该行业对人才的吸引力依然热度不减，研发人员作为高科技企业的核心资源，其活跃度较高，加上传统行业在转型升级过程中频频挖角，2016 年软件和信息技术服务专业技术人才需求旺盛，调查显示，2016 年全国人才市场 IT 职能招聘基调呈一路上扬状态，截至 2016 年第四季度，全国 IT 职能招聘总数达 72 万余个。

聚焦各城市招聘情况，"北上广深"四大一线城市的 IT 职能招聘总量占全国 IT 职能总需求的 50.2%，其中以上海的优势最为明显，截至 2016 年 12 月底，上海市 IT 职能招聘总数有 12 万余个。广州与深圳在 2016 年第一季度时 IT 职能的招聘需求相差还不是很明显，但是到了 2016 年年底深圳领先了广州 2 万多个职位。从 2016 年全年增长幅度来看，一线城市中，深圳第四季度较第一季度涨幅位列第一，高达 129%；广州位列第二，也高达 119%，上海和北京分列三四，分别为 74% 和 51%。二线城市中招聘情况一直颇为热门的依次为：杭州、武汉、南京、成都、西安、苏州。杭州全年 IT 职能需求总量为 4.5 万余个，全年增长幅度达 119%，无论在总量还是全年增幅上，都是遥遥领先。在 2016 年开始时，成都位列二线 IT 热门城市第三位，而到第四季度，南京迎头赶上，由第四位升到第三位；全年增幅量第二的城市是武汉，达 77%；第三位的则是南京，增幅为 62%（见图 8）。

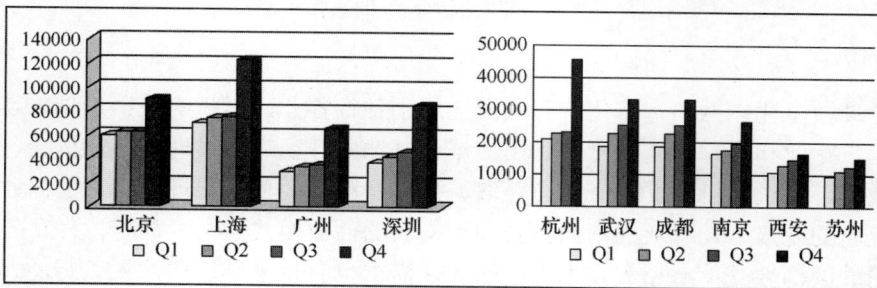

图 8　2016 年各季度全国各主要城市 IT 职能招聘需求量

数据来源：智联招聘。

调查显示，就多数软件行业用人机制而言，普通岗位员工的招聘通常使用网上直接招聘的模式完成，校园招聘以及人才招聘会等手段依然还是一种重要的方式。对于用人单位紧缺高级 IT 人才招聘渠道的调查显示，高级人才招聘目前以猎头服务为主，朋友推荐和网上招聘也为数不少（见图9）。经常组织参与行业领域的交流等社会活动，对发现和促进中高级人才的合理流动具有积极的作用。

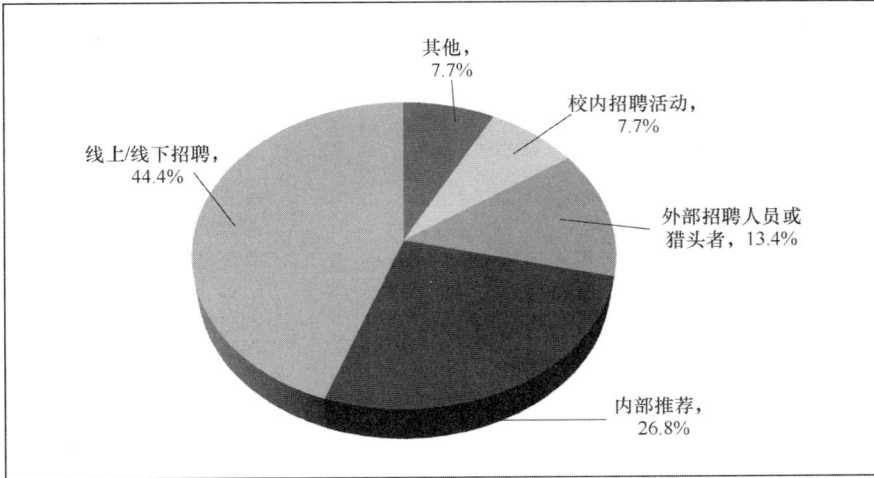

图9　企业人才获得方式

数据来源：中国软件行业协会。

对于软件和信息技术服务业来说，人才队伍建设是企业的核心竞争力，对企业来讲，通常需要花大力气去筑巢引凤，人力资源成本的飞速增长，带来企业招聘用人风险的增大，同时，随着市场环境的变化，行业人员就业观念也在不断发生变化。可以通过全面认可激励，激励员工开发潜能，创造高绩效。调查显示，用人企业建立一套有吸引力的人才评价、培训、发展机制，对于企业员工具有相当大的影响（见图10）。

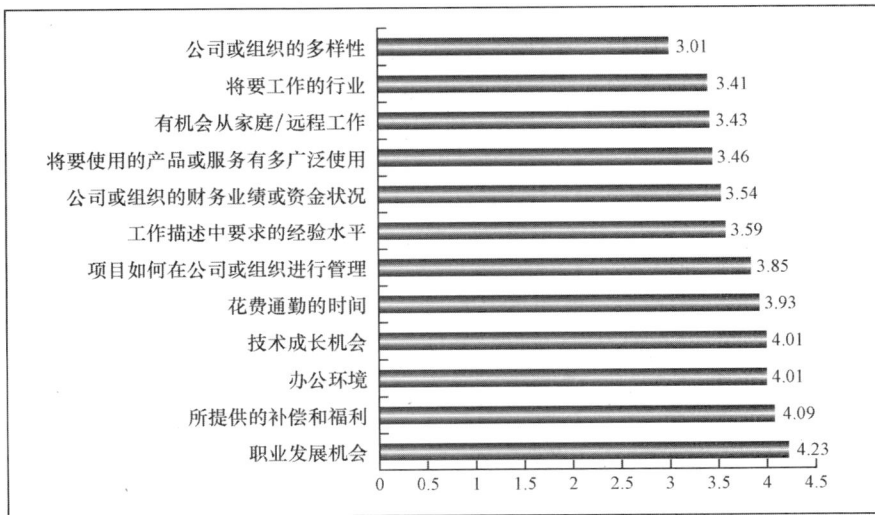

图10　工作选择的影响因素（1不重要～5非常重要）

数据来源：中国软件行业协会。

三、软件和信息技术服务业人才队伍培养

目前，由信息技术发展带来的新一轮科技革命和产业变革方兴未艾，一些重大颠覆性技术创新正在创造新产业、新业态，大数据、云计算、移动互联网等新一代信息技术同机器人和智能制造技术加速融合，这既给社会生产力的大提高、劳动生产率的大飞跃带来了新契机，也给世界各国相关工程教育创新发展带来了前所未有的机遇与挑战。

我国经济发展正在进入结构调整、转型升级的攻坚期，新旧增长动能正在转换，以互联网为核心的新一轮科技和产业革命蓄势待发，新技术、新产品、新业态和新模式蓬勃兴起，2016 年随着各项国家政策不断细化落实，以软件和信息技术服务为核心驱动的互联网经济在引领经济发展、推动社会进步、促进创新等方面发挥了巨大作用，但同时我们也看到，目前我国软件和信息技术服务业主要集中在应用技术领域的创新发展，在产业技术基础领域的研究积累、创新能力和动力明显不足，基础软件、核心工业软件对外依存度大，安全可靠产品和系统应用推广难。"信息技术产业的竞争，归根结底是人才竞争"，"后发"和"跟跑"的地位，决定了当前我国软件和信息技术产业专业人才队伍依然面临着领军型人才、复合型人才和高技能人才紧缺，存在着人才培养不能满足产业发展实际需求的突出结构性矛盾。

中国作为全球供应链中不可或缺的关键环节，快速变化的业务需求促使企业对高等教育机构所培养输送的人才提出了更高的要求，通过考察其他经济体（如澳大利亚、德国、英国和美国），中国的高校领导和企业高管看待高等教育的作用更为务实。其他国家的高管采用十分抽象的词汇描述了高等教育的作用。相比之下，中国的高校领导和企业高管对教育的定位更切实际，他们认为高等教育主要具有四大作用：其一，为学生打下坚实的基础，培养他们成为知识丰富、积极参与社会经济活动的公民；其二，培养学生获得开启职业生涯所需的基本能力；其三，促进经济创新；其四，为企业提供高技能员工队伍（见图 11）。

高等教育最重要的四大作用

中国高校领导和企业高管的回答	全球高校领导和企业高管的回答
为学生打下坚实的基础，培养他们成为知识丰富、积极参与社会经济活动的公民	向未来一代传授知识
培养学生获得开启职业生涯所需的基本能力	打造未来的领导者
促进经济创新	促进社会经济的流动和公平
为企业提供高技能员工队伍	培养学生获得开启职业生涯所需的基本能力

图 11　中国实施务实的高等教育策略

数据来源：IBM 商业价值研究院。

目前我国高等计算机教育已经从精英化向大众化、职业化转变，目前我国开设计算机专业的高校共有 946 所；一级博士点 60 个，一级硕士点 224 个。为加快软件产业发展，教育部联合国家计委、财政部，自 2001 年起择优扶持了 37 所高校试办示范性软件学院，15 年来，示范性软件学院按照"积极发展，规范管理，开拓创新"的指导思想，以培养精英型软件工程人才为目标，深化体制机制和教育教学改革，深入开展产学合作和国际化培养，建立开放式社会化的办学体制，实行灵活的教师聘任制和以人才培养为中心的分配制度，已成为我国名副其实的工程教育改革"特区"。示范性软件学院的改革，探索了软件产业急需人才培养的有效途径，初步回答了新工科如何建设的问题：体制机制改革是前提，强调校企合作，建立

开放式社会化的办学体制；实行灵活的教师聘任制，形成了"三三制"的师资结构；采取以人才培养为中心的分配制度；吸引企业参与教学管理，建立由企业参与的外部评价制度等。人才培养模式改革是核心，借鉴 CDIO 等工程教育理念，根据产业需求和技术发展灵活设置专业方向，以市场需求和提高国际竞争能力为导向制订人才培养方案，探索以学生为中心的培养模式等。产学合作是关键，校企联合制定培养目标和培养方案，共同建设课程与开发教材，共建实验室和实训实习基地，合作培养培训师资，合作开展研究。

在过去的时间里，中国高等教育体系取得了辉煌成绩，助力传统制造业以带动促进了近年的经济繁荣，随着时代的发展，以软件和信息技术服务业为代表的数字经济是典型的知识密集型产业逐渐成为经济建设的新支柱，行业对劳动力的要求与传统制造业相比有了很大的不同，通过分析中国最成功企业（运营效率和收入增长名列前茅的企业）高管的观点，我们发现了中国高等教育人才培养方面仍然面临两大挑战：67%的表现最佳企业的高管称高等教育文化应变能力不足；62% 的高管称现有教育模式与企业需求出现脱节。企业高管认为高等教育体系的不足之处如图 12 所示。

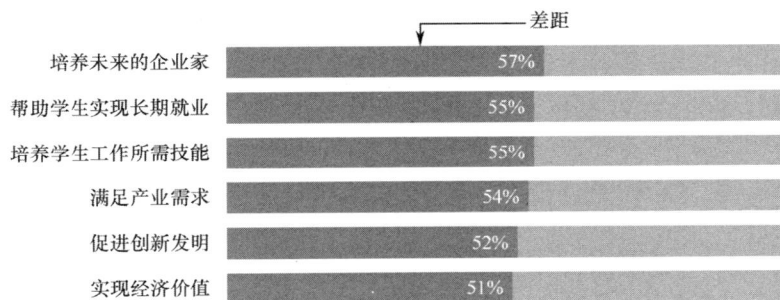

图 12　企业高管认为高等教育体系的不足之处

数据来源：IBM 商业价值研究院。

用人企业建议高等教育体系除专业知识体系构建外，应着力从以下三个方面培养学生职业技能：其一，提高学生高效团队协作能力；其二，培养学生分析问题和提出解决方案的能力；其三，帮助学生在工作中高效沟通的能力。提升学生职业技能和就业能力，高等教育体系需要推行更具实践性和实用性的教育模式。在中国高等教育领域，表现卓越的高校已经根据这些原则，推行了更加关注实践性和应用性的高等教育计划，为加快这一进程，教育部、国家发改委、财政部出台《关于引导部分地方普通本科高校向应用型转变的指导意见》（教发〔2015〕7 号），提出："转型发展要建立行业企业合作发展平台，建立学校、地方、行业、企业和社区共同参的合作办学、合作治理机制；要积极争取地方、行业及企业经费、项目和资源在学校集聚，合作推动学校转型发展。"除此之外，各地方政府在遴选示范应用技术类本科的计划中，同样将项目的可操作性、"双师双能"教师的聘请，校内外实习实训基地的建设以及合作发展平台的组建等作为遴选示范性应用技术大学的基础条件。教育主管部门期望通过指导高校加强与外部社会组织的积极合作，改变过于依赖国家有限资源的办学现状，把握其作为办学主体的主动权，将稀缺资源和关键资源的获取从政府转向市场，积极争取社会各界组织资源在学校内部的集聚，以弥补应用技术型人才培养在工程实践、创新能力等方面资源的不足。

总之，当前软件和信息技术服务业步入加速创新、快速迭代、群体突破的爆发期，加快向网络化、平台化、服务化、智能化、生态化演进。云计算、大数据、移动互联网、物联网等快速发展和融合创新，先进计算、高端存储、人工智能、虚拟现实、神经科学等新技术加速突破和应用，新技术、新产品、新模式、新业态日益成熟，加速步入质变期，面对全球新一轮科技革命和产业变革，如何抢占未来竞争战略制高点，人才作为第一资源的重要性更加凸显。在我国软件和信息技术服务业实施人才优先发展战略，加快建设满足产业发展需求的人才队伍的行业发展目标指引下，社会各界应该进一步提升对人才工作的战略重视程度，进一步发挥政府及有关部门在完善法律制度保障体系、制定人才发展规划、建立行业人才培养标准、提供优质公共服务、规范市场监管等方面的职能，更加充分发挥市场在产业人才发展资源配置中的决定性作用和企业在制造业人才培养、吸引和使用中的主体作用，动员和组织全社会力量，形成软件和信息技术服务业人才发展工作整体合力，全力为实现产业发展新跨越，支撑制造强国和网络强国建设的宏伟目标奠定坚实的人才基础。

（本稿件由中国软件行业协会提供）

2016 年信息安全领域发展概况

近年来，面对日益严峻的网络空间安全威胁，美国、德国、英国、法国等世界主要发达国家纷纷出台了国家网络安全战略，明确网络空间战略地位，并提出将采取包括外交、军事、经济等在内的多种手段保障网络空间安全。国内外不论是大型 IT 巨头还是中小企业通过融资、并购以及战略合作的方式，积极开展信息安全生态体系建设，信息安全相关领域的市场、技术、产品服务等稳步向前发展。

一、基本情况

（一）2016 年主要信息安全相关政策

1. 国内信息安全相关政策

2016 年 3 月，"十三五"规划发布，网络安全和信息化方案工作在"十三五"规划中得到全面加强。

5 月，中央网信办、教育部、工信部、公安部、新闻出版广电总局、共青团中央六部门联合印发了《国家网络安全宣传周活动方案》。方案明确从 2016 年开始，网络安全宣传周于每年 9 月第三周在全国各省区市统一举行。

6 月，中国网络安全和信息化领导小组办公室等六部门下发《关于加强网络安全学科建设和人才培养的意见》，推进网络空间安全高效基础教育。

6 月，中俄联合发布《中华人民共和国主席和俄罗斯联邦总统关于协作推进信息网络空间发展的联合声明》，就共同关心的问题进行磋商，确定信息网络空间互利合作的新方向。

7 月，中共中央办公厅、国务院办公厅印发《国家信息化发展战略纲要》，强调要保护信息化有序健康安全发展，明确了信息化法治建设、网络生态治理和维护网络空间安全的主要任务。

8 月，经中央网络安全和信息化领导小组同意，中央网信办、国家质检总局、国家标准委联合印发《关于加强国家网络安全标准化工作的若干意见》，对加强网络安全标准化工作做出部署。

9 月，最高人民法院、最高人民检察院、公安部、工业和信息化部、中国人民银行、中国银行业监督管理委员会六部门联合发布《关于防范和打击电信网络诈骗犯罪的通告》，分别对公安机关、检察院、法院、电信企业、各商业银行等打击治理电信网络诈骗提出具体要求。

11 月，十二届全国人大常委会第二十四次会议经表决，通过了《中华人民共和国网络安全法》，将于 2017 年 6 月 1 日正式施行，明确了网络空间主权的原则和网络产品及服务提供者的安全义务。

12 月，经中央网络安全和信息化领导小组批准，国家互联网信息办公室发布《国家网络空间安全战略》，阐明了中国关于网络空间发展和安全的重大立场和主张，明确了战略方针和主要任务，切实维护国家在网络空间的主权、安全、发展利益。

2．国际信息安全相关政策

2016 年 1 月，俄罗斯《互联网隐私法案》生效。该法案引入"被遗忘权"，赋予俄罗斯公民请求搜索引擎删除含有不准确、不相关、对个人后续事件和行为无意义和违反俄罗斯法律相关信息的链接。

2 月，奥巴马政府成立"国家网络空间安全强化委员会"，促进未来十年内美国的网络安全。

2016 年 4 月起，欧盟 30 个国家的超过 700 名安全专家进行了长达 7 个月的演练，涉及针对无人机、云技术、移动恶意软件和物联网等多种不同威胁。

6 月，北大西洋公约组织宣布，"网络"将正式成为各北约成员国的战场，意味着对北约成员国中任何一国的攻击将被视为对整个联盟的攻击，所有成员国应援助受攻击国家。

7 月，欧洲议会通过《网络和信息系统安全指令》。该指令是第一部欧盟范围内的网络安全规则，旨在实现网络和信息系统安全的更有力和更普遍的保障；

8 月，欧美隐私盾协议全面实施。隐私盾替代了在 2015 年 10 月陷入僵局的安全港协议，它对美国公司施加了更严厉的责任以保护欧洲公民的个人数据，强化了欧盟的数据主权。

11 月，美国国防部公布"漏洞披露政策"，允许自由安全研究人员通过合法途径披露国防部公众系统存在的任何漏洞。这项政策旨在允许黑客在不触犯法律的前提下访问并探测政府信息系统。

11 月，英国议会通过《2016 调查权法》，该法律要求网络公司和电信公司收集客户通信数据，并存储 12 个月的网络浏览历史记录，给警察、安全部门和政府提供了空前的数据访问权力。

3．习近平总书记关于网络安全的重要讲话

习近平总书记 4 月 19 日上午在京主持召开网络安全和信息化工作座谈会并发表重要讲话，强调按照创新、协调、绿色、开放、共享的发展理念推动我国经济社会发展，是当前和今后一个时期我国发展的总要求和大趋势，我国网信事业发展要适应这个大趋势，在践行新发展理念上先行一步，推进网络强国建设，推动我国网信事业发展，让互联网更好地造福国家和人民。

习近平强调，网络空间是亿万民众共同的精神家园。网络空间天朗气清、生态良好，符合人民利益。网络空间乌烟瘴气、生态恶化，不符合人民利益。我们要本着对社会负责、对人民负责的态度，依法加强网络空间治理，加强网络内容建设，做强网上正面宣传，培育积极健康、向上向善的网络文化，用社会主义核心价值观和人类优秀文明成果滋养人心、滋养社会，尽快在基础技术/通用技术、非对称技术/杀手锏技术、前沿技术/颠覆性技术等核心技术上取得突破，做到正能量充沛、主旋律高昂，为广大网民特别是青少年营造一个风清气正的网络空间。

中共中央政治局 10 月 9 日下午就实施网络强国战略进行第三十六次集体学习。中共中央总书记习近平在主持学习时强调，加快推进网络信息技术自主创新，加快数字经济对经济发展的推动，加快提高网络管理水平，加快增强网络空间安全防御能力，加快用网络信息技术推进社会治理，加快提升我国对网络空间的国际话语权和规则制定权，朝着建设网络强国目标不懈努力。

习近平强调，网络信息技术是全球研发投入最集中、创新最活跃、应用最广泛、辐射带

动作用最大的技术创新领域，是全球技术创新的竞争高地。我们要顺应这一趋势，大力发展核心技术，加强关键信息基础设施安全保障，完善网络治理体系。要紧紧牵住核心技术自主创新这个"牛鼻子"，抓紧突破网络发展的前沿技术和具有国际竞争力的关键核心技术，加快推进国产自主可控替代计划，构建安全可控的信息技术体系。要改革科技研发投入产出机制和科研成果转化机制，实施网络信息领域核心技术设备攻坚战略，推动高性能计算、移动通信、量子通信、核心芯片、操作系统等研发和应用取得重大突破。

（二）发展情况

1．市场规模

2016 年，安全泄露事件频频发生，DDoS 攻击、勒索软件等网络攻击规模不断上升，信息安全市场关注度也不断提升，政府部门、重点行业在信息安全产品和服务上的投入持续增加，信息安全市场依然保持较高的发展势头，赛迪顾问预测 2016 年信息安全产品市场整体规模预计达到 338.39 亿元，比 2015 年增长 22.3%（见图 1）。

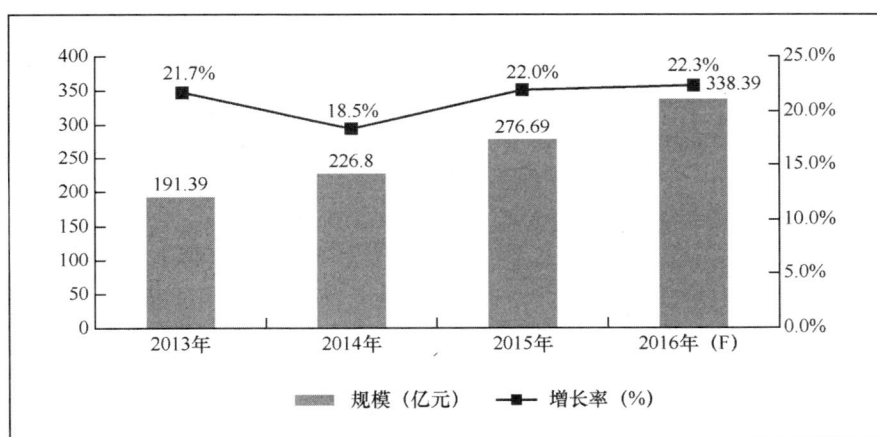

图 1　2013—2016 年中国信息安全产品市场规模

数据来源：赛迪顾问 2016.12。

2．未来三年发展趋势

未来三年，随着国际信息安全局势的复杂变化，政府依然高度重视信息化和网络安全投入，电信、金融、能源等行业不断加强其信息安全建设，关键行业和领域信息安全产品国产化替代不断推进，信息安全产品将更具自主创新性且更加多元化。预计 2019 年中国信息安全产品市场规模将达到 602.0 亿元，未来三年的复合增长率为 21.2%（见图 2）。

（三）并购融资情况

1．国际

2016 年国际安全行业巨头动作频频，纷纷通过投资、并购或者其他资本运作手段，补强自身的信息安全业务板块。与 2015 年相比，2016 年的并购金额有明显的提升。2016 年国外信息安全行业收并购情况如表 1 所示。

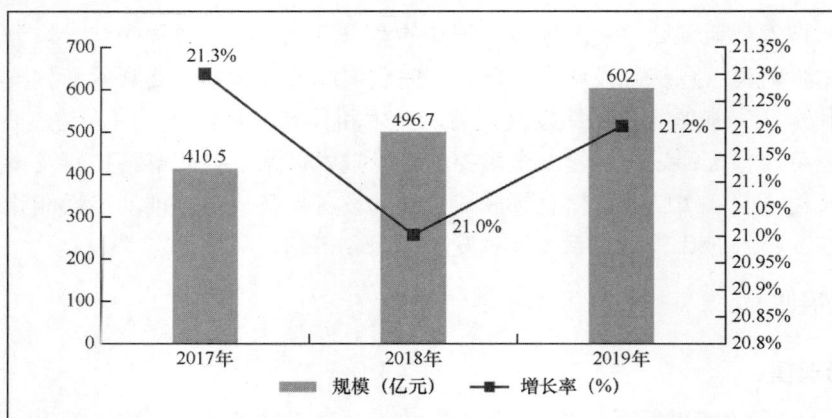

图 2　2017—2019 年中国信息安全产品市场规模预测

数据来源赛迪顾问 2016.12。

表 1　2016 年国外信息安全行业收并购情况

收/并购事件	收/并购金额	收/并购事件	收/并购金额
火眼收购 iSIGHT Partners	2.75 亿美元	赛门铁克收购 LifeLock	23 亿美元
IBM 收购 Resilient Systems	1 亿美元	Thoma Bravo 收购 Imprivata	5.4 亿美元
思科收购 CloudLock	2.9 亿美元	Avast 收购 AVG	13 亿美元
趋势科技收购 TippingPoint	3 亿美元	甲骨文收购 Dyn	未公布
赛门铁克收购 BlueCoat	46.5 亿美元	英特尔出让迈克菲 51%的股份	31 亿美元

数据来源：安全牛。

2．国内

2016 年，中国网络安全初创企业数量明显增多，不断传出融资消息，资本市场活跃。已具一定规模的安全企业开始寻求新三板上市，上市企业开始寻求投资标的或者其他形式的资本合作。国外大型 IT 公司和知名安全厂商，纷纷寻求在中国落地的途径和方法。

（1）融资情况

2016 年国内信息安全企业融资情况如表 2 所示。

表 2　2016 年国内信息安全企业融资情况

企业名称	融资阶段与金额	企业名称	融资阶段与金额
国民认证	天使轮 3000 万元	椒图科技	A+轮 3800 万元
看雪科技	天使轮 500 万元	安全狗	B 轮 3500 万元
默安科技	天使轮 600 万元	威努特	B 轮 5000 万元
安洵信息	天使轮千万元级	安华金和	B 轮 5500 万元
上海观安	Pre-A 2000 万元	杭州邦盛	B 轮 1.35 亿元
卫达科技	Pre-A 6000 万元	同盾科技	B+轮 3200 万美元
HanSight 瀚思	A 轮 3000 万元	梆梆安全	D 轮 5 亿元
微步在线	A 轮 3500 万元	中新网安	Pre-IPO 3.17 亿元
青藤云安全	A 轮 6000 万元		

数据来源：安全牛。

（2）新三板上市情况

2016 年国内新三板上市安全企业如表 3 所示。

表 3　2016 年国内新三板上市安全企业

创谐信息	1 月 7 日	盛邦安全	4 月 14 日
壹进制	1 月 8 日	峰盛科技	5 月 10 日
七洲科技	1 月 13 日	以太网科	5 月 17 日
思智泰克	1 月 15 日	永信至诚	5 月 23 日
海天炜业	3 月 10 日	海加网络	6 月 14 日
高正信息	3 月 11 日	帝恩斯	6 月 15 日
信元网安	3 月 18 日	联软科技	7 月 7 日
安信华	3 月 23 日	安博通	12 月 7 日
瑞星信息	4 月 5 日		

数据来源：安全牛。

（3）并购以及合作联盟情况

3 月，中国网络空间安全协会（Cyber Security Association of China，CSAC）于 2016 年 3 月 25 日在北京成立。中国网络空间安全协会是中国首个网络安全领域的全国性社会团体。中国网络空间安全协会首任理事长为中国工程院院士、北京邮电大学教授方滨兴。

4 月，Check Point 与曙光签订战略合作谅解备忘录，旨在建立一个有关网络安全的合作框架，通过产品研发、技术服务及安全方案组合等三方面的合作，携手在中国推进网络安全生态系统的全面发展。

6 月，北京网络信息安全技术创新产业联盟正式成立，中科院信息工程研究所副所长荆继武教授当选为联盟首任理事长。

6 月，启明星辰发行股份及支付现金相结合的方式购买赛博兴安 100%的股权，交易作价 6.37 亿元。其中，以 20.05 元/股发行 1925.69 万股的方式支付 3.86 亿元，以现金方式支付 2.51 亿元。

7 月，启明星辰与北信源联合成立合资公司辰信领创，合资公司在安全技术和产品层面，将完善并提升在传统终端和智能终端防护领域技术及产品的核心竞争力，并将整合合作各方的资源，打造国内一流的病毒及恶意代码防范技术研发团队，将各方优秀的专业安全能力融入产品和服务，实现从终端到云端的安全防护体系。

9 月，浪潮集团与美国思科公司合资设立的浪潮思科网络科技有限公司获批，合资公司投资总额 2.8 亿美元，注册资本 1 亿美元，主要从事信息技术和通信领域的技术开发、咨询服务及计算机软硬件的开发、销售。

11 月，华为与 Intel Security（英特尔安全事业部）签署合作协议，正式加入 Intel Security 安全创新联盟，成为其在中国市场的第一家合作伙伴。双方宣布，在全球范围内提供 APT 防御联合解决方案，帮助用户发现和清除高级恶意威胁，为广大用户正常业务保驾护航。

二、2016 年推出的部分典型产品及厂商

2 月，阿里巴巴正式推出企业安全产品——阿里聚安全，面向企业和开发者提供互联网

业务安全解决方案，覆盖移动安全、数据风控、内容安全、实人认证等多个维度。

4 月，立思辰推出安全设备"小密"，这是第一款以智能手环形态出现的加密设备，用于解决移动设备的加密问题。

4 月，指掌易正式上线企业级移动管理系统，以移动安全沙箱技术为基础，提供企业移动管理、移动办公安全套件等服务。据统计，其防护成功率达 99.99%。

7 月，北信源、启明星辰、腾讯、正铺技术、霁云汇等企业合作，推出"景云杀毒"企业级防病毒产品。

8 月，椒图科技推出"云锁 V3 机器人安全助手"，实现安全自动化策略。

8 月，山石网科发布山石云·影产品，将具有专利技术的智能行为分析算法与云沙箱技术相结合，对最新的恶意软件和未知威胁提供更全面深入的分析和检测。

9 月，天空卫士推出基于 UCS 技术万兆 DLP 网关，填补了国内的空白。

9 月，360 企业安全发布了新一代态势感知及安全运营平台——NGSOC。

12 月，赛门铁克推出首款整合 Blue Coat 技术的 Symantec Endpoint Protection 14（SEP 14）端点安全解决方案。

360 企业安全推出国内首款针对高级威胁进行快速检测和响应的新一代终端安全产品——360 终端安全响应系统。

三、2016 年重大信息安全事件

（一）全球重大信息安全事件

1. 信息泄露事件

据不完全统计，仅在 2016 年前 10 个月，全球已约有 3000 起公开的数据泄露事件，22 亿条记录被披露，远超过 2015 年全年。以下是部分较大规模的信息泄露事件。

事件一：4 月，研究人员发现有人在互联网上泄露了整个墨西哥选民的资料，该数据库包含了墨西哥选民的名字、地址、出生日期、投票 ID 号、父母名字和职业等敏感个人信息，且没有任何密码保护，这意味着 9340 万墨西哥选民的选举记录及个人信息可以在 Amazon Web 服务器上不受任何限制地进行访问。

事件二：5 月，领英证实网站 LinkedIn.com 在 2012 年遭遇黑客攻击时，有超过 1 亿条用户登录信息（包括电子邮件和散列密码）被盗，而之前的说法为 650 万条。

事件三：5 月，全球最好的成人交友网站 Fling.com 遭遇黑客入侵，约 4000 万个 Fling 注册用户信息被打包放到暗网黑市售卖。

事件四：8 月，俄罗斯搜索引擎 Rambler.ru 被曝早在 2012 年就被黑客入侵，约 1 亿用户的数据被盗，包括用户名、口令、ICQ 号码和其他一些重要的个人数据。

事件五：9 月，雅虎 5 亿个人信息泄露，同年 12 月，雅虎再次确认一起早在 2013 年的数据泄露事件，涉及用户数量达 10 亿，被认为是史上最大规模的信息泄露事件。

事件六：10 月，知名数据库及数据存储服务提供商 MBS，遭到黑客攻击，其 MongoDB 数据库由于缺乏有效的安全保护措施，5800 万商业用户的重要信息泄露，包括名称、IP 地址、邮件账号、职业、车辆数据、出生日期等信息。

2. 网络攻击事件

2016 年，网络攻击愈演愈烈，已经逐渐延伸到生活中的各个领域，其中 DDoS 攻击、勒索软件以及商业诈骗成为 2016 年最受关注的三种网络攻击形式,给社会各界造成了巨大的经济损失。以下是 2016 年影响较大的网络攻击事件。

事件一:1 月,航空航天零部件制造商 FACC 称其财务会计部门遭到了黑客的攻击,黑客从他们的资金中设法盗取了约 5000 万欧元(约等于 5450 万美元)。

事件二:4 月,德国 Gundremmingen 核电站的计算机系统,在常规安全检测中发现了恶意程序,核电站的操作员 RWE 为防不测,关闭了发电厂,虽然对外表示,并没有发生什么严重的问题。

事件三:8 月,黑客组织"影子经济人"盗取了 NSA 大量黑客工具和漏洞利用包,并在网上售卖。

事件四:9 月,全球知名网站托管服务提供商 OVH 声称遭受到规模达 ITbps 的 DDoS 攻击,攻击者入侵摄像头等物联网设备形成僵尸网络发动攻击。

事件五:11 月,黑客组织利用 Mirai 入侵大量物联网设备并针对 DNS 服务商 DYN 发动大规模 DDoS 攻击,致使美国大面积断网,据说攻击峰值达 1.2T。

(二)中国重大信息安全事件

事件一:2 月,名为"Locky"的勒索软件变种在中国肆虐,爆发后短短几天内就有数十家国内大型机构陆续受到侵害。该勒索软件导致某央企在一周内连续三次中招,所安装的安全软件无法防御,最终导致该企业部分终端用户瘫痪。

事件二:3 月,开源加密工具 OpenSSL 继"HeartBleed"漏洞事件后,又被曝出新的安全漏洞"水牢漏洞"。这一漏洞允许"黑客"攻击网站,并读取密码、信用卡账号、商业机密和金融数据等加密信息,其中我国有十万余家网站受到影响。

事件三:5 月,支付宝被曝出实名认证存在漏洞,用户的实名认证信息下会多出 5 个未知账户,而且用户没收到任何形式的确认或是告知信息,不论是短信、邮件,或者是登录后的站内信息都没有。

事件四:8 月,徐玉玉遭遇电信诈骗,近万元学费被诈骗分子卷走,导致其伤心过度,郁郁离世。徐玉玉事件将电信诈骗推上舆论的风口,为了遏制盗号、诈骗等不法行为,国家及时发布了《关于办理电信网络诈骗等刑事案件适用法律若干问题的意见》,对电信诈骗的处罚量刑做出规定。

事件五:10 月,乌云漏洞报告平台发布的新漏洞显示,网易用户数据库疑似泄露,事件影响到网易 163、126 邮箱超过亿条数据,泄露信息包括用户名、密码、密码密保信息、登录 IP 以及用户生日等。

事件六:11 月,借贷宝上千条不雅照片、视频资源泄露,作为女大学生的"借条",这些资源一经流出便在网上疯传,一些不法分子借着出售视频、照片资源的幌子,大肆传播木马病毒。

四、挑战与建议

(一)发展趋势

(1)硬件安全走向 SaaS 化。相比本地部署的硬件设备,SaaS 可以提供灵活的部署环境、更强的资源储备以及更低的安全成本。

（2）安全企业之间的点对点合作将逐渐演变为生态链上的合作。网络安全的定义早已不局限于防御，而是一个覆盖基础软硬件、云计算、大数据、物联网等多个领域的生态系统，只有生态链上的合作，才能有效对抗网络威胁。

（3）基于物联网设备的 DDoS 攻击更为普遍。物联网设备已经成为黑客主要攻击的目标，并成为黑客手中的肉鸡用于发动 DDoS 攻击。

（4）攻击自动化，防御情报化。一方面，自动化攻击工具、病毒、木马的售卖已经形成了一个巨大的利益链条，任何人都可以利用工具发动自动化攻击；另一方面，威胁情报在安全防御的作用越来越突出，安全企业都开始引入情报来支撑自身的产品。

（5）勒索软件的数量将会持续攀升，形式也会更加多样化。勒索软件家族的增长率将会在 2017 年达到 25%，并且勒索的模式会逐渐从现金或者比特币勒索演变出更多的勒索形式，如向同伴传播勒索软件等。

（二）面临的挑战

1. 我国基础软硬件领域取得了一定进展，但与国产自主可控替代要求相比仍有很大差距

从芯片来看，IC 产业已经形成了较为完善的体系，并取得了一定规模化的应用。以"飞腾"、"申威"、"龙芯"为代表的通用 CPU 研发与生产取得了重大进展，形成了从超算、高端服务器、桌面计算机到嵌入式的支持能力。在基础软件方面，以麒麟操作系统、昆仑安全固件、达梦、金仓、南大通用等国产数据库为代表的软件体系日益完善。

但是，我国自主可控生态链与自主可控替代要求相比仍有差距：芯片制造能力不足是当前产业发展最主要的短板，关键材料基本依赖进口，全行业每年研发投入尚不足英特尔一家公司的六分之一；国产操作系统开发大多基于开源的 Linux、Android 系统，对操作系统内核等关键技术掌握不足；数据库在高并发环境下的事务处理优化水平较差，在海量数据挖掘分析和非结构化数据管理等新兴技术方面仍处于跟随状态；基础软件功能、成熟度、可靠性、软硬件兼容性等方面与国际主流产品尚有较大差距。

2. 我国网络安全概念创新能力提升，但是产品技术落地能力较差

当前，网络安全技术的发展相对较为平稳，但是网络安全新概念却层出不穷。从近两年的 RSA 大会上来看，威胁情报、行为识别、CASB、网络测绘、AI 等全新的网络安全概念层出不穷，国内同样不甘落后，几乎第一时间引入了这些全新的概念。

然而，从技术落地的角度来看，国内外有着明显的差距。以威胁情报技术举例，国内外几乎在同一时间提出了威胁情报的概念。但是从 2016 年来看，国外已经有了较为完整的威胁情报应用体系，从情报的生产到共享与传输再到情报的消费，每一个环节上都有非常优秀的网络安全企业。反观国内，独立的威胁情报供应商仍然非常匮乏，尚未建立起威胁情报共享体系，能够充分消费威胁情报的企业和产品也十分有限，几乎仍然处于概念炒作阶段。

3. 相关政策法规需进一步完善

2016 年，信息安全的受重视程度空前，习近平总书记数次在重要会议上强调了信息安全的重要性与发展对策。然而，我国信息安全行业发展的相关法律法规与政策还不够完善，对于信息安全相关违法犯罪的打击力度有待进一步加强。

（三）发展建议

1．借力全球力量，推动我国网络空间安全技术的发展

网络空间安全技术具有一定的通用性，我们应该尽可能地运用全球的力量，来快速推动我国的技术发展。在网络安全法律制定和执行、网络安全发展战略规划、政府财政支持、国家重大网络安全专项工程等方面充分借鉴欧美国家的成功经验，制定我国在网络空间安全技术发展的相应规划、法律和专项工程；充分利用和融入开源技术，做到自主与开放、安全与可控的平衡；通过投资并购安全企业和成立合资公司等形式，吸收国外先进的安全技术尤其是我国急需的安全技术。

2．发动国内优秀安全人才和团队，加快关键网络空间安全技术突破

分阶段、分领域制定详细的技术演进时间表，把更多的人力、物力、财力投向核心基础技术、通用技术、非对称技术、杀手锏技术、前沿技术、颠覆性技术领域。一方面，组织国家级研究机构、高等院校、中央企业联合攻关；另一方面，采取重点核心项目招标制，将关键核心技术项目张榜出来，向全社会技术团队广泛招标，整合国内专家力量，一起突破关键技术瓶颈。

3．扶持安全企业，增强我国在网络空间安全领域的市场力量

培育壮大龙头安全企业。支持龙头企业发挥引领带动作用，联合高校和科研机构打造研发中心、技术产业联盟，打造技术产业化的高效转化通道。支持网络空间安全龙头企业在国内上市，促进本土安全企业积极"走出去"，提升其国际化发展水平。支持中小微安全企业创新。加大对科技创新型网络安全企业研发支持力度，落实企业研发费用加计扣除政策，适当扩大政策适用范围。完善技术交易和企业孵化机制，完善公共服务平台，构建普惠性创新支持政策体系。

4．加大对网络空间安全技术领域的资本支持

借鉴我国在"核基高"上的成功经验，设立网络空间安全领域的专项财政资金。同时，财政专项要与市场力量结合起来，以国家财政拉动社会资本向网络空间安全领域的投入。拓宽网络安全企业融资渠道，降低安全企业的融资成本。积极推动设立国家网络安全产业发展基金，引导风险投资、私募股权投资等支持网络安全企业创新发展。

（本稿件由中国软件行业协会提供）

2016 年世界软件产业发展概况

一、基本情况

软件产业始于 20 世纪 50 年代，并在 20 世纪 90 年代得到迅速发展，年均增速达到 15% 以上。进入 21 世纪后，随着网络泡沫的破灭，世界软件产业增长速度有所下降，进入稳定发展期。其中除了 2008—2011 年世界金融危机对软件产业造成了巨大的冲击，导致软件产业于 2009 年触底，其余年份软件产业业务规模持续增长，年均增速基本保持在 5%～6%。在 2014 年世界软件产业收入达到 4317 亿美元，收入同比增长 6%。2015 年世界软件产业总收入达 4561.1 亿美元，同比增长 5.65%，世界软件产业的增长进入稳定发展期（注：由于国内外软件产业统计口径不一致，所以不能用国内统计数据与之直接进行对比）。世界软件产业市场规模与增速如图 1 所示。

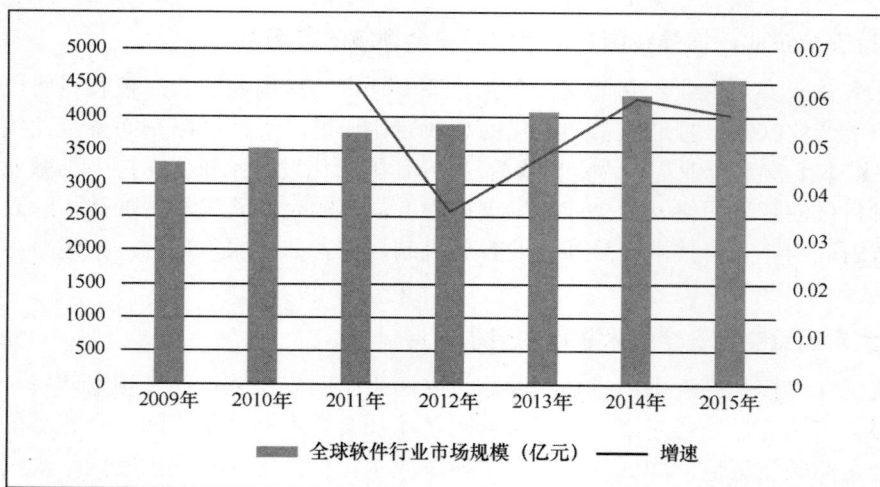

图 1 世界软件产业市场规模与增速

分地区来看，世界软件产业以美国、欧洲、日本、印度和中国等为主。美国是世界上最大的软件生产国，拥有三分之一的顶尖软件人才，掌握着最先进和最核心的软件技术并且拥有世界最成熟的软件市场。在 2016 年软件企业十强中 6 个企业来自美国，五十强中 33 个企业来自美国，其中包括 IBM、谷歌、微软等世界领先的软件企业。美国在世界软件产业中处于绝对的统治地位，掌握软件产业的核心技术，即操作系统和数据库软件，占据软件产业链顶端。

爱尔兰有着"欧洲硅谷"的美誉。得益于政府的政策支持，爱尔兰依靠产业集群优势、高度发达的电信设施、充沛的高端知识型人才以及成果转化能力，具备了在软件开发、生物工程和通信技术方面的一流水准，主要为欧洲市场服务，是美国产品欧化版的集散地，居于软件外包的上游环节。爱尔兰软件产业以出口软件产品为主，凭借高端技术型人才，专注于附加值高且发展潜力高的特殊商业应用市场和专业化领域。2016 年爱尔兰企业埃森哲在世界软件企业中排名第 4，年收入超过 310 亿美元。

日本软件产业发展主要依托国内市场需求，以企业为主体，以嵌入式软件为发展重点。日本通过将软件产品与电子产品结合，使软件成为数据化、智能化电子产品的重要组成部分，随着日本电子产品在全球市场需求规模的不断扩大，软件产业中嵌入式产品在全球占有重要份额。

印度软件产业发展迅速，现已成为世界上仅次于美国的第二大软件大国。印度目前共有16000 多家大、中型软件公司，共雇佣了 370 万名员工。2016 年世界软件企业十强中有 1 个企业来自印度，三十强中有 3 个企业来自印度，数量仅次于美国。印度软件产业为出口导向型，软件外包在全球占有领先地位，全球外包市场有一半以上被印度占据。印度软件产品有着广阔的市场，不仅出口到东南亚地区，还大量出口到美国、日本和欧洲地区，软件出口综合指数排名世界第一。印度软件外包企业在国际外包市场上具有很强的竞争力，在 2013 年世界十大离岸外包目的地中，印度有 6 个城市入围。

中国软件产业自 20 世纪 80 年代步入起步期，经历了 90 年代的成长期，21 世纪开始进入快速发展阶段。"十二五"期间，软件和信息服务业规模快速壮大，产业结构不断优化，业务收入年均增长率超过 20%。其中信息技术服务收入在"十二五"期末占到软件和信息技术服务业总收入的 51%，信息技术服务占比超过软件产品，产业结构有所优化。中国软件产业近几年虽然在科研创新方面有所突破，但整体来说自主创新能力比较弱，在国际市场上的竞争力不强。近两年中国软件和信息技术服务业受到了国内外宏观经济环境的影响，增长速度有所下降，软件产业出口持续萎靡，需要进一步开拓市场，培育新的增长点。

二、世界软件产业发展特点

近几年，在技术创新及产业融合的不断推动下，软件产业一直保持高速增长，远超世界经济发展速度，并逐渐呈现出一些新的发展特点。

（一）产业结构稳中有变

近几年世界软件产业结构整体比较稳定，软件服务收入达到软件产业的 60%～70%，占大部分份额。从世界 IT 相关支出来看，除去电信服务部分，剩余包括设备支出、企业软件、IT 服务和数据中心（见图 2）。其中软件及信息服务相关支出占比基本保持稳定，2016 年企业软件占全部 IT 相关支出的 10%，占软件及服务类支出的 24%；IT 服务占全部 IT 相关支出的 26%，占软件以及服务类支出的 64%；数据中心占全部 IT 相关支出的 5%，占软件及服务类支出的 12%。其中仍然以 IT 服务占比最大（见图 3）。随着软件产业的不断发展，世界软件产业结构在稳定中出现一些新的变化，一方面是软件服务规模所占比重不断提高；另一方面是软件产品和软件服务的界限逐渐模糊，"软件即服务"的趋势日趋明显。

（二）创新推动行业发展

软件和信息技术服务业是典型的人力资源和知识密集型行业，创新是软件产业发展的动力，也是软件产业未来发展的方向。近几年新兴信息技术的不断发展，推动整个行业转型升级。算法创新方面，比特币的底层算法区块链逐渐引起关注，大量前沿信息企业布局区块链，区块链技术在金融和公益等领域率先落地。技术创新方面，以大数据、云计算和物联网为代表的新兴信息技术不断成熟，发展迅速，其中云计算已经形成产业规模，并有望在下一阶段引领行业发展新潮流，成为新阶段的经济增长点。模式创新方面，外包、软件即服务以及云服务等成为热门，软件服务所占比重逐渐增大，产品与服务的界限逐渐模糊。商业模式方面，个性化定制、基于广告、应用商店、社交网络等引发新一轮的盈利热潮。一大批新兴企业利用信息技术结合创新的商业模式得到了迅速的发展，FACEBOOK、TWITTER 等社交网络在短短几年间成了行业中的佼佼者。表 1 所示为世界大数据与云计算规模及增长率，两者近些年均发展迅速，世界大数据规模在 2015 年达到 384 亿美元，同比增长 35%；在 2016 年达到 442 亿美元，同比增长 15%。世界云计算规模 2015 年达到 1780 亿美元，同比增长 15%；2016 年达到 2086 亿美元，同比增长 17.2%（见图 4）。

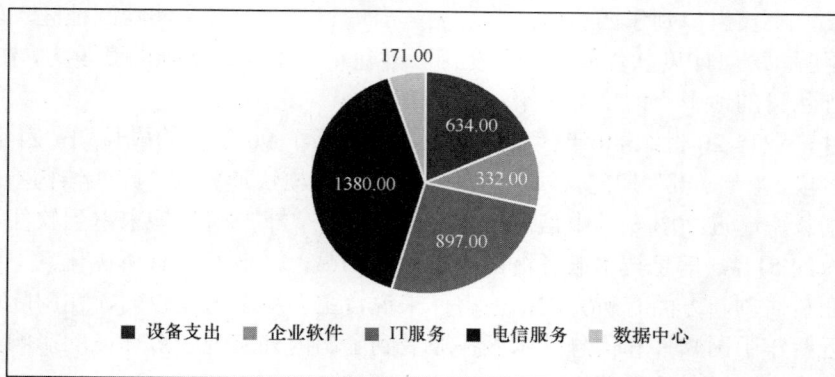

图 2　2016 年世界 IT 支出

数据来源：wind。

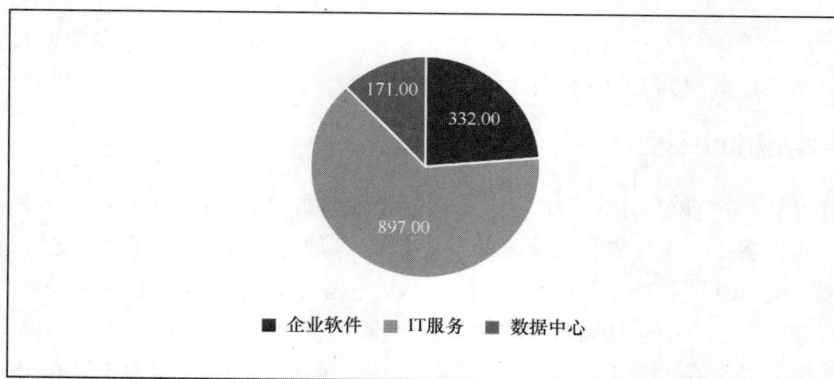

图 3　2016 年软件与服务类支出

数据来源：wind。

表 1　世界大数据与云计算规模及增长率

单位：十亿美元

年份	世界大数据规模	同比增长	世界云计算规模	同比增长
2014	28.40	—	154.69	—
2015	38.40	35%	178.00	15%
2016	44.20	15%	208.60	17%

数据来源：wind。

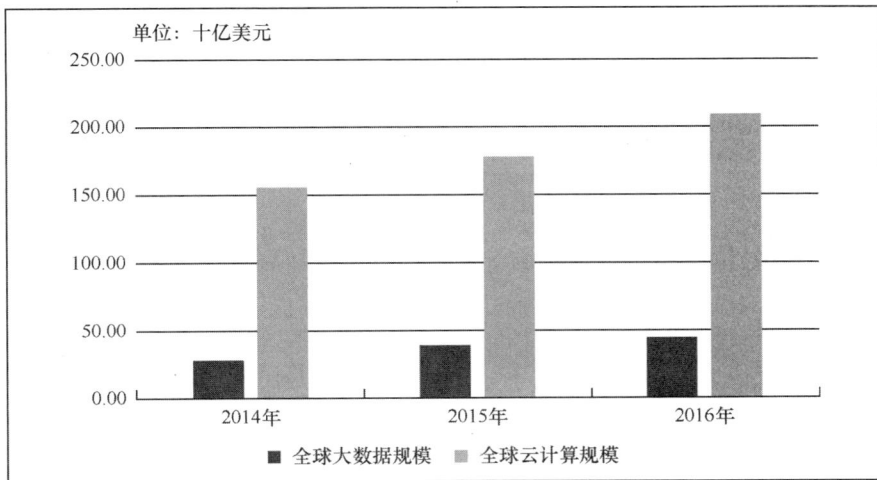

图 4　2014—2016 年世界大数据与云计算规模

数据来源：wind。

（三）市场竞争日趋激烈

软件市场在高速发展后不断成熟，企业竞争日益激烈。当前软件产业的市场竞争已经从单一产品、单项服务的竞争发展为全方位的产业链竞争。企业能否在市场上立足，靠的不仅仅是一项技术或产品，而是靠能否在市场上构建起一个行业生态系统。行业巨头跨界转型大力推动行业生态系统的建立，进一步加剧了行业的竞争状况。目前世界软件产业出现两极分化现象，龙头企业通过并购等方式不断延伸和扩展业务，逐步建立起自己的生态系统。例如，苹果公司构建起了包括智能终端、操作系统、开发平台、应用程序（Appstore）及其他拓展业务在内的生态系统，成为行业的领头羊，占据产业链顶端。而一些以外包服务为主的中小企业，由于缺乏核心技术，在市场中缺乏竞争力，再加上企业的人力成本不断提升，利润状况不容乐观。

（四）融合发展成为趋势

软件产业与制造业以及其他产业的融合成为行业发展的新趋势，并为软件产业的发展带来了新的空间。目前软件产业在高度分化基础上进入高度融合阶段，软件的技术体系在越来越专业化的同时，软件与硬件、软件与网络、软件产业与其他产业的相互融合不断深化，在推动软件产业不断向前发展的同时，也促进了其他产业的信息化发展，形成了很多新兴业态和新兴模式。例如，2008 年金融危机后兴起的分享经济，就是互联网软件产业与传统行业结合而成的产物。UBER、AIRBNB 等企业利用新兴的互联网软件技术整合资源，创新了传统的出租车和酒店业，提高了资源利用率并占据了巨大的市场份额，在短短几年便成长为估值超过 10 亿美元的独角兽企业。另外，近几年兴起的智能制造是软件产业与传统制造业的结合，利用信息技术创新制造模式，能够提高企业的生产效率并降低生产成本，是制造业未来的发展方向，也是信息时代经济新的增长点。

（五）信息安全引起关注

世界信息化的发展使得网络信息安全逐渐引起了大家的注意。随着大数据、云计算等新兴信息技术的应用，保障信息安全已经成为行业发展亟须解决的问题。据国家工业信息安全发展研究中心不完全统计，2016年工控系统漏洞居高不下，工控安全事件屡屡发生，全球超过7.2万个工控系统暴露在互联网上，存在较大风险隐患，其中我国可辨识的工控系统共有1993个。2016年共有近40个国家对我国工控系统发起过超过11万次网络攻击，大多涉及化工、通信、关键制造等重点领域。除此之外，国防、金融以及政府部门系统等都面临着网络信息泄露的风险。2016年世界出现多起网络安全事件，包括孟加拉央行在内的多家金融机构遭到黑客攻击，损失从1200万美元到8100万美元不等；美国、德国等地基础设施部门遭到攻击，造成大面积居民基本生活受到影响；雅虎网站出现史上最严重的信息泄露，超过5亿条客户信息被窃。全世界政府以及企业已逐步加大对网络安全的重视程度，促进可信计算、数据安全、系统安全、网络安全等信息安全核心技术的发展。

三、世界软件企业500强发展情况

根据software500统计，2016年世界软件企业500强排名中美国占据绝对领先优势，前十名中6个企业来自美国，前五十名中34个企业来自美国，前五百名中有380个美国企业入围。IBM、微软和甲骨文公司排名前三，收入分别达到720亿美元、560亿美元和330亿美元。排名在前的大型软件企业收入基本保持稳定，甚至IBM、微软等公司收入有大幅下降，下降幅度约为10%。2016年世界软件十强企业中只有美国的苹果公司和印度的塔塔公司增长速度比较快，收入同比增长约10%。

表2所示为世界软件企业500强。第二列和第三列分别是总收入超过100亿美元和10亿美元的软件产业公司的数量。后边四列分别是软件企业排名前10、前50、前100和前500的企业收入门槛。从2012年到2016年，收入超过10亿美元的大型和超过100亿美元的超大型软件企业数量呈现逐年增长的趋势。但是排名第10名的企业收入从2012年到2016年并没有出现大的变化，其中只有2014年软件收入前十均超过150亿美元。排名第50名和第100名的企业收入有小幅增长，排名第500名的企业收入甚至有所下降。说明软件产业已经进入稳定发展期，增长速度逐渐放缓，市场竞争日益激烈。

表2　世界软件企业500强

单位：百万美元

年份	超过100亿美元收入	超过10亿美元收入	第10名收入	第50名收入	第100名收入	第500名收入
2016	17	101	$14590	$3015	$1005	$0.07
2015	18	103	$14055	$3050	$1016	$2.74
2014	17	95	$15754	$2738	$945	$1.00
2013	15	86	$14905	$2541	$798	$1.51
2012	14	79	$14916	$2206	$766	$4.36

数据来源：Wind。

四、中国软件产业的差距

（一）企业规模普遍较小，创新能力亟待提高

目前我国软件企业中以私人控股企业为主，超过了我国软件产业企业总数的80%。表3所示为中国软件企业股权比例，可以看出绝大部分软件企业都是私人控股，国有控股和外商

控股的软件企业占比很小，2016 年两者之和占软件企业总数的 12%。由于中国私营企业的规模普遍较小，这导致中国软件产业企业规模整体偏小。据 2013 年的数据，中国 67% 的软件企业少于 50 人，26% 的软件企业在 50～300 人，能够引领行业发展的龙头企业较少，创新研发能力亟待提高。我国很多软件企业依靠外国软件资源进行本地系统集成服务，自主开发和自有知识产权的产品和技术少，主流产品技术和国际先进水平之间的差距大，缺乏较强的项目分析、设计和管理经验，对国际市场信息、先进的软件设计和开发方式缺乏了解，软件开发过程缺乏有效的管理体系，尚不能与国际标准接轨。因此，我国软件企业近几年受到了国内外宏观经济的影响，在国际软件市场中缺乏竞争力，出口持续低迷。

表3　中国软件企业股权比例

年份	企业个数	企业个数：国有控股	企业个数：私人控股	企业个数：外商控股	企业个数：其他
2008	14687	984	10482	1558	1663
2009	18229	1409	13745	1711	1364
2010	20742	1424	15762	1795	1761
2011	24723	1711	19540	1868	1604
2012	29205	2198	22609	2130	2268
年份	企业个数	企业个数：国有控股	企业个数：私人控股	企业个数：外商控股	企业个数：其他
2013	33335	2225	26639	2084	2387
2014	37102	2251	30003	2199	2649

数据来源：software500。

（二）人才供求出现矛盾，高端人才严重缺乏

软件产业是一个典型的人力资源密集型行业，人才的培养对于软件产业的发展有着举足轻重的作用。随着中国软件业规模不断扩大以及软件产业在大数据、人工智能、区块链等领域的深入发展，中国软件人才供求出现结构性矛盾，尤其是高素质的软件工程人才以及复合型人才的严重缺乏，影响了软件产业的整体发展。软件人才培养与产业链的有机衔接不够，软件企业等市场主体和高校院所等教育机构在技术领军人才、科技型人才培养方面还有较大提升空间。另外，软件和信息技术服务业与传统产业的跨界融合加大了对复合型人才的需求，亟须引进熟悉传统产业模式的实用型软件人才，加快传统企业转型升级。

（三）产业转型调整加速，新兴业态尚未成熟

云计算、移动互联网、大数据等新业态、新模式的快速发展，使得传统软件企业经营压力继续加大，迫使其颠覆传统的业务模式和商业模式，加快互联网服务转型。企业经营带来重大挑战，投入大，回报慢，加之人力成本高、融资难问题依然存在，导致产业收入增速和利润增速有所下降。同时，由于商业模式不清晰、标准规范不完备等多方原因，企业在大数据、云计算等新兴领域仍在不断探索，新兴业态尚未形成对产业发展的拉动作用。

五、下一步发展方向建议

（一）加大自主研发力度，提升核心竞争能力

软件和信息技术相关主管部门要密切关注新兴技术发展，重视关键技术研发，在人工智

能等领域抢占先机。政府要制定有效的政策，对企业自主研发提供支持。对于中小企业可以设立相关支持科研的基金，对成长过程中的软件企业进行扶持，鼓励它们进行自主科研创新，提高我国软件和信息技术服务业整体附加值。同时积极培育扶持大企业的发展，鼓励有能力的大型企业积极参与国际市场竞争，追踪布局行业前沿科技，提高企业的国际竞争力，以龙头企业带动整个行业的发展。同时，政府相关主管部门要和行业内龙头企业及高校、研究所等单位密切合作，积极推动新兴领域的规范和标准制定，以确保在提升企业创新效率的同时，保障新兴领域的安全性、可靠性和可控性。

（二）多渠道培养人才，提高软件人才素质

信息产业是技术密集型产业，新产品、新技术的不断涌现需要大量的高素质人才提供支持。我国虽然人力资源总量很大，但是高技术人才占比较小。因此，我国需要加大软件产业的教育和人才培养，鼓励多途径、多渠道培养人才。政府要提高重视程度，通过产学研用结合培养更加适合市场需要的高素质人才及复合型人才。鼓励软件产业企业和高校、研究所等机构进行合作，通过企业技术人员到高校授课及双方合作开展课题研究等多种方式促进科研成果转化，并提高软件产业人才素质，从而带动我国软件产业自主研发能力的提高。此外，政府相关主管部门还可以广泛开展国际科技合作，通过国外引进和交流合作等模式培养国际化人才。要积极推动国内外软件产业的合作项目，鼓励国内外相关研究人员定期进行交流合作。政府应鼓励我国企业和高校向国际领先的企业和研究所学习培养模式及合作培养人才，为我国高级软件人才提供更多的国际交流、实践的机会，提高软件产业人才整体素质。

（三）持续推动两化融合，促进软件业转型升级

两化融合是信息化和工业化高层次的深度结合，通过信息化带动工业化、工业化促进信息化，实现信息业和制造业转型升级。中国软件和信息服务相关主管部门要推动两化融合的政策宣贯，提高重视程度，改变发展意识和发展思路，成立相关的行业协会和联盟，建立和完善两化融合管理体系。要从供需两方面推动两化融合的进程，一方面要推动传统制造业企业改革转型，设立两化融合的专项资金，对于转型升级的项目给予支持；另一方面要大力支持相关软件企业进行技术创新，推动工业软件企业的发展。

（本稿件由工业和信息化部电子科学技术情报研究所提供）

2016 年软件产业上市公司发展概况

信息产业是国家的先导性与战略性产业。软件是新一代信息技术产业的灵魂，它是信息技术应用与国家信息化建设的关键要素之一。作为市场中最活跃的参与者，软件企业是推动软件产业发展的最重要主体。软件产业中的上市公司是所有软件公司中的佼佼者，上市软件公司的发展状况可以看成整个软件行业的晴雨表，从一定程度上反映了行业发展的新方向、新趋势，对我国软件和信息技术服务业的加速发展提供了一定的参考价值。

一、基本情况

我国 2016 年经济形势面临下行压力，国际贸易增长低迷，外部环境的不稳定、不确定因素增加。尽管如此，以云计算、物联网、大数据为代表的新业态为我国软件和信息技术服务业的发展注入了新的活力，全国软件和信息技术服务业在2016 年完成业务收入4.9 万亿元，同比增长 14.9%，增速比 2015 年回落 0.8 个百分点。软件上市公司近几年的营业收入持续增长，2015 年完成软件业务收入约 6485 亿元，同比增长 13.8%。与此同时，软件上市公司的数量也越来越多，2015 年达到 3534 家，在 2015 年的基础上增加了 514 家，增长率达到了 17%（见图 1 和图 2）。

软件上市公司包括软件外包上市公司、管理软件公司（包括 ERP 软件上市公司、财务软件上市公司）、电力行业软件上市公司、金融行业软件上市公司、医疗行业软件上市公司、电信行业软件上市公司、物联网应用软件上市公司、智能交通软件上市公司、安全软件上市公司及其他行业软件上市公司。据中商产业研究院大数据库显示，2016 年上半年年报已经披露完毕。基础软件行业共有 8 家上市公司，2016 年上半年营业收入达 66.16 亿元（见图 3）。

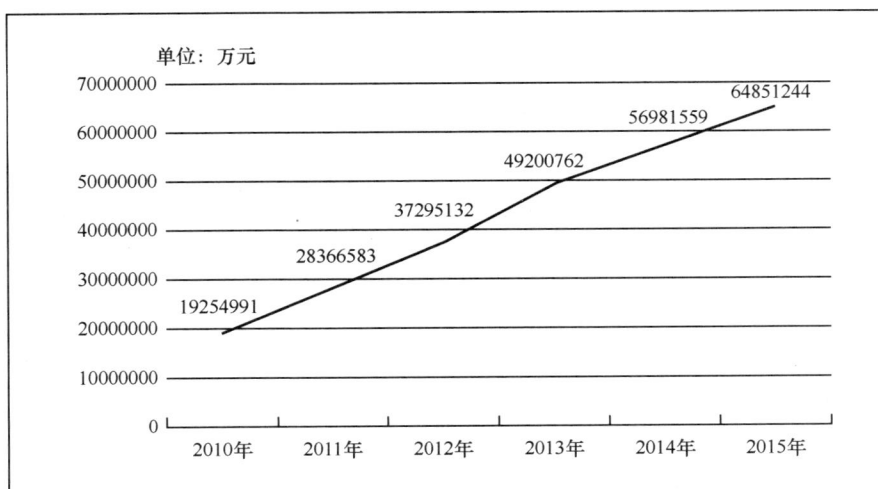

图 1　上市软件公司 2010—2015 年收入

数据来源：Wind 资讯。

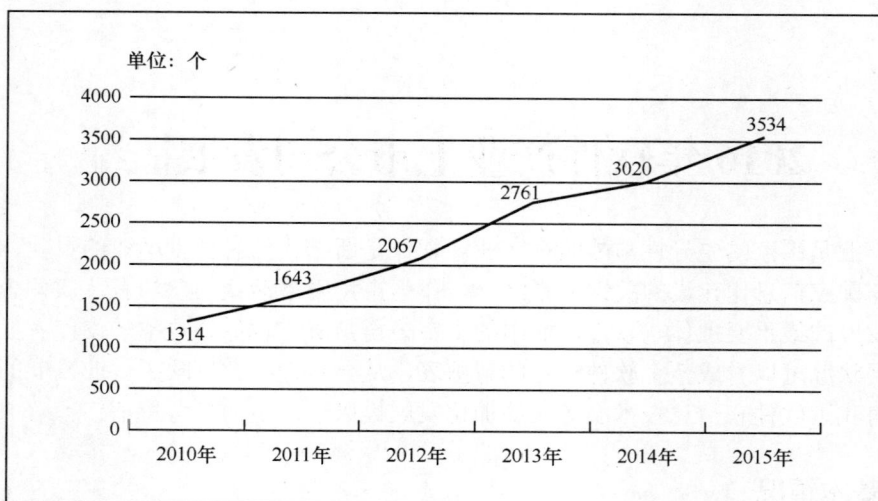

图2 2010—2015年上市软件公司数量。

数据来源：Wind 资讯。

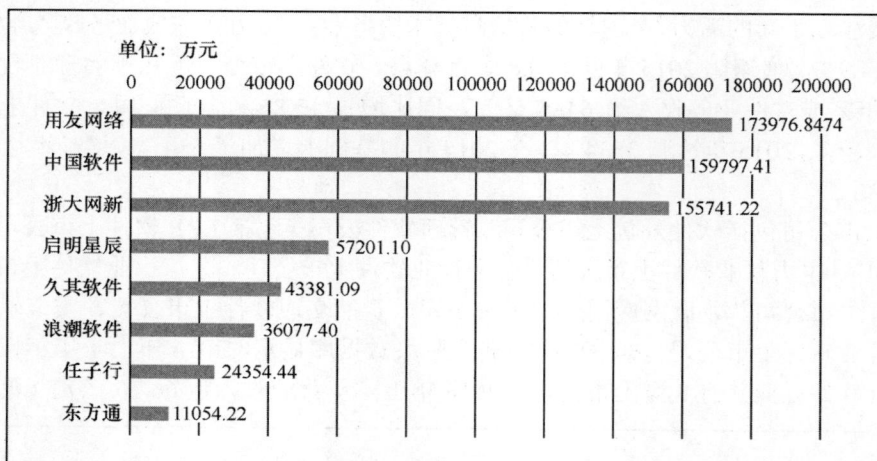

图3 2016上半年基础软件行业8家A股上市公司营业收入

数据来源：中商产业研究院。

2016 年 7 月，工业和信息化部发布了 2016 年（第 15 届）中国软件业务收入前百家企业名单，软件前百家企业主动适应国内经济发展新常态，在内外需求明显放缓的形势下，坚持创新引领，积极寻求在技术、管理、商业模式各方面的创新突破，企业活力增强，转型升级不断推进；高度重视信息技术与传统工业、服务业的结合，顺应"智能制造""互联网+"发展大势，挖掘市场新机遇；强化资本手段运用，打造和丰富产业链体系，实现了稳中向好的发展局面。

二、主要特点

（一）产业不断深入国际化，一带一路带来重大机遇

在经济全球化进程加速和产业国际竞争加剧的全球大背景下，走国际化道路、加快融入

世界产业体系是一个国家或一个地区产业发展的必然选择。软件和信息技术服务业迭代创新快、资源配置能力要求高，一国或一地要想在该领域国际竞争中占有一席之地，对国际化的需求将会更加迫切。我国软件和信息技术服务业已实现基于本土市场的内生式高速增长，当前正处于深化国际化、促进跨越发展的关键期。"十二五"期间，中国软件产业出口规模扩大（见图4），产业结构不断升级，产业链向中高端延伸，软件企业出口和国际化步伐加快，创新能力增强，自主知识产权拥有量显著增多。

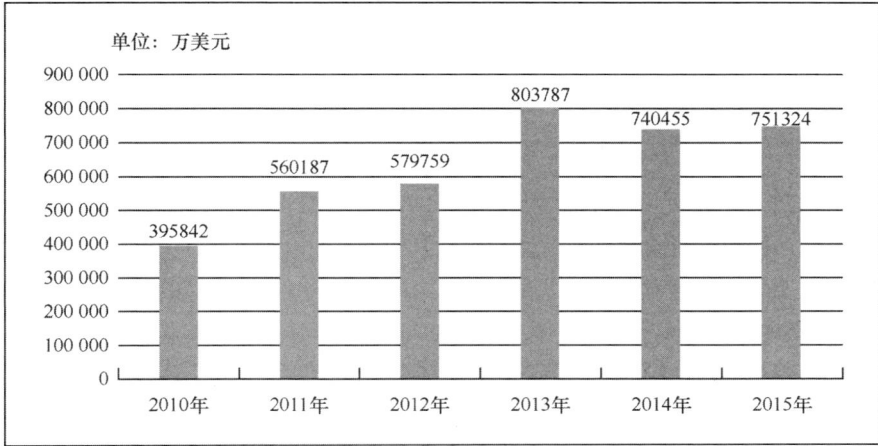

图4　软件上市公司 2010—2015 年软件出口收入

资料来源：Wind 资讯。

"一带一路"将成为世界上跨度最长的经济大走廊，它发端于中国，贯通中亚、东南亚、南亚、西亚乃至欧洲部分区域，东牵亚太经济圈，西系欧洲经济圈，甚至北美经济带。目前，不少处于"一带一路"的发展中国家和地区的软件和信息服务业基础较弱，与我国相比仍存在较大的"数字鸿沟"，这无疑为我国的软件和信息服务业创造了良好的发展机遇。此外，软件信息技术的通用性和互联网的连通性为我国软件企业"走出去"提供了可能。中国软件企业以此为契机，加快了全球化战略布局，跨境并购、海外融资活动变得越加频繁。一些行业领先的软件企业还在国外设立了研发中心和产业基地，拓展了海外市场，吸引了国外优秀软件人才，增强了企业自身的国际知名度和影响力。2016 年 4 月，阿里巴巴宣布已获得东南亚电商 Lazada 的控股权。到 2016 年 12 月，支付宝已经与海外 200 多家手握牌照的金融机构达成合作，包括一些信用卡组织 Visa、万事达等；也包括一些跨国银行，如花旗银行、渣打银行、巴克莱银行、德意志银行等。2016 年 11 月，蚂蚁金服战略投资泰国支付企业 Ascend Money。

（二）云计算为软件行业带来广阔发展空间

云计算是计算机科学和互联网技术发展的产物，也是引领未来信息产业创新的关键战略性技术和手段，云时代的到来必将为我国软件行业带来技术开发和发展模式的改变。云计算对中国软件企业的意义就在于降低研发成本，提高企业效率。借助云计算的应用，软件供应商可以在云端进行软件监控、维护、更新等操作。同时，云计算凭借其强大的海量数据处理能力为企业降低了在系统硬件方面的要求，从而降低了企业运营成本。

软件企业向云计算转型是大势所趋，传统研发能力难以满足新一代研发的要求，我国支持相关地方主管部门联合相关骨干企业建立面向云计算开发测试的公共服务平台，从而加速软件和信息服务企业发展产品、服务和解决方案。2015 年 6 月 16 日，大连市政府与华为公司签约合作，共建软件云服务平台。2016 年 12 月 22 日，软件开发云在大连正式上线，至今已服务当地 300 多家软件企业、创业团队，有超过 10000 活跃开发者使用，近千名软件专业学生在软件开发云上通过项目实战体验最先进的软件开发模式。随着云计算和移动互联网技术的发展，作为中国软件行业的领导厂商，金蝶软件也积极向云服务转型，孵化出金蝶医疗、云之家、随手记、快递 100 等云服务，并与亚马逊 AWS 签署全球战略合作协议，金蝶宣布将基于 AWS 云服务平台，打造面向世界级的企业云 ERP 平台。

（三）软件企业正处利好政策环境

"制造强国""网络强国"两大战略被纳入"十三五"规划之中，软件和信息技术服务业是引领科技创新、驱动经济社会转型发展的核心力量，是建设制造强国和网络强国的核心支撑。2016 年是"十三五"开局之年，新一轮科技革命和产业变革持续深入，国内经济发展方式加快转变，软件和信息技术服务业迎来更大发展机遇。随着《中国制造 2025》《国务院关于积极推进"互联网+"行动的指导意见》《国务院关于深化制造业与互联网融合发展的指导意见》《促进大数据发展行动纲要》《国家信息化发展战略纲要》等一系列国家战略文件相继出台，中国软件和信息技术服务业迎来难得的历史发展新机遇。

中国软件产业迄今为止已实现了长足发展，2016 年全国软件和信息技术服务业完成软件业务收入 4.9 万亿元，整体运行态势良好。中国是世界 IT 产业大国，也是最重要的 IT 市场之一。按照《中国制造 2025》的要求，我国把"智能制造"作为制造业转型升级的重要突破口和抓手，软件是其中的核心。我国软件企业以此为契机，充分发挥行业引领带动作用，进一步推动信息技术和工业技术的协同创新与融合发展，全力支撑"互联网+"行动计划，推动智能制造的发展，为实现经济高速发展贡献力量。

在加快结构性调整的背景下，居民信息消费扩大、企业运行模式升级、政府公共服务强化等经济社会转型将给大数据、云计算、移动互联网等新兴信息技术的应用提供更广阔的发展空间。政府也发布了一系列重大政策以实现物联网创新，选出九大领域作为政府投资的重点应用领域，主要包括智能工业、智能农业、智能物流、智能交通、智能电网、智能环保、智能安防、智能医疗、智能家居。此外，国家相继出台《国务院关于深化制造业与互联网融合发展的指导意见》《关于建设大众创业万众创新示范基地的实施意见》《国家创新驱动发展战略纲要》等多项产业政策，为软件企业发展提供了有利的政策环境，进一步激发了市场活力。我国实体经济企稳向好，结构调整不断深入，软件和信息技术服务业有望继续实现平稳较快增长，增速保持在两位数以上。

（四）互联网+软件成为新趋势

我国"互联网+"战略和《中国制造 2025》的相继出台对软件和信息技术服务业带来良好的发展契机，软件企业在"互联网+"的大环境下获得了更多的发展机会。软件要超出信息技术产业范畴，与各重点行业领域深度融合，包括金融、制造、交通、物流等领域。目前，我国软件企业正加快与"互联网+"的融合发展，这种新的发展方式不仅给企业带来效益，社会大众也因此获益。以 BAT 为代表的许多颠覆传统服务行业的互联网服务公司，其背后的核心其实都是软件，它们创新的基础、运行的支撑都是软件。例如，软件渗透到流通行业，形成淘宝；软件渗透到出租车行业，诞生了滴滴；软件渗透到金融领域，形成了互联网金融；软件渗透到餐饮行业，成就了大众点评……软件渗透到商业或生活类服务中，形成新型的互联网商业生活服务。其中，滴滴打车是一款互联网应用软件，自上线起就受到出行市场的欢迎，滴滴宣布 2015 年完成 14.3 亿订单。滴滴打车为用户提供了一种全新的出行方式，打车人减少了等车时间，滴滴司机也降低了汽车的空驶率，提升了经济效益。这种线上线下相融合和互联网应用软件将从方方面面改变人们的生活方式。

（五）软件定义成为行业企业和技术厂商追逐的热点

在新一轮全球工业化竞争中，工业软件得到重新定位，从制造业信息化发展的辅助工具，被提升为推动工业智能化转型升级的利器。各大工业巨头更是早已将软实力视为新一轮工业变革中重要的支撑力量。2014 年，GE 推出其工业互联网平台 Predix，2015 年正式面向所有企业开放，并希望在 2020 年实现 150 亿美元的软件销售额，跻身全球前十大软件公司行业。软件定义一切（Software-Defined Anything，SDx）将 IT 服务（例如，计算、网络、安全和存储）从硬件底层解耦出来，因此也将虚拟化这一概念扩展至一个新的层面，即所有的数据中心资源被抽离、合并及自动化管理。数据中心 SDx 的核心组件包括计算虚拟化、软件定义网络（Software-Defined Networks，SDNs），以及软件定义存储（Software-Defined Storage，SDS）。在中国，SDN 在 A 类企业中崛起得非常迅速，SDN 带来的最大价值是节约成本、提高网络性能、提升网络效率，而集成的特性和安全性则是最大的挑战。传统网络是水平标准和封闭的，SDN 将在整个网络的垂直方向让网络开放、标准化、可编程。SDN 将在云数据中心率先普及，因为面对多租户的不同业务需求，SDN 灵活变换网络配置的能力是必需的。随着开源时代的到来，选择 OpenStack 的企业，有一半已经部署或正在部署 SDN。目前企业更加信赖大型网络设备供应商的 SDN 解决方案，而中型企业则更倾向于选择个性化的解决方案提供商。而细分到行业来说，金融行业行动最快，20%的企业已部署（或计划部署）SDN，而电信和互联网公司排在第二位，占比为 12%，其次是政府、医疗和能源行业。华为将 SDN 架构分为三个层次：网络设备层、网络控制层、业务管理及编排层。其核心理念是全层次开放与可编程，能够与不同类型用户的业务需求做到很好的匹配和联动。华为产品覆盖了从芯片到解决方案的完整产业链，而且在芯片、交换机、控制器等领域都提供了稳定的商用产品，其主推的方案也逐步落地。并且，华为与来自电信运营商、互联网公司、设备厂商和工信部电信研究院等 15 家 SDN 产业链代表成立"SDN 产业联盟"，对于推动 SDN 产业发展和标准的制定具有重要的作用。与此同时，尽管 SDS 尚处于萌芽阶段，但其潜在市场机会已经吸引了一批全球范围内的成型的技术提供商（如 EMC、HP 等），而中国厂商（如 DataCore）及全球性创业型企业（如 Nexenta）也已提出相关解决方案。

三、面临问题

（一）软件企业整体处于产业链中低端水平

经过 30 多年的发展，我国软件和信息技术服务业发展成效突出，初步形成以企业为主体、"走出去"与"引进来"相结合的国际化发展战略框架。但与国际先进国家相比，我国产业国际化整体水平不高，产业仍处在全球价值链低端环节，距离构建软件强国的要求还有相当大的差距。我国软件市场规模可与美国等其他软件强国相比，但企业的技术创新能力、产品质量和解决方案成熟度、国际市场占有率等方面差距依然十分明显。美国几乎主宰系统软件等基础平台的开发研制和软件标准的制定，90%以上的操作系统、数据库管理软件等基础软件和大部分通用套装软件被美国所垄断，绝大部分产品、特别是工业软件技术标准的控制权也都掌握在美国企业手中。中国软件企业大多从事一般应用软件开发，极少数企业掌握高级应用类软件开发。据商务部统计，我国近几年信息技术外包占中国软件出口的比重一直维持在95%以上，且大部分是需要大量人工投入、附加值较低的一般应用软件和信息技术外包服务。

（二）软件企业知识产权保护意识薄弱

软件开发是一项智力密集型劳动，开发成果不仅是软件企业的重要财富，也是软件开发人员珍贵的知识成果。知识产权是软件企业的核心竞争力，保护好知识产权是软件企业立足市场，维护企业自身利益的必要措施。目前，我国软件企业对于保护知识产权的法制意识比较薄弱，一些企业甚至理不清知识产权的归属问题。国内市场竞争激烈，一些软件企业创新乏力，抄袭、山寨就成了它们维持生存的手段，越来越多的不法分子通过制造销售盗版软件来牟取暴利，这极大地损害了拥有知识产权软件企业的利益，扰乱了正常的软件销售市场。企业不仅需要做到保护好自己的知识产权，也需要做到尊重他人的知识产权。我国软件企业的快速发展使国外软件企业感受到不小的进口压力，国外软件企业运用其所持有的专利权对我国的软件企业发起诉讼，知识产权保护意识的缺失让我国企业蒙受巨大损失。

（三）软件人才结构和区域分布不合理

中国软件人才的结构存在着严重的结构失衡问题，呈现出"中间大、两端小"的局面，中端软件人才相对过剩，高级科研人才、行业领军人才的高端人才严重缺乏，从事基础开发工作的人才数量也难以满足行业需求。软件企业研发能力和创新能力的上限往往是由高级人才的素质决定，缺少高级人才必将给企业的技术创新带来短板。从空间分布上看，软件人才分布呈"东部多、中部少、西部缺"态势，软件人才主要集中在东部地区，中部、东北、西部地区相对较少，主要原因在于中部和西部地区软件市场规模较小，软件工程教育相对落后、体系还不够完善、缺乏有效的能力培训机制。软件出口企业的高端人才需要拥有良好的教育背景、语言和文化优势，能够及时了解前沿技术，同时还需要熟悉国际化企业的管理模式，熟练掌握国际标准和规范等。

（四）信息安全问题频发

2016 年世界出现多起网络安全事件，包括孟加拉央行在内的多家金融机构遭到黑客攻击；领英 1.17 亿用户信息被泄露；雅虎网站超过 5 亿条客户信息被窃。互联网应用软件在给人们带来便利的同时，信息安全问题也随之而来。垃圾短信、骚扰电话是人们日常生活中经常遇到的问题，用户信息泄漏是导致这一问题的主要原因。软件内的强制捆绑和钓鱼网站等问题一直威胁着用户的信息安全和财产安全。近年来，我国软件企业不断提升信息安全防控能力，技术和产品体系建设与支撑服务能力提升取得重要进展，但仍无法有效应用对新形势下日益复杂化和多元化的安全威胁和挑战。

四、展望与目标

工信部发布《软件和信息技术服务业发展规划（2016－2020年）》（以下简称《规划》），这一文件的出台为我国软件和信息技术服务业指明了目标。《规划》提出，到2020年，软件和信息技术服务业业务收入突破8万亿元，年均增长13%以上，占信息产业的比重超过30%。《规划》还指出，到2020年，产业规模进一步扩大，技术创新体系更加完备，产业有效供给能力大幅提升，融合支撑效益进一步突显，培育壮大一批国际影响力大、竞争力强的龙头企业，基本形成具有国际竞争力的产业生态体系。技术创新上，软件业务收入前百家企业研发投入持续加大，在重点领域形成创新引领能力和明显竞争优势。基础软件协同创新取得突破，形成若干具有竞争力的平台解决方案并实现规模应用。人工智能、虚拟现实、区块链等领域创新达到国际先进水平。云计算、大数据、移动互联网、物联网、信息安全等领域的创新发展向更高层次跃升。重点领域标准化取得显著进展，国际标准话语权进一步提升。

企业方面，培育一批国际影响力大、竞争力强的龙头企业，软件和信息技术服务收入百亿元级企业达20家以上，产生5～8家收入千亿元级企业。扶持一批创新活跃、发展潜力大的中小企业，打造一批名品名牌。

而在产业集聚方面，《规划》提出，中国软件名城、国家新型工业化产业示范基地（软件和信息服务）建设将迈向更高水平，产业集聚和示范带动效应进一步扩大，产业收入超千亿元的城市达20个以上。

五、下一步工作

深入贯彻习近平总书记系列重要讲话精神，坚持创新、协调、绿色、开放、共享的发展理念，顺应新一轮科技革命和产业变革趋势，充分发挥市场配置资源的决定性作用和更好地发挥政府作用，以产业由大变强和支撑国家战略为出发点，以创新发展和融合发展为主线，着力突破核心技术，积极培育新兴业态，持续深化融合应用，加快构建具有国际竞争优势的产业生态体系，加速催生和释放创新红利、数据红利和模式红利，实现产业发展新跨越，全力支撑制造强国和网络强国建设。

全面提升产业国际化水平和层次。我国软件企业应当充分抓住"一带一路"、国际产能合作所带来的历史机遇，以技术为先导、以市场为依托、以要素为支撑，多方联动，加强合作，强化服务，统筹利用国内外有利资源，深度融入全球产业生态圈，全面提升产业国际化水平和层次。实施品牌战略，加大品牌建设投入，努力打造国际知名软件品牌，应积极履行企业社会责任，尤其是要处理好与东道国社区、居民等利益相关者的关系，在全球范围内塑造负责任的企业形象，提升企业国际竞争软实力。

通过创新促进软件和信息技术服务业的发展。通过软件技术创新和服务模式创新，提高中国软件产品和服务出口的质量、标准和品牌影响力，适应国际市场需求，提升出口竞争力。应着力加大软件研发投入，重点加强核心关键技术、基础性研发的投入。着力提升软件创新设计能力，加强绿色设计、智能设计、网络设计的软件开发能力，力争在医疗健康、金融、电子商务、消费电子、智能交通等重点产业领域，以及国家安全、公共服务、民生服务等领域的软件研发和出口能力有较大提升。鼓励软件企业与农业、工业等企业跨界融合、协同创新，推动传统产业转型升级。鼓励传统企业加快转型调整，加大资源整合力度，培育一体化、集成化创新能力，向产业链价值中高端转移。

完善人才培养机制。提高高等院校和中高职学校教学水平，科学设置教学课程，注意理论与实践相结合。鼓励产学研相结合，推动高校、企业合作，通过项目实施进行人才培养，促进产教融合、协同创新。建立与国际接轨的教学科研体系，重点从个人能力、团队能力、交流能力、工程能力等多个层面培养复合型人才。注意人才培养的层次化，促使软件人才结构趋向平衡。鼓励岗位培训。根据企业不同层次需求，制定长期性、实用性、前瞻性的培训计划，利用远程教育、线上线下相结合的模式扩大培训教育规模。

（本稿件由工业和信息化部电子科学技术情报研究所提供）

2016 年物联网产业发展概况

一、基本情况

（一）政策环境逐步完善

2016 年是"十三五"开局之年，物联网作为国家战略性新兴产业的重点发展领域，国家"十三五"规划明确提出——实施"互联网+"行动计划，发展物联网技术和应用，发展分享经济，促进互联网和经济社会融合发展。同年 12 月，国务院印发《"十三五"国家信息化规划》，将物联网列入核心技术超越工程、信息产业体系创新工程和优先行动计划，提出到 2020 物联网技术接近国际先进水平；组织实施农业物联网区域试验；建立城市级物联网接入管理与数据汇聚平台，深化物联网在城市基础设施、生产经营等环节中的应用。

在国家宏观战略方针的指引下，部分省市也陆续出台专项规划，结合地方特色和产业优势，明确"十三五"期间物联网产业发展的目标和举措。《江苏省物联网产业"十三五"发展规划》提出开展优化产业规划布局、推进重点应用示范推广、构建创新支撑体系、培育创新型企业集群、加强人才队伍建设、提升国家化发展水平六大主要任务，同时以基于物联网的智能装备、智能车间、智能工厂等智能制造引领制造方式变革。《浙江省物联网产业"十三五"发展规划》提出打造以杭州为核心，宁波、温州、嘉兴为支撑，金华、舟山等地多点协同的产业集群，形成"一核三区多点"的物联网产业发展格局，重点发展数字安防、网络通信、智能装备系统集成等优势产业。《福建省信息通信业"十三五"规划》中，将窄带物联网工程确立为未来五年十大重点工程之一，包括建设完善 NB-IoT 网络、全国率先实验和推动 NB-IoT 技术商用和重点项目落地等。预计 2017 年，将有更多省市出台物联网相关产业规划及政策扶持意见，为国内物联网产业的蓬勃发展创造更为良好的政策环境。

（二）产业规模稳步提升

物联网产业在我国的发展经历了"一哄而上—热潮减退—逐渐平稳"的过程，在政策、标准、技术以及应用方面也多有建树，逐渐呈现出市场引导渐进化、区域发展逐步特色化以及产业协同逐步深入化的特点，产业整体发展趋势进入稳定增长期。2016 年，我国物联网产业市场规模突破 9300 亿元，同比增长 24%，持续保持较高增速，预计到"十三五"末期，物联网产业规模将接近 20000 亿元（见图 1）。随着物联网行业标准完善、技术不断进步、国家政策扶持，我国的物联网产业将延续良好的发展势头，为经济持续稳定增长提供新的动力，创造出比传统互联网领域更大的市场空间和产业机遇。

（三）产业布局日趋合理

从物联网产业区域分布来看，中国物联网产业已逐渐形成环渤海、长三角、珠三角，以及中西部地区四大区域集聚发展的总体产业空间格局，并逐渐向周边地区辐射，其中长三角地区产业规模位列四大区域的首位。从企业数量来看，目前我国物联网及相关企业超过 3 万家，其中中小企业占比超过 85%，在芯片设计制造、设备生产、系统集成、应用服务等产业链的各项环节均有分布。从产业联盟布局情况来看，目前已有无锡、北京、杭州、上海、广州、深圳等地成立了物联网联盟，随着各地企业资金和技术的积累，众多的物联网联盟组织对打造物联网产业链、促进各环节协同合作、加快技术研发、标准制定和应用推广等方面的推动作用将逐步显现出来。

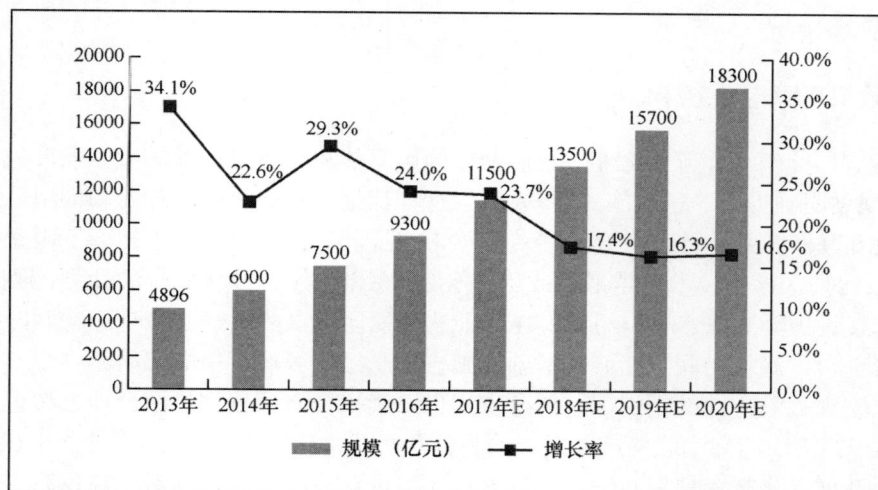

图 1　2016 年中国物联网市场规模及增长率图

各区域依托产业优势呈现百花齐放的发展态势。其中，无锡市将物联网作为推动制造业转型升级的重要动力，充分发挥物联网在智能制造中重要的保障和支撑作用，以工业互联网为切入点，大力推进物联网技术在工业生产全流程和工业产品全过程的深度渗透和全面融合，构建智能制造的坚实基础。深圳市集聚了一批物联网产业的企业集团总部和区域总部，在超高射频产品领域占据国内 90%的市场份额，已初步形成以深圳为中心的珠三角地区物联网核心产业群，重点围绕电网、物流、金融、粮食、安防、防伪、社区管理等领域，推动物联网技术的广泛应用。广州市以"智慧广州"建设为契机，大力推进物联网的技术研发与产业化发展，在北斗导航射频等芯片技术、物联网应用平台技术等核心技术领域取得关键突破，形成了以各类物联网应用创新平台为引领，物联网信息集成服务与电子信息制造业互动发展的发展态势。物联网产业布局如表 1 所示。

表 1　物联网产业布局

序号	产业发展重点	地区
1	芯片制造	江苏、上海、北京、四川、重庆、广东
2	传感器设备	上海、北京、广东、福建、湖北
3	标签成品	北京、广东、福建、湖北
4	读写器制造	江苏、北京、广东、福建
5	系统集成	北京、江苏、广东、四川、浙江
6	网络提供与运营服务	北京、上海、广东、江苏、山东
7	应用示范	北京、上海、广东、江苏、福建、重庆、湖北、山东

（四）核心环节仍需突破

在"应用示范激发市场需求，市场需求带动产业发展"的政策引导下，物联网产业越来越多的示范项目成功进入市场化应用阶段，其中车联网、智慧物流、可穿戴设备、智能家居等领域日益成为应用热点；同时，随着"中国制造2025"战略的提出，两化融合步入全面渗透、加速转型、深度应用的新阶段，物联网技术与传统行业的融合应用日趋得到市场的认可与切实落地，如工业互联网等，满足了工业化进程中对新技术、新管理的日益增长的需求，加速了传统产业的转型升级。

在应用的支撑环节，目前我国物联网产业已形成包括芯片和元器件、设备、软件平台、系统集成、电信运营、物联网服务在内的较为完整的产业链，但产业优势主要集中在中低端硬件领域。整体而言，我国在 M2M 服务、中高频 RFID、二维码等产业环节具有一定优势；在基础芯片设计、高端传感器制造、智能信息处理等产业环节较为薄弱；物联网大数据处理和公共平台服务处于起步阶段；物联网相关的终端制造、应用服务、平台运营管理仍在成长培育阶段。同时，在基于 LPWAN（低功耗广域网络，包括 NB-IoT、LoRa 等）的网络通信标准领域，我国企业也投入了大量的资金与技术研发力量，期望在物联网产业链核心环节实现突破，取得未来行业主导地位。物联网产业链全景图如图2所示。

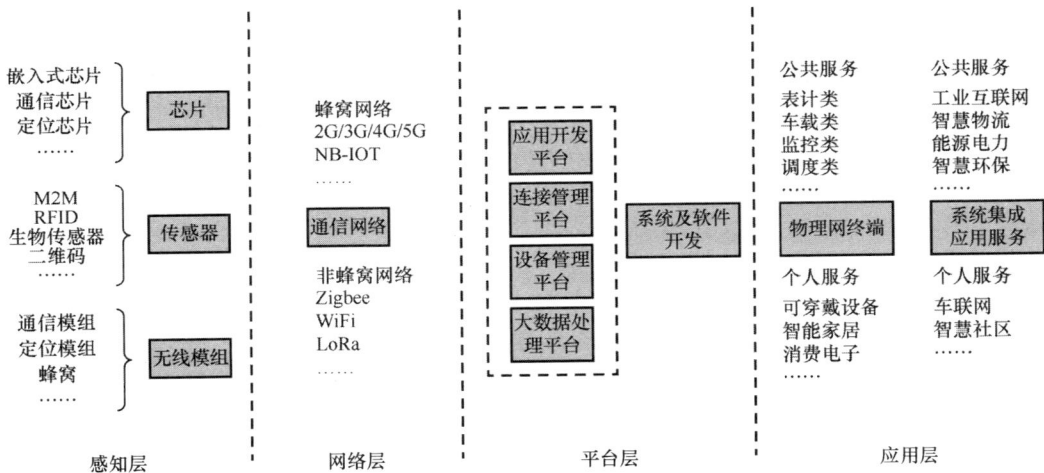

图2 物联网产业链全景图

二、产业发展趋势

（一）应用市场递进发展

我国物联网产业的发展以应用为先导，呈现出从公共管理和服务市场、到企业与行业应用市场、再到个人家庭市场逐步发展成熟的细分市场递进趋势。目前，物联网产业在我国处于产业链逐步完善和应用拓展探索阶段，技术标准和技术体系逐渐成熟，整体产业处于爆发前期。此前 RFID 市场一直期望在物流、零售等领域取得突破，但是由于涉及的产业链过长，产业组织过于复杂，交易成本过高，产业规模有限成本难以降低等问题，使得整体市场成长较为缓慢。物联网概念提出以后，面向具有迫切需求的公共管理和服务领域，以政府应用示范项目带动物联网市场的启动是必要之举。进而随着公共管理和服务市场应用解决方案的不断成熟、企业集聚、技术的不断整合和提升，逐步形成比较完整的物联网产业链，从而可以带动各行业、大型企业的应用市场。待各个行业的应用逐渐成熟后，带动各项服务的完善、流程的改进，个人应用市场将会随之迎来爆发式增长。

（二）标准体系渐进成熟

物联网标准体系是一个渐进发展成熟的过程，将呈现从成熟应用方案提炼形成行业标准，以行业标准带动关键技术标准，逐步演进形成标准体系的趋势。物联网概念涵盖众多技术、众多行业、众多领域，无法制定一套普适性的统一标准。物联网产业的标准将是一个涵盖面很广的标准体系，将随着市场的逐渐发展而发展和成熟。在物联网产业发展过程中，单一技术的先进性并不一定保证其标准一定具有活力和生命力，标准的开放性和所面对的市场的大小是产业持续发展的核心问题。随着物联网应用的逐步扩展和市场的成熟，占据市场份额更大的应用所衍生出来的相关标准，将更有可能成为被广泛接受的行业标准。

（三）通用平台不断涌现

物联网时代，移动设备、嵌入式设备、互联网服务平台将成为主流，随着行业应用的逐渐成熟，将会不断有通用性强、服务面广、技术力高的物联网公共服务平台与共性技术平台涌现。物联网的创新是应用集成性的创新，一个单独的企业无法完全独立完成一个完整的解决方案。一个技术成熟、服务完善、产品类型众多、应用界面友好的应用，将是由设备提供商、技术方案商、运营商、服务商协同合作的结果。随着产业的成熟，支持不同设备接口、不同互联协议、可集成多种服务的公共服务平台和共性技术平台将是物联网产业发展成熟的结果。在通用平台不断出现的未来，传统物联网芯片与技术提供商、应用设备提供商、网络提供商、软件与应用开发商、系统集成商、运营及服务提供商，都需要在新一轮的竞争中重新寻找各自的定位。

（四）产业融合深入发展

在我国物联网产业稳定发展的推动下，RFID 传感器、物联网设备、相关软件，以及系统集成及应用等几大产品领域的产业分布已经呈现相对集中的态势，国内各重点产业集聚区之间的产业分工格局也已初步显现。随着未来我国物联网产业规模的不断壮大，以及应用领域的不断拓展，产业链之间的分工与整合也将随之进行，区域之间的分工协作格局也将进一步显现。总体来看，产业基础较好的地区，将分别在支撑层、感知层、传输层和平台层等几个层面确定各自的优势领域。而其他区域，一方面更多聚焦于自身的产业基础继续发展壮大；另一方面将会推进物联网应用技术进步，把发展物联网服务业作为导向，以汽车生产、物流运输、家居照明、电力设施、石油化工、光学制造、海洋港口等一批特色产业基地为依托，打造一批具有物联网特色的产业聚集区，促进物联网产业与已有特色产业的深度融合。

三、技术及应用热点

（一）热点技术分析

1. LPWAN

LPWAN（Low Power Wide Area Network）即低功耗广域网络，专为低带宽、低功耗、远距离、大量连接的物联网应用而设计，是近年来物联网的技术热点。LPWA 包含多种技术，如 LoRa、Sigfox、Weightles 和 NB-IoT 等。由于是"广域"网络，因此必然会涉及网络运营，所以 LPWA 网络一般是由电信运营商或专门的物联网运营商部署，由于 LPWA 网络连接的基本都是"物"，因此通常也称为"物联网专用网络"。

LPWAN 有"远距离通信""低速率数据传输"和"功耗低"三大特点，因此非常适合远距离传输、通信数据量很少、需电池供电长久运行的物联网应用。大部分物联网应用通常只需要传输很少量的数据，如工业生产车间中控制开关的传感器，只有当开关异常时才会产生数据，而这些设备一般耗电量很小，通过电池供电即可工作很久。

LPWAN 最适合两类物联网应用：一类是位置固定的、密度相对集中的场景，如楼宇里面的智能水表、仓储管理或其他设备数据采集系统，虽然现在蜂窝网络已应用于这些领域，但信号穿透问题一直是其短板；另一类是长距离的，需要电池供电的应用，如智能停车、资产追踪和地质水文监测等，蜂窝网络可以应用，但无法解决高功耗问题。

2. NB-IoT

NB-IoT 是基于蜂窝的窄带物联网（Narrow Band Internet of Things，NB-IoT），它是 LPWAN 的技术之一，NB-IoT 构建于蜂窝网络，只消耗大约 180KHz 的带宽，可直接部署于 GSM 网络、UMTS 网络或 LTE 网络，以降低部署成本、实现平滑升级。

NB-IoT 具备四大特点：一是广覆盖，将提供改进的室内覆盖，在同样的频段下，NB-IoT 比现有的网络增益 20dB，覆盖面积扩大 100 倍；二是具备支撑海量连接的能力，NB-IoT 一个扇区能够支持 10 万个连接，支持低延时敏感度、超低的设备成本、低设备功耗和优化的网络架构；三是更低功耗，NB-IoT 终端模块的待机时间可长达 10 年；四是更低的模块成本，企业预期的单个接连模块不超过 5 美元。

由于 NB-IoT 自身具备的低功耗、广覆盖、低成本、大容量等优势，使其可以广泛应用于多种垂直行业，如远程抄表、资产跟踪、智能停车、智慧农业等，据 GSMA 预测显示，NB-IoT 在 2020 年将达到 30 亿的连接。2017 年将成为 NB-IoT 的商用元年，目前 NB-IoT 标准得到了国际上超过半数的主流运营商响应，中国移动、中国联通、中国电信、沃达丰、德国电信、阿联酋电信、意大利电信、AT&T 等全球顶尖运营商都已围绕 NB-IoT 发布了各自的发展方略，同时中兴、华为等国内通信巨头也纷纷将 NB-IoT 作为未来战略发展重点。

3. LoRa

LoRa 是当前应用最为广泛的 LPWAN 网络技术之一，它是美国 Semtech 公司采用和推广的一种基于扩频技术的超远距离无线传输方案。这一方案改变了以往关于传输距离与功耗的折中考虑方式，为用户提供一种简单的能实现远距离、长电池寿命、大容量的系统，进而扩展传感网络。目前，LoRa 主要在全球免费频段运行，包括 433、868、915MHz 等。

LoRa 具备接收的灵敏度高、功耗低，支持多信道多数据速率的并行处理，系统容量大，支持测距和定位等优势，这些关键特征使得 LoRa 技术非常适用于要求功耗低、距离远、大量连接以及定位跟踪等的物联网应用，如智能抄表、智能停车、车辆追踪、宠物跟踪、智慧农业、智慧工业、智慧城市、智慧社区等应用和领域。LoRa 的产业链中（包括终端硬件产商、芯片产商、模块网关产商、软件厂商、系统集成商、网络运营商）的每一环均有大量的企业，共同构成了 LoRa 的完整生态系统，促进了 LoRa 的快速发展与生态繁盛。

目前 LoRa 网络已经在世界多地进行试点或部署。据 LoRa 联盟早前公布的数据显示，有 9 个国家开始建网，56 个国家开始进行试点；截至目前最新公布的数据，已经有 17 个国家公开宣布建网计划，120 多个城市地区有正在运行的 LoRa 网络，如中国、美国、法国、德国、澳大利亚、印度等，其中荷兰、瑞士、韩国等国家更是部署或计划部署覆盖全国的 LoRa 网络。

同为 LPWN 的技术，NB-IoT 采用的是运营商统一部署、覆盖全国的网络进行收费运营的方式，而 LoRa 可以让企业快速、便捷地搭建私有网络实现业务运营，尽管两者的应用场景趋同，但是受制于运营成本及数据隐私的不同要求，未来两大技术将出现共存的态势，并不会出现一个取代另一个的现象。

（二）重点应用领域

1. 工业互联网

工业互联网是物联网在工业领域的深入应用。随着整个物联网生态环境的成熟，工业互联网的应用需求开始逐渐强烈，例如，生产、仓储、物流的高效需求，实时生产数据和设备数据的监控需求，更加准确的生产跟踪需求，智能预测和预警需求等。我国工业互联网的发展也由过去的政府主导逐渐向应用需求转变。2016 年我国工业互联网规模达到 1800 亿元，在整体物联网产业中的占比约为 18%。在政策推动以及需求带动下，预计到 2020 年，工业互联网在整体物联网产业中的占比将达到 25%，产业规模将突破 4500 亿元（见图 3）。

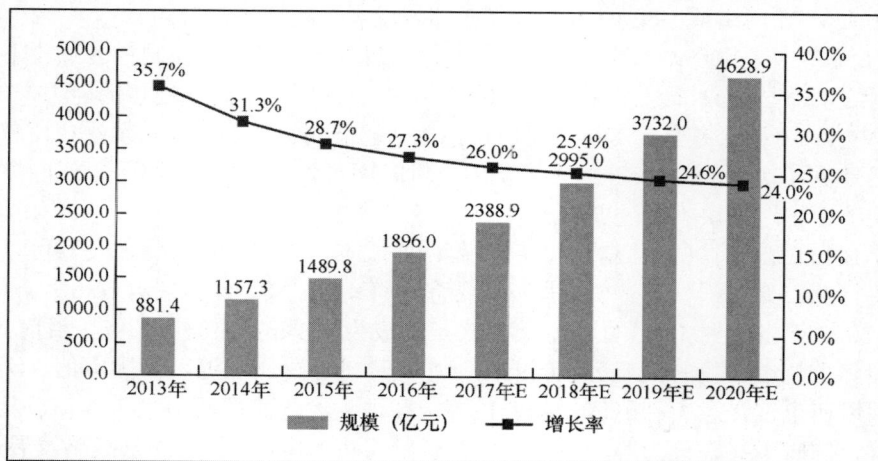

图3　中国工业互联网市场规模及增长率图

工业互联网包括感知层、硬件层、传输层、平台层和云平台，其中物联网技术在感知层、硬件层等领域发挥着核心作用。感知层主要是由各种传感器组成的感知单元，用来采集数据。硬件层主要是由工业机器人、智能机床、3D 打印设备等组成的执行单元，即为生产工厂里具体生产环节的硬件设备。平台层是由软件系统和硬件系统组成的控制单元，用来发出指令。软件系统有企业管理软件、生产管理软件等；硬件系统有测量分析系统、运行管理系统等由具体硬件组成的系统。云平台包括公有云、私有云和混合云，配合云计算和大数据，用来处理分析感知单元采集到的各种数据，云平台和平台层相辅相成，密不可分。传输层负责传输数据。

工业互联网在制造业领域的应用丰富，涉及众多领域，包括设备制造、石化、金属冶炼及加工、食品饮料、服装、造纸印刷等。但其主要应用集中在制造业供应链管理、生产过程工艺优化、产品设备监控管理、环保监测及能源管理、工业安全生产管理等。物联网在制造业的应用能够显著提升制造业的信息化和智能化，在效率提升、成本控制、节能环保等方面具有众多优势。

目前我国工业互联网和德国工业 4.0 的发展形势并不相同，我国企业现阶段多处于工业 2.0 与 3.0 的边缘，成本控制、生产效率和流程管理等方面水平较低，需要提升的空间还很大。我国企业发展水平与发达国家相比有很大差距，当前既要解决最基础的设计制造能力问题，又要解决智能化的问题，同时还需要着力升级以物联网为核心的硬件基础设施。

2. 车联网

车联网是物联网技术在交通系统领域的重要应用，它是利用装载在车辆上的电子标签，通过无线射频等识别技术，实现在信息网络平台上对车辆的静态和动态信息进行提取利用，并根据不同的功能需求对所有车辆的运行状态提供综合服务的系统。2016 年我国车联网市场规模已超 2000 亿元（见图 4），同时我国机动车产销的高速增长有效带动了车联网渗透率快速提升，当前我国车联网的渗透率超过 10%，未来几年，车联网的渗透率将提高至 20%，市场规模有望翻番。

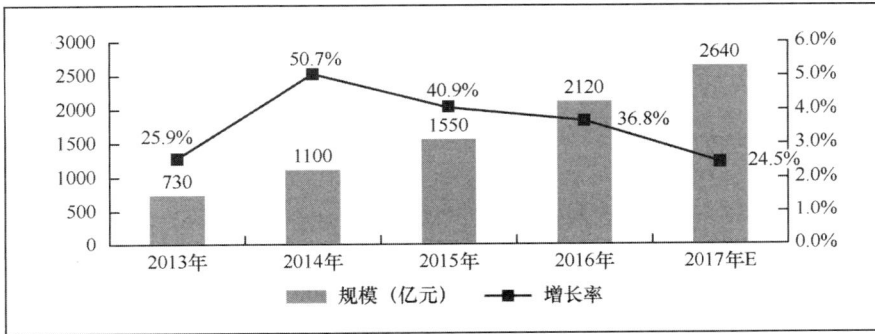

图 4　中国车联网市场规模及增长率

车联网产业链分为端、管、云和大数据四部分，其中端主要指 V2X 交互的智能展示方式，负责采集与获取车辆的智能信息，感知行车状态与环境，衍生品包括智能手机、车载导航、车载中控大屏等；管是将车辆行为等情况通过数据传输给云平台的通道，解决车与车（V2V）、车与基础设施（V2I）、车与云（V2C）等互联互通问题，主要通过网络运营商进行传输，衍生品包括网络通信源、移动数据信号等；云是通过云平台，为车辆的调度、监控、管理、数据汇聚等提供云服务；大数据平台是通过整合、计算、应用数据，将云平台与 4S 店、整车厂、保险公司以及互联网公司进行连接，为其提供基于数据的用户画像、营销策略等支持服务。

目前我国车联网与智能交通行业尚处于初级阶段，基于物联网技术的车车通信与车路协同是未来的发展方向。当前车联网仅是车上有通信装置的车载导航娱乐系统，车辆能够通过公网和车辆后台进行通信，获得导航等初级服务。未来有望通过无线短程通信技术，实现车与道路的信息交互，以获知周边车辆速度、位置信息等微环境信息，预测事故概率，提高行车安全性及交通效率。

车联网产业的逐步兴起加速了互联网企业的参与热情，2016 年 5 月，百度发布了百度地图汽车版、CoDriver 智能语音副驾两款产品，进一步拓展了百度智慧汽车的应用；2015 年，阿里巴巴成立了汽车事业部，标志着阿里已全面进军汽车电商领域，通过消费者网购数据，构建消费特征，拓展至新车购买、订制、使用和维修等多个场景需求的功能，向车主提供全链路汽车电商 O2O 一站式服务。随着高新企业的不断参与，各路资本对车联网领域投资的加大，物联网技术在车联网领域的应用深度和广度将持续拓展。

3. 智慧物流

智慧物流是利用条形码、射频识别技术、传感器、全球定位系统等先进的物联网技术，通过信息处理和网络通信技术平台广泛应用于物流业运输、仓储、配送、包装、装卸等基本活动环节，实现货物运输过程的自动化运作和高效率优化管理，提高物流行业的服务水平，降低成本，减少自然资源和社会资源消耗的物流系统。2016 年我国智慧物流产业规模达到 773 亿元，复合增长率达到 28%，预计未来依然将保持 20% 以上的增速，产业整体发展态势良好（见图 5）。

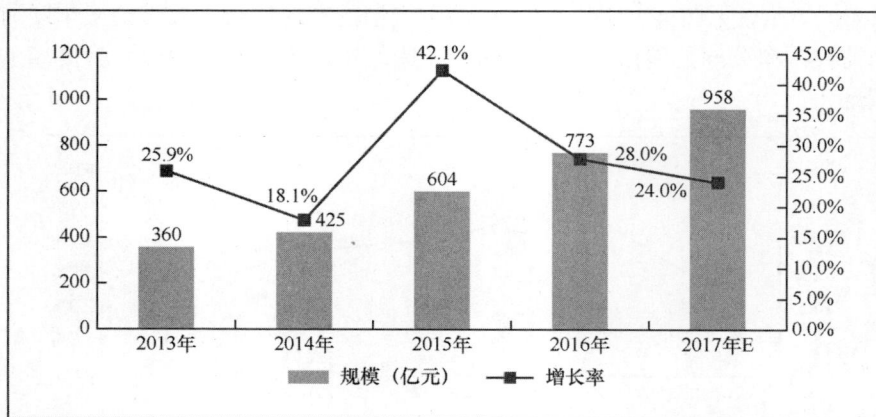

图 5 中国智慧物流市场规模及增长率

智慧物流是物联网技术对传统物流行业深入渗透的产物，其发展可分为四个阶段：基础期、导入期、成长期和发展期。基础期以 RFID 技术、GPS 技术、GIS 技术和 GPRS 技术推广为基础，建立基于 RFID 的货物可追溯系统；第二阶段是物物互联时代，该阶段传感技术、视频监控技术、移动计算技术、基础通信网络技术和无线网络传输技术等得到发展，物流业务全球化管理信息平台开放互通；第三阶段是半智能化的成长期，执行标签、智能标签、低耗能与可再生新材料逐渐推广，声、光、机、电移动计算等技术得到应用，物流作业系统与环境实现全自动和智能化；最后是智能化阶段，行业标准统一，环境高度智能，实现所有物品的覆盖、远程感知和控制，形成完全智慧的物流运作体系。

当前国外物流厂商已全面迈入智能化阶段，实现了以信息技术、自动化仓储技术、包装技术等专业技术为支撑的现代化物流装备技术格局。受限于技术及市场等原因，我国的智慧物流发展仍处于成长期，现阶段国内物流行业与物联网的融合目标是建设现代物流应用系统，建立物流行业整体公共服务平台系统，将全国物流配送业务统一进行管理布控。随着我国 RFID 市场的迅猛发展，物联网对智慧物流的支撑力度将进一步加大，我国的智慧物流产业充满高速提升和发展的空间。

4. 可穿戴设备

可穿戴设备是一种可以穿在身上或贴近身体并能发送和传递信息的计算机设备，它依托传感器、射频识别、全球定位系统等信息传感设备，接入移动互联网，实现人与物随时随地的信息交流。智能可穿戴设备分为生活健康、信息咨询和体感控制类设备。我国可穿戴设备市场在 2016 年的市场规模为 228 亿元，增速达 68%，增速比 2015 年同期有所回落，预计未来将进入稳定增长期（见图 6）。从政策、经济、社会和技术因素来看，整体宏观环境现在对于我国可穿戴设备市场的发展有利，市场目前仍处在早期阶段，未来潜力巨大。

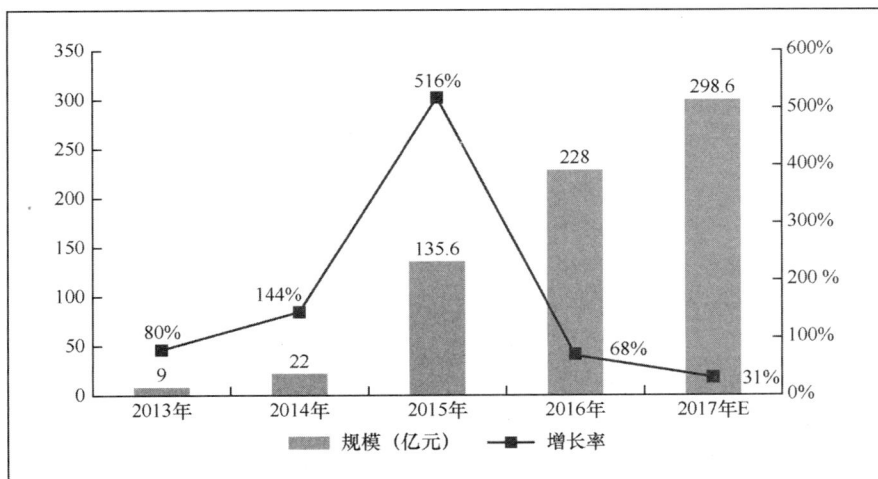

图 6　中国可穿戴设备市场规模及增长率

可穿戴设备是物联网最大消费类产品，作为物联网领域的一部分，联网、交互是可穿戴设备最基本的功能，对于可穿戴智能设备后端支撑的人工智能、云端运算是可穿戴设备实现科技体验最大的核心支撑技术。从目前市场情况来看，产业上游零组件厂商反响积极，包括芯片设计、小尺寸面板、射频技术、传感器等在内的各厂商，纷纷推出专门针对可穿戴设备的解决方案。而下游品牌开发商大多是创业型小企业，对方案厂商的依附程度较高，自身缺乏研发与技术支持。因此，下游开发商的需求与上游厂商提供的解决方案难以匹配，导致产业链断裂，从而影响技术的进一步发展。此外，国内缺乏大型龙头企业带头整合产业链，而新兴的创业企业缺乏相应财力、技术实力和品牌号召力来单独构建生态链。

尽管可穿戴设备存在以上诸多问题，但是该领域的发展势头却不可阻挡。在物联网技术发展的不断推动下，随着可穿戴设备市场的蓬勃发展，可穿戴设备的产品类型将呈现整合与细分并行的发展趋势，不断整合新的应用和服务，力求为用户打造一体化的智能可穿戴体验；构建良好的软件生态系统，解决可穿戴设备领域的跨平台的操作。未来的智能可穿戴设备将进一步整合物联网传感器采集的数据与云服务，同时整合第三方服务机构，为用户提供基于大数据的个性定制化服务。

5．智能家居

智能家居是以住宅为平台，通过用物联网技术、综合布线技术、网络通信技术、安全防范技术、自动控制技术、音视频技术将家居生活有关的设施集成，构建高效的住宅设施与家庭日程事务的管理系统，将智能化与居住环境深入融合，实现节能环保、便捷舒适、安全可靠的居家体验。2016 年我国智能家居市场规模突破 600 亿元，预计未来几年将呈现爆发式增长，增速达 50% 左右，2018 年市场规模将突破 1000 亿元，我国的智能家居市场逐渐成为全球智能家居市场的增长重心（见图 7）。

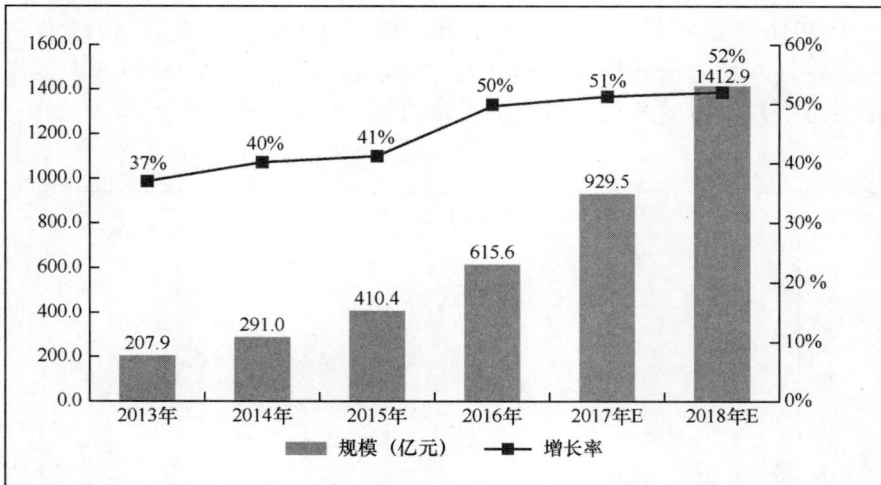

图 7 中国智能家居市场规模及增长率图

从产业链来看，智能家居产业可分为上游零部件，主要包括芯片、物联网传感器、无源器件和电路板等，芯片是智能家居行业最核心的环节，直接反映了技术应用和产品性能；中游环节包括智能控制终端产品、智能控制中心、数据传输模块和处理模块等；下游终端是产成品，包括智能调温器、家用电器、照明、安防和小型智能单品等。其中，中下游环节是 IT 公司布局的重点，通过掌握智能家庭网关，实现互联网交互入口的掌控、应用程序开发及服务平台控制等。

智能家居的价值并不局限于对灯光、窗帘、家电等家用设备进行控制，并实现远程监控，其真正的价值在于基于物联网技术，利用各种家居类智能终端，收集用户的日常起居生活数据。通过物联网技术和云计算、大数据的有效结合，技术人员能够根据智能终端收集的各种数据，有针对性地开发出各种新的应用。因此，各类基于物联网、大数据分析的智能家居应用产品和解决方案，是目前 IT 企业的竞争热点，通过智能家居衍生出来的娱乐、医疗、商务应用的价值将超越智能家居本身。

四、存在问题及对策建议

（一）加强资金政策扶持，解决技术成本问题

成本问题是阻碍物联网产业发展的关键因素，高昂的开发成本会导致物联网技术难以达到良性的产业化发展和应用。对国内很多中小企业来说，昂贵的开发成本提高了物联网在生产过程中大规模推广的难度，因此物联网技术在国内很多应用场景下只能停留在需求观望阶段，无法进一步挖掘其背后的经济价值和社会价值。由于物联网的发展既是技术科技发展的客观要求，也是经济发展的迫切需要，因此政府层面需要提供有效的政策支持，应对企业发展遇到的成本瓶颈。

为应对成本问题，各级政府一是要在资金上给予扶持，在物联网的基础设施建设上加大投资力度，为企业提供优厚的贷款政策，或者对具备示范效应的物联网重点项目进行拨款，通过资金上的保障降低企业应用成本，推动物联网技术的发展；二是要在政策上提供动力支

持，如对新技术、新设备的使用进行补贴，对入行企业的审批适当放宽。此外，还必须明确物联网的相关标准和规范，这样才能够统一认识、统一标准、统一系统，实现应用的规范，降低企业生产及运营成本。

（二）建立健全法律法规，解决安全保障问题

物联网的兴起为社会生产和生活提供了大量便利，但也造成了人们对技术的高度依赖性。一旦物联网遭受入侵和破坏，企业或个人的隐私信息将会受到侵害，安全性无法得到保障。通常物联网相关产品会嵌入射频识别技术，所有物品的信息均记录在其中，同时设备还不断发射射频信号，极大地提升了信息泄露风险。因此，如何确保标签物的拥有者个人隐私不受侵犯已成为射频识别技术乃至物联网推广的关键问题。同时，在物联网产业发展层面，如何确保与国外机构合作过程中的国家机密、企业商业机密不被泄漏，也是必须引起高度重视的安全问题。

为解决上述问题，除了对技术本身进行改进之外，更重要的是各级政府要出台一系列相应配套的法律和规范，对涉及物联网有关管理、协调、合作及个人隐私等多方面的安全问题，形成健全的法律法规防范，进一步加强与境外机构合作过程中的保密制度，保障政府及国内企业的信息安全。同时，物联网安全技术发展需要进一步强化，政府要加强引导企业对物联网加密机制、节点的认证机制、访问控制等技术的研发和使用，创造安全、可靠的技术发展环境。

（三）重视产学研用体系，解决技术标准问题

统一的技术标准和有效的协调机制能够保障物联网产业的良好发展。但是从目前我国物联网行业的发展情况来看，并没有一个统一的技术标准和协调机制，缺乏核心环节的接口标准和数据模型标准，导致进入行业企业各自为政，势必会制约我国物联网的发展。尽管我国早在 2005 年 11 月就成立了 RFID 产业联盟，同时次年又发布了《中国射频识别（RFID）技术政策白皮书》，指出"应当集中开展 RFID 核心技术的研究开发，制定符合中国国情的技术标准"，但现阶段中国的物联网产业仍较为混乱，技术强度虽然在增强，技术标准尚落后于人。

为解决上述问题，应高度重视共性技术标准的制定，重视产学研用协同创新建设物联网技术产业标准体系，在互联互通等共性问题方面尽早制定出相应的标准，如统一编码规则、基础应用平台的中间件接口标准等。同时，物联网产业的发展和壮大势必与各类行业应用、个人应用紧密相关，因此在制定标准过程中应广泛建立"产学研用"相结合协调创新的机制，这样才能制定出适合行业应用、顺应产业发展的物联网标准体系。

（四）结合国内产业基础，解决商业模式问题

物联网包括感知、网络及应用三个层面，每一个层面均包含复杂的商业对象，因此，在物联网生态环境的建设过程中，商业模式变得异常关键。每一次信息产业革命，均会伴随出现一种新型而能成熟发展的商业盈利模式，但该商业模式至今尚未在国内物联网的发展中体现出来，也没有任何产业可以在商业层面上统一引领物联网的发展浪潮。

为探索符合国情的物联网商业模式，就要高度重视物联网在中国制造和在发展绿色低碳经济中的战略性地位。在物联网的推进策略上，应充分考虑到中国制造的产业基础和优势，将物联网相关技术作为进一步提升中国制造技术含量和报务品质含量的关键手段。同时，要把物联网和发展"绿色、环保、节能、低碳经济"相结合，充分利用物联网能够实现更精细、更简单、更高效管理的特性，通过重点领域的应用示范效应，促进物联网创造更大的经济效益和社会效益。

（本稿件由中国软件行业协会提供）

2016 年云计算发展概况

根据美国国家标准与技术研究院（NIST）给出的定义，云计算是一种按使用量付费的模式，这种模式提供可用的、便捷的、按需的网络访问，进入可配置的计算资源共享池（资源包括网络、服务器、存储、应用软件、服务），这些资源能够被快速提供，只需投入很少的管理工作，或与服务供应商进行很少的交互。当前，云计算同移动互联网、大数据、物联网、人工智能一起，作为信息技术创新和应用的新兴领域，正成为软件和信息技术服务发展的新引擎。近年来，随着《国务院关于促进云计算创新发展培育信息产业新业态的意见》等政策的贯彻落实，我国云计算产业创新能力显著增强，服务能力大幅提升，应用范畴不断拓展，产业发展势头迅猛，但也存在市场需求释放不足，产业供给能力有待提高，低水平重复建设现象凸显，产业支撑条件有待完善等诸多问题。展望 2017 年，随着《云计算发展三年行动计划（2017—2019 年）》的发布与落地实施，政策红利将进一步释放，移动云应用和混合云服务将加速发展，工业云平台的发展将进入快车道，云计算企业将进一步扩大海外市场，我国云计算产业发展势头将持续向好。

一、发展情况和运行特点

2016 年，我国云计算产业规模持续增长，产业结构不断优化，区域集聚发展格局逐步形成，集公有云和私有云优势于一体的混合云成为产业发展新的聚焦点，国际、国内巨头市场竞争日趋激烈。

（一）产业规模持续增长，产业结构日趋优化

2016 年，我国公有云市场规模约为 145 亿元，同比增长 45%；私有云市场规模约为 340 亿元。云计算的快速发展也带动了上下游产业的协同进步，2016 年云计算带动了上下游相关产业规模近 4500 亿元。

从公有云服务的三个类别来看，2016 年，我国软件即服务市场规模最大，占比约为 72%；基础设施即服务规模占比约为 19%，是我国云计算市场中增速最快的细分领域；平台即服务市场规模占比最小，约为 9%。近年来，随着云服务平台的逐步成熟，基于云平台的软件服务发展势头显著提升，增速远高于基础设施即服务和平台即服务。

（二）混合云成为产业创新的新聚焦，云计算安全受到各界高度关注

公有云和私有云发展势头良好，但集两者优势于一体的混合云受到国内云服务用户的更大关注，当前，云服务商和设备厂商纷纷通过虚拟私有云、托管云等多种方式进军混合云市场，发展多种混合云解决方案，混合云成为云计算市场竞争的重要焦点。2016 年 3 月，腾讯云发布了全新混合云产品"黑石-混合云 plus"，推动实现用户业务核心架构在物理机与虚拟机间的任意部署，延时可控制在毫秒级。2016 年 4 月，阿里云发布专有云（Apsara Stack）、混合云解决方案，其中，Apsara Stack 专有云可独立安装在企业的私有数据中心，达到完全

与公有云隔离的目的。2016 年 4 月，世纪互联发布全新云战略，与百度云强强联手致力于混合云基础设施建设，在共同拓展客户和建立销售平台等方面展开深入合作。

近年来，伴随云计算市场和应用的快速增长，云安全形势也越发严峻，安全故障、安全攻击等事件时有发生，云服务客户量的大幅增加对云服务稳定性带来巨大挑战。2016 年，腾讯云牵手知名 DDoS 防护公司 Radware，在海外 DDoS 防护、国内腾讯云应用层、私有云、服务市场及加密数据安全合作等领域展开全面合作，并与绿盟、启明星辰、赛门铁克等企业成立云安全服务联盟，共同应对安全威胁，为腾讯云用户打造了一个智慧的安全体系。阿里云在 2016 年 8 月推出了 DT 时代全新的云安全解决方案，将云盾旗下所有安全产品整合为服务输出。

（三）产业区域集聚发展格局逐步形成，特色化发展态势初步显现

我国云计算产业已经初步形成京津冀区域、长三角区域、珠三角区域、西部区域、东北区域和中部区域六大区域集聚发展的格局。

京津冀区域在云计算发展方面拥有区位、经济、信息产业基础、科技人才等优势。2016 年，京津冀地区积极开展合作，依托中关村—滨海大数据创新战略联盟，加快打造"中关村数据研发—张北数据存储—天津数据装备制造"等上下游环节贯通的"京津冀大数据走廊"，合作共建保定中关村创新中心，积极引导社会资本参与京津冀创新合作，并成功申请成为第二批国家大数据综合试验区。2016 年 8 月，为贯彻落实《国务院关于促进云计算创新发展培育信息产业新业态的意见》等文件精神，北京市发布了《北京市大数据和云计算发展行动计划（2016—2020 年）》，力争到 2020 年，建成大数据和云计算创新发展体系，成为全国大数据和云计算创新中心、应用中心和产业高地。

长三角地区云计算产业发展呈现以上海为龙头，带动江苏、浙江两省重点城市快速发展态势，其中上海、杭州、无锡代表长三角地区入选国家云计算五大试点城市。上海利用首批试点城市的先发优势，强化政策保障，云计算产业布局早、发展快。根据上海市经济和信息化委员会发布的数据，2016 年上海云计算技术和服务收入达到 780 亿元，预计到 2018 年将突破 1000 亿元，将成为上海又一个千亿元规模的新兴产业。2017 年 1 月，《上海市关于促进云计算创新发展培育信息产业新业态的实施意见》正式发布，成为继 2010 年上海启动"云海计划"以来第三个推动云计算产业发展的专项政策。无锡市高度重视云计算产业发展，2016 年启动了一批软件和云计算产业扶持项目，重点支持基于 FPGA 技术的大数据超算平台等一批科技含量高、应用价值大的重点项目，打造云计算完整产业链。

珠三角地区物流商贸体系发达，信息基础设施比较完善，信息技术创新实力强，且信息化应用需求较高，是国内云计算产业比较发达的地区。广东省布局建设中国电信华南最大云计算数据中心、汕尾腾讯云计算数据中心、浪潮集团南方中心等大项目，实施云计算应用示范工程，制定云计算应用标准。全省形成了较为完备的云计算产业链条，在全省网上办事大厅、电子政务、智能交通等领域探索了一批较为成熟的云计算应用。2016 年，广东省确定了金蝶 ERP 云平台、基于云计算的警务视频人脸识别分析系统应用、电子政务云服务平台等 28 个云计算应用试点项目，以项目为抓手推动云计算领域的技术创新和应用推广。

西部地区具有很大的发展容量和潜力，各城市正在积极布局云计算产业发展。陕西省形成了以西安软件园、西咸新区大数据产业园为代表的云计算发展集聚区，推动软件信息服务产业始终年保持 25%以上的高速增长。重庆市的"云端计划"已初步形成了"数据处理+终

端制造+研发设计"的产业格局。成都坚持以"中国软件名城"建设为产业发展抓手，规划先行，创新为本，加快园区与公共服务体系建设，提升产业发展的支持能力，为云计算、大数据、移动互联网、物联网、数字内容及娱乐等新业态发展提供良好的发展环境。

东北区域位于东北老工业基地，传统行业对云计算应用的市场需求广阔。黑龙江省重点推进云计算在电子政务、电子商务、智能交通、智能电网、公共安全、医疗、教育、科研、环保、社区服务、数字家庭等方面的示范应用，已取得初步成果。哈尔滨等城市积极发展数据中心业务、政务云应用、城市云应用等领域，正在带动东北地区云计算产业整体发展。

中部地区的科技、经济以及基础建设为云计算提供了良好条件，制造业等传统行业为云计算应用提供了广阔空间，云计算产业发展潜力巨大。武汉已经建设了云存储产业园区、云安全产业园区、云计算服务园区等云计算产业基地和创新基地，成为中部区域的领头羊。河南省从基础网络、数据中心、数据资源和行业应用四个层面推进云计算、大数据开放合作，有望成为中部云计算新的引领区。

（四）中国成为国际巨头竞相布局的关键阵地，国内企业加快全球布局

中国云计算市场具有难以估量的巨大潜力，引发全球云计算企业的高度关注和积极参与，市场竞争越发激烈。2016年，全球云计算龙头亚马逊AWS与光环新网的合作正式落地中国；微软Azure在中国的企业客户已超过70000家，并在近一年实现了三位数的年度增长；IBM与世纪互联合作，将Bluemix PaaS平台落地中国；Oracle与腾讯强强联手，共同开拓中国市场。

与此同时，国内云计算企业则不断扩大业务范围，加快布局国际市场。2016年，阿里云在海外数据中心布局不断加快，已经在欧洲、澳大利亚、日本和中东开通了云服务，实现全球主要互联网市场的云计算基础设施覆盖。腾讯云全球化布局战略与阿里云保持一致，截至2016年年底腾讯云在海外的服务节点达到14个，国内服务节点5个，覆盖亚洲、欧洲、北美洲、南美洲、大洋洲的全球化布局基本完成，成为全球云计算基础设施最完善的中国互联网云服务商之一。

二、当前存在的主要问题

总体来看，我国云计算产业发展势头迅猛，技术能力和市场拓展能力正在不断提升。但与美国、西欧等发达国家相比，我国在云计算发展的诸多方面仍存在一定差距，行业发展仍面临一些问题和挑战。

（一）市场需求尚未完全释放

虽然我国云计算产业正在持续为各类互联网业务提供有力支撑，并不断向制造、政务、金融、医疗、教育等企业级市场延伸拓展，但是出于对云计算安全性、可靠性、可移植性等的顾虑，我国云计算市场需求尚未完全释放。一是重点行业的企业仍习惯于通过自建方式进行信息化建设，使用云计算方面积极性仍待提高。二是政务、金融等重大行业的云服务采购还面临政策、标准等方面的障碍。有关数据显示，目前美国已有54%的企业使用云计算，互联网公司的比例更是高达90%以上，政府机构、非营利组织等也在积极采用云计算。相比之下，我国市场需求仍需进一步释放。

（二）产业供给能力有待加强

我国云计算市场市涌现出了互联网企业所属的阿里云、百度云、腾讯云等，ICT 企业所属的华为云、浪潮云、联想云等，以及世纪互联等专业云计算厂商的云服务，云服务也覆盖了从基础的 IaaS、PaaS 到 SaaS，从公有云、私有云到混合云多种类型。但由于技术支撑、市场需求等多种原因，我国云计算产业存在企业规模偏小、服务供给能力不强以及产业化水平偏低等问题。一是我国云计算企业的规模普遍较小，提供的服务和种类有限，国内云计算产业总体供给能力与国际水平相比还有一定差距。二是我国云计算产业化的总体水平较低，在部分关键行业尚没有形成成熟的解决方案，产业供给能力有待提升。目前，我国云计算市场份额在全球云服务市场的总体量中占比不到 5%，远低于美国市场的 56% 和西欧市场的 21%。

（三）数据中心低水平重复建设现象凸显

数据中心作为云计算的基础，其建设应该以云计算的实际需求为准轴，由政府主导进行统筹规划，避免低水平重复建设。当前，我国云计算、大数据处于快速发展期，部分地区在推动产业发展过程中仍存在认识偏差，造成了数据中心的重复建设和资源浪费。一是各地数据中心项目建设呈现过热现象，导致数据中心产能过剩。云计算数据中心和传统 IDC 具有本质差别，推动云计算发展不等同于大量建设数据中心。云计算的本质与核心是数据、软件和服务，而不仅仅是硬件和数据中心。传统 IDC 多数是支撑电信运营商数据业务，并有明确的跨网和区域性限制；云计算所需要的数据中心来源于互联网，并向集成化平台演进，有别于传统数据中心基础设施和信息系统软硬件分离的局面，从基础设施到计算与应用具有连续性和整体性。二是云计算数据中心部署结构不够合理，资源利用率较低。统计显示，在规模结构方面，我国大规模数据中心比例偏低，大型数据中心发展规模甚至不足国外某一互联网公司总量，未实现集约化、规模化建设，现有数据中心的实际运算能力、技术创新能力和应用服务能力有待提升。

（四）产业支撑条件有待完善

云计算发展过程中，良好的产业支撑能力是推动产业发展与应用的必要因素。当前，我国云计算发展支撑体系存在制度尚不健全和高端人才缺乏两方面的行业壁垒。一是制度建设方面，我国云计算标准体系和评测认证体系尚不完备。在数据接口、数据迁移、数据交换、测试评价等技术方面，以及 SLA、云计算治理和审计、运维规范、计费标准等运营方面，缺乏一套公认的执行规范，不利于用户的统一认知和云服务的规模化推广。此外，在个人隐私、数据保护等方面的法律法规有待健全，市场管理方式尚需改进，政府信息资源开放共享、业务协同等方面的机制问题亟待解决。二是人才方面，云计算高端技术人才队伍有待加强。云计算作为高新技术行业，对从业人员的行业经验和技术水平具有较高要求。当前，我国具备丰富的行业经验和创新能力的高素质人才相对匮乏。基于云计算技术的产品和服务具有较强的专业性，行业内企业除不断加强自身人才培养力度外，也不断通过市场化方式从外部吸引人才，致使行业内人才竞争激烈。我国云计算产业发展需进一步加大力度，培养或引进一批技术过硬、精通行业经验、熟悉项目实施和管理的技术人才队伍。

三、未来一年的发展展望

随着云计算领域发展环境不断优化，以及资金、智力投入不断加大，我国云计算产品和服务创新将不断涌现，移动云应用将加速普及，混合云服务将受到更多关注，工业云平台的发展将成为支撑我国工业转型升级的重要着力点，随着云计算企业实力的不断增强，云计算海外市场拓展将进一步加快，我国云计算产业将保持高速发展态势。

（一）移动云应用加速普及

移动云是指把虚拟化技术应用于手机和平板，适用于移动终端（平板或手机）使用企业应用系统资源，是云计算移动虚拟化中非常重要的一部分。随着移动互联网的快速发展，企业办公和生产越来越依赖于移动互联网，驱使面向企业业务发展的移动应用快速普及，带动移动互联网和云计算的加速融合。当前，移动云服务的技术基本成熟，移动云服务越来越受到各企业的重视，而移动云服务能够把互联网上所有的终端、服务器统一在一个安全可控的架构下运作，从而解决第三方开发者开发、运营、推广和变现等方面的难题，将有望实现快速发展，为云技术产业发展带来新的空间。

（二）混合云服务将持续发力

2016 年，我国云计算企业均将混合云产品和服务作为企业发展的重要方向，随着混合云逐渐成为大型企业普遍采用的云架构，混合云应用将成为大多大中型企业的标准配置。理论上看，混合云模式可将公有云和私有云的优点融于一体。对安全性要求不高的内容可以放置在公有云中，以充分利用其配置简便和成本相对低廉的优势；而重要的业务流程和数据则可以保存在私有云环境中，在确保较高安全性的同时，还可以享受到增减容便捷、程序标准化等云服务优势。2017 年，随着混合云技术和产品的逐步成熟，混合云应用空间将加速释放。

（三）工业云平台发展迅猛

伴随《中国制造 2025》的贯彻落实，围绕全球制造业向"工业 4.0"、工业互联网等方向的升级发展，面向工业领域的"工业云"将持续受到政府和市场的高度关注，发展逐步加速。当前，传统的软件厂商、云服务厂商以及具备实力的大型制造业企业都在积极切入工业云领域，研发面向智能制造的云服务及解决方案。未来几年，不论在研发、生产、经营还是办公等环节，工业云都将有望得到广泛应用，成为推动工业转型升级的重要利器。

（四）海外扩张步伐不断加速

亚洲是全球公共云服务规模增长最快的市场，当前，在我国云服务市场中，已经涌现出阿里云、腾讯云、华为云、金山云、浪潮云等一批我国领军企业。随着国内市场的竞争加剧，国内市场空间逐步趋于饱和，推动我国企业加速拓展国外市场。2017 年，伴随"一带一路"等国家战略的实施，云计算产品及服务有望同高铁一样，成为我国输出高端制造和服务的重要方向，为我国企业海外扩张带来巨大机遇。拥有核心硬件技术和产品的华为、浪潮、曙光和拥有强大软件服务能力的金山、百度等企业都有望加速拓展海外业务市场。

（本稿件由中国电子信息产业发展研究院软件产业研究所提供）

2016 年大数据产业发展概况

2016 年，我国大数据产业发展政策环境不断优化，大数据集聚发展布局初步形成，大数据产业应用领域不断拓宽，大数据标准体系加快建设，已逐步建立起适应发展需求的大数据产业体系。尤其在大数据应用方面，伴随大数据产业的发展由技术创新驱动转变为应用创新驱动，我国大数据产业正加速向各行各业渗透，呈现良好的发展势头，已处于世界先进地位。我国大数据产业规模持续扩大，产业水平不断提高，大数据产业进入稳步快速发展阶段。然而，我国大数据产业也存在数据开放共享程度低、技术创新与支撑能力不强、应用水平不高、大数据产业支撑体系尚不完善、专业人才供给不足等问题。2017 年，国家和社会投入将持续加大，技术融合创新将更加深入，大数据应用领域将更为广泛，产业链进一步成熟和扩张，产业支撑体系将更加完善，大数据产业发展将进入黄金期。

一、发展情况和运行特点

在我国政策的大力推动下，大数据产业技术不断创新，行业应用快速推广，产业水平不断提升，产业规模持续扩大，大数据产业处于稳步成长阶段。

（一）政策措施全面推进，产业环境不断优化

中央和各省市接连出台多项大数据相关政策，为推动产业快速成长提供良好环境。国家"十三五"规划纲要明确提出实施国家大数据战略，全面实施促进大数据发展行动，加快推动数据资源共享开放和开发应用，助力产业转型升级和社会治理创新。工信部发布《大数据产业发展规划（2016—2020 年）》，全面部署"十三五"期间大数据产业发展工作，加快建设数据强国。发改委等部门出台《关于组织实施促进大数据发展重大工程的通知》《促进大数据发展三年工作方案（2016—2018）》等配套政策，进一步贯彻落实《促进大数据发展行动纲要》。在各省市，广东、辽宁、四川、广州、兰州、成都等地建立专门的大数据组织机构，成立大数据管理局；北京、上海、广东、浙江等 20 余个省市出台针对大数据的发展规划或实施意见等政策，加强大数据发展顶层设计；在各地政府的积极引导下，我国已成立了 20 余个大数据产业联盟；北京、上海等地建立了数据开放平台，营造数据资源交易流通环境。

（二）产业规模稳步增大，迈入蓬勃发展阶段

随着大数据由概念渗透转向应用发展，大数据产业迈入蓬勃发展阶段，产业规模持续扩大。2016 年，包括大数据硬件、大数据软件、大数据服务等在内的大数据核心产业规模达到 3100 亿元，将在 2020 年超过 1 万亿元；大数据关联产业规模 2016 年达到 6 万亿元，将在 2020 年超过 10 万亿元；大数据融合产业规模 2016 年达到 3.5 亿元，将在 2020 年超过 20 万亿元。从大数据核心产业结构来看，大数据服务是大数据产业的最核心部分，占大数据核心产业规模的 90%。大数据核心产业的快速发展也带动了融合应用产业的发展，其规模快速增长，将超过大数据核心产业本身。

（三）区域布局基本形成，特色发展态势初现

京津冀区域、长三角地区、珠三角地区、中西部和东北五个集聚发展区的区域布局基本形成。其中，京津冀地区打造大数据协同发展体系，快速集聚和培养一批大数据企业。长三角地区将大数据与当地智慧城市、云计算发展紧密结合，吸引大批大数据企业。珠三角地区在产业管理和应用发展等方面率先垂范，对企业扶持力度大，集聚效应明显。中西部实现近年来跨越式发展，成为大数据发展的新增长极，贵州省率先出台大数据法律法规，建立大数据交易所，重庆、河南积极引进国内外行业巨头，打造中部大数据发展高地。东北地区依托东北老工业基地基础，着力发展工业大数据。

（四）企业推动技术创新，开源技术逐占主导

以互联网为主的大数据企业不断加大科研投入，力图开发新兴技术获取快速发展，取得令人瞩目的成绩。阿里云利用飞天技术平台的大数据技术，构建异地双活技术和基于大数据支持的全链路压力测试体系；京东通过大数据分析用户画像、用户社交关系网络和交易风险行为，形成完整可靠的防刷单技术屏障；腾讯搭建"互联网+医疗"开放平台，为医疗产业提供互联网化的后端服务；奇虎360采集市场主体疑似违法违规信息与社会共享并推送到国家信用信息共享平台。

其中，开源技术逐步占据主导核心地位，成为大数据技术创新的主要模式。开源软件和开源工具已经覆盖到了大数据产业发展的各个环节，企业基于开源软件可以快速构建大数据应用平台，提供丰富的大数据开发和应用工具。从小型初创企业到行业科技巨头，各种规模的企业都在使用开源软件和工具进行大数据处理和基于大数据的预测分析，几乎所有开源项目背后，都有大型科技企业的支持。阿里巴巴开源了其 Tari 存储引擎和 Ocean-Base 数据库，前者是淘宝自行开发的分布式 key-value 存储引擎，后者是支持海量数据的高性能分布式数据库系统，实现了数千亿条记录、数百 TB 数据上的跨行跨表事务；美林数据在 PLUTO 产品基础上研发并发布 Tempo 大数据分析平台，专注数据分析挖掘以及可视化，内嵌 10 种拥有自主知识产权的世界领先算法和 19 种经典算法，覆盖数据集成、分析、挖掘和可视化等大数据开源技术，已在电力、制造等领域广泛应用。

（五）行业融合步伐加快，工业领域成为焦点

应用创新成为大数据产业发展的主要驱动力，大数据在各行业领域的应用进一步深化。在政务领域，张家港市民搭建公共信息服务平台，市民凭借身份证就能享受 240 余项"在线预审"服务、130 余项"网上办事"服务。在零售领域，苏宁易购通过大数据系统从访客转换率、媒体、地理位置、时段、设备类型、设备号等多个维度建立访客转化率预测模型和商品推荐模型，旨在挽回流失访客，促成有效订单。在农牧领域，农牧企业广安集团采用单件管理系统，为每头猪设立专属 ID，实现全程监控。在金融领域，大数据成为构筑信用消费生态、防范金融风险和辅助投资决策的主要手段，百度、阿里、360、同花顺、银联等企业纷纷进军大数据投资领域，广发银行联合百度开发百度 100 指数系列基金，南方基金携手博士联合蚂蚁金服、嘉实基金挖掘腾讯自选股数据。

随着《中国制造 2025》《关于深化制造业与互联网融合发展的指导意见》等文件发布，

工业领域成为大数据应用的焦点，制造业各环节开始应用大数据，在研发设计环节，海尔集团沈阳冰箱工厂将用户需求与生存过程无缝对接，实现个性化定制；在生产制造环节，新松机器人利用工业大数据感知机器人状态，进行数据分析；在销售服务环节，东风风神应用底层行为数据管理平台 Action DMP 开展全系营销推广活动，实现全网用户行为数据、应用数据、场景数据的实时无损解析。

（六）资本市场规模增大，行业应用形成热点

大数据投融资事件数量和金额不断创下新高，成为资本市场焦点。2016 年上半年，我国大数据领域投融资项目数量达 97 期，融资金额超过 500 亿元，滴滴出行、平安好医生、易建科技三家企业融资金额超过 30 亿元，其中滴滴出行融资金额高达 45 亿美元，平安好医生获得 5 亿美元 A 轮融资，易建科技定增 30 亿元。其中，行业应用成为投融资热点，数据猿公司数据显示，2016 年上半年中国在大数据行业应用的投资比例高达 95%，在大数据技术领域不到 5%，其中，交通、物流、医疗、金融、教育、电子商务、娱乐等领域的融资并购频繁，交通、物流、医疗成为大数据投融资规模最大的三个行业领域。

二、当前存在的主要问题

总体来看，我国大数据产业应用领域不断拓宽、产业体系逐步建立，正处于健康持续发展阶段，但依然存在着数据开放共享缓慢、专业人才供不应求、工业大数据服务与应用能力较弱、产业指标体系缺失、产业公共服务能力不足、数据主权缺乏保护等问题。

（一）数据资源开放共享缓慢

政府数据信息的开放和共享既有助于推动资源整合、提升政府治理能力，也有助于政府与其他行业数据实现交叉、链接和共享，给大数据产业发展提供新的价值增长点。然而，目前我国政府数据资源开放共享依然缓慢。在政府数据的内部共享方面，政府各部门之间多套信息系统自成体系、条块分割的现象大量存在，相互之间的数据难以实现互通共享，"数据孤岛"现象仍然突出；在政府数据的外部开放方面，政府数据公开存在总量偏低、可机读性差、缺乏动态数据等问题，目前政府掌握的数据大都处于割裂和休眠状态。

（二）大数据专业人才供给不足

大数据作为典型的知识密集型服务业，对专业人才有更大需求。当前，我国大数据产业高速发展，由于成熟的人才培训体系尚未建立，导致现有的大数据人才储备总量供不应求。据统计，2016 年全国大数据人才缺口在 100 万左右。据测算，未来 5～10 年我国大数据产业将进入发展黄金期，市场规模增长年均增速将超过 30%，随着大数据产业规模进一步扩张，未来 5 年大数据人才缺口将超过 150 万人。同时，大数据产业对人才的复合型能力有更高要求，不仅要求具备数学、统计学、机器学习等基础知识，还要拥有大数据思维，懂得各行业领域的具体业务。我国对大数据专业人才的培养不足，大数据人才专业水平有待提高。

（三）产业公共服务能力有待提升

我国面向大数据产业提供产业咨询、知识产权保护、投融资、产权交易、人才服务、企

业孵化和品牌推广等专业服务的第三方机构数量较少,面向大数据产品和服务的提供可用性、可靠性、安全性和规模质量等方面的评估、评测、监测认证服务的第三方机构尚未形成规模,对产业的支撑能力不强,亟须围绕共性基础技术研发、标准研制、技术产品测试验证和开源社区建设等重大需求,建设一批大数据技术与产业公共服务平台,开放式地为产业各环节提供支撑服务。

(四)交易机制和法律体系尚不完善

随着大数据应用程度加深,政府、企业或组织已经认识到引入外部数据对自身发展的重大作用,进而激发了数据开放和交易的需求。然而,目前尚存在数据所有权如何界定不清晰、可交易的数据范围不明确、数据交易机制不规范、数据的质量评价、估值和定价缺乏评判标准等问题,使得数据交易和流通面临巨大障碍,需要针对数据确权、估值、市场机制等前瞻性问题开展理论研究。另外,数据作为可交易资源,随之而来的隐私问题不断凸显,关于隐私权保护的相关法律法规尚不完善,安全防范和管理能力不够,尚未建立其适应大数据交易市场发展的安全保障体系和监管体系。

(五)工业大数据服务与应用能力较弱

我国工业大数据服务供给能力和应用能力都比较薄弱。在供给端,尽管华为、浪潮等企业在工业大数据领域有一定部署,但受技术、人才及与行业结合不足等因素制约,工业大数据自主产品服务还不能实现全产业链覆盖,应用尚未形成规模。工业大数据服务企业对不同工业领域的需求理解不够,产品和服务难以满足工业制造企业的智能化生产和管理需求。在应用端,我国工业企业内部数据孤岛和碎片化现象严重,数据生成和处理不规范,企业数据不准确、数据缺失、数据质量差、数据可用性低等问题较为常见,对大数据应用造成制约。企业很多业务部门没有清晰的大数据需求,大数据服务提供商又未能在短期内开发出成熟的行业解决方案,致使企业无法进入依据需求带动数据挖掘、进而推出成熟产品的良性循环过程。

(六)数据主权保护面临新挑战

由于数据在网络虚拟空间进行传播,目前的技术手段和行政手段难以对数据进行有效的监控管理,各国对本国数据的控制力严重不足。我国由于基础核心技术支撑能力较弱,数据跨境流动保护规则缺失,缺乏相关政策、法律法规,数据主权的保障能力不足。

三、未来一年的发展展望

2017 年,我国大数据产业规模将保持快速增长,大数据产业聚集区将进一步特色化发展,大数据与物联网、云计算、人工智能等新兴技术的有机融合创新将更为深入,工业大数据、政务大数据领域大数据应用将更加深化,大数据安全和跨境流通将成为未来新焦点。

(一)大数据产业发展迎来黄金期

2017 年,大数据产业规模将保持继续快速增长的趋势。我国将推进重点领域大数据高效采集、有效整合,深化政府数据和社会数据关联分析,提高宏观调控、市场监管和公共服务的有效性。初步建设国家政府数据统一开放平台,推动政府信息系统和公共数据互联开放共享。研究制定数据开放、保护等法律法规，制定政府信息资源管理办法。随着国家大数据战略配套政策措施的制定和实施，我国大数据产业的发展环境将进一步优化，大数据的新业态、新业务、新服务将迎来爆发式增长，产业链进一步成熟和扩张。互联网的高速发展，将带动社会各领域对大数据的服务需求进一步加强，政务、工业、电信、金融、交通、医疗等领域的应用层出不穷。2017 年我国大数据产业规模有望达到 4185 亿元，未来 2～3 年的市场规模的增长率将保持在 35%左右。

（二）大数据产业聚集发展特色化

随着各个大数据综合试验区的建设和落实，产业集聚区推动地方形成特色领域。围绕京津冀和珠三角的跨区域类综合试验区，将更加注重数据要素流通，以数据流引领技术流、物质流、资金流、人才流，支撑跨区域公共服务、社会治理和产业转移，促进区域一体化发展；围绕上海、重庆、河南和沈阳四大区域的示范类综合试验区，将更加注重数据资源统筹，加强大数据产业聚集，发挥辐射带动作用，促进区域协同发展，实现经济提质增效；围绕内蒙古自治区的基础设施统筹发展类综合试验区，将充分利用本地能源、气候、地质等条件，加大资源整合力度，强化绿色集约发展，加强与东、中部产业、人才、应用优势地区合作，实现跨越式发展。

（三）持续深入推动技术融合创新

大数据的技术发展与物联网、云计算、人工智能等新技术领域的联系将更加紧密，物联网的发展将极大地提高数据的捕获能力，云计算与人工智能将深刻融入数据分析体系，融合创新将不断涌现和持续深入。

（四）深化工业及政务大数据应用

随着《国务院关于深化制造业与互联网融合发展的指导意见》《大数据发展产业规划（2016—2020 年）》《智能制造发展规划（2016—2020 年）》等政策规划的落地实施，我国将进一步深化工业云、大数据等技术在工业领域的集成应用，探索建立工业大数据中心，实施工业大数据应用示范工程，工业大数据对智能制造的赋能效应将进一步释放。随着国家发改委《政务信息资源目录编制指南》的出台实施，以及地方政府推动政务信息资源互联开放共享的进程不断加快，大数据在政务领域的应用将逐步深化，成为提高宏观调控、市场监管、公共服务有效性的重要手段，有力支撑政府行政服务效能的提升和社会治理手段的优化。

（五）聚焦大数据安全及跨境流通

随着《中华人民共和国网络安全法》及相关配套细则的正式实施，大数据安全的市场空间将进一步释放，政府和企业在大数据安全技术、产品和服务创新方面的投入将进一步加大，国家将大力推进双边区域性跨境数据流通合作，建立国家间数据流通保护的协调机制，参与数据跨境流动国际标准和规则制定的积极性将不断提高。

（六）大数据产业支撑体系更完善

《大数据发展产业规划（2016—2020 年）》的颁布实施，将促进我国大数据产业支撑体系日趋完善。不断加强大数据标准化顶层设计，快速推动大数据重点标准的研制和推广，促进大数据国际标准化工作，建立健全覆盖技术、产品和管理等方面的大数据标准体系。将建立一批区域性、行业性大数据产业和应用联盟及行业组织，培育一大批大数据咨询研究、测试评估、技术和知识产权、投融资等专业化服务机构，构建大数据测试认证及公共服务平台和公共技术创新平台，建立大数据产业公共服务支撑体系。着力突破数据安全技术，进一步开展大数据安全产品研发与应用示范，建设一批大数据安全攻防仿真实验室，建立兼顾安全与发展的国家数据安全保护体系。不断推动制定公共信息资源保护和开放的制度性文件，研究制定数据流通交易规则，继续完善个人信息保护立法，强化关键信息基础设施安全保护，推动建立数据跨境流动的法律体系和管理机制，完善大数据政策法律法规体系。将依据大数据发展需求制定人才培养计划和评价机制，培养大数据领域顶尖人才，建立大数据人才引进机制，吸引海外大数据人才来华就业、创业，建立健全多层次、多类型的大数据人才培养体系。

（七）重点细分领域展望

大数据硬件方面，数据采集设备将呈现网络化、智能化等特点，构建软硬一体化的自主产业生态趋势明显；大数据软件方面，数据和应用将加速大数据软件产品创新，中小型企业将成为推动大数据软件发展的重要力量，大数据软件产业将持续壮大；大数据服务方面，规模将持续增长，产业发展重点方向呈现出包括大数据清晰加工、价值挖掘、可视化等通用型大数据服务和面向重点行业的定制化大数据服务在内的双向性特征；大数据安全方面，大数据将与人工智能技术深度融合，大数据安全产品将趋于平台化发展。

（本稿件由中国电子信息产业发展研究院软件产业研究所提供）

2016 年人工智能发展概况

　　人工智能的概念自 1956 年在美国达特茅斯会议上提出以来，受到学术界和产业界的长期关注，当前，计算智能技术和产业化发展较为成熟，在大数据、深度学习等新技术推动下，以机器视觉和语音识别为代表的感知智能正呈现出高速演进态势。2016 年，我国人工智能发展势头良好，技术和产品研发能力大幅提升，市场空间逐步拓展，社会关注与投资力度持续加大，行业应用逐步渗透并深刻改变着人们的工作生活方式。2017 年，国家级人工智能产业政策有望出台，技术和产品创新将更加活跃，应用领域将不断深入，配套法律法规及公共服务平台将更加完善，人工智能产业的发展将迈进新阶段。

一、发展情况和运行特点

（一）政策接连出台，利好产业发展

　　随着人工智能技术、产业的快速发展，美欧日韩等国政府纷纷出台相关政策，将人工智能上升到国家战略的地位。2016 年，我国政府、各部委连续发布了多项政策支持我国人工智能产业的发展，特别是聚焦于促进人工智能基础资源汇集和公共服务创新平台建设。2016 年 3 月，我国发布《国民经济和社会发展"十三五"规划纲要》，将人工智能技术列为重点突破技术，提出要大力推进人工智能的创新和产业化，形成新的经济增长点。2016 年 5 月，发改委、科技部、工信部和网信办等联合发布《"互联网+"人工智能三年行动实施方案》，提出"到 2018 年，打造人工智能基础资源与创新平台，人工智能产业体系、创新服务体系、标准化体系基本建立，基础核心技术有所突破，总体技术和产业发展与国际同步，应用及系统级技术局部领先"的发展目标。2016 年 7 月，发改委发布《战略性新兴产业重点产品和服务指导目录》，提出要在平台、硬件、软件、系统等四方面重点发展人工智能产业。2016 年 12 月，国务院印发的《"十三五"国家战略性新兴产业发展规划》中将发展和组织实施人工智能创新工程列为"十三五"期间的重点任务之一。

（二）围棋人机大战，民间关注升温

　　人类与机器的博弈一直以来都是检验人工智能发展水平的重要方式。历史中 1997 年 IBM 深蓝打败了国际象棋大师卡斯帕罗夫，2006 年"浪潮杯"首届中国象棋人机大赛中超级计算机浪潮天梭击败了 5 位中国象棋特级大师，但在围棋领域，人工智能长期以来尚无法与人类智能相抗衡。但 2016 年谷歌 AlphaGo 以 4∶1 的总比分战胜全球围棋顶尖高手李世石，表明人工智能发展已经迈入新的高度。此次人机大战引发各界的高度关注，腾讯、网易和新浪等现代媒体对赛程进行了全程直播，李开复、王小川等科技行业的领军人物也纷纷参与讨论。根据统计，仅 2016 年 3 月 10 日一天，百度指数显示 AlphaGo 事件的关注度已逾 15 万人次，至此，人工智能的搜索热度一直显著高于 2015 年同期水平。这一事件标志着随着深度学习等核心技术的突破，人工智能发展水平上升到了新的高度，同时人机大战也对人工智能的强大

计算能力和巨大应用潜力进行了一次全民科普，引发社会各界对人工智能的关注和追捧。

（三）巨头积极布局，领军人才流动

大型科技企业很早就已经认识到了人工智能技术创新所带来的巨大的市场潜力，纷纷制定人工智能优先的企业战略，并加快了在人工智能领域的布局。谷歌、苹果等国际科技巨头纷纷招募人工智能顶尖人才，收购人工智能领域的初创企业，以此来加强自身在人工智能领域的科研能力和生态布局。李飞飞加入了谷歌，Alex Smola 加入了亚马逊，Geoffrey Hinton、Yann Lecun 等学术巨头也纷纷加入科技公司，顶尖人才与巨头企业的结合将有力地推动人工智能技术商业化的发展。国内的科技巨头 BAT（百度、阿里巴巴、腾讯）通过自身研究、投资并购等加大了在人工智能领域的投入，百度实施全面的人工智能优先战略，而阿里巴巴和腾讯则是各有侧重。百度邀请国际人工智能顶尖专家吴恩达加盟，在百度世界大会上推出"百度大脑"，对语音、图像、自然语言处理和用户画像、无人驾驶等领域进行重点关注和研发。阿里巴巴的人工智能从商业体系起步，在电商、物流、金融等重点领域进行全面智能提升，同时还涉及医疗、交通、教育等多个领域。腾讯利用自身在游戏和社交领域的优势，聚焦图像、语音识别等方面进行了多项投资、并购。

（四）产业应用落地，市场价值显现

我国人工智能产业已经形成了包括基础支撑、核心技术和应用场景的三个架构体系，产业发展和行业应用不断加速。基础支撑层由传感器、芯片、行业数据、数据服务、生物识别和云计算等技术构成；核心技术主要包括机器学习、计算机视觉和语音及自然语言处理；应用场景则细分到行业场景应用，涉及制造业、服务业、医疗、金融、驾驶、物流等多个领域。在整个人工智能产业生态中，既有华为、阿里、百度、腾讯等科技巨头，也有科大讯飞等依托大学孵化的科技公司，以及众多初创科技公司。据 iiMedia Research 数据显示，2016 年我国人工智能的产业规模已突破 100 亿元，增长率达到 43.3%，预计 2017 年产业规模将达到 152.10 亿元，增长率提高至 51.2%。我国人工智能产业起步相对较晚，但产业布局、技术研究等基础设施正处于快速发展期，图像识别、语音识别等智能技术已经在智能家居、无人机等领域逐步展开应用。从人工智能技术集成应用看，新松、优必选、地平线等机器人企业正在积极攻关机器人核心技术发力机器人市场，百度、吉利汽车、国防科技大学、北京理工大学等企业和高校正积极研制无人驾驶汽车。

（五）产品创新涌现，资本市场活跃

2016 年，多家人工智能公司发布和推出了成熟的人工智能产品，预示着我国人工智能技术正在走出实验室，走进人们的日常生活。人工智能产品创新主要集中在自动驾驶、语音识别、智能分析搜索等领域。3 月，中科院发布全球首款神经网络处理器"寒武纪"，通过模拟人类神经元和突触进行深度学习，提升人脸识别水平。8 月，阿里云宣布推出人工智能 ET，基于阿里云计算能力，ET 目前已具备智能语音交互、图像/视频识别、交通预测、情感分析等多项技能。9 月，百度发布"百度大脑"，在语音、图像、自然语言处理和用户画像领域有着不凡表现。其中，语音识别成功率达 97%，人脸图像识别准确率达 99.7%，均达到国际领先水平。百度表示将进一步应用该技术与医疗、交通、金融等领域展开合作。11 月，百度无

人车首次实现城市开放道路运营。2016 年年底，科大讯飞推出了基于"讯飞超脑"的七大新品，包括全球首发的多语种实时翻译技术、万物互联输入法、智能家居、智能车载、智慧教育、智能服务机器人、个性化语音合成等技术产品。

人工智能领域技术与产品的迅速成长也带动了资本的持续关注，iiMedia Research 数据显示，2016 年人工智能创业公司发生融资事件 77 起，其中包括商汤科技 1.2 亿美元、碳云智能 10 亿元等大额融资。轮次分布方面，根据公开信息，有 27.4%的公司未获投，其中 39.3%的公司处于 A 轮（包括 Pre-A 和 A+)，而处于天使轮的公司占比为 21.4%，处于 B 轮（包括 B+)的公司占 7.7%，仅有 2.4%的公司已经进入 C 轮及以上。中国人工智能创业发展较晚，超过一半的公司成立时间在两年之内，较高的获投率说明了资本市场对人工智能产业发展的信心。目前超过 60%的人工智能创业公司集中在 A 轮和天使轮阶段，表明大部分人工智能创业公司正处于成长期，在技术和资本的支持下，后续的发展成长值得期待。

二、主要问题

（一）政府引导力度有待加强

2016 年，美国、日本和英国均发布了国家人工智能相关战略，美国白宫科技政策办公室发布了《为人工智能的未来做好准备》《国家人工智能研究和发展战略计划》《人工智能、自动化与经济报告》，从资金支持、长短期结合来推动发展。日本内阁会议通过了《第五期科学技术基本计划（2016—2020)》，提出要发展信息技术、人工智能和机器人技术。日本经产省发布了利用人工智能和机器人等最新技术促进经济增长的"新产业结构蓝图"中期整理方案。英国政府发布了《人工智能：未来决策制定的机遇与影响》报告，论述了如何利用英国的独特人工智能优势增强英国国力。中国政府对人工智能的关注度在逐步提高，但总体来看，中国仍缺乏国家层面的人工智能发展战略设计、协调机制和支持政策。我国的人工智能发展主要从基础研究着手，产业落地需要多部门的协同合作，具体计划仍处于研讨阶段，尚未对外正式发布和落实。另外，人工智能基础研发投入影响产业的创新速度，中国尚未推出人工智能专项扶持基金，少数地方政府虽自发成立产业基金，但从规模上仍不足以支撑整个人工智能产业的创新。相比之下，美国政府已对人工智能进行了多年的投资，截至 2016 年，美国国家自然科学基金 NSF 对人工智能相关研究资助总金额就超过 9.12 亿美元。因此，中国须尽快出台政策，完善公共配套服务，加大对人工智能领域基础研发资金的投入，才能尽早缩小与美国的人工智能的技术差距，支撑人工智能产业创新的发展需求。

（二）产业链条衔接还需完善

我国高校和科研机构在智能语音技术、计算机视觉技术、生物特征识别技术等领域已具备产业化的条件，围绕以上技术的创新创业不断涌现。BAT 等国内科技巨头在国家政策以及资本的推动下，也已抓紧人工智能领域的战略布局。但我国人工智能产业链衔接待完善，缺乏产学研用一体化的完整产品线，能够真正实现自主造血的企业几乎没有。究其原因，首先，人工智能产业链涉及基础、技术和应用多个环节，覆盖智能家居、智能机器人、智能汽车等多个领域，尚缺乏有效的组织来推动整个产业链条合作共赢。其次，弱人工智能自身属性导致产品使用情境垂直单一，难以形成大范围商业化的横向拓展；最后，在人工智能目前的发展阶段，数据的基础积累、准备、算法的训练都需要投入大量的前期资源，这对任何一家企业来说都是一项巨大的科研投入。

（三）专业人才缺口依然巨大

以中科院自动化所、清华大学、百度、科大讯飞等为代表的高校、科研机构和企业结合产业发展现状，不断深化人工智能领域研究，为产业关键技术突破、人才输送等方面提供了重要支持。但目前国内人工智能产业仍存在较大的人才缺口，人才流通性较弱，高端研究人才成本超高，难以满足产业高速发展的需求。人工智能领域人才大体可分为两类：领航型人才和专业技术人才。领航型人才是指能从全球及中国的整体经济状况、机器人行业发展现状的全局出发，引领机器人发展的潮流，为企业发展确定方向，同时还能了解研发、制造、推广、销售及企业管理的复合型高级人才。专业技术人才是指计算机科学、信息论、控制论、不定性论、哲学、认知科学、心理学、数学、神经生理学、仿生学等相关学科的专业性技术人才。以美国为例，美国10年以上经验的人工智能人才占比接近50%，而中国这一数字仅为25%。目前华人人工智能专家的实力已受到国际认可，占从业人员的比重也不低，随着中国工作环境、创新氛围的不断改善提升，中国有望吸引一大批海外高端科技人才回国，加快中国人工智能产业的发展。

（四）配套服务平台尚未建立

人工智能领域的资源共享与公共服务能力不足。人工智能技术发展对软硬件基础设施、算法和服务支撑以及公共服务要求较高。首先，我国尚没有基于人工智能的共性技术平台，人工智能开源平台发展缓慢，计算和算法资源无法实现共享。其次，技术和服务开放平台的缺乏将制约人工智能技术在传统产业和社会服务领域的智能化发展。最后，行业缺乏统一的标准和接口，严重影响企业创新效率和技术的规模化应用。

三、未来一年发展趋势

随着从"互联网+"向"人工智能+"晋升的大趋势以及国家战略政策支持，2017年人工智能将迎来发展的春天。

（一）政策支持力度将不断加大

随着我国对人工智能重视程度的不断加深，聚焦人工智能产业发展的国家战略有望发布，从国家层面进行整体设计，以长周期的专项形式推动产学研合作，促进人工智能技术突破，推动新兴技术的产业化进程。工信部、科技部、发改委等相关部门有望发布支持人工智能产业发展的专项政策。北京市、上海市、深圳市、贵阳市等重点省市，有望出台产业发展专项规划。我国对人工智能技术突破和产业发展的重视上升到新的高度，随着下一步工作部署的全面展开，中国的人工智能产业将迎来发展机遇期。

（二）产业应用领域将继续拓展

人工智能的技术和产品创新持续活跃，语音识别、图像识别仍将是人工智能技术应用的主要方向，人机交互、气味识别等领域有望实现突破，预计到2017年年底，人工智能领域初创企业融资总额将超过 600 亿元。领军科技企业、大型上市企业有望设立新的投资基金或人工智能专项投资基金，加大人工智能领域的投资力度。人工智能在智慧交通、智能家居、智能客服等领域中的应用将更加普及，在医疗健康、现代物流等领域有望拓展新的应用场景，带来新的业务模式，人工智能消费级产品有望加速涌现。人工智能在制造业创新发展的价值将进一步凸显，驱动"制造"向"智造"升级。

（三）人才供给不足将逐步缓解

人工智能是典型的智力依赖型产业，人才在产业发展中处于核心地位。以深度学习为代表的人工智能核心领域在 2012 年左右才成为计算机热门方向，博士研究生等专业人才的培养至少需要 5 年时间才能毕业进入产业界，造成目前人工智能人才青黄不接的情况。自 2017 年开始，大批人工智能专业人才走出象牙塔，进入产业界，将为各行各业引入人工智能技术带来巨大机会。从产业来讲，未来几年也是人工智能在金融、医疗、教育等大数据行业以及感知交互领域全面渗透的时期，充分的人才供给加之日趋完善的产业环境，人工智能产业应用将有望迎来百花齐放的时代。高校、科研机构在人工智能基础技术研究中将保持活跃，但科研人才将向企业流动，企业在人工智能技术创新中的主体地位将得到进一步巩固和加强。

（四）支撑服务体系将更加健全

人工智能作为迅猛发展的新兴产业，还缺乏行业标准来规范管理。人工智能产业的法律法规及相关行业标准将有望出台，促进我国人工智能行业稳健、持续、有序发展。围绕人工智能产业发展的咨询、测评、验证、评估等第三方服务有望得到快速发展，助力人工智能产业健康成长。创新创业企业司法保护力度会逐步加大，破除行业垄断，激发大众创业、万众创新的活力，鼓励技术创新和产品创新，推动民营经济发展。开源作为人工智能技术创新的主流模式，开源平台在技术创新中的作用将持续凸显，保障人工智能技术资源快速共享。

（本稿件由中国电子信息产业发展研究院软件产业研究所提供）

2016 年北京市软件和信息技术服务业发展概况

2016 年以来，北京市软件和信息技术服务业以"创新驱动、协调拓展、提升效能"为总基调，把握智能制造、"互联网+"等带来的新机遇，不断优化产业结构，促进产业规模与质量"双提升"，厚植新兴领域发展优势，推动重大应用落地，培育跨行业融合发展新热点，拓展跨区域联动发展新空间，实现软件和信息技术服务业高端、高效、高辐射的发展格局，对北京市构建高精尖经济结构起到了重要支撑作用。

一、基本情况

2016 年，北京市软件和信息技术服务业持续保持稳中有进、稳中向好的发展态势，呈现"稳、精、新、高"的特点。全行业实现软件和信息技术服务收入 6416 亿元，同比增长 15.1%。全行业实现增加值占北京市 GDP 的 10.8%，较 2015 年提高 0.5 个百分点，同比增长 11.3%，对北京市经济发展的支柱作用进一步加强。

（一）质量与效益双提升，市场潜力大

2016 年，北京市规模以上企业平均营收同比增长 13.6%；人均营收同比增长 9.1%。从业人员同比增长 0.2%，增速较 2015 年下降 1.9 个百分点。行业新设企业规模持续扩大，新增企业 3690 家，同比增长 7.2%；新增注册资本总额 585.8 亿元，户均资本 1587.5 万元。

（二）原始创新能力不断提升，创新成果精

2016 年，大中型重点企业研发支出 118 亿元，同比增长 33.2%；有效发明专利数 9402 件，同比增长 18.6%；新产品销售收入 312.15 亿元，同比增长 17.9%。8 家软件企业参与项目荣获国家科技进步奖，11 家企业入选 20 家"中国自主可靠企业核心软件品牌"。合众思壮发布中国首款高精度星基增强基带芯片"天琴"，填补了在星基增强产品领域的技术空白。百度凭借在人工智能领域的诸多突破，位列 2016 年"50 大创新公司"亚军，其 Deep Speech 2 被评为"2016 改变世界十大突破技术"。

（三）行业整合加速，新经济、新技术受资本青睐

2016 年，共发生并购案例 70 件，涉及金额 891 亿元；股权融资案例 783 件，涉及金额约 1548.66 亿元；发生战略投资案例 41 件，涉及金额 226 亿元，单笔融资金额约为 6 亿元。以京东金融、新美大、滴滴出行、金山云企业为代表的互联网金融、O2O、分享经济、云计算等新兴领域融资额巨大，滴滴出行获得 45 亿美元新一轮融资，成为全球未上市企业单轮最大规模股权融资之一。恒泰实达、先进数通等 9 家企业上市，截至目前已有上市企业 148 家，在资本市场形成了较为活跃的"北京板块"。

（四）企业全球竞争力显著提升

信息技术服务外包收入中，欧美市场占市场总额的 70% 以上，高端化发展显著。企业通

过海外并购、合作等方式抢占供应链地位，如猎豹收购全球移动新闻服务运营商 News Republic（法国），逐步完成了向"内容平台"的转型；奇虎 360 与昆仑万维收购挪威浏览器厂商 Opera（Opera Software ASA），补强其移动端的覆盖能力；博彦科技与美国 Cloudera 公司携手搭建大数据生态圈；东华软件与瑞典 Qlik 公司合作，为国内企业提供数据分析服务。

二、主要工作及产业特点

（一）完善政策体系，优化产业环境

按照京津冀协同发展和首都新功能定位要求，有序推进《〈中国制造 2025〉北京行动纲要》落实工作。印发《北京市鼓励发展的高精尖产品目录（2016 年版）》《北京市工业企业技术改造指导目录（2016 年版）》，落实供给侧结构性改革要求的具体体现，向社会释放发展什么的方向性信号，指引资源要素的配置。发布实施《北京市"十三五"时期软件和信息服务业发展规划》，着力推动"软件+硬件""软件+内容""软件+服务"的深度耦合，为全面推动经济社会的智慧演进夯实基础。推进互联网信息服务业领域的服务业扩大开放综合试点工作，积极向工信部争取政策支持。结合北京市软件和信息技术服务行业生产经营特点及企业安全生产工作现状，制定并印发《北京市软件和信息服务业企业安全指导意见》。做好行业运行监测与产业分析工作，编制并发布《北京软件和信息技术服务业发展报告（2016 版）》。

（二）引导供给侧结构性改革，培育产业优势

用友、东华、神州数码等传统软件领军企业主动调整业务，加快转型升级步伐，积极布局云计算、大数据、互联网金融、人工智能等领域，深耕"互联网+"业务。百度、京东、乐视、小米、搜狗等互联网企业互联网公司一方面夯实核心业务，深化生态圈建设；另一方面加大互联网金融、人工智能、泛娱乐领域的研发投入，培育新增长点。在出行、居住、金融等领域涌现出如滴滴出行、58 同城、途家网、小猪短租、人人贷等一批分享经济代表企业。无忧英语（51TALK）作为互联网+教育的践行者，2016 年 5 月在美国纽交所成功上市。在大数据、云计算、人工智能等领域，科研能力强、发展活力大的新兴企业辈出，为产业带来新动能。

（三）推动重大项目落地，引领产业发展

云计算、大数据、企业互联网、安全自主可控、北斗导航等新兴领域示范项目加速落地，取得新的突破。一批重大云应用落地，建设乐视广电全媒体云平台，覆盖全球 350 个节点，新一代 P2P+CDN 和 Letv UI 支撑系统上线并在多屏终端中运营；搭建包括弹性云计算、分布式海量存储、视频多媒体处理等的金山公有云服务平台，已具备对外提供 40000 个云主机服务的能力，服务规模化企业 2300 家；有序推进北京国际大数据交易中心建设，正在加快推进市金融局的前置审批，力争 2017 年年底左右完成企业注册；用友企业互联网运营平台取得积极进展，已与 400 多家创新创业企业开展合作。推进北京可信开放高端计算系统产业化（TOP）项目建设，TOP 新云服务器 1—11 月累计销售 1.8 亿元，已获得软件著作权 22 项，13 项专利已经受理，其中包含 11 项发明专利，完成数据库产品 1.6 版本、数据库迁移工具 1.0 版本的研发。中国网安信息产业示范基地重点突破可信增强技术，研制的国产自主高安全专用终端采用安全与系统全面融合的一体化设计方案，填补了国内空白。积极推动北斗区域示范项

目建设，应用北斗终端 9.4 万台/套，北京成为全国北斗应用最广泛、终端推广量最大的城市之一；北斗导航与位置服务产业公共平台完成公共运营中心及创新创业服务中心建设，运营平台实现千万级用户规模，并发处理能力达 100 万/次。

（四）对津冀辐射带动增强，产业协同能力增强

2016 年 1—11 月，北京市软件和信息技术服务业企业对津、冀共投资 129 次，同比增长 48.3%；投资金额 24.0 亿元，同比增长 61.0%。三地不断加强合作，在云计算、大数据、北斗导航等领域取得成果。一是联合张家口市张北县共建数据中心产业基地，建设"中国数坝"。总投资 200 亿元的阿里巴巴集团张北数据中心 1 号园区、2 号园区两个项目正式投入运营。二是京津冀大数据综合试验区建设正式启动，三地共同设立大数据产业投资基金、共建大数据协同处理中心和应用感知体验中心。三是积极推动京津冀北斗一体化协同发展，组织三地企业联合签署《京津冀北斗导航位置服务合作协议》，编制《京津冀北斗协同发展一体化实施方案》，打造京津冀北斗导航位置服务运营平台。

（五）构建高精尖体系，凝聚产业力量

成立"北京制造业创新发展领导小组"，筹建《〈中国制造 2025〉北京行动纲要》战略咨询委员会，建立落实《〈中国制造 2025〉北京行动纲要》、培育高精尖产业的工作机制。召开北京制造业创新发展领导小组第一次工作会。推动北京制造业创新发展领导小组印发《北京绿色制造实施方案》，提升产业绿色发展水平。印发《北京市工业和科研用地项目供地联审工作规则》，建立健全工业和科研用地项目供地审核机制，推进高精尖产业项目落地。积极推动高精尖基金投资和新设工作。北京可信开放高端计算系统产业发展基金（TOP 基金）完成蓝色星际、华云网际和元年科技项目投资，共出资 7000 万元；国科嘉和基金完成对国科恒泰（北京）医疗科技有限公司投资，金额为 5275.321 万元。新设立包括易华录在内的 2 支云计算与大数据领域并购基金。

（六）增强服务落地，扩大产业影响

积极为企业做好服务工作，推动软件和集成电路产业企业所得税优惠政策在北京市落地。与北京市财政、市国税、市地税等部门建立市级联合工作机制，全国第一时间召开两场企业所得税优惠政策宣贯培训会，传达文件精神。共完成 567 家软件企业材料的审核，审核通过 553 家企业，通过率达 98%，为企业共计减免所得税超过 24.57 亿元。及时编写《北京市软件企业所得税优惠政策落实工作实施细则》，为做好所得税减免工作打好基础。编制《北京软件企业服务指南（2016 年版）》，以软件企业成长发展的服务需求为核心，汇编企业在发展全生命周期中所需相关政策。围绕"大数据、大软件、大应用"，举办 2016 北京软件周活动，进一步提高北京市企业在国内外的影响力，促进供需双方有效沟通。积极推动北京市人民政府成为 2017 年软博会主办单位，并做好会议筹备工作。举办"2016 全国信息消费示范应用城市行"启动仪式北京活动、"京港互联网信息服务业协同发展"专题活动，全方位、多领域展示企业成果，助力企业把握新商机、创造新需求、开拓新市场。搭建创新创业高端互动交流平台，举办"创富中国"系列活动，推动优质企业与资本、产业、园区进行深度培育对接，参与投融资项目数为 182 个，其中参与企业 1300 余家，参与项目总融资额 12 亿元左右，实际达成融资额 2.1 亿元。

三、面临的问题

面临的问题体现在以下几个方面：第一，外省市创新创业、人才等政策优势对北京市产业发展造成冲击。一方面，部分企业外迁意愿增强；另一方面，引进创新型外资企业时处于不利地位。第二，传统软件企业向互联网信息服务转型过程中，对部分传统业务进行收缩调整，面临前期发展投入高、收入增长慢甚至下滑、转型周期长等问题。第三，游戏、搜索等细分领域政策文件的出台，短期内对北京市企业的经营发展造成影响，企业营业收入出现负增长或者增速减缓现象。第四，云服务、大数据等新兴业态企业发展快，但行业领域应用不够深入，规模尚不足以支撑全行业快速增长。第五，随着"自主可控"政策的深入实施，外资企业产品销量受到冲击，同时国产化产品短期内无法占领市场，出现断层期。

四、2017 年展望与目标

2017 年北京市软件和信息技术服务业全年工作思路：围绕"提质增效、统筹融合、协同联动"的总基调，以软件产业转型升级和两化融合统筹推进为主线，以京津冀协同发展为契机，以大数据综合试验区为抓手，进一步巩固并提升软件和信息技术服务业在全市经济发展中的支柱地位，信息化和工业化融合发展水平进一步提高，基本形成与科技创新中心功能定位相适应的创新型产业发展格局。预计 2017 年产业发展目标为：力争全年实现营业收入 8000亿元，年均增长 10%左右。

五、下一步工作

（一）做好政策落实工作

继续推进实施《〈中国制造 2025〉北京行动纲要》各项工作，推动高精尖产业基金相关工作，做好高精尖项目推荐。推进实施《北京市"十三五"时期软件和信息服务业发展规划》。持续推进互联网信息服务业领域的服务业扩大开放综合试点工作。围绕两化融合，做好《关于深化制造业与互联网融合发展的指导意见》（国发〔2016〕28 号）、《信息化和工业化融合发展规划（2016—2020 年）》政策的落地工作。

（二）积极推动京津冀协同

积极推进京津冀大数据综合试验区建设，围绕科技冬奥、环保、交通、健康、旅游、教育等重点领域，探索大数据创新应用，打造协同发展功能格局。京冀联动推进"中国数坝"建设。开展大数据交易流通试验探索，依托北京国际大数据交易中心等推动形成京津冀一体化的数据资产交易市场。推动京津冀北斗卫星导航区域应用示范项目工作，促进北斗导航与位置服务产业联动发展。

（三）提升两化融合发展水平

以两化融合管理体系标准为依托，以贯彻实施《〈中国制造2025〉北京行动纲要》、培养互联网时代的企业新型能力为目标，在企业升级改造、新业态培育、系统解决方案三个方面积极推动智能制造、绿色制造、工业电子商务、大企业双创、工业云、产业大数据、网络化协同、工业软件等工作，以采购服务、试点示范、高精尖项目建设、采信机制建立为手段，重点实施六大行动，实现企业两化融合评估、贯标企业数量进一步提升，推动两化融合总体发展水平全国领先。

（四）科创中心建设服务落地

按照创新型产业集群与示范区专项方案要求，加强创新主体建设，积极打造重点创新型产业集群，推进一批重大项目，促进产业生态建设。在新一代移动互联网领域，实施内容生态平台、移动互联网协同创新云平台、虚拟现实平台及终端产业化等重点项目，构建起自主"芯片+操作系统+软件+整机+内容平台"的移动互联网生态；在云计算和大数据领域，实施金山公有云、智慧城市综合系统、城市大数据平台等项目，构建和完善公有云和大数据智能应用生态体系；在自主可控信息系统领域，实施可信开放计算系统平台、自动化漏洞攻防系统平台等项目，建设自主网络与信息安全生态体系；在人工智能领域，实施百度深度学习实验室、AI计算芯片研发、北京云脑创新平台等项目，推动"互联网+"升级到"人工智能+"。

（五）加强服务创新

高水平举办好 2017 年软博会，使软博会成为北京市软件产业发展的"名片"。积极推动软件和集成电路产业企业所得税优惠政策在北京市落地，确保企业合理合法享受国家优惠政策。积极落实人才政策，做好人才服务工作，开展高端人才培训工作。打造软件产业知识产权品牌银行及产业担保公司，组建软件产业知识产权运营基金、债权基金，解决中小企业的融资难题。

2016 年天津市软件和信息技术服务业发展概况

近年来，天津市软件和信息技术服务业在天津市经济社会发展和信息化建设的强力驱动下，保持了良好的发展势头，产业规模稳步提升，信息基础设施逐步完善，前沿技术公关取得突破，企业实力快速增强，聚集效应日益明显，优惠政策落实到位。

一、基本情况

（一）产业规模稳定增长，产业结构进一步优化

2016 年，天津市软件和信息服务业产业规模达到 1186 亿元，同比增长 17.5%，其中软件产品收入 282 亿元，同比增长 12.8%，信息技术服务收入 757 亿元，同比增长 22.9%，嵌入式系统软件收入 146 亿元，同比增长 2.8%。云计算、大数据、智能制造等新兴领域收入增长较快，信息技术服务所占份额达到 63.9%，标志着产业结构进一步优化，产业层级持续提高，创新能力不断增强。

（二）信息化基础设施和发展水平持续提高

天津市互联网城域出口带宽达到 4680Gbps，天津市光纤覆盖率达到 100%，光纤入户覆盖能力达到 680 万户，城镇和农村统一实现 100Mbps 的宽带接入能力，成为全光网城市，提前 5 年实现"宽带中国"的建设目标。建成 4G 基站近 1.5 万个，市区、县城、乡镇、校园、3A 以上景区实现连续覆盖，行政村 4G 覆盖率达到 95%；在高校、酒店、商场、机场及火车站等热点地区建设了无线局域网（WLAN），开通 AP 共 11 万个。信息化发展指数居全国第四位。

（三）形成具有鲜明特色的发展领域

通过搭建天津市首个安全可控软硬件适配平台，打造了以飞腾 CPU、麒麟操作系统、南大通用数据库等为代表的完整的安全可控产业链条。形成了以中芯国际、飞思卡尔、展讯、唯捷创芯等企业为代表的 IC 设计、检测、制造的产业链。构建了以五八同城、赶集网、百姓网等为支撑的分类信息网站聚集区。汇聚了超算中心、曙光、今日头条、奇虎 360、腾讯等大数据应用龙头企业。推进了以凯发电气、一重电气、长荣印刷等为代表的工业控制软件和智能制造软件项目示范工程建设。天津市软件和信息服务业发展呈现出有特色、有亮点的发展态势。

（四）大企业对产业的带动效用进一步显现

天津市软件和信息技术服务业企业超过 1000 家，从业人员超过 10 万人，系统集成获证企业达到了 153 家。业务收入超过 10 亿元的企业达到 25 家，超过亿元的企业达到 159 家，超过亿元企业收入占天津市的 90.5%。

（五）实现了定位明确、分工协作、互补配套的集约发展模式

滨海新区成为产业发展的主要载体，产业规模占天津市的75%。已建成了滨海高新区软件园、开发区服务外包园、国家动漫产业综合示范园等聚集区。其中，滨海高新区成功列入国家新型工业化示范基地（软件和信息服务业），产业规模达到435亿元。

（六）产业政策环境进一步优化

2016年，天津市编制了《天津市信息服务业发展实施方案（2017—2020）》，明确了产业发展目标、主要任务和发展重点，会同税务部门，根据国家对软件企业所得税优惠政策出台了地方配套政策。2016，天津市共有59家企业享受所得税减免税合计2.4亿元，切实减轻了企业负担，促进了产业的发展。

二、面临的发展形势

尽管取得了一定的成绩，但与国内发达地区相比，天津市软件业还存在着明显的差距，一是产业规模偏小，整体竞争力有待提升，支撑产业发展的龙头企业和人才等核心要素缺乏，中小企业规模化发展不足；二是重点领域创新能力和动力不足，骨干企业整合发展资源的能力还需提升，带动产业链的作用不突出；三是产业发展氛围不浓郁，产业聚集区环境还有待进一步优化，对优质资源的吸引力相对不足。

同时也应看到，天津市软件和信息技术服务业的发展也迎来了一些新的机遇：党的十八大报告指出，要"促进工业化、信息化、城镇化、农业现代化同步发展"，软件和信息技术服务企业要把握机会由大变强。同时，京津冀协同发展、中国制造2025、"互联网+"行动计划等国家战略的推进实施，也带来了广阔的市场空间。天津市作为全国制造业基地，下一步将在智能制造、工业机器人、自动化（数字化）工厂等领域，加大工业控制软件的投入。

三、2017年的主要工作

首先，天津市将按照《天津市信息服务业发展实施方案（2017—2020）》确定的发展目标、主要任务和发展重点，促进产业发展，力争2017年使天津市产业规模同比增长15%。

其次，全面落实企业税收优惠政策，进一步完善政策环境，为企业和园区做好服务，加大财政、融资、知识产权保护等方面的支持力度。

第三，加大项目扶植力度，扩大传统优势领域，拓宽新兴业态发展，实现工业软件、大数据、安全可控、互联网等领域齐头并进，成为拉动天津市产业发展的动力。

第四，努力打造产业聚集区，以国家新型工业化示范基地为核心，带动周边区域集约发展，抓好关键环节，形成产业发展的合力，实现企业、人才、园区的联动发展。

第五，充分发挥行业协会、高校院所和人才培训机构的桥梁纽带作用，在行业交流、产学研对接、人才实训等方面加大服务力度，实现人才培养与产业升级互动的可持续协同发展。

2016 年河北省软件和信息技术服务业发展概况

一、基本情况

2016 年，河北省软件和信息技术服务业入统企业 204 家，从业人员 3.5 万人，实现软件业务收入 210 亿元，同比增长 13.9%；实现利税 49 亿元，同比增长 27.9%。其中，软件产品行业收入 36.5 亿元，同比增长 8%；信息技术服务行业收入 172.2 亿元，同比增长 15.7%；嵌入式系统软件行业收入 1.5 亿元，同比下降 24%。

二、主要特点

（一）国家京津冀大数据综合试验区获批

经京津冀三地工业和信息化主管部门共同努力，京津冀大数据综合试验区建设方案获得国家发改委、工信部、中央网信办批准。12 月 22 日，京津冀三地政府联合召开了京津冀大数据综合试验区建设启动大会。会议发布了《京津冀大数据综合试验区建设方案》，发起成立了京津冀大数据协同发展投资基金、大数据协同处理中心和京津冀大数据综合试验区应用感知体验中心。通过积极争取，京津冀大数据综合试验区应用感知体验中心及京津冀大数据综合试验区秘书处设在河北廊坊。

（二）完成大数据产业布局

张北、廊坊、承德、秦皇岛、石家庄 5 大数据产业基地建设步伐加快，阿里、华为、润泽、浪潮、联通、富智康等一批知名企业入驻，20 余万台服务器投入运营。京津冀大数据协同发展机制初步形成，河北省工信厅与北京市经信委签署的《关于张北云计算项目建设的战略合作协议》取得明显成效，双方在张北举办了"京张'中国数坝'峰会暨阿里巴巴张北数据中心启动仪式"，阿里巴巴张北数据中心项目一期已经完成，首批 1.3 万台服务器投入运营。目前已签约项目 6 个（其中 3 个项目在张北注册了公司），洽谈推进项目 15 个。

（三）信息化与工业化深度融合取得新进展

编制印发了《河北省两化融合"十三五"规划》和《加快制造业与互联网融合发展的实施意见》，启动了"互联网+"制造业试点示范工作。认真推进两化融合管理体系贯标和水平评估工作，召开了河北省两化融合管理体系宣贯推进会暨贯标经验交流会。

（四）省级政务信息资源交换共享情况

依托河北省级政务云建设了政务信息资源交换共享平台，支撑省直部门间信息资源共享，已有省工商、国税、地税、质监、公安、统计、人社、住建、食药监、工信、发改、民政、卫计、商务、高院、环保、海关、财政、旅游、安监等 31 个部门接入该平台，截至 2016 年 11 月 30 日，依托该平台共交换政务数据 2.8 亿条。

（五）印发了《关于加快发展"大智移云"的指导意见》

河北省委、省政府高度重视以大数据、智能化、移动互联网、云计算（以下简称"大智移云"）为核心的网络信息技术产业发展，省委办公厅、省政府办公厅印发了《关于加快发展"大智移云"的指导意见》，河北省将实施"大智移云"引领计划，推进"556"行动，实施大数据示范、云上河北建设、电子政务整合、信息资源共享、数据开放五大工程，增强信息基础设施服务、网络信息技术产业创新发展、经济社会智能化、政府大数据治理和信息惠民五种能力，建立完善体制机制、技术创新、发展政策、制度标准、人才队伍、信息安全保障六大支撑体系，推动信息化与新型工业化、城镇化、农业现代化互动发展，大力发展数字经济，拓展经济发展新空间。

三、面临问题

一是发展大数据的观念意识不足。一些地方和部门对大数据的潜在价值及信息产业支撑带动经济社会发展的作用认识不到位，个别地方大数据发展缺乏统筹引领和协调联动。

二是基础设施建设不够完善，目前河北省没有一个国家互联网骨干直联点城市，特别是张北基地承担着京津冀云存储主基地建设任务，目前尚未开通国家级骨干网一级节点。

三是产业链条尚未完全形成，产业总体规模小，缺乏带动作用强的整机类产品和拉动作用明显的龙头企业，软件和信息技术服务业发展滞后，信息产业支撑能力弱，信息化建设支撑能力不足。

四是人才资金短缺，信息化建设集约化、共享共用程度不高。

四、2017 年展望与目标

实施"大智移云"引领计划。大数据示范区建设和重点领域大数据协同应用取得突破。物联网技术在工业领域得到广泛应用，生产效率和质量得到大幅度提高。完成河北省统一的无线免费 WiFi 运营服务平台建设工作，实现县级主城区公共区域无线免费开放全覆盖。组织实施电子信息行业"招商年"活动，赴北京、珠三角等开展专题对接活动 5 场以上，力争引进 3～5 个世界 500 强和中国软件、互联网百强企业在河北发展，招商引资取得新突破。力争到 2017 年年底，河北省软件业营业收入达到 300 亿元，同比增长 15％以上。

五、下一步工作

（一）推进京津冀大数据综合试验区建设

组建河北省推进京津冀大数据综合试验区建设联席会议和"大智移云"专家咨询委员会，联合京津推动建立京津冀大数据综合试验区建设组织机构，加强对试验区建设的组织领导和科学决策。指导承担试验区建设任务的张家口、承德、廊坊、秦皇岛、石家庄五市和河北省教育、环保、交通、卫生、旅游五部门，按照《京津冀大数据综合试验区建设方案》和国家批复意见，借助国内权威大数据研究咨询机构优势资源，细化完善建设方案并推动工作落实。谋划实施河北省大数据示范应用重大项目，研究制定 2017 年工业转型升级（技改）专项资金（京津冀大数据示范区建设专项）工作指南。推动建立互联网交换直联点，增强网络支撑和服务能力。组织编辑《京津冀大数据综合试验区建设工作动态》，联合京津共同办好"5·18大智移云"发展论坛、展览等系列活动。适时组织召开河北省京津冀大数据综合试验区建设交流汇报会。拟订河北省"十三五"大数据、云计算人才需求规划，组建河北省大数据产业研究院、制造业创新中心，支持建设面向不同行业领域的大数据研发服务平台，推动将京津冀大数据综合试验区建设工作纳入目标责任考核体系，完善评价体系，强化督导考核。

（二）促进移动互联网产业发展

推进无线局域网（WiFi）建设。完成河北省统一的无线免费 WiFi 运营服务平台建设，建成河北省统一的认证系统，实现"一地注册，全省漫游"。加快推进县（区）WiFi 建设，加大督导力度，实现县级主城区公共区域无线免费开放全覆盖，对各地免费无线 WiFi 网络质量、网络环境进行测试评估。组织召开河北省无线 WiFi 建设和应用观摩交流现场会，总结先进经验做法，提升运营平台自主造血发展能力。推动 2 个以上有条件市县建设移动互联网产业创业孵化园。大力发展北斗导航、移动车联网、移动支付、智能汽车、可穿戴设备等产品。加强与腾讯集团等大型互联网企业务实合作，推进政务 App、政务微信等"落户"移动终端。加强基础设施建设，实现第四代移动通信（4G）网络全覆盖，提升用户高速移动数据服务体验，推进移动宽带网络提速降费，深化共建共享。

（三）开展应用示范、引领产业发展

围绕促进产业升级，在工业、农业、环保、交通、食品药品安全、物流等领域，组织实施物联网应用示范工程。推动京津冀汽车电子标识试点和基于宽带移动互联网的智能汽车与智慧交通、京津冀区域北斗卫星导航和窄带物联网（NB-IOT）应用示范。贯彻落实工信部、民政部、国家卫计委联合印发的《智慧健康养老产业发展行动计划（2017—2020）》，联合河北省民政厅、河北省卫计委等部门建立省级联席会议制度，结合河北省实际制定实施方案，适时联合开展智慧健康养老试点示范。积极申报国家智慧健康养老示范基地、示范企业、示范社区试点建设，探索设立智慧健康养老产业投资基金，促进河北省智慧健康养老产业发展。抓好通信基站光伏发电系统应用试点建设，提升试点示范效应，扩大应用试点范围。

（四）主动作为、抓好行业管理

加强行业统计分析管理，查漏补缺，力争做到应统尽统，防止漏统，不断提高统计数据时效性、准确性，增强对行业发展的整体把控能力，为宏观决策提供参考和支撑。组织开展软件信息技术服务企业综合竞争力发布，提高企业的品牌意识和产品竞争力。制定《河北省软件企业 CMMI 认证补助资金管理办法》，进一步规范软件企业 CMMI 认证补助资金的发放工作。制定软件和集成电路产业企业所得税优惠政策复核办法，规范复核行为。组织开展 ITSS（信息技术服务标准）培训，优化管理服务流程，提升企业信息技术运行维护水平。

（五）开展电子信息行业"招商年"活动

加强与行业重点企业对接。围绕新一代通信、导航、移动互联网、军民融合等产业，与 54 所开展技术创新、成果转化和市场拓展。筹备开展 5·18 新型显示产业项目对接洽谈会。组织国内外知名新型显示企业、投资机构、省内电子信息基地园区约 200 人参加，重点围绕项目合作、科研成果转化等对接洽谈，力争引进一批企业入驻发展。

2016年山西省软件和信息技术服务业发展概况

2016年是"十三五"规划实施的第一年，是推进结构性改革的攻坚之年，也是孕育希望的一年。全球新一轮科技革命和产业变革持续深入，国内经济发展方式加快转变，软件和信息技术服务业迎来了更大机遇。山西省深入学习贯彻党的十八大、十八届三中、四中、五中、六中全会精神和习近平总书记系列重要讲话精神，认真贯彻落实山西省第十一次党代会精神，按照"一个指引、两手硬"重大思路和要求，坚定不移地推进供给侧结构性改革，坚定不移地实施创新驱动、转型升级战略，在压力下砥砺前行、在困难中奋力开拓，山西省软件业发展实现了稳步回升的目标。

一、基本情况

2016年，山西省软件和信息技术服务业实现软件业务收入合计239172万元，同比增长1.9%，增速比2015年提高了0.45个百分点；软件产品收入104621万元，同比下降6%，信息技术服务收入125911万元，同比增长4.3%。在企业经营方面，应收账款243081万元，同比增长6.4%，政府补助7543万元，同比增长68%，研发经费44110万元，同比增长17.4%，从业人员年平均人数7715人，同比增长2.4%，本年应付职工薪酬66004万元，同比增长55.5%。

二、主要特点

（一）软件业务收入持续增加

信息技术服务业和嵌入式系统软件增长明显，企业软件分类相对集中在集成实施服务、运维管理服务、能源控制、医疗卫生等领域，同时加速向关系国计民生的重点行业领域渗透融合，有力地支撑了电力、金融、通信、税务等信息化水平的提升和安全保障，有效地提高了制造企业精益管理、风险管控、供应链协同、市场快速响应等方面的能力和水平。云计算、大数据、移动互联网等新兴业态快速兴起和发展，山西省软件企业总体利润总额较2015年有所下滑，但部分企业仍异军突起，如山西支点科技有限公司、山西德润翔电力科技有限公司的软件利润率都超过了100%。

（二）软件企业创新能力大幅增强

2016年，研发投入持续增加，研发强度（研发经费占主营业务收入比例）达10.6%，较2015年增加值接近6.6亿元，基础软件创新发展取得新成效，产品质量和解决方案成熟度提升，并在部分重要行业领域取得突破。人员结构更加合理，职工薪酬增幅明显，人均报酬超过10万元的企业有7家，人均报酬超过5万元的企业有40家，占总企业数量的47%。

（三）83.5%的软件企业集中在省会太原

大同市、运城市和晋中市都有软件企业分布，长治市、晋城市、吕梁市、忻州市仅有一家规模以上的软件企业，企业分布区域不均衡，有的地市还未有软件评估通过企业。主营业务收入超过 1 亿元的企业有 12 家，其中太原罗克佳华工业有限公司收入超过 5 亿元；主营业务收入超过 5000 万元的企业有 11 家，其中世恒铁路、清华网络、新汇科、中网信息四家企业主营业务收入超过 9000 万元。企业增长活力进一步释放，调结构、促发展更为明显。

（四）2016 年山西省共有 10 家企业通过 ITSS 运行维护符合性评估

2016 年年底对山西能信科技有限公司、太原群欣安防科技有限公司进行了 ITSS 运行维护能力成熟度三级评估，对山西省新技术推广中心进行了 ITSS 运行维护能力成熟度四级评估，并在 2017 年年初公式合格。截至目前，山西省共有 22 家企业通过 ITSS 运行维护符合性评估（成熟度四级到二级）。

三、存在的问题

必须清醒地认识到，山西省软件和信息技术服务业发展依然面临一些迫切需要解决的突出问题：

（1）基础领域创新能力和动力明显不足，原始创新和协同创新亟待加强，基础软件、核心工业软件对外依存度大，安全可靠产品和系统应用推广难。软件业务收入前百家企业山西省还未入选一家，与先进省份差距较大，大多数企业规模小、实力弱、资金有限，没有能力开发高投资、高风险、高收益的大型项目，缺乏具有产业竞争力的大型企业，国际市场竞争力和市场拓展能力弱，软件业国际影响力还有待加强。

（2）人才总量和质量还需进一步提高，领军型人才、复合型人才和高技能人才紧缺，人才培养不能满足产业发展实际需求，"企业招不到人才""人才招不到合适单位"的矛盾突出。

（3）行业业务知识和数据积累不足，与工业实际业务和特定应用结合不紧密，资源整合、技术迭代和优化能力弱，缺乏创新引领能力强的大企业，生态构建能力亟待提升。软件企业之间的联合也有待加强，这样才能扩大规模，降低成本，进一步发挥集约优势。

（4）软件企业普遍面临的资金短缺问题，对大型软件企业来说同样存在。由于竞争激烈、运营成本高，企业常规融资十分困难，使资金短缺成为制约大型软件企业进一步上规模、上档次发展的重要因素。

四、下一步展望

山西省软件业正处于一个重大历史拐点。以山西省第十一次党代会为标志，山西省软件发展翻开了新的一页。只有深化对山西省省情特点和资源型地区转型发展规律的认识，才能更加坚定转型综改、创新驱动的信心和决心。摆脱与煤炭行业相关的过度依赖、加快软件企业战略重点转移、全力深化供给侧结构性改革和转型综改，正在成为发展的主旋律、最强音。为了深入贯彻《中国制造 2025》《国务院关于深化制造业和互联网融合发展的指导意见》《促进大数据发展行动纲要》《国家信息化发展战略纲要》等国家战略，按照山西省第十三个规划纲要总体部署，2017 年将重点抓好以下工作：

（1）构建大数据全产业链，做大做强云计算、物联网、移动互联网、可信计算机等产业；开展大数据招商引资，吸引上下游产业链项目落地山西省。实施"互联网+"行动，在政府治理、公共服务和城市建设等领域广泛应用大数据，推动大数据与制造业、现代农业、服务业深度融合，以信息化促进新型工业化、新型城镇化和农业现代化。发挥好综改示范作用，开辟转型综改主战场。整合太原都市区的 8 个产业园区、科技园区和高校新区，成立的山西转型综改示范区，为软件企业破解转型空间布局、平台载体等瓶颈制约，推进区域改革创新发展提供了新空间。

（2）扎实推进科技创新。落实国家创新驱动发展战略纲要，推进十大创新行动。建立完善科研经费管理、成果转化、资源共享、用地、人才等科技创新政策。围绕新一代信息技术、高端装备制造、新能源、新材料、节能环保、生物医药等新兴产业布局创新链，深入实施企业技术创新"百项重点项目计划"，推进科技重大专项和产业化示范项目。引导企业加大研发投入，支持企业与高校、科研院所深化合作，开展协同创新，推动企业成为技术创新主体。实施高新技术企业倍增计划。加强高层次创新团队建设，通过项目招标、人才招标、人才合作、共建重点实验室和研发中心等方式，引进一批领军型科技创新团队。开展科技成果转移转化试点，建立省级科技成果转化引导基金。加快科技创新城建设，打造新材料、新能源、信息技术、生物技术、煤基科技创新高地。建设基于互联网的创新平台，建成大型科学仪器和科技资源开放共享平台、科技成果转化和知识产权交易平台。建立首台（套）重大技术装备财政补助和保险补偿机制。深化科技体制改革，推进科研院所转制改制，赋予高校、科研院所经费预算调剂、经费分配使用、科研设备采购等方面更大的自主权。

（3）多层次培育双创主体。引导企业自主创新，充分发挥双创主体的示范效应，辐射带动区域关联企业提升创新能力。孵化培育一批创新型中小微企业。扶持一批高成长性创新型"小巨人"企业，引导企业创造新需求、新市场、新业态。推进创新型企业梯次发展，推动"个转企、小升规、规改股、股上市"。深化创业型城市创建工作，举办创业大赛、创客山西等活动，组织创业项目洽谈对接，提高创业成功率。对创业者购买创新服务、开展技术合作等给予扶持，支持发展分享经济。完善知识产权创造、保护和运用制度，促进知识产权的自由流通和交易。抢抓新经济布局、区域竞争力重构机遇，推进布局数字经济、高端装备制造、新材料、新能源汽车等战略性新兴产业和文化旅游业中软件业的深度融合发展。

（4）努力构建开放合作新格局。实施"东融南承西联北拓"对外开放战略，主动对接京津冀，在科技人才、新兴产业、文化旅游等方面达成一批重大合作事项。与银行、保险、资产管理公司等金融机构实施战略合作。围绕农业生产管理、经营管理、市场流通等环节，支持相关应用软件、智能控制系统、产品质量安全追溯系统，以及农业大数据应用、涉农电子商务等发展。支持发展能源行业关键应用软件及解决方案，推进能源生产和消费协调匹配。坚持鼓励创新和规范引导相结合，发展互联网金融相关软件产品、服务和解决方案，强化对"互联网+"金融的支撑服务。支持物流信息服务平台、智能仓储体系建设，以及物流装备嵌入式软件等研发应用，提升物流智能化发展水平。支持面向交通的软件产品和系统研发，支撑智能交通建设，提高交通运输资源利用效率和管理精细化水平。围绕现代政府社会治理应用需求，鼓励和支持发展一批政府管理应用软件，利用云计算、大数据等新一代信息技术建立面向政府服务和社会治理的产品和服务体系。开展医疗、养老、教育、扶贫等领域民生服务类应用软件和信息技术服务的研发及示范应用，推动基于软件平台的民生服务应用创新。

（5）落实好扶持实体经济各项政策。开展入企服务，贯彻实施工业提质增效"20 条"、降低实体经济企业成本"44 条"，积极宣传推动《山西省人民政府关于印发山西省进一步支持服务业发展若干措施的通知》（晋政发〔2016〕32 号）、《山西省大数据发展规划（2017—2020年）》和《山西省促进大数据发展应用 2017 年行动计划》，贯彻落实对信息技术服务业、研发设计服务业、电子商务服务业的优惠政策，缓缴资源价款，有效降低企业成本。

（6）加强"高精尖缺"软件人才的引进和培养。鼓励有条件的地市设立软件和信息技术服务业人才培养基金，重点培养技术领军人才、企业家人才、高技能人才及复合型人才。实行海内外高层次人才入晋"绿卡"制度。也就是说，符合条件的高层次人才不仅可以在山西省范围内自主选择居住地，随迁子女也可在山西省内自愿选择中小学校就读。以学校教育为基础、在职培训为重点，建立健全产教融合、校企合作的人才培养机制，探索建立人才培养的市场化机制，利用信息化手段创新教育教学方式。鼓励高校面向产业发展需求，优化专业设置和人才培养方案。推广首席信息官制度，鼓励企业加强复合型人才的培养和引进。深入实施人才引进政策，重点发挥企业在人才引进中的作用，吸引和集聚海外优秀人才特别是高端人才回国就业创业。建立完善以能力为核心、以业绩和贡献为导向的人才评价标准，大力弘扬新时期工匠精神。继续做好培训和开展高级研修班工作。

希望经过共同努力，山西省软件和信息技术服务业的规模进一步扩大，技术创新体系更加完备，产业有效供给能力大幅提升，融合支撑效益进一步凸显，培育壮大一批国际影响力大、竞争力强的龙头企业，基本形成具有国际竞争力的产业生态体系。到 2020 年，山西省大数据产业体系基本形成，相关产业产值规模达到 1000 亿元，"智慧山西"大数据中心全面建成，80%以上的省级政府部门业务系统迁入政务云平台。预计 2017 年山西省软件业务收入将增长 10%左右。

2016年内蒙古自治区软件和信息技术服务业发展概况

2016年是"十三五"开局之年，也是供给侧结构性改革元年，面对错综复杂的国内外经济环境，内蒙古自治区（以下简称内蒙古）电子信息行业认真贯彻落实党中央、国务院决策部署和自治区第十次党代会精神，迎难而上，奋发作为，行业整体运行呈现稳中有进态势，结构调整加快、创新能力提升、辐射带动增强，在内蒙古经济和社会发展中发挥了积极的引领作用。

一、基本情况

2016年，内蒙古软件业整体运行呈现稳中有进态势，软件业务收入28亿元，与2015年基本持平；软件产品收入16.3亿元，信息技术服务收入11.5亿元，嵌入式系统软件收入1176万元。

二、主要特点和成果

（一）大力推进电子政务建设，涌现出一批全国行业应用典范

内蒙古国税局、地税局金税三期工程在区局、盟市及旗县实现了所有信息化服务请求的统一受理、规范处理，可为运维对象提供基础数据记录、查询、组织建模、自动发现等功能；通过建设"监、管、控"一体化的运维服务管理平台，支撑和保障了税收信息系统的安全、平稳、高效运行，实现了国地税联合网上办税服务。乌海市蒙宁陕甘毗邻地区警务信息协作平台首创了全国公安智慧档案系统，实现与周边省市信息共享，形成了"大数据"应用，进一步完善了情报合成作战机制，构建起广覆盖、多途径、多样化的档案信息服务体系。

（二）积极发展云计算大数据，内蒙古成为国家大数据综合实验区

2016年，在北京举办了2016内蒙古大数据推介会，邀请了50多家区内外著名IT企业和20多家区内信息化程度较高的工商企业参会，扩大了内蒙古发展大数据产业的影响面和知名度，取得了良好的宣传推广效果。同时，开展了区内外云计算数据中心推广应用工作。内蒙古电信公司在北京、广州、杭州、成都、包头、赤峰、呼伦贝尔等城市举办的云计算推介活动，使得广东、浙江、北京和内蒙古自治区内等地区的IT企业对内蒙古云计算数据中心建设发展积极关注，踊跃加盟内蒙古电信云计算产业园开展合作项目，签约合同额突破亿元，内蒙古云计算的知名度、可信度得到进一步提升，对国内云计算数据中心企业的影响力和吸引力逐渐加深。

（三）"互联网+"工业风生水起，加快了内蒙古经济转型升级、做大做强

伊利集团建设的智慧乳业信息化平台实现了对乳产品质量安全、生产过程、产品流通、精准化管理与服务、产品的全程质量管理及信息溯源，保证"乳产品从奶源原料到餐桌"的

全产业链质量安全。伊利集团实现了奶牛 RFID（射频识别）标签安装率 100%，原料奶品质现场检测率 100%，乳品运输过程监测率 100%，婴幼儿奶粉二维码追溯率 100%。乌海网讯公司自主研发的"推送宝"产品，如同一个神经系统，为城市政府、企业、个人提供共同生活与生产的平台，建立符合时代需求的科技美政。目前，"推送宝"被国家建设部、科技部确定为试点项目，乌海网讯公司参加了国家和内蒙古自治区智慧住区标准编制工作，荣获中国技术市场金桥奖、中国智标委标准成果应用奖和国家智慧家庭及社区优秀应用案例奖。内蒙古煤炭交易电子商务综合服务平台成为自治区政府批准成立的唯一煤炭电子交易的服务平台，是全国煤炭交易市场合作组织创始单位之一。通过该平台，神华集团外购煤实现电子化采购，并在神华集团旗下公司推广，获得政府和行业的一致认可。2016 年完成网上 3841 万吨煤炭交易，交易额 59.9 亿元。

（四）"两化"融合深入推进，改变了内蒙古工业经济的传统管理模式

2016 年，组织区内企业开展了国家两化融合贯标试点申报工作，在全区上报的 89 家企业中，筛选 43 家企业上报国家工信部。经工信部审核后，内蒙古 15 家企业被列为 2016 年国家两化融合试点企业。组织开展了内蒙古自治区工业转型升级（互联网+）和中小企业发展专项资金（互联网+方向）项目申报和评审工作，并提出了资金安排建议。创新并推广行业（区域）两化融合贯标试点行动，取得了良好效果。全面开展面向企业、行业、区域的两化融合评估诊断、对标引导和专业咨询等服务，支持企业开展自我评估和现状诊断。截至目前，通过平台评估诊断和对标引导规模以上工业企业累计达到 2297 家，2016 年完成对标的企业已达 1011 家，完成了工信部规定的全年 1000 家的任务目标。

持续推进内蒙古网络协同制造中心平台试点建设。项目主要以园区高端数控机床化建设为基础，通过信息化管理，实现资源优化、工艺优化、产品优化等功能。完成了 384 台传统机床的数控改造任务，超过 501 台数控机床联网，实施局域网联网设备 171 台套，其中 93 台套已与云平台实现联网。初步建成智能化生产装备。云平台已上线试运行，推出八项基本应用系统，合作的第三方服务支撑机构达到 143 家。云平台网络协同应用流程已打通，开展协同业务实际测试应用 13 项。

积极落实"工业云创新行动计划"，加强"包头市两化融合暨工业云创新服务平台"的推广和服务应用工作。平台集成 10 项信息系统，部署工业设计软件和相关工具 144 条，资源库 2000 余条。平台访问量突破 17.7 万人次，本地注册用户达到 3350 家，其中 1100 余家通过平台开通了企业微网站。平台为用户发布各类宣传展示信息 500 余条，发布公共服务信息 1230 余条。包钢机制公司、包头北方创业公司、太阳电缆有限公司、新宏昌专用汽车有限公司等 30 余家企业用户，已经在工业云平台下载 CAD、电子图板、实体设计、协同管理、数控仿真、工艺图表等 20 余类软件和工具 100 余次。包头工业云已通过工信部验收。

引导内蒙古自治区两化融合服务联盟开展工作。按照工信部要求，组建了内蒙古自治区首席信息官（CIO）联盟，确定了联盟章程、联盟结构和理事会组成，为自治区全面推进信息化和工业化深度融合工作提供了有力的智力支撑。成立了自治区两化融合专家库，其中 IT 专家 38 名、ISO 专家 9 名、行业专家 16 名、两化融合管理体系咨询师 15 名。

有序推进畜产品全产业链追溯体系试点建设。在呼伦贝尔市新巴尔虎左旗创新精准扶贫和畜肉产业发展新模式，提高了草原羊的市场价格，增加了贫困牧户的收入水平。中国人民财险保险股份有限公司北京分公司在呼伦贝尔市鄂温克旗开展牧户畜产品保险业务试点。

三、存在的主要问题

内蒙古软件业发展仍处于初期阶段，产业规模、创新能力、龙头企业数量等在国内省（自治区、直辖市）中均处于中等偏下水平，存在对外依附性较强、产业链延展性不足、技术人才缺乏、龙头企业较少、基础设施薄弱、产业配套能力较弱、软环境建设落后等问题。

四、2017 年目标及重点工作方向

2017 年，内蒙古软件产业将完成收入 38 亿元，同比增长 28%。

加强基础软件核心技术研发与应用，提升应用软件竞争力，提高研发水平和集成应用能力，推动原始创新，加强集成创新，增强引进、消化、吸收、再创新能力。优先发展自主可控的操作系统、数据库、中间件和办公软件等核心基础软件，在部分领域逐步形成具有自身优势的产业链条。推动国产基础软件在教育、社区服务、电子政务等领域的规模应用，提升产品技术水平。

行业应用软件。重点围绕内蒙古建设"五大基地"和推进信息化需求，积极发展面向各个行业的应用软件产品和服务，促进"两化"深度融合和产业良性互动发展。

安全软件。突破信息安全核心技术，加快基础技术与平台、监测与预警、应用与服务、测试与评估等方面的技术创新和产品升级。

加大人才培养引进力度。创新人才引进培养机制，积极承接发达地区人才转移。以高端技术研发和产业化项目为载体，吸引能够突破关键技术、带动新兴学科和新兴产业的科技创新创业领军人才来内蒙古长期或临时工作。鼓励区内高校围绕新一代信息技术，开设大数据、云计算、物联网等研究生课程，培养产业所需的中高端人才。支持企业在高职院校设立培训中心、实习基地，培养技术技能型实用人才，满足内蒙古软件产业发展需要。

2016 年辽宁省软件和信息技术服务业发展概况

2016 年，围绕做大做强软件和信息技术服务业中心工作，辽宁省软件行业积极进取，开拓创新，进一步加大结构调整力度，着力推进技术创新，产业保持平稳发展，综合实力得到进一步提升，在推动经济转型发展和社会技术进步的进程中发挥了重要支撑作用。

一、基本情况

2016 年以来，受宏观经济形势下行和市场需求不振的影响，辽宁省软件和信息技术服务业发展增速趋缓，收入增幅较 2015 年同期回落。在移动互联网、云计算、大数据等新技术、新业态的带动下，产业加快向网络化、融合化、移动化方向发展，在支撑经济社会发展方面的基础性作用逐步显现。2016 年全行业实现软件业务收入 1890 亿元，同比增长 3.8%。

二、主要特点

（一）云计算、物联网等新兴领域迈入高速发展期

2016 年，新模式、新业态快速发展，成为软件产业新的增长点。在云计算方面，随着云计算应用不断深化，发展潜力空间逐步释放，云计算产业也得到投资机构的青睐，成为投资的热点。在移动互联网方面，移动商务、移动广告、应用内购物、应用即服务模式等因素将成为移动互联网发展的重要驱动力。

（二）"互联网+"对软件提出了新的发展要求

随着互联网加速从生活工具向生产要素转变，"互联网+"从第三产业逐步向第一和第二产业扩散和渗透，成为重塑经济形态、重构创新体系、推动经济转型的新动力，"互联网+"的演进和发展对软件技术提出新的挑战和要求。一是软件要超出信息技术产业范畴，与各重点行业领域深度融合。二是软件要加快网络化转型，提升对"互联网＋"发展的服务支撑能力。三是软件要加快自身创新发展，适应"互联网+"时代的新特征。"互联网+"在与传统产业融合过程中，不断拓宽软件技术的应用范围和应用领域，对软件技术的功能和性能提出新的要求，迫使其加快自身创新发展。

（三）智能制造将推动软件市场快速发展

由于国内先进轨道交通、航空航天、能源电力、装备制造等重点行业转型升级步伐加快，制造业智能化、服务化趋势凸显，对国内工业软件发展带动效应十分明显。同时，生产调度和过程控制类工业软件市场受自动化生产技术改造、机器换人等措施影响，市场规模和行业关注度快速提升。围绕智能制造的软件产品和服务市场将呈现爆发式增长，同时，作为实现智能制造的必要基础，工业互联网发展提速，工业软件加快向云服务模式转变，相关工业软件和系统解决方案市场进一步扩大。工业大数据逐渐向制造业拓展和渗透，相关产品和服务

的应用推广进一步扩大，带动相关软件和服务市场快速增长。

三、2017 年展望与目标

（一）面临的形势

2017 年是我国发展的关键历史机遇期，也是经济社会发展转型的重要时间节点，科学谋划产业创新发展意义重大。当前辽宁省软件和信息技术服务业发展的内外环境出现一系列新变化、新特点：

辽宁省经济运行中不确定、不稳定因素依然存在，下行压力较大，部分行业产能过剩，生产成本上升和创新能力不足问题日益显现，辽宁省经济社会发展面临着前所未有的挑战。同时国务院印发《关于近期支持东北振兴若干重大政策举措的意见》和《东北振兴"十三五"规划》，将实施一批重大政策举措，着力破解发展难题，依靠内生发展推动东北经济提质增效升级。利用信息技术改造提升传统产业，走新型工业化道路，推动两化深度融合与四化同步发展，不断开拓增量市场将是辽宁经济发展和老工业基地振兴的关键所在，这对软件和信息技术服务业创新发展提出了迫切的需求。

机遇与挑战并存，全行业必须适应新技术、新形势、新趋势和新要求，大力培育龙头企业，着力增强产业自主创新能力，实施转型升级，提高对辽宁省经济社会发展的支撑服务能力。

（二）发展目标

2017 年辽宁省软件和信息技术服务业预计主营业务收入将超过 2000 亿元，对辽宁省经济和社会发展的服务支撑能力进一步增强。

四、下一步重点工作

（一）加强经济运行协调

完成 2016 年软件企业统计年报工作，省市两级联动，重点监测 20 家骨干企业，密切跟踪上市软件企业尤其是新三板上市企业发展情况，及时了解国家政策、国际市场变动、新兴技术对行业产生的影响，掌握最新行业动态，服务产业发展。

（二）进一步优化产业发展环境

深入落实《辽宁省电子信息产业发展政策》，建立并完善辽宁省软件和信息技术服务业信息服务平台（上半年完成），积极帮助企业拓宽融资渠道，引导骨干龙头企业实施海外并购和兼并重组，推动核心技术应用推广，促进企业做大做强。

（三）推动企业优惠政策落实

贯彻落实财税〔2016〕49 号文件，积极向企业宣贯，协调省直有关部门制定相关配套文件，进一步规范流程，力争开发相关软件管理系统，确保相关优惠政策落到实处。

（四）进一步帮助企业开拓市场

组织企业参加第十五届软交会和第二十一届软博会，参加 2017 中国海外学子创业周，推动人才和项目对接，进一步拓宽国际市场，扩大国内市场，带动企业发展。

（五）完善产业发展人才链

积极开展产业人才调研，组织好 2017 年全国计算机软考工作，以工业软件为主要领域，开展校企合作，为产业发展提供人才支撑。

（六）推动行业标准化工作发展

积极参与工信部组织的信息技术服务标准（ITSS）试点，引导电子信息、软件和信息技术服务两个标准化技术委员会围绕智慧城市、信息保护等建立地方标准，支撑产业发展。

（七）发展工业软件产品及智能制造整体解决方案，促进两化深度融合

贯彻落实《中国制造 2025 辽宁行动纲要》，开展制造企业与软件企业间的合作对接，支持鼓励省内 IT 企业与传统制造企业联合研发新产品，着力推动工业设计软件应用。

（八）推动新一代信息技术应用

以沈阳市创建国家大数据综合试验区为契机，整合资源，吸引国内外龙头企业的云计算大数据中心落户辽宁，围绕电子政务、电子商务、智慧城市，形成云计算大数据应用服务产业链，推动机器视觉、虚拟现实、人工智能等新兴产业发展，培育产业发展新业态。

（九）推动软件服务外包产业结构调整，做强做优外包产业

深度挖掘国内市场，大力发展国内外包业务，推动软件外包服务出口，在巩固对日市场的同时，积极开拓欧美市场及非洲、东南亚等新兴市场。发展高附加值外包业务，重点推动大连软件服务外包业务向高端发展，促进产业向价值链高端延伸。

2016 年吉林省软件和信息技术服务业发展概况

2016 年，吉林省软件和信息服务业总体上面临良好的发展机遇，随着产品结构不断完善，种类不断丰富，软件产业自身发展模式实现由单一向多元化的转变，为持续快速健康发展奠定了良好的基础。

一、基本情况

（一）主要指标

2016 年，吉林省软件业务收入达 511 亿元，同比增长 16.1%，其中，软件产品收入 166.9 亿元，占软件业务收入的 32.7%；信息技术服务收入 270.8 亿元，占软件业务收入的 53%；嵌入式系统软件收入 73.4 亿元，占软件业务收入的 14.3%。

（二）重点企业

吉林省现有符合统计范围的软件和信息服务企业 900 余家，其中通过软件企业认定的 564 家，登记软件产品 2367 个，系统集成资质企业 154 家，信息系统工程监理资质企业 4 家；软件和信息服务企业中主营业务收入超过亿元的企业 70 家，超过 5000 万元的企业 98 家；国家规划布局内重点软件企业 1 家，上市公司 16 家，筹备上市的企业 20 家。

随着吉林省软件和信息服务业的产业规模逐步扩大，产业结构服务化趋势突出，数据处理和运营服务收入增速加快，全年增加 8 亿多元；技术整合更加明显，软件渗透生产生活各领域，推动着传统产业的发展。一批具有自主知识产权的软件产品已遍布全国，如汽车、石化、指纹识别、教育、网络安全等领域都有非常活跃的市场，一些软件企业处于全国行业领先的地位。

长春启明信息技术股份有限公司在汽车管理软件产品研发与服务和车载信息系统研制及服务两个领域的市场份额居国内同行业前列。

吉大正元信息技术股份有限公司已成为国内信息安全行业知名企业，是国内最大的公钥基础设施（PKI）产品供应商。

长春鸿达高新技术集团有限公司在大数据量人口信息管理技术和生物特征识别技术领域都具有雄厚的技术实力和开发经验，其公安人口综合信息管理系统管理着全国 7 亿人口信息。

东北师大理想软件股份有限公司研究开发了 11 大系列 700 多种能够有效支撑教育信息化工作的系列软件产品，这些独到的研究成果为我国中小学教学方式的改革带来了历史性的突破。基础教育软件产品已推广到全国 31 个省、市、自治区；职业教育软件产品已经推广到 50 多所职业院校。

吉林省高升科技有限公司是一家为互联网运营企业提供高品质 IT 基础架构建设和综合技术支持的企业，目前已与三大运营商及多家互联网企业签订了 IDC 机房合作协议，并已在长春、昆明、杭州、沈阳、石家庄等50多个城市积累了70个机房、近4000Gbps带宽的IDC资源储备。现在该公司已经通过借壳的方式在深交所上市（高升控股000971）。

吉林省差旅天下网络技术股份有限公司是吉林省第一家"新三板"上市公司。公司自主研发的出差和旅行系列软件，有效整合了出差、旅行、会议、旅游等相关需求，解决了各类机构95%以上的差旅管理、差旅采购、差旅优化问题。该公司已在中关村注册成立分公司，在上海、广州、成都等地都有分子公司，业务已遍布全国，收入和净利润都以成倍的速度增长。

（三）信息服务业基础建设

吉林省信息服务业基础建设取得新成果。"十二五"以来，在加快发展信息服务业的规划指导和政策引导下，吉林省以软件基地为依托，以骨干企业为主体，以凝聚和发挥人才优势为依托，着力培育适宜软件业发展的优良环境；以产业园和产业群的配置方式为主体，实现软件产业集约式的发展；以培育有吉林特色的名牌软件产品和企业为重点，带动软件业的跨越式发展；坚持软件开发与传统产业改造相结合，软件与硬件相结合，国内市场与国际市场相结合。

一是网络信息服务业不断深化，目前，在以电信网、广电网为主的基础网络体系和以光纤通信为骨干，卫星通信、数字微波为辅的通信网络体系良性运行下，吉林省信息服务业的网络化建设取得了显著的进展。具体来看，在电子商务方面，小商品在线支付网络、防伪信息网络、网上银行、企业的电子商务采购平台等全年运行平稳，吉林省密钥管理中心和数字认证中心的综合服务能力进一步提高，尤其是电子商务中的短信业务实现较快增长；在电子政务方面，电子政务内、外网建设与管理机制逐步完善，应用水平整体提高，政务信息发布逐步规范、及时、透明，电子政务重点项目建设和培训工作开展有序，突发应急信息管理逐步加强，"一站式"电子政务服务能力大大提升，政府网站内容不断丰富，功能逐步增强，从而有力地强化了政府通过网络信息进行社会管理、市场监督和公共服务的职能。

二是信息服务平台建设不断加强。目前，吉林省信息服务平台涉猎的领域不断拓宽，建设完善力度不断加强。例如，数字电视服务平台、农业综合信息服务平台、制造业信息化服务平台、企业基础信息交换平台、信息技术综合服务平台等的建设正日趋完善与健全，从而大大提高了信息资源共享和开发应用的能力。同时，在就业、社会保障、安全生产、公共卫生等领域信息服务平台的作用也日益突出。

三是信息安全保障体系建设不断健全。随着信息化的全面推进，信息的安全性越来越重要。当前，吉林省网络信任体系建设整体水平快速提升，信息安全等级保护制度、信息安全风险评估体系和审核标准日趋完善。

二、发展的优势及特点

（一）区位优势

吉林省80%以上的软件企业都集中在长春市、吉林市和延边朝鲜族自治州。形成了以长春、吉林和延吉为核心的产业集群。三个市州各自根据其产业基础、人才情况、地理位置形成了各具特色的软件产业基地。长春软件园主要发展企业管理软件、人口信息管理软件、汽车软件、教育软件、信息安全软件；吉林软件园主要发展嵌入式软件和电力行业、石化行业等大型应用软件；延边中韩软件园着重承接韩国、日本的软件外包和信息服务。

长春软件园现有企业536家，其中2016年新增企业18家，园区企业总收入102亿元，实现利润8.05亿元，上缴税金4.62亿元，软件出口及离岸外包实现4500万美元，园区企业人员超过4万人，其中软件从业人员达2.5万人。

建有长春软件与动漫服务外包产业园、东北亚文化创意科技园、吉林动漫游戏原创产业园三个软件产业的专业园区，基础设施及配套服务不断得到改善。各园区建筑面积达到70万平方米，吸引了300余家企业集聚发展。

长春市对日外包公共服务平台、长春市软件开发过程管理公共平台相继投入建设。

吉林软件园软件企业总数135家，软件业务收入20亿元，利润2亿元，从业人员4280人，基地内企业软件著作权及软件产品总数达到了近200种，其中具有自主知识产权产品105种。

基地现有创业中心、留学人员创业园、大学科技园等专业孵化器，拥有自主产权孵化面积5.1万平方米。

延吉软件服务外包产业基地——延吉科技创新园已入驻企业42家，其中有NHN、鑫普瑞、阿斯达等11家韩资企业，BSC株式会社1家日资企业，国内的延边第五媒体雅客、龙寻科技等重点企业，从业人员3000余人，企业总收入超1.2亿元，已初具软件开发、服务外包、电子商务产业集聚形态。

园区内投资建成孵化办公楼5.8万平方米，并投资建设了1.5万平方米的集住宿、餐饮、洗浴、超市、医疗、保安于一体的综合服务设施和600平方米的集培训室、多媒体会议厅、接待厅于一体的公共服务平台，为国内外企业家投资兴业提供了良好的条件。

（二）科教人才优势

目前，吉林省设立了软件及相关专业的全日制大学就有40余所，现有国家级软件学院2所，省级15所，有计算机技能培训机构50多家。从人才培养的规模和数量来看，吉林省现有计算机及相关专业在校大学生4万多人；各级软件学院及软件技术学院年培养计算机及相关专业本科毕业生1万余人，硕士毕业生2500人；计算机技能培训机构年培训各类人才5000人。从人才结构来看，软件工程师所占的比例较高（有近1万人），系统分析员和项目总设计师的比例较低。

（三）产业依存度优势

吉林省长春市是全国重要的工业生产基地，尤其是在汽车、轨道客车和装备制造业方面，具备了较高水平的研发、设计、加工、生产等综合能力。拥有一汽集团、一汽大众等著名整车生产企业及十几家专用车、改装车企业；拥有全国最大的轨道客车生产基地。同时，随着战略性新兴产业规划的进一步确定，新能源、新材料等诸多领域对软件和信息服务业的依存度和需求量不断增加，必将为吉林省软件和信息服务业的加快发展提供广阔的应用领域和市场空间。

（四）产业集群优势

在信息产业领域，吉林省已经成立了国家产业基地和省级产业园区。长春国家光电子产业基地、新兴的现代电力电子产业基地、吉林省（长春启明）汽车电子产业园、吉林新元器件产业园、长春软件园、吉林软件园、延边信息产业园、吉林东北亚文化创意科技园、长春软件与动漫服务外包产业园、清华国际服务外包研究院等企业形成了特色的产业集群。在光显示器件、新型元器件和汽车电子等领域发展迅速，形成了吉林省特色化的信息产业。

在软件领域，长春启明在汽车管理软件产品研发与服务和车载信息系统研制及服务两个领域的市场份额居国内同行业第一位。一批具有自主知识产权的软件产品已遍布全国，拥有双软认证的企业 300 余家，各种应用软件，如税务、银行指纹识别、教育、网络安全等都有非常活跃的市场。

（五）其他优势

吉林省的软件和信息服务业发展的优势还体现在产业结构、产品种类和软件园区建设的特色方面。在产业结构上，吉林省软件产业虽然产业规模逐年扩大，但仍然是中小企业占大多数，大型企业数量偏少。而且企业性质也是以民营、中外合资、股份制等所有制的公司为主。

在产品种类上，吉林省软件产品以应用软件占有绝对优势，系统软件和支撑软件数量较少。其中，汽车、信息安全、教育、政府、农业等行业应用软件在市场占有率、技术水平及知名度等方面处于国内领先水平。

在软件园建设上，吉林省政府明确提出，将着力把信息服务业打造成重要的特色产业，着力建设长春软件园、吉林软件园和延边中韩软件园，以形成优势互补、共同发展的新格局。其中长春软件园主要发展企业管理软件、人口信息管理软件、汽车软件、教育软件、信息安全软件；吉林软件园主要发展嵌入式软件和电力行业、石化行业大型应用软件；延边中韩软件园着重承接韩国、日本的软件外包和信息服务。据统计，目前，吉林省 80% 以上的软件企业、85% 的软件收入都主要集中在这三家软件园区，聚集效应十分显著。

三、存在的问题

吉林省软件产业发展存在的问题主要表现在：一是产业发展环境亟待优化。吉林省很多软件企业存在名声只在外的现象，在省外知名度比省内高，在省内推广很难。这与吉林省传统产业不认省内企业品牌的观念有关，还需逐步引导。二是自主创新能力薄弱。吉林省有近千家家软件企业，虽然数量不少，但核心技术缺乏，企业发展后续乏力。三是软件人才结构性矛盾突出。吉林虽然具备基础人才优势，但高层次的技术人才、复合型人才缺乏，发展受限。

四、下一步工作重点

（一）加强政府指引作用，确保国家政策落实

加强信息化标准建设，确保信息内容实现互联互通。强化信息产品、信息系统的安全质量认证和管理。建立信息服务的综合评价指标体系，完善信息服务业法制保障体系，使信息服务的发展有章可循。加大协调力度，在政策上加大对软件企业的扶持力度，不断丰富优惠措施种类，有效调动社会资源参与软件和信息服务业的发展，为软件和信息服务业的发展奠定坚实的基础。

（二）推进产业人才队伍建设

要努力创造良好的人才环境。建立和完善信息服务业相关领域的人才培养、使用、交流、

激励、引进政策，形成凝聚和稳定人才队伍、适应信息服务市场人才需求的良好环境。要加快复合型专业人才培养。加快信息服务相关产业的专业人才培训体系建设，加强国际间和高校间合作办学，强化优势资源共享和互补。建立健全人才培训体系和评价体系，完善信息服务业专业技术人员从业资质管理制度，全面推进职业资格证书制度和培训市场化机制。要强化公民信息素质教育。采取各种措施向社会公众普及信息化知识，提高其信息化意识和信息获取、应用能力。促进计算机、网络技术的大众化，使更多的社会公众具备应用计算机、互联网的能力。

（三）加强企业自主创新能力

充分发挥长春软件园的引领作用，依托行业龙头和科研院所的优势，组织实施培育龙头企业建设工程。围绕吉林省支柱产业和优势产业，大力发展汽车、钢铁、石化、装备制造行业工业软件、行业解决方案和嵌入式软件，支撑传统产业突破核心和关键技术，提高产业的技术水平，促进新产业的快速发展。有重点、有步骤地鼓励企业"走出去"开拓国内外资源，建设研发基地和营销网络，开拓新兴市场，扩大投资合作。

（四）加快信息服务业国际化进程

通过合作、合资等形式，着力吸引国内外知名信息服务业企业到吉林省投资。培育专业性投资服务机构，鼓励龙头企业以资产、知识产权为纽带，跨地区、跨行业进行兼并重组，努力培育一批在全国同行业具有竞争优势的信息服务业企业集团。培育具有自主创新能力和自主品牌建设的大型骨干企业，鼓励具有创新活力的中小企业发展壮大。集中资源扶持大企业、新型企业和快速成长的企业。优化企业构成，改变传统的企业分布格局，使其向"纺锤形"的分布格局发展，形成一批中等规模服务企业和一定数量的收入超过亿元的龙头企业。支持启明公司等骨干企业发展壮大。重点支持信息安全、企业管理、生物识别及物联网等软件产品研发和产业化。

2016 年黑龙江省软件和信息技术服务业发展概况

一、基本情况

（一）软件业务收入同比增长，增速比 2015 年同期水平低

2016 年，黑龙江省软件业实现软件业务收入 168 亿元，同比增长 11.6%，比 2015 年增长幅度减少 1.4 个百分点。

（二）软件产品收入同比减少，信息技术服务收入持续增长

2016 年，黑龙江省软件行业实现软件产品收入 61 亿元，同比减少 6.7%；实现信息技术服务收入 94.1 亿元，同比增长 29.1%。

（三）嵌入式系统软件收入增幅较小

2016 年，实现嵌入式系统软件收入 13.1 亿元，同比增长 5.6%。

二、主要工作

（一）走出去，开阔眼界拓宽思路

组织部分省内软件企业赴海尔集团公司学习考察，参观考察了海尔工业园，了解海尔文化及海尔创新管理模式，即"人单合一双赢模式"的理念；走近海尔生产线，了解海尔如何通过互联使用户获得最佳定制体验；以海尔为实例探索企业转型，了解海尔如何实践新型工业化企业道路；座谈交流"海尔管理模式及转型探索"。

（二）请进来，请专家来传经送宝

举办了"云计算综合标准化体系建设指南宣贯会"，会上中国电子技术标准化研究院代表解读了云计算综合标准化体系及重点标准，华为集团、黑龙江电信公司、哈工大软件股份公司等代表分别代表企业进行实践分享，参会人数总计超过 160 人；邀请了国内各领域知名专家，讲解"大数据应用""虚拟现实""智能制造"等学习体会，为黑龙江省今后发展提出了合理化建议。

（三）护好航，促进项目顺利竣工

推动中国移动哈尔滨数据中心、中国联通（哈尔滨）数据中心、名气通云数据中心、讷河市互联网"双创"孵化园等重点大项目建设，积极跟踪，及时掌握项目进展情况，做好服务，推进项目加快建设，保证项目顺利完成。

（四）抓落实，认真做好核查工作

为了促进软件行业健康发展，落实国家优惠政策，做好软件企业税收优惠工作，顺利

实现由事前认定到事中事后监管的转变，确保符合条件的软件企业继续享受所得税优惠政策，按照《财政部 国家税务总局 发展改革委 工业和信息化部关于软件和集成电路产业企业所得税优惠政策有关问题的通知》（财税〔2016〕49 号）有关要求，对黑龙江省 27 家软件企业进行了核查，核查结果反馈给税务部门，黑龙江省具备条件的软件企业一共减免所得税 4300 万元。

三、2017 年展望与重点工作方向

2017 年是实施"十三五"规划的重要一年，是推进供给侧结构性改革的深化之年，做好各项工作意义重大。黑龙江省软件行业要加快自身创新发展，适应时代的新特征，在与传统产业融合的过程中，不断拓宽软件技术的应用范围和应用领域。预计 2017 年，黑龙江省将实现软件业务收入 185 亿元，同比增长 10% 以上。

（一）推进新一代信息技术发展，加快培育壮大新兴业态

推动大数据产业发展。围绕落实国务院《促进大数据发展行动纲要》和工信部落实大数据行动的具体部署，加快推进黑龙江省大数据在各行业领域的应用，带动产业发展。

推进大数据应用示范。引导和鼓励有条件的企业或机构开展大数据应用创新试点，推动大数据与云计算、工业互联网、3D 打印等的融合发展，鼓励面向不同行业领域、不同业务环节的大数据分析应用平台，积极鼓励扶持电子政务、工业、交通运输、旅游、电子商务、环境保护、医药健康、食品安全等领域大数据示范应用。选取重点工业行业、典型企业开展工业大数据应用示范，提升工业领域大数据应用服务水平。

加快大数据应用布局，推进黑龙江省大数据交易市场建设。支持重点市（地）建设大数据交易中心。在重点领域加快建设应用平台，促进大数据开发应用，培育以大数据采集、分析、应用、交易为主的骨干企业。

加快推进实施黑龙江省发展大数据行动方案。开展黑龙江省大数据优秀产品及解决方案评选、黑龙江省大数据企业评定，推出优秀大数据产品和骨干大数据企业。

推进云计算创新发展。积极贯彻落实国务院《关于促进云计算创新发展 培育新产业新业态的意见》和黑龙江省政府办公厅《关于印发黑龙江省培育和发展新兴产业三年实施方案的通知》精神，推进云计算产业集聚发展。指导推进一批云计算基础设施和服务平台建设，推进开展云计算应用示范工程。

（二）提升产业创新能力，培育壮大骨干企业

进一步强化企业在技术创新中的主体作用，抓住新一轮产业创新和大数据、云计算等新技术落地应用的产业机遇，培育一批核心技术和关键产品，集中力量在新领域中抢占制高点。引导和鼓励企业与高等院校及科研院所合作，推动建立以企业为主体、政产学研用结合的协同创新体系。

围绕贯彻落实《中国制造 2025》国家战略和国务院《促进大数据发展行动纲要》《国务院关于促进云计算创新发展培育信息产业新业态的意见》，以黑龙江省国家规划布局内软件企业和哈尔滨"中国云谷"、大庆软件园区、华为云计算基地为载体，推进和鼓励骨干企业以创新为驱动，以企业为主体，以市场为导向，以应用为引领，全面提升产业创新能力，大力培育具

有较强竞争力和龙头带动作用的大型骨干企业；培育发展一批新兴业态小微企业。推动小微企业加快创新步伐，在新兴业态的细分专业领域，具有更强、更独特的技术优势和市场优势。

（三）大力培育优势产业，推进产业加快发展

围绕贯彻落实工信部《中国制造 2025》"1+X"体系及黑龙江省"17+5+X"重点发展方向，加快推进以嵌入式软件为核心的工业软件发展。重点发展面向通信设备、汽车电子、智慧水利、石油化工、装备制造、智能交通、智慧能源、航天航空、船舶与海洋等领域的设备嵌入式系统软件，争取在"互联网+制造"、工业大数据等高端工业软件核心技术上有所突破，形成一批自主可控的嵌入式系统研发平台与工业软件解决方案。

（四）培育"软件+服务"的新型服务经济

把软件作为改进业务流程、优化配置资源、提升质量效率的重要工具手段，推进开发推广基于网络互联、信息互通的软件应用产品，培育新兴服务业态。面向制造业领域，鼓励发展网络协同研发设计，发展故障预警、远程维护、质量诊断、远程过程优化等在线增值服务，拓展制造业价值链。面向服务业领域，重点围绕电子商务、互联网金融、物流和生活性服务业，普及推广体验式消费、远程服务、在线服务等新服务模式，拓展服务空间，提升服务品质。面向全社会资源，积极探索在旅游、交通、住房、文化体育等生活领域发展基于软件与互联网的分享经济服务，鼓励建立分享经济平台，构建"大平台+小前端"的新型经济组织，推进闲置资源社会化利用。

（五）结合贯彻落实国务院《关于深化制造业与互联网融合发展的指导意见》及黑龙江省具体实施方案，加强推进融合发展基础建设

鼓励开展嵌入式系统、人机交互系统、高端工业软件的研发和应用，提升工业软件与工业大数据平台、工业互联网、工业信息安全系统的集成应用能力。

积极争取国内重点科研机构、大型企业与黑龙江省合作，探索建立黑龙江省工业大数据中心。推进建设黑龙江省工业大数据平台。

探索建立大数据研发机构。积极争取吸引国内运营商、大型 IT 企业及科研机构在黑龙江省建立大数据研发中心，以研发中心为依托，鼓励支持研发大数据关键技术和核心产品，研究大数据在工业研发设计、生产制造、经营管理、市场营销、售后服务等产品全生命周期和产业链全流程各环节的应用。

（六）推进知识产权保护和标准创新服务

鼓励引导软件企业积极参与国家标准、国际标准的制定，加快构建以标准应用为导向的新一代信息技术和标准体系。进一步发挥相关学会、协会和联盟在促进产业融合发展中的作用，研究制定数字化营销服务、互联网服务、移动应用服务等领域的团体标准。培育信息技术服务标准示范企业和信息技术服务品牌企业，拓展"ITSS"标准品牌影响力。

（七）鼓励信息技术服务在其他行业不断创新发展

深化互联网、物联网、大数据等信息技术在重点行业的应用，推动企业技术、产品、模式和机制创新，促进传统制造向智能制造转型升级。在装备、石化等行业，推广物理仿真、智能控制、人机交互等技术和装备在企业生产过程中的应用，推动大型装备制造企业发展智能装备和智能化产品，提高智能制造规模和水平。引导食品和药品行业开展物联网标识解析等技术的应用，推动大型食品、药品企业加快产品质量追溯体系建设，在提升产品质量的基础上拓展产品价值空间。围绕提升企业工业大数据应用水平，推动重点行业优势企业加快工业传感器、射频识别（RFID）等数据采集设备的部署，开展商业智能与数据仓库（BI）等系统的建设与应用，在行业内推广具有代表性、可复制的典型应用。

（八）努力推动工业云服务向多元化方向发展

以工业云平台建设及应用为抓手，大力发展面向企业特别是中小企业的工业云服务，引导企业通过开展工业云应用，构建新型研发、生产、管理和服务模式。采取政策引导、资金支持等方式，推动互联网企业、信息技术服务企业等共同建设工业云平台，以云服务的形式为企业提供计算机辅助设计、制造执行系统、企业资源计划等软件产品和应用服务，提升工业云平台服务企业的能力。支持工业云服务向多元化方向延伸，推动工业设计模型、数字化模具、产品和装备维护知识库等制造资源的集聚整合和开放共享，开展数据管理、协同营销等方面的服务，为企业智能制造、"互联网+"应用和"双创"提供支持。加大工业云平台的宣传推广力度，深化企业对工业云服务的认识，吸引企业入驻工业云平台开展应用。

（九）积极培育制造业与互联网融合新模式

紧密结合黑龙江省"互联网+工业"行动计划，发挥政府引导作用，推动企业在生产制造、经营管理、市场营销等环节开展"互联网+"应用，大力培育制造业与互联网融合新模式，促进产业价值链向高端跃升。推动两化融合管理体系达标企业开展智能工厂、数字化车间建设，深化质量管理与互联网的融合，推动在线计量、在线检测等全产业链质量控制，发展网络化协同制造等生产新模式。推动高端制造基础较好的大企业运用互联网开展在线增值服务，发展基于产品全生命周期的实时监测、远程运维等服务新模式，实现从制造向"制造+服务"转型升级。推动大型骨干企业与电子商务企业开展跨界合作，在产品采购、销售、服务等环节开展工业电子商务应用，发展网络营销新模式，提升企业与市场的对接能力。开展典型案例和经验的推广，宣传典型企业在推进制造业与互联网融合发展方面的成功经验和做法。

（十）强化工业信息安全基础工作

逐步开展工业领域信息安全的信息采集、分析、评估等工作，建立健全风险提示机制，提升工业领域信息系统安全漏洞可发现和风险可防控能力。依据《工业控制系统信息全防护指南》，引导企业建立工业信息安全保障工作机制。

2016 年上海市软件和信息技术服务业发展概况

2016 年，上海市软件和信息技术服务业在上海市委、市政府的正确领导下，按照"技术创新、结构优化、跨界引领、自主可控"的原则，以建设全球跨界创新中心、启动中国制造2025、发展"互联网+"为契机，主动适应经济发展新常态，聚焦"稳增长"，巩固产业增长态势。2016 年上海市软件和信息技术服务业经济运行总体平稳、呈稳中趋缓态势，实现了"十三五"的良好开局。

一、基本情况

（一）总体运行情况

2016 年，上海市规模以上软件和信息技术服务企业共实现软件业务收入 3816 亿元，其中软件产品收入 1192 亿元，信息技术服务收入 2439 亿元，嵌入式系统软件收入 185 亿元。实现利润总额 435 亿元。同时，2016 年上海市软件出口产值达到 36.2 亿美元，比 2015 年同期增长 3.76%。主要出口方式仍是信息技术外包（ITO）。截至 2016 年年底，经营收入超过亿元的软件企业 445 家，其中经营收入超 10 亿元的企业 58 家。中国银联等 7 家企业入围 2016年（第 15 届）中国软件业务收入百强企业（见表 1）。

表 1　上海市入选 2016 年（第 15 界）中国软件业务收入百强企业名单

序号	排名	企业名称
1	8	中国银联
2	16	华东电脑
3	31	宝信软件
4	34	华讯网络
5	46	贝尔软件
6	61	卡斯柯
7	72	万达信息

1. 园区

上海市具有一定规模的信息服务业基地逾 50 个，规划用地面积 47 平方千米，建筑面积1270 万平方米。其中经认定的市级信息服务产业基地有 41 个，全市信息服务产业基地聚集了上海市 70%以上的软件和信息技术服务企业，60%以上的经营收入来自信息服务基地。信息服务产业基地单位土地产出水平达到 130 亿元/平方千米。

2. 区县

从规模看，浦东、长宁、徐汇位列前三强，占上海市软件和信息技术服务业收入比重超过 60%。其中浦东 2016 年收入突破 2000 亿元；有 11 个区的软件和信息技术服务收入超过百亿元。从增速来看，除个别市中城区出现负增长外，其他区均保持增长态势，其中闵行、黄浦、普陀、青浦、金山、虹口、宝山和长宁等区的增速均超过 20%。

（二）重点领域发展情况

1. 自主可控基础软件

上海市已形成了完整的产业链，但企业规模普遍不大。目前正配合国家在部分电子政务、金融等核心安全领域开展点示范工作，未来有望形成新的经济增长点。

2. 行业应用软件

企业发展受所服务行业的影响较大，如通信软件受上游产业萎缩的影响整体处于下滑阶段，不少企业开始谋求转型。随着企业对信息技术认可度的提高，企业互联网化进度加快，带来企业管理应用软件市场蓬勃发展，如汉得信息、鼎捷软件等企业。

3. 互联网金融

区块链技术助推金融业数字化转型，消费金融为互联网金融带来新的增长点。2016年互联网金融经营收入达到496亿元，比2015年同期增长28.8%。其中第三方支付收入达到350亿元；重点跟踪的17家网络信贷企业交易额达到200.35亿元，经营收入达到17.68亿元。

4. 网络游戏

VR游戏成为游戏创业创新的新亮点，不少VR游戏团队应运而生，而大的游戏企业也开始布局研发VR游戏。2016年经营收入近510亿元，比2015年同期增长15%左右，占全国1/4的份额。目前，上海有16家上市游戏企业，占全国上市游戏企业数的10.1%，仅次于北京和广东。新三板挂牌游戏企业25家，占全国的21.7%，仅次于北京。

5. 网络视听

加速向移动端转移，催生了短视频、视频直播等业务。各大视频网站通过不断创新内容，改善表现方式，以差异化的网剧抢占用户市场。2016年上海网络视听经营收入超过210亿元，较2015年同期增长23.6%。

二、主要运行特点

（一）产业结构优化，效益质量协同发展

随着软件产业服务化趋势加深，互联网向其他领域不断渗透。同时，在云计算、大数据等技术的推动下，上海市软件和信息技术服务业占信息服务业收入的比重不断提升，从"十二五"开局时的73.5%上升到83.9%。在结构优化的同时，上海市软件和信息技术服务业企业的效益、发展质量和收入规模协同发展，盈利水平和带动性持续提升。2016年上海软件产业实现利润总额435亿元，行业利润率达到15.3%，较2015年提高0.2个百分点，盈利能力高于全国平均水平。同时，信息服务业企业运用资本的能力不断提高，金融、网游领域的一批优势企业运用其行业优势，开展投资活动，产生了不菲的投资收益，如中国银联、三七玩等。国家"一带一路"政策的实施带动上海市软件出口形势好转，出口国家也从原先的美、日为主向多元国家发展。

（二）创新活力增强，产业竞争力稳步提升

上海软件和信息技术服务业企业积极开展技术创新，取得了丰硕的成果，产业竞争力进一步提升。研发投入持续增长，2016年上海软件企业研发投入占营业收入的比重达到10.1%，

远高于全国。参与研发人员占总从业人数的 40%左右。上海浪潮云计算服务有限公司和上海晶赞科技发展有限公司入选 2016 年中国大数据企业 50 强；大唐移动获得国家科技进步奖特等奖；卡斯柯和中信信息获得国家科技进步奖；万达信息成功入围首届中国信息化和软件服务综合竞争力百强企业；星环科技发布了一系列新产品组件，进一步降低了大数据技术从概念到落地的复杂度；中标软件首批入驻微软 Azure 镜像市场，中标麒麟 Linux 产品是国内唯一能够在微软 Azure 公有云上运行的国产操作系统产品。

（三）技术引领发展，新业态蓬勃发展

信息技术与国民经济社会各行业的深度融合，不断催生新的商业模式，甚至是新兴业态。上海软件和信息技术服务业在工业软件、人工智能、移动互联网、云计算等领域形成了一定特色优势。

1. 工业软件

围绕上海市支柱产业和优势产业，大力发展钢铁、轨道交通、装备制造行业工业软件和行业解决方案，支撑传统产业突破核心和关键技术，提高产业的技术水平。例如，宝信软件通过改变传统的软件产品开发模式和架构，着力对已有的产品进行调整和升级，使其适应于工业互联网的运行环境，构建基于网络化、信息共享的智能化供应链全局协同价值链；上汽互联网汽车融合了新一代的云科技；欧冶云商打造钢铁行业全产业链的生态型服务平台。

2. 云计算

上海云计算企业抢抓发展机遇，聚焦政策资源，有效结合上海特色，形成差异化的优势，骨干云计算企业成长为细分行业的领军企业。例如，公有云的优刻得，在互联网云服务领域紧随阿里云，市场排名第三；网络云分发的网宿，市场占有率近七成；云存储的七牛，面向网络存储市场，技术国内领先；开源技术领域的星环科技、上海世纪互联等企业在国际开源社区中占据了重要位置。2016 年，上海的云计算相关软件和信息服务业产值为 780 亿元，同比增长 15%。

3. 人工智能

上海基础研究积累深厚，中科院上海分院、中科院微系统所、公安部三所、复旦大学、交通大学、等在类脑智能、机器视觉、机器学习等领域有长期积累，在国内具备较强的影响力；技术支撑较为完备，已汇聚了国内外最前沿的基础架构支撑和人工智能技术企业，如科大讯飞、IBM Watson 等。产业化应用逐步显现，一批企业聚焦专用领域的人工智能应用，在国内各细分市场占据较高份额，如电科智能、博康的智能视频处理产品、未来伙伴、弗徕威的服务机器人，新时达、奥特博格、科大智能的智能制造机器人。

（四）投融资活跃，资本向优势企业汇聚

2016 年互联网投融资领域持续保持较高活跃度。据统计，上海公布的互联网产业投融资 2016 年共有 349 笔，主要分布在企业服务、文化娱乐、电商、金融、本地生活领域，其中面向企业服务正成为互联网投融资领域新的热点。从公布投资总额来看，超过（含）5000 万美元的投资共发生 16 笔。同时，垂直领域的优势企业更受资本青睐。例如，生鲜领域的"天天果园"深耕供应链，通过和 67 个国家和国内 27 个省的生鲜基地建立战略合作体系，采取原产地直购模式，确保全程冷链配送，2016 年获得 1 亿元 D+轮融资；宠物领域的"波奇网"

目前已与国内 2000 多家宠物店合作，努力推进"社区+电商+O2O"共同发展，2016 年获得 1.02 亿美元 C 轮融资；BIM 领域的鲁班软件是国内工程基础数据解决方案领先提供商，其 BIM 项目级服务已经在迪士尼、上海中心、苏州中心、绿地西南中心、三亚亚特兰蒂斯酒店、苏州现代传媒广场、珠海仁恒滨海中心、成都绿地中心等近 400 个大型复杂项目中得到深入应用，形成了一套完整的 BIM 实施体系和方法论，2016 年获得 A 轮 3 亿元融资。

三、2017 年形势分析与预测

上海市软件和信息技术服务业虽然一直保持稳定增长，但随着国际、国内形势的变化，发展和提升空间面临新挑战。

从国际情况看，2017 年世界经济仍将处于国际金融危机后的修复和调整期，发达经济体总需求不足和长期增长率不高现象并存，新兴经济体总体增长率下滑趋势难以得到有效遏制。

从全国情况看，国内经济运行开始出现一定积极因素，近期 PPI、PMI 指数持续向好，表明经济运行开始逐步向好。此外"中国制造 2025""互联网+"和"两化融合"加快互联网经济和实体经济深度协同融合，"一带一路"和"长江经济带"建设、"自由贸易试验区"制度创新等全方位促进区域经济合作与繁荣，为软件和信息技术服务业带来了增长新空间。

从上海情况看，上海创建具有全球影响力科技中心进程的加快必将大幅增强上海市软件和信息技术服务业的原始创新能力，为新技术、新模式的不断涌现与壮大打下坚实基础。目前，上海正在加紧制定新的软件和信息服务业产业政策。

综合预测，2017 年上海软件和信息技术服务业将保持平稳发展态势，规模以上企业的软件业务收入有望超过 4200 亿元，同比增长 13%左右。

四、下一步工作

2017 年上海市将围绕国家战略部署，推进产业高端化发展，围绕上海市经济社会发展需求，增强产业能级和创新力，围绕产业发展趋势，挖掘发展新空间，进一步巩固上海软件和信息技术服务业产业创新高地和核心资源集聚区的领先地位。

（一）落实"中国制造 2025"国家战略，助推制造业转型升级

做大做强工业软件。围绕工业强基、"中国制造 2025"和深化制造业与互联网融合发展的国家战略，重点培育并形成一批竞争力强、效益和成长性好的工业软件龙头企业，以市场化方式支持大企业兼并重组，支持企业开拓国内外市场，鼓励制造业企业并购软件企业或战略合作。推动工业软件产业链上下游协同与合作，组织推动支撑制造业的工业软件重大项目建设。加速培育工业云和工业大数据一批新兴业态，加快市场推广和产业化示范应用。

促进发展人工智能。突破机器视听觉、自然语言处理、人机交互、深度学习等人工智能应用技术。推动人工智能在制造业、医疗、交通、教育等领域的应用发展，推动人工智能重大项目落地。

（二）支撑具有全球影响力的科创中心建设，提升产业地位和能级

扶持"名企"。实施重点产业方向领军企业培育计划，建立企业培育库。探索设立软件产业并购基金，鼓励软件企业引进资本运作推动兼并重组，提升企业综合竞争力。推动企业

重大项目建设，做强主业，做大规模。

培育"名人"。继续实施软件企业核心团队和设计人员专项奖励政策，吸引并留住高端人才，发挥高端人才在产业发展中的引领作用。进一步推动校企合作，培养产业急需的复合型人才。

树立"名品"。试点首版次软件产品专项支持办法，有效激发研发端和需求端应用首版次软件产品的积极性，推动软件产业和制造业深度融合发展。开展申·APP应用评选，和上海公共信用服务平台、市民信箱等开展应用对接，借助各类媒体平台宣传推广优秀APP产品。

布局"名园"。聚焦17号线等新建轨道交通沿线，推动规划布局不少于100万平方米的产业空间，打造软件和信息服务业走廊及创新集聚产业带。

打造"名展"。联合GSMA推进举办2017上海国际信息消费节和信息消费博览会。组织相关企业、科研院所机构等开展有针对性的信息消费主题宣传活动，倡导积极健康向上的消费文化。

（三）聚焦促进"互联网+"发展，加快业态模式创新

加快发展互联网金融。推进上海金融信息服务促进平台的建设和使用。提高在线教育集聚度。联合杨浦区共同打造互联网教育创新示范园区，力争集聚上海市超过30%的互联网教育产业经营收入。促进互动娱乐跨界融合。推动建设中国文化网络视听基地，集聚一批高成长性的网络视听内容研发和技术支撑企业。启动网络新技术、新模式和传统文化的融合创新工程，培育和推广一批面向传统文化的数字出版新兴品牌。

优化"互联网+"产业环境。聚焦互联网创新创业基础环境，在创业场地、基金、人才方面建立公共支撑体系，形成对全市创业孵化资源、互联网基金、产业园区人才的全面覆盖。成立互联网投融资路演中心，促进创新创业项目和社会资本加快对接。

（四）培育新兴技术，挖掘产业增长新空间

1. 云计算

实施《上海市关于促进云计算创新发展，培育信息产业新业态的实施意见》。聚焦云计算带动信息服务业提升能级，大力推动云计算基础研发、应用示范和标准推广，建立骨干云计算企业目录，试点运营补贴、并购基金、人才通道等专项政策。

2. 虚拟现实

成立特殊场景影像产业联盟，重点支持基于虚拟现实等技术的内容开发、设备一体化解决方案研发及模式创新。建立国际特殊场景影像中心，围绕虚拟现实、3D等技术的产业化应用，开展人才培养和职业培训。建设虚拟现实产业集聚区，指导举办第二届全球虚拟现实大会。

3. 智慧应急

鼓励技术创新，重点发展大数据人流监控、工业安全生产云平台等。推动示范性应用，促进申通地铁、新联伟讯等企业和机构合力提升轨道交通、重点场所的信息系统水平。

（五）优化配置环境要素，提高产业服务和管理水平

完善政策环境。根据《关于上海市进一步鼓励软件产业和集成电路产业发展若干政策的通知》和《关于软件和集成电路产业企业所得税优惠政策有关问题的通知》要求，修改完善并落实软件设计人员和企业核心团队奖励办法，开展软件企业所得税优惠核查工作。完成

2017 年市软件和集成电路产业发展专项资金项目立项和管理工作。

优化产业布局。指导上海市信息服务产业基地联盟在前期课题研究的基础上，推进基地布局优化。汇聚产业基地资源，持续推进基地联盟和众创空间的公共服务平台联动及宣传推广。指导举办 2017 众联杯双创大赛，组织基地和投资服务机构做好项目的后续落地和对接服务；探索众联杯双创大赛和花旗杯创新大赛对接合作，推动创业落地和创新项目转化。

推进对外合作。指导完善"一带一路"合作平台，吸引更多国内外与"一带一路"相关的企业注册平台并应用，提高平台国际化运营水平。推动建设国际数字内容协同创新平台，促进数字内容领域的跨国合资合作和互动交流，帮助本土企业拓展海外市场，引进国际技术优势和智力资源。指导举办第十四届上海软件贸易发展论坛。

加快人才建设。在完成软件和信息服务业人才专项调研和课题研究的基础上，选择有条件的基地园区，探索人才政策创新和突破。推动软件企业 HR 联盟围绕上海人才"30 条"等重要人才政策解读、企业人才需求、人才流动等主题，开展专题研讨活动。开展互联网十大创业家和新锐评选活动，支持评选软件行业标兵、服务明星，树立具有行业影响力和带动效应的人才榜样。

开展经济运行分析。开展产业发展热点和新兴领域的专项研究及运行分析。在做好上海市软件和信息服务业上市公司市值对比分析的基础上，探索细分领域龙头企业估值跟踪工作。完善上海市软件和信息服务业统计直报平台样本库。

2016 年江苏省软件和信息技术服务业发展概况

一、基本情况

2016 年，江苏省软件和信息技术服务业保持平稳增长，实现软件业务收入 8166 亿元，同比增长 15.6%，软件业务收入增速比 2015 年同期有所放缓，但仍保持两位数增长，产业结构处于持续调整期。在江苏省软件和信息技术服务业加快转型的背景下，传统软件企业充分把握金融、能源、通信、医疗等行业普遍面临结构升级的契机，以相关企业的信息化、智能化、平台化改造需求为切入点，加强对嵌入式系统软件的研发和云计算等服务化转型，打造新的业务增长点。

二、主要特点

（一）软件业务收入增速趋缓，但仍保持两位数增长

2016 年江苏省软件和信息技术服务业第一至第四季度增速分别为 18.1%、15.4%、14.3%、14.4%，增速趋缓。实现利润总额 817 亿元，同比增长 16.8%，高于收入增速 2.4 个百分点。实现软件业务出口 67 亿美元，同比增长 4.9%，第一至第四季度增速分别为 3.7%、4.3%、6.1%、4.9%，呈平稳增长态势。重点监测的云计算收入为 1187 亿元，同比增长 15.9%，高于软件业务收入 1.5 个百分点，软件企业加快向"云化"服务类转型。

（二）嵌入式系统软件增长较快，产业结构持续调整

2016 年，江苏省软件产品实现收入 1851 亿元，同比增长 7.4%，低于全行业平均水平 7 个百分点，占全业务比重为 22.7%。信息技术服务实现收入 3746 亿元，同比增长 11.9%，低于全行业平均水平 2.5 个百分点，占全业务比重为 45.9%。嵌入式系统软件实现收入 2569 亿元，同比增长 23.7%，高于全行业平均水平 9.3 个百分点，占全业务比重为 31.4%。

从以上数据可以看出，软件产品收入增长趋缓，且占全业务比重的降幅最大。其中，信息安全产品第一至第四季度增速分别为–13.5%、–39.5%、–38.5%、1.9%，业务领域偏单一的传统软件企业如不及时拓宽业务领域，创新服务模式，避免同质化竞争，很难在激烈的市场竞争中立于不败之地；另外，随着生产生活的互联网化，安全问题应该引起高度重视，要重点培育江苏省有品牌、有规模的安全类软件企业。

三大类型中，嵌入式系统软件不论是收入增速，还是在全行业占比的增长率，都远高于软件产品类和信息技术服务类。嵌入式软件基于应用而生，其快速增长一方面说明新一代信息技术正在加速渗透人类的日常生活，并与传统产业加速融合，各行各业向智能化提档升级已成为大势所趋；另一方面也说明，传统软件企业顺应形势，以通信、金融、医疗、汽车电子等行业的产业结构升级为自身转型契机，将嵌入式系统软件列为重点业务，积极参与各行业的自动化、信息化、智能化、平台化提升过程。

（三）苏南五市产业规模较大，苏中、苏北增速较快

1. 产业规模

2016 年，江苏省苏南 5 市软件业务收入占江苏省业务总收入的 92.8%，其中又以南京、苏州、无锡 3 市最为突出，软件业务收入分别占江苏省总收入的 41.8%、24.1%、12.5%，合计占江苏省业务总收入的 78.4%；苏中 3 市实现软件业务收入占江苏省业务总收入的 4.3%；苏北 5 市实现软件业务收入占江苏省业务总收入的 2.9%。可以看出，江苏省苏南地区产业集聚度最高，苏中、苏北地区增速最快，软件产业是支撑经济发展和产业转型的重要力量。

2. 软件企业数量

从 2016 年纳入统计的企业数来看，苏南 5 市软件企业数量共计 4908 家，占江苏省总数的 61.5%，其中又以南京、无锡、苏州较为突出（3 市软件企业数量占江苏省总数的 50.8%）；苏中 3 市软件企业共计 1189 家，占江苏省总数的 14.9%；苏北 5 市软件企业共计 1889 家，占江苏省总数的 23.7%。可以看出，苏南地区集聚了江苏省大部分软件企业，产业氛围较为浓厚；而苏中、苏北地区软件企业数量相对偏少，集聚效应尚未形成。

3. 区域竞争力

苏南 5 市以占江苏省总数 61.5% 的企业数量，实现了江苏省 92.8% 的软件业务收入，而苏中 3 市、苏北 5 市分别以占江苏省总数 14.8%、23.7% 的企业数量，实现了江苏省 4.3%、2.9% 的软件业务收入。由此可见，苏南地区软件企业的整体竞争力明显较强，苏中、苏北地区偏弱。

4. 各市软件业务收入增速

从各地软件业务收入增速来看，苏南 5 市增速均处于 10%～18% 的区间，保持平稳发展态势。其中，镇江、无锡、常州 3 市增速高于全行业平均水平，分别为 17.6%、16.9%、14.7%，分别高于全行业平均水平 3.2%、2.5%、0.3%；南京、苏州两市增速低于全行业平均水平，分别为 12.5%、10.4%，分别低于全行业平均水平 1.9%、4%；苏中、苏北地区软件业务收入增速整体加快，部分设区市增速突出。除淮安、扬州两市外，徐州、盐城、南通、宿迁、连云港、泰州 6 市的软件业务收入增速均高于全行业平均水平，增速分别为 125.2%、41.8%、35%、28.2%、19%、16.8%（见图 1）。

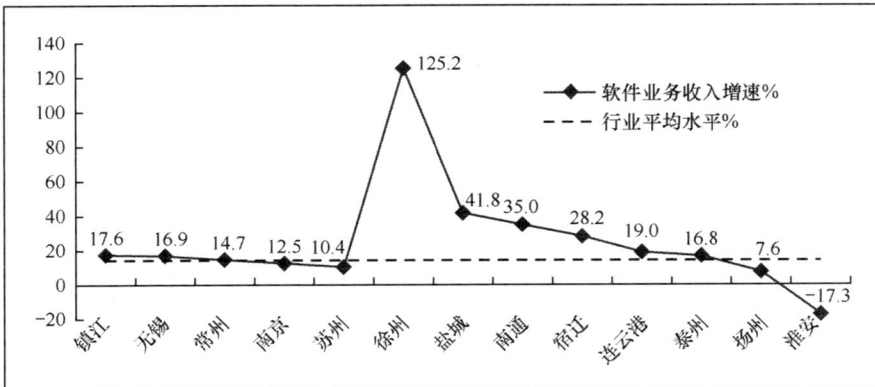

图 1　2016 年江苏省各市软件业务收入增速

（四）百强企业发展良好，企业转型初见成效

从 2016 年公布的（第 15 届）中国软件业务收入前百家企业名单来看，江苏省上榜企业数由上届的 8 家上升为 10 家，增加了 2 家。10 家企业 2015 年软件业务总收入为 310.5 亿元，占全国百家企业软件总收入的比重为 6.55%，比 2015 年上升了 0.7 个百分点。上榜企业在总榜的位次整体较 2015 年有所上升，除 2 家位次不变、1 家位次下降外，4 家企业位次上升，且有 3 家企业新晋入榜，分别为国电南京自动化股份有限公司（第 28 位）、南京联创科技集团股份有限公司（第 81 位）、江苏润和科技投资集团有限公司（第 91 位），如表 1 所示。此外，上榜的金智、集群、恒宝、省通服 4 家企业的软件业务收入增幅都达到了 18% 以上，发展较快。

表 1 　江苏省 2016 年软件业务收入前百家企业入围情况

排名	企业名称	软件业务收入增幅（%）
6（↑0）	南京南瑞集团公司	0.9
13（↑0）	熊猫电子集团有限公司	0.1
17（↑9）	江苏集群信息产业股份有限公司	22.6
27（↑2）	江苏省通信服务有限公司	18.9
28（新上榜）	国电南京自动化股份有限公司	（新上榜）
73（↑6）	江苏金智集团有限公司	37.8
81（新上榜）	南京联创科技集团股份有限公司	（新上榜）
83（↑5）	恒宝股份有限公司	20.1
91（新上榜）	江苏润和科技投资集团有限公司	（新上榜）
95（↓19）	江苏国光信息产业股份有限公司	−8.9

从以上数据可以看出，江苏省传统软件百强企业的数量、业务收入占百家企业总收入的比重均较 2015 年有所增加，且在总表的位次总体呈上升趋势，表明这些软件企业整体发展势头良好，企业转型取得了一定成效。

（五）新兴技术蓬勃发展，力促软企业务升级

随着新一代信息技术的快速发展，大数据、云计算、物联网、人工智能等新兴技术在各行各业的应用日益深化，专注于上述业务领域的"新星"企业不断涌现。同时，江苏省传统软企也以新技术的快速发展为契机，持续拓宽业务范围，创新服务模式。

从企业案例来看，专注于智能计算领域的南京天数信息科技有限公司针对医疗影像智能识别、金融量化分析与交易、智能生产制造三大领域，提出了新一代智能数据平台整体解决方案 Sky Discovery，以及在此基础上的超高性能机器学习/人工智能分析系统和云服务，目前已与多家三甲医院在智能诊断领域达成合作；南京地平线机器人技术有限公司将云端的大规模深度神经网络算法实现在高性能低功耗的"大脑引擎"上，促使设备智能化，应用领域包含家居、汽车、安全等。

另一部分软件企业则将大数据等新兴技术作为企业转型及服务升级的工具，力促服务升级。例如，南京易司拓电力科技股份有限公司通过深度数据挖掘等方式，推动营销模式精准化。该公司充分利用其电力监测设备国内市场占有率超过 90% 的优势，一改研发、销售设备的传统业务模式，定期对售出设备后台采集到的海量运行数据进行量化分析。一旦发现异常，第一时间联系相关电网公司及电力企业，为其提供上门检测服务及专业解决方案，从而构建了"设备、数据、服务"的完整闭环。而亚信科技紧抓产业机遇，拓宽业务模式，与常州科教城管委会联合共建智慧医疗大数据开放实验室，共同推动政府、医疗机构、企业、社会智慧医疗大数据的融合共享和创新应用。

（六）跨界融合日趋加速，软件应用不断细化

随着新一代信息技术的快速发展，互联网在行业跨界融合中的纽带作用日益凸显。软件作为新一代信息技术的核心和灵魂，加速渗透各行各业。从江苏省软件和信息服务业企业在新三板的上市情况来看，2016 年，挂牌企业共计 65 家，同比增长 80.6%，分别为龙的股份、数图科技、壹进制、中感微、无锡优拓、蓝创股份、蓝深远望、智铸科技、橙红科技、耐维思通、万佳科技、寅源科技、黄金屋、掌柜软件、鼎集智能、优通科技、朝阳股份、贝伦思、翔晟信息、亿友慧云、盈迪信康、中盈高科、奇智奇才、宙斯物联、坦程物联、美房云客、海加网络、黑马高科、乐众信息、智浦芯联、因为科技、联著实业、东领智能、西屋股份、凯美瑞德、慧眼数据、德讯科技、迈特望、欣网科技、联领智能、鑫亿软件、科融数据、威耐尔、钜芯集成、久源软件、易图地信、华叶跨域、中兴软创、运时数据、怀业信息、博远容天、智能交通、未至科技、卓信科技、创新安全、乐米科技、绛门科技、联迪信息、钛能科技、智通股份、新立讯、速度信息、东富智能、锐驰鼎欣、新视云。

从业务领域看，65 家企业中，以软件开发和信息技术服务为主营业务的共计 60 家，占总数的 92.3%；以通信设备、半导体及元件研发及销售为主营业务的共 5 家，占总数的 7.7%。从业务领域来看，上述新三板挂牌企业主要是运用新一代信息技术在细分行业不断拓展，主要分布在在线教育、电力、医疗信息化、移动游戏、智慧工厂、物流管理、智能建筑、信息安全等不同行业。

三、产业发展存在的问题

江苏省软件产业在快速发展的同时，也存在一些问题。主要表现在产业结构仍需调整、大型软企仍然偏少、高端人才仍显不足三方面。

（一）产业结构仍需调整

江苏省软件企业大多注重传统的软件开发，业务与传统行业捆绑较为紧密，因而整体营收受经济下行压力影响较大。2016 年，江苏省软件产品收入增速为 7.4%，较 2015 年下降 17.3 个百分点；信息技术服务收入增速为 11.9%，较 2015 年下降 16.8 个百分点，两项业务增速同时趋缓，表明当前江苏省软件产业受目标服务行业 IT 开支缩减影响较大，产业结构调整效果仍不理想。

（二）大型企业仍然偏少

从 2016 年公布的中国软件业务收入前百家企业地域分布来看，北京市共有 32 家企业入

围，广东省 18 家入围（其中深圳 12 家、广州 5 家），江苏省 10 家入围，上海市 8 家入围。结合各地软件产业规模可以看出，江苏省软件产业虽然总体体量较大，但就单家企业规模而言，仍以中小企业居多，领军企业数量偏少，整体格局"大而不强"。

在业务方面，江苏省软件企业普遍与应用捆绑较为紧密，省内大型软企大多扎根于不同行业领域，积累了大量应用数据及客户资源，通过深度挖掘用户数据反复改进相关产品，拓宽业务范围，形成企业发展的良性循环。而与此对应的是，省内多数中小软企业务模式趋于单一，多以项目为中心开展业务。由于承接的项目多数彼此独立，关联性不强，后续也没有基于项目展开有效的深度数据挖掘，导致这些企业营收极不稳定，发展容易陷入困境，难以做强做大。

（三）高端人才仍显不足

随着新一代信息技术的快速发展，特别是在互联网已成为基础设施、数据成为重要资源、计算成为公共服务的背景下，加快软企转型，对高素质人才的需求极为旺盛。但高端互联网人才往往出于发展前景、行业环境、薪酬待遇等多方面因素考量，首选北、上、广、深作为工作地点，导致江苏省软件企业在吸引稀缺的复合型、创新型人才方面还存在一些不足，并进一步影响产业整体竞争能力的提升。

此外，江苏省区域间也存在人才层次失衡的问题。与苏南 5 市相比，苏中、苏北地区由于软件产业整体发展水平偏低，对高端人才的吸引力不足，导致领军人才稀缺，限制了软企创新能力及技术水平的提高。

四、2017 年展望与目标

2017 年，江苏省软件产业紧扣"转型发展、跨界互联、数据驱动"三个关键词，突出"龙头企业、一会两赛、产业载体"，促进技术大融合，实现资源大汇聚，加快构建江苏省软件与互联网、大数据相互促进、协同发展的工作新格局。

预计 2017 年江苏省软件和信息服务业可以完成软件业务收入 9400 亿元左右，增长速度在 15%左右。云计算和大数据将保持 20%以上的发展速度。

五、下一步工作

（一）着力发展软件新业态

1. 深入推进云计算产业

一是加快工业云平台建设。落实江苏省政府与华为、阿里等的战略合作协议，结合不同区域的制造业优势和特色，支持骨干制造业企业与云计算企业合作建设特色的工业云平台。二是积极开展工业云服务。宣传推广擎天科技"工业节能降碳云"等一批工业云服务示范。鼓励建立面向云计算开发测试的公共服务平台，为企业提供咨询、培训、研发、商务等服务。三是推动企业向云服务转型发展。通过"育鹰计划"企业家培训，强化软件企业向云计算转型发展的意识，推进企业合作共赢。四是鼓励创新创业。鼓励初创企业、个人开展基于云平台的技术研发和产业化，培育一批基于云计算的新兴业态。

2. 突破发展大数据产业

一是召开江苏省大数据发展推进大会，全面贯彻落实《江苏省大数据发展行动计划》，部署 2017 年度重点工作计划，完善大数据发展办公室工作制度，成立大数据发展专家咨询委员会。二是建设具有行业影响力的大数据平台。结合各市工业发展基础和特点，建设有产业支撑、强应用需求、众企业参与的工业大数据平台。三是开展江苏省大数据应用示范评比、优秀大数据产品和解决方案评选，并在江苏省组织宣传推广。四是指导和支持盐城市政府举办"2017 年中国大数据企业大会"。

3. 追踪研究其他新兴业态

加强对人工智能、区块链、虚拟现实、共享经济等新技术和新产业的研究，在江苏省展开摸底调研，关注重点企业和新的产业增长点，与相关园区共同开展产业推进工作。切实增强研究新情况、解决新问题、推进新发展的能力。

（二）扶持企业做大做强

1. 持续支持大企业做强

在国家和江苏省规划布局重点软件企业中，选择一批有技术实力较强、创新能力突出、市场前景好、影响力强的企业，制定新一轮骨干企业培育计划，通过战略性新兴产业专项、工业和信息产业转型升级等专项给予持续支持，推动成长为领军企业。

2. 发掘并支持一批独角兽企业

与创投机构开展合作，在互联网等新兴领域发掘一批专精特新企业，通过产业基金或专项基金，与创投机构联动支持，促进它们健康、快速成长为独角兽企业。近期重点关注途牛、同程、有货、孩子王、车置宝、好享家、汇通达、通付盾等互联网独角兽企业。

（三）提升产业载体建设水平

1. 推进中国软件名城建设

支持南京市加快实施《南京市建设国际软件名城实施方案》，重点推动发展高端化国际化产业集群、建设具有国际影响力的产业园区、引进和培育具有国际竞争力的知名企业、培养集聚国际化专业人才、打造具有国际优势的创新能力、营造国际化发展的产业环境六项重点任务，全面提升南京软件产业国际知名度和竞争力。推动苏州、无锡创建中国软件名城（特色型）试点，力争早日获批。

2. 建设大数据产业集聚区

对以大数据为特色的产业园区进行规划引导，制定大数据产业园建设标准，科学引导江苏省大数据产业园建设，结合本地产业基础和发展需求，突出特色，防止重复建设、同质竞争。积极组织符合条件的区域申报工信部大数据产业集聚区。

3. 提升互联网产业园质态

深化互联网产业园、众创园共建工作，推动产业园与众创园相互借力发展，分别在产业集聚、带动地方经济转型、促进创新创业等方面，形成资源互补、梯度承接、协同发展的良好格局。对已列入共建支持的 16 家互联网产业园进行评估，掌握专项资金使用的成效以及对创新创业企业的支持成果，对不符合规范要求的园区亮黄灯警示，但提出限期整改措施。

（四）打造重大活动平台

1. 高标准举办第十三届南京软博会

借鉴同类展会先进办会经验和好的做法，进一步提升南京软博会的品牌影响力，搭建南京建设国际软件名城重要国际性交流合作平台。一是加强中央媒体宣传力度，与央视、人民日报、新华社等国家级媒体开展合作，对软博会进行新闻及广告宣传。充分利用微信、微博和 APP 客户端"两微一端"等网络媒介即自媒体开展宣传，提高用户的黏性和持续关注度。二是加强供需对接，在江苏省内外组织一批有转型升级需求的制造业企业参加博览会，促进供需双方对接，并通过网站、微信、APP 等促成后续长期交流合作。三是将第六届"中国软件杯"大学生软件设计大赛总决赛全程融入软博会，使配套活动更加丰富、更具实效。将参赛学生现场招聘会合并到软博会人才招聘区，将参赛学生总决赛赛场和投融资对接活动安排在软博会展馆和会议中心。同时举办江苏省 IT 产业育鹰文化节，开展诗歌创作、羽毛球比赛等丰富的文体活动，在软博会展馆进行软件杯大赛成果和江苏软件从业人员的书法、摄影等文化作品现场展示，将软博会打造成软件行业的嘉年华。

2. 办好第三届"i 创杯"互联网创新创业大赛

一是进一步发挥互联网产业园与互联网众创园、各类互联网创新创业服务机构的资源优势，争取与国内知名投资机构合作设立互联网创投基金，多渠道、多形式扩大"i 创杯"影响力。二是争取更多地区为"i 创杯"量身定做专门的"政策包"，对"i 创杯"优质落户项目给予支持，促成更多项目落户江苏、落户有需求的园区，切实实现"i 创杯"大赛与产业发展的紧密结合。三是与盐城等地方合作，举办大数据技术与应用创新分赛，促进部门、行业、领域数据的开放和汇聚，深入挖掘和展现数据价值，打造江苏省大数据创新创业平台。四是拓展"i 创杯"的省外、海外赛事与相关活动。依托互联网众创园的相关资源，进一步增多省外赛事点，组织开展海外赛事，努力引进省外、海外优秀创新创业项目和人才。

2016 年浙江省软件和信息技术服务业发展概况

一、基本情况

2016 年，浙江省软件和信息服务业作为信息经济的核心基础产业，在国家产业政策的支持下，通过创新驱动发展、强化优势、推动融合及培育新业务、新业态，得到了持续快速发展，规模稳步扩大，年内增速始终高于全国平均水平，总体运行呈现"稳中有升，持续向好"的态势，收入、效益、出口等主要指标增速均高于全国水平，技术服务引领创新，龙头骨干企业成为带动行业增长的主动力，对浙江省经济增长发挥了重要的技术支撑作用。

根据对浙江省 1492 家重点软件企业的监测统计，2016 年浙江省实现软件业务收入 3600 亿元，同比增长 18.5%；实现利税总额 1341 亿元，利润总额 1030 亿元，分别同比增长 30.1% 和 33.7%；软件出口 35.1 亿美元，同比增长 25.5%。从业人数达到 30 万人，盈利水平和带动性持续提升，信息经济核心产业地位和作用日益突出，已成为促进浙江省稳增长调结构的重要推动力。

二、主要运行特点

（一）软件产业高速增长，收入规模超过 3600 亿元

2016 年浙江省软件和信息服务业产业规模突破 3600 亿元，实现软件业务收入 3600 亿元，同比增长 18.5%（见图 1），从软件业务类型来看，软件产品收入、信息技术服务收入和嵌入式系统软件收入分别实现 1087 亿元、2189 亿元和 324 亿元，分别同比增长 12.8%、19.8%和 31.3%。

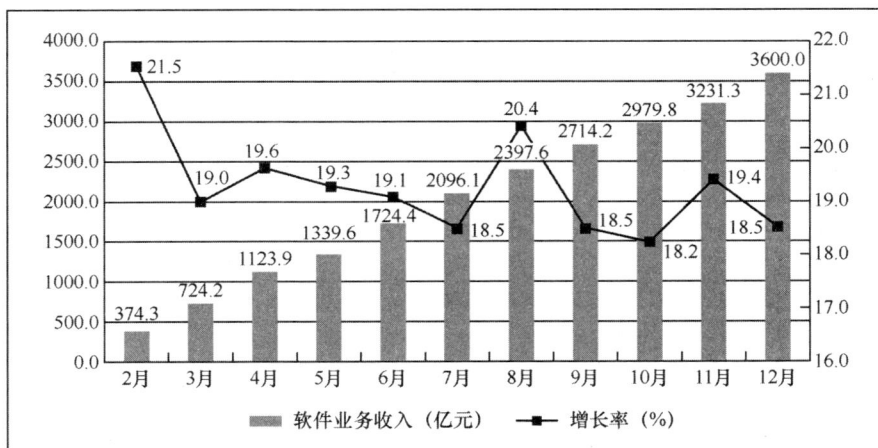

图 1 2016 年 2—12 月软件业务收入增长趋势

（二）信息技术服务引领增长，服务化趋势加快

基于移动互联网、物联网、云计算、大数据的新业态、新业务、新服务快速发展，规模、增速稳居行业首位，带动行业整体快速增长。2016年浙江省实现信息技术服务收入2189亿元，同比增长19.8%，高出全行业增速1.3个百分点，其中电子商务平台（包括在线交易平台服务、在线交易支撑服务在内的信息技术支持服务）收入1205亿元，占全部服务收入的55.0%，电子商务平台服务占主导。软件服务收入占比继续提升，占比达到60.8%，对浙江省软件业务收入的贡献率达到64.3%，拉动全行业增长11.9个百分点。

（三）效益质量协同发展，盈利水平继续提升

企业效益、发展质量和收入规模协同发展，盈利水平和带动性持续提升，2016年浙江省软件产业实现利税1341亿元，利润总额1030亿元，销售利润率为28.6%。盈利能力继续保持全国领先，主要是信息技术服务、移动通信及网络软件产品盈利水平领跑全行业。

（四）软件出口态势良好，增速高出全国

2016年浙江省完成软件出口35.1亿美元，同比增长25.5%。软件产品出口占比超过八成，成为出口的重要引擎，2016年软件产品出口291055万美元，占全部出口总量的82.9%，同比增长48.2%。软件产品外包、网络与数字增值业务服务外包、电信运营服务外包、金融服务外包均已形成规模化发展并在同行具有比较优势。网新科技、道富信息、虹软、东忠、灵川、NEC软件等一批重点软件业出口企业规模持续扩大，成为出口增长的骨干力量；同时随着华三、大华、海康威视等龙头企业国际业务的不断推进，带动软件出口不断增长。

（五）龙头企业引领发展，企业规模稳步提升

2016年浙江省软件十强企业实现软件业务收入1616亿元，同比增长30.6%，高于全行业12个百分点，实现利润总额897.5亿元，同比增长48.3%。十强企业实现软件业务收入和利润总额分别占全省软件行业（1492家）的44.9%和87.1%，十强企业已成为带动行业增长的主动力。浙江淘宝商城技术、淘宝软件、海康威视、网易、大华科技5家骨干企业贡献突出，规模均超过100亿元。淘宝软件、网易、大华科技、阿里巴巴、银江股份等骨干企业利润增长均在50%以上，对行业利润增长贡献十分突出，其中淘宝利润增长率在100%以上。电子商务、通信网络、云计算、大数据、数字安防等产业发展迅速，阿里巴巴、海康威视、网易网络、华三通信、大华股份5家企业2016年实现利润268.8亿元，同比增长28.2%，占全行业利润总额比重达到23.0%，对行业贡献突出达到15.9%，成为推动行业增长的主引擎。海康威视、大华技术、浙大网新、阿里云、中控科技、信雅达、银江、恒生等8家企业入围第十五届中国软件业务收入前百家企业，浙江省入围企业数居全国第四位，列北京、广东和江苏之后。

（六）特色领域发展优势明显，行业应用软件全国领先

经过多年的发展，浙江省软件企业注重与市场的紧密结合，行业应用软件在电子商务、安防监控、金融证券、工业控制、智慧城市、云计算等领域优势明显。以阿里巴巴为代表的

电子商务、云计算软件，中控、和利时为代表的工业控制行业应用软件，海康威视、大华为代表的安防行业应用软件，恒生、信雅达为代表的金融行业应用软件，创业、医惠为代表的医疗行业应用软件，万朋、正元智慧为代表的教育行业应用软件，银江、维尔为代表的交通行业应用软件，以及税友为代表的税务行业应用软件等在全国甚至全球占据了一定的市场，具有较高的市场占有率和品牌知名度，具有自主程度高、市场活力足、个性化突出、产学研结合、技术创新与商业模式创新相结合等特点，引领了国内外相关行业应用软件的发展。

（七）产业集聚度高，辐射作用逐渐显现

杭州、宁波等大力推进软件产业集聚发展，引领全行业增长。从浙江省 11 个地市 2016 年产业数据来看，各地都达到了亿元以上，可以分为千亿元、百亿元、十亿元、亿元级四个梯队。杭州 2016 年实现软件业务收入 3010 亿元，同比增长 17.9%，占浙江省比重达到 83.6%，总量规模列居全国 15 个副省级城市前列，已成为浙江省软件和信息技术服务业发展的先行区和示范区。宁波实现软件业务收入 451 亿元，同比增长 18.3%，占浙江省软件业的比重为 12.5%；两地软件业务收入之和占浙江省比重达 96.8%。其次，金华、嘉兴、温州分别实现软件业务收入 54.7 亿元、35.0 亿元、17.9 亿元，分别同比增长 50.8%、21.0%、35.1%，占浙江省软件业比重分别为 1.5%、1.0%、0.5%。金华将网络经济作为第一产业发展，成效显著，软件产品、信息技术服务收入大大提高，温州市首次迈入十亿元级城市。

2016 年浙江省软件业务收入超亿元以上企业 282 家，较 2015 年增加 61 家，同比增长 27.6%；其中超十亿元企业 34 家，超百亿元企业 5 家。2016 年浙江省各市软件业务收入及增长情况如表 1 所示。

表 1　2016 年浙江省各市软件业务收入及增长情况

地市	2016 年软件业务收入（万元）	2015 年软件业务收入（万元）	同比增长
杭州市	29948821	25523667	17.3%
宁波市	4652759	3851982	20.8%
金华市	526296	426487	23.4%
嘉兴市	342902	260942	31.4%
绍兴市	89721	78307	14.6%
丽水市	77360	67658	14.3%
温州市	159817	66140	141.6%
台州市	83198	51600	61.2%
湖州市	51088	14977	241.1%
舟山市	17654	9372	88.4%
衢州市	50613	3898	1198.4%

三、面临的主要问题

2016 年，浙江省软件产业持续快速发展，规模稳步扩大，新兴服务领域发展强劲，创新商业模式促发展，但仍有不少问题制约了浙江省软件和信息技术服务业发展。

（一）新兴领域关键技术有待突破

云计算、移动互联网、物联网等新兴领域发展较快，一些关键领域核心技术有待突破，行业标准的缺失同样制约产业健康可持续发展，信息技术服务企业迫切需要加大新兴领域研发力度，突破关键核心技术。

（二）传统企业转型升级面临挑战

当前制造业发展和传统企业转型升级面临挑战，以云计算、大数据、电子商务平台服务等为主的信息技术服务已成为软件产业发展的重点方向，以传统软件产品和嵌入式系统为主的企业面临转型问题。

（三）企业发展存在人才结构问题

人才问题一直是困扰软件产业发展的重要因素，浙江省软件产业不可避免地在发展过程中遭遇了两个瓶颈：首先是企业从业人员规模普遍较小，其次是软件企业和软件人才结构不合理。在人才培养方面，也存在培训方式滞后、成本较高等问题。

四、2017 年展望与目标

2017 年是"十三五"规划实施的关键之年，是浙江省强化创新驱动、优化经济结构、全面提升产业竞争的关键期，也是"中国制造 2025"和"互联网+"行动计划全面实施之年，浙江省将牢固树立并认真践行"五大发展理念"，认真贯彻落实党的十八届五中全会精神和浙江省委、省政府关于加快发展信息经济和高端装备的重大决策部署，加快培育发展云计算、大数据、信息消费、移动互联网等新一代信息技术产业，发挥软件和信息技术服务对信息经济发展的核心支撑作用，不断培育浙江省软件和信息技术产业发展新优势，以《浙江省软件和信息服务业"十三五"发展规划》为指导，建立推进软件和信息服务业发展的工作机制和政策体系，以试点示范为重点，以平台建设为核心，以重点企业为支撑，以重点环节为抓手，着力打造杭州中国软件名城升级版。

五、下一步工作安排

（一）发展产业政策引导作用，进一步做好产业政策指导工作

贯彻落实《浙江省软件和信息服务业"十三五"发展规划》，围绕浙江省产业发展目标和重点，指导各地明确发展目标。与工信部、省国税做好对接，指导落实好产业税收优惠政策，深入基层企业加强对产业新技术、新趋势、新业态调查研究，制订行业政策，促进行业健康发展。

（二）做好软件企业核查工作，切实落实产业财政税收政策

总结 2016 年软件企业所得税核查工作经验，加大对市县经信主管部门的业务指导，加强对行业中介服务机构的监督及指导，进一步完善浙江省软件和信息服务业公共服务平台功能，满足企业方便、快捷的政策服务需求，及时与税务部门探讨新情况新问题，齐心协力推动产业发展。

（三）加强行业发展载体建设，打造软件和信息服务产业基地

大力推动地区软件和信息服务产业载体建设，开展精准服务，做好产业对接、条块对接、

银企对接、政策对接。启动软件和信息服务产业基地（园区、小镇）考评机制，打造一批集开发、孵化、投融资于一体，创新资源集聚、专业特色鲜明、服务功能齐全的软件和信息服务产业群。同时启动第二批软件和信息服务产业建设项目，推进区县开展软件和信息服务业重点企业和产业园区培育，建议完善的软件和信息服务产业生态链，突出载体特色，增强产业投资吸引力，提高行业投资效率，进一步提高产业集聚能力，提升行业影响力。

（四）加强科学统计，进一步完善产业统计分析指标体系

建立健全科学、统一的软件和信息服务业统计指标体系，完善产业统计制度，指导地市、区县做好本地产业统计工作；开展产业数据统计分析工作，加强发展趋势、发展动态研究及监测工作，适时公布产业运行信息及发展动态，为政府决策做好支撑。

（五）加强浙江省软件和信息服务公共服务能力建设

完善软件和信息服务业发展和自律机制，发挥软件行业协会对产业发展的协调、服务和行业自律作用，指导行业协会开展产业统计分析、产业交流合作、行业自律、教育培训、信息服务、标准制定等方面的工作。指导第三方服务机构开展信息咨询服务工作，加强浙江省软件和信息技术服务业公共服务能力建设，为行业提供行业管理、信息发布、投融资咨询服务、人才培训、产学研合作交流等公共服务。

（六）强化财政专项资金使用情况监督检查

进一步加强和规范信息服务业专项管理，完善专项监管体系，落实监管责任。督促各市县加快检查验收及整改工作，及时通报逾期项目检查验收情况，加快历年专项信息管理库建设工作。

（七）推进信息技术服务标准体系建设

鼓励和支持浙江省企业、行业组织参与国际、国家信息技术服务标准或细分行业标准的制定修订。组织开展信息技术服务标准宣贯活动，举办信息技术服务标准培训班，培养信息技术服务标准化人才队伍。开展信息技术服务标准应用示范活动，鼓励企业进行标准符合性评估，培育信息技术服务标准应用示范企业。

（八）加强产业对外交流与项目合作

通过第四届世界互联网大会和第 21 届中国软件博览会等平台，促进产业交流与项目对接活动，展示浙江形象，推动政产学研之间的沟通交流与合作，进一步激发浙江创业创新、富有活力的发展氛围。

2016 年安徽省软件和信息技术服务业发展概况

2016 年，安徽省软件和信息技术服务业积极适应新常态、找准新方位，抢抓机遇，顺势而为，在云计算、大数据、"互联网+""中国制造 2025"等战略的驱动下，软件和信息技术服务业由弱变强，市场活力持续释放，产业结构不断优化，行业效益稳步提升，创新能力持续增强，安徽省软件和信息技术服务业规模持续扩大，呈现出量增质优的良好发展态势。

一、基本情况及运行特点

（一）产业保持快速增长

近年来，安徽省软件和信息技术服务业发展环境持续改善，产业规模呈现快速增长态势，产业步入快速发展期。2016 年安徽省软件和信息技术服务业完成软件业务收入 260 亿元，同比增长 26.5%，增速位居全国前列，高于全国平均水平 12 个百分点。实现软件业务出口 1.5 亿美元，同比增长 29.7%；完成软件外包服务收入 5.6 亿元，同比增长 27.4，实现了"十三五"良好开局。

（二）产业结构持续优化升级

安徽省软件和信息技术服务业积极调整转型，产业结构更趋合理，新兴信息技术、新模式、新业态成为软件业务增长最突出的领域，软件产品、信息技术服务、嵌入式软件分别实现收入 91 亿元、149 亿元和 20.2 亿元，分别同比增长 6.4%、40.4%和 43.7%。产业结构比例由 2015 年的 41：52：7 调整为 35：57：8，软件服务化、融合化转型升级趋势明显。

（三）重点骨干企业支撑作用明显

2016 年安徽省超过亿元的软件企业达 70 家，超过 10 亿元的企业有 8 家，其中科大讯飞、四创电子收入首次突破 30 亿元。20 家重点软件企业实现软件业务收入 134 亿元，对安徽省软件总收入的贡献率达 51%。安徽省已通过 CMMI3 级以上认证的软件企业达近 30 家。科大国创成为安徽省第 7 家上市的软件企业；新三板上市企业 60 余家，彰显了安徽省软件企业的发展实力和融资能力。

（四）重点领域优势突出

伴随人工智能技术快速发展，智能语音产业加快推进，科大讯飞实现主营收入 33.2 亿元，同比增长 32.8%。安徽华米智能穿戴市场占有率世界第二，国内第一，2016 年实现收入 15.5 亿元，同比增长 43.5%。在嵌入式软件领域，安徽省是国内最大的色选机研发和生产基地，大米色选机市场占有率达 90%以上，并出口多个国家和地区，2016 年美亚光电实现出口 1563 万美元，秦禾光电出口 1206 万美元。

（五）新兴产业培育力度加大

安徽省促进云计算发展实施意见等一系列政策激励效果初步显现。宿州华为、尚趣玩、华米科技等一批新兴领域骨干企业高速发展，语音云、政务云、金融云、交通云平台等一批重点工程带动云计算产业快速发展，中国移动（安徽）数据中心、宿州云计算数据中心等重点项目顺利实施，新芜文化创意孵化器、安徽动漫产业园集聚百余家企业，中国（合肥）国际智能语音产业园建成使用，马鞍山软件园、芜湖软件园等一批特色产业集中区规模发展，进一步拓宽了新兴产业的培育路径。

（六）智能语音产业基地建设加快

2016 年 2 月，工业和信息化部正式批复中国语音产业基地为国家新型工业化产业示范基地，"中国声谷"成为首个国家级智能语音产业集聚区。中国（合肥）国际语音产业园孵化园建成，在北京、深圳召开招商推介会及 VR 产业发展论坛、项目路演、创业培训等多场活动，吸引暴风魔镜、深圳协创、杰薇电子等一批规模企业洽谈入园。截至目前，入园企业达 50 家。"粒子空间"逐步完善，中国智能语音产业基地发展步伐进一步加快。

（七）产业集聚效果明显

安徽省依托各地优势，突出发展特色，积极打造特色产业集中区。合肥市工业基础较好、信息化水平较高、高校人才资源较丰富，成为软件企业重要的聚焦地，聚集了安徽省 70% 以上的软件企业。2016 年合肥市实现软件产业收入 307 亿元，同比增长 25.7%。芜湖市动漫游戏、文化创意产业集中区、马鞍山市电子商务、软件服务外包产业集中区、铜陵市智能交通、行业应用软件集中区各具特色，构成了沿江软件产业城市集聚带。芜湖市实现收入 71.1 亿元，同比增长 103.7%；马鞍山实现收入 15.4 亿元，同比增长 25.2%；铜陵市实现收入 7.7 亿元，同比增长 5.5%。合肥、芜湖、马鞍山、铜陵四市软件产业规模占安徽省总量的 94.4%。

（八）行业效益稳步提升

2016 年安徽省软件和信息技术服务业实现利润总额 48.2 亿元，同比增长 18.7%；销售利润率达 11.4%。税金总额 12.4 亿元，同比增长 27.8%。全行业资产合计 654.1 亿元，负债合计 269.1 亿元，资产负债率 41.1%，较 2015 年上升 0.7 个百分点。2016 年软件企业共享受优惠政策退税 3.5 亿元，享受出口退税 5636 万元。研发经费 28.7 亿元，同比增长 15.7%。从业人员年末数 5.1 万人，同比增长 11%；软件从业人员年均报酬 9 万元，较 2015 年上涨了 1.3 万元。

（九）信息消费推动有力

抓典型促带动，推进合肥、芜湖、马鞍山三个国家级示范城市及马鞍山市花山区等 9 个省级示范城市建设，加强试点示范引领发展。评选安徽省信息消费创新产品（第四批）100 件，挖掘出智能钢琴、虚拟现实、可穿戴设备等一批示范应用产品。评选第二批信息消费体验中心 50 家，涉及智能硬件、智能制造、服务平台、文化创意、创客空间等多个领域。2016 年安徽省信息消费规模突破 2800 亿元，同比增长 30% 以上。

（十）政策规划引导有序

落实国家部委关于软件和集成电路产业企业所得税优惠政策，联合安徽省财政厅、省发改委、省国税局、省地税局联合发布实施细则，全年享受软件企业税收优惠企业 65 家，减免税款 12716 万元，享受国家规划布局内重点软件税收优惠企业 2 家，减免税款 1793 万元。编制出台《安徽省软件和信息技术服务业"十三五"规划》，确定产业发展目标、推进路径等，进一步促进安徽省软件产业良好发展。加强产业布局，支持合肥市创建"中国软件名城"，协调推进《合肥市创建"中国软件名城"实施方案》。编制完成软件项目投资导向计划，进一步促进产业集聚发展。

二、面临的问题

一是软件业在服务于国民经济发展过程中，对经济依存度较大，经济下行的压力对软件和信息技术服务业增长带来了一定的不确定性。二是安徽省软件和信息技术服务业规模总量较小，中小规模的企业居多，缺少带动能力强的领军企业。三是招商引智动力不足，缺少国内外知名软件企业落户。四是模式创新不足。云计算、大数据、互联网+等新技术、新产品、新业态不断涌现，安徽省软件企业的模式创新明显不足，面临创新升级的压力。五是软件业是创新人才汇聚的产业，人员流动大、人力资源成本增长较快、高端人才储备不足制约了软件企业更快发展。

三、2017 年展望与目标

"软件定义"引领技术变革，软件和信息服务业正处于加速创新阶段，呈现网络化、服务化、智能化、平台化和融合化的发展趋势，云计算、大数据、移动互联网、物联网、人工智能、虚拟现实等新技术、新业态、新应用、新模式的快速兴起，驱动软件和信息技术服务业新一轮发展。行业发展稳中向好的积极因素增多，随着"中国制造 2025""互联网+"、云计算、大数据、人工智能等国家支持性政策的深入实施，软件企业的税收优惠政策的进一步落实，安徽省促进云计算发展实施意见等一系列激励政策的积极效应逐步显现，以及国家"双创"政策也将进一步激发软件人才的创业热情，新业态、新模式不断涌现将助推软件和信息技术服务业加快发展。

（一）发展思路

2017 年安徽省软件和信息技术服务业以"名城、名园、名企、名品"为引领，围绕创建"中国软件名城"，建设特色园区；拓展软件特色服务，打造软硬件一体化产品；建设"一中心两基地多园区"，发展云计算大数据产业；推进信息消费试点示范、评选信息消费创新产品和信息消费体验中心，拓展信息消费新领域；为安徽省互联网+制造、企业双创做好支撑服务。

（二）发展目标

2017 年安徽省软件和信息技术服务业力争实现主营收入 600 亿元，同比增长 50%左右；认定一批软件和信息服务业特色园区。

四、下一步工作

（一）创建"中国软件名城"

"对标准、出方案、抓落实"。对照中国软件名城标准，制订实施方案，推动软件基础较好的合肥、芜湖、马鞍山等市对标发展，开展先行先试，重点是推动合肥率先进入"中国软件名城"行列。

（二）重点发展特色优势产业园区

推进产业集群发展，制定软件特色园区标准，开展省级特色园区认定和授牌。重点加快"中国声谷"、合肥软件园，淮南中国移动（安徽）数据中心、江淮云数据中心，宿州云计算产业园及合巢经开区安徽动漫产业园、新芜文化创意孵化器等一批重点园区快速成长，培育优势产业集群。

（三）大力推进软硬件一体化发展

贯彻落实互联网+、中国制造2025等国家战略部署，围绕"软件+硬件""软件+内容""软件+服务"，大力发展嵌入式软件产品，为智能装备、智能终端、智能家电、智能汽车提供软件支撑和服务。面向大众需求，推动软硬件一体化产品，发展面向个人的终端产品。

（四）以软件驱动新兴业态发展

加快推进工业软件与平台布局，突破云计算、大数据关键技术和产品，支持面向工业领域的大数据服务和解决方案发展，拓展数据服务新业态。培育智能穿戴、移动支付、互联网金融、动漫游戏等领域重点企业，建设推进一批重点项目，推动新兴业态蓬勃发展。

（五）推进"中国声谷"建设发展

推进软件信息技术服务领域国家新型产业示范基地建设，加快"中国声谷"建设，完善园区基础和配套服务设施建设，建设完成中国声谷 VR/AR 产业基地；加大招商引资力度，引进上市公司4家以上，入园企业达到100家，举办人工智能产业高峰论坛、人工智能领域双创大赛等。

（六）推进信息消费扩量提质

推进国家级和安徽省级信息消费示范城市建设，继续开展信息消费创新产品评选和信息消费体验中心建设，提升信息消费季活动效果。

2016 年福建省软件和信息技术服务业发展概况

2016 年是"十三五"规划的开局之年，福建省软件和信息技术服务业认真贯彻落实国家产业政策，全省信息化和软件服务业继续保持较快增长，新兴信息技术服务占产业整体比重不断提高，产业集中度进一步增强，自主创新能力获得较大提升。

一、基本情况

从产业规模看，2016 年福建省软件和信息技术服务业实现业务收入 2158 亿元，同比增长 18.5%，比全国平均增速高出 3.6 个百分点。福建省信息消费规模 4100 亿元，同比增长 18%，信息化发展指数为 80.89，居全国第七位。

从产业结构看，软件行业正在走向服务化。在云计算、大数据、移动互联网等新兴信息技术服务蓬勃发展的驱动下，软件产业继续向服务化转型调整，信息技术服务整体表现仍优于软件产品，信息技术服务收入占软件业务总收入比重超过 50%，IT 服务迎来持续的高速发展时期。

从区域分布看，得益于福州、厦门两市创建"中国软件名城"和获批"中国服务外包示范城市"，以及软件园区的聚集效应，福州、厦门继续占福建省软件业产值的 90% 以上。

从骨干园区看，福建省两大骨干园区福州软件园、厦门软件园保持平稳较快发展。福州软件园 2016 年技工贸总收入 518 亿元，同比增长 20%；税收上缴 15 亿元，同比增长 15%；厦门软件园（含一、二、三期）实现营业收入 701 亿元，同比增长 20.3%，占厦门市软件信息服务业收入的 63.6%。

从企业发展情况看，龙头骨干企业发展迅速，星网锐捷、美亚柏科、美图、瑞芯微、咪咕动漫、国网信通、吉比特、四三九九等企业均实现了 20% 以上的增长，2016 年福建省新增 42 家企业上市（挂牌），占全部上市（挂牌）企业的 43%，福建省累计上市企业达 98 家。

福大自动化、星网锐捷、新大陆、国网信通 4 家企业入选 2016 年（第 15 届）全国软件业务收入前百家企业；四三九九、网龙、新中冠、利嘉电子商务、中金在线、趣游科技、绿网天下 7 家企业入选 2016 年中国互联网企业百强；福大自动化、星网锐捷、国网信通亿力科技、网龙 4 家企业入围 2016 年中国软件和信息技术服务综合竞争力百强。福大自动化、星网锐捷、国网信通亿力科技、新大陆、国脉科技、福富软件、瑞芯微 7 家企业被纳入工信部 2016—2017 年软件和信息技术服务业重点联系企业名单。

美亚柏科的电子数据取证、福大自动化的安全可靠工业控制系统、上润公司的高精度压力传感器、瑞芯微的数字移动多媒体高端芯片、新大陆的二维码识读设备、联迪公司的金融 POS 终端、福昕的 PDF 系列产品等 30 多家企业产品或技术在工业互联网、移动互联网、行业应用解决方案、应用软件、IC 设计等领域在全国处于领先地位。

二、主要工作

（一）优化环境促服务

1. 推动出台产业扶持政策

福建省之前的软件产业扶持政策 2015 年到期后，福建省经信委积极研究软件产业延续政策，起草制定了《福建省人民政府关于进一步加快推进软件和信息技术服务业发展意见》（闽政〔2016〕60 号），从 2016 年到 2018 年，明确由福建省财政安排 2.7 亿元资金，重点从平台建设、关键技术产业化、集成电路设计、工业互联网示范工程、市场拓展、人才队伍建设等多个方面对产业发展进行引导扶持；推动福建省政府出台《福建省人民政府关于加快物联网产业发展八条措施的通知》（闽政〔2016〕57 号），从 2017 年到 2020 年，由省级财政每年统筹安排 1 亿元资金，专项用于加快推进物联网产业发展，重点支持各类实验室、公共平台、重点应用、试点示范等工程建设，以及政府购买服务、创业创新补助、龙头企业扶持、重大推广活动等；为贯彻落实国务院《关于深化制造业与互联网融合发展的指导意见》，推动省政府出台了《福建省人民政府关于深化制造业与互联网融合发展的实施意见》（闽政〔2016〕68 号），充分发挥制造业与互联网的融合效应，改造提升传统动能，推动产业迈向中高端，加快建设先进制造业大省。

2. 提升基础设施

一是争取工信部支持，获批设立福州国家级互联网骨干直联点，并且将南平、三明、莆田、龙岩、宁德列为电信普遍服务试点地区；二是推进福州、平潭等地率先布局发展公共 WiFi 网络；三是引进华为企业云，促成龙岩市政府与华为公司签署战略合作协议，合作共建企业云数据中心。

3. 制定产业发展规划

为进一步推动福建省软件和信息技术服务业健康发展，保持持续快速发展良好势头，组织编制了《福建省软件和信息技术服务业专项发展规划（2016—2020 年）》，明确了"十三五"期间产业发展的指导思想、基本原则、发展目标、发展重点及保障措施，作为"十三五"期间指导福建省软件和信息技术服务业发展的重要依据。

4. 积极开展软件企业退税工作

根据国家四部委《关于软件和集成电路产业企业所得税优惠政策有关问题的通知》（财税〔2016〕49 号）精神，2016 年经企业申报，有关部门审核，福建省共有 110 家软件企业和 7 家规划布局重点企业符合退税条件（含厦门），退税 2.22 亿元，有力地减轻了企业负担，支持了福建省软件产业的发展。

5. 指导福建省软件行业协会开展"双软"评估工作

为进一步规范行业管理和软件产品监督管理，指导和引导福建省软件行业协会制定"双软"评估规范及实施细则，提高软件产品质量、知识产权、市场竞争、企业管理等评估工作的科学性和规范性，加强推进行业自律，促进软件产品市场健康发展。2016 年共有 72 家软件企业和 266 件软件产品通过评估。

（二）提升平台树形象

1. 改造提升园区平台

福州软件园历经十几年的发展，园区原有规划布局已经不能满足产业快速发展的需求，自 2015 年开始启动 A-D 区提升改造工程，建成后新增建筑面积 17.8 万平方米，有力地提升了产业承载能力和竞争力；厦门软件园一二期共入驻企业 2100 多家，已经处于饱和状态，厦门市自 2011 年开始建设软件园三期（建设期到 2020 年），总规划面积 10 平方千米，计划总投资 460 亿元，规划容纳 2000 家规模企业和 20 万人才，预计产值 2000 亿元，2016 年年底已通过入园审核企业 545 家。

2. 健全公共服务平台

福建星瑞格软件有限公司与台北库柏合作开发星瑞格国产数据库源代码及技术移转公共服务平台，总投资 3.5 亿元，为企业提供安全可靠的数据库软件；星云公司总投资达 2.28 亿元建设大数据与物联网支撑运营平台；由新大陆和上润两家龙头企业牵头成立海峡物联网应用促进中心，与厦门物联网协会、福州开发区物联网产业协会、福州大学物信学院等开展合作，为物联网企业与传统企业搭建交流对接平台；积极推动建设星云大数据服务平台、物联网支撑运营平台、数字家庭创新应用服务平台，提升数据接入服务水平。

3. 搭建大赛与展会平台

积极指导支持第九届厦门国际动漫节、第三届中国大学生动漫游戏创意设计大赛，举办第六届海峡两岸信息服务创新大赛暨福建省第十届计算机软件设计大赛，并组织企业积极参加杭州国际动漫节、第二十届中国国际软博会等专业展会，通过专业大赛和展会统一展示福建省软件企业形象，提升产业影响力。

三、面临问题

虽然近年来福建省软件和信息技术服务业发展较快，已具备一定市场规模，拥有市场优势和发展潜力，但目前仍然存在一些制约产业发展的突出问题。主要表现在：一是产业基础研发能力依然薄弱，自主创新能力不足；二是产业结构不合理，仍处于价值链中低端水平；三是对工业领域两化融合支撑效益尚未完全发挥，产业渗透能力不足；四是由于制造企业出现困难等因素影响，出现市场需求疲软、产业投资动力不足等现象；五是创新能力与人才问题仍较突出，高精尖人才短缺，产业环境亟待优化；六是区域发展不平衡，特别是对软件产业在国民经济发挥的作用认识不够，影响了工业的转型升级；七是融资信贷渠道缺乏，中小软件企业普遍反映由于产业的特殊性，在融资信贷实际操作过程中仍存在很多困难。

四、2017 年展望与目标

2017 年福建省将立足于福建省产业结构特点和独特的区位环境优势，巩固产业基础，提升产业核心竞争力，重点发展工业软件、行业应用、IC 设计、信息安全、动漫游戏、移动互联网等产业，继续推动福建省软件产业持续快速增长，计划实现业务收入 2500 亿元，同比增长 16% 以上。

五、下一步工作重点

（一）支持福州、厦门两市创建"中国软件名城"

工信部新修订的《中国软件名城创建管理办法（试行）》及《中国软件名城创建指标体系》已于 2017 年 5 月 15 日正式实施。福建省将指导、协助福州、厦门两市围绕重新修订的中国软件名城创建管理办法和指标评价体系，瞄准大数据、行业应用软件、IC 设计、信息安全软件、游戏动漫，以及新一代信息技术应用等产业方向，开展"中国软件名城"创建评估的准备工作，倾力打造产业和城市融合、质量和效益并重、亮点和特色鲜明的中国软件名城，争取两市均能成功创建"中国软件名城"，从而形成辐射带动、互动发展、齐头并进的良好发展格局。同时，利用 2017 年 6·18 工博会的有利时机，专门展示福州、厦门两市创建中国软件名城的成果和特色，通过中国软件名城的创建工作，带动和推动福建省软件和信息技术服务业发展。

（二）以重点项目为支撑，推动产业平稳发展

经济发展离不开项目支撑，福建省在全省重点项目摸底调查的基础上，选定厦门软件园三期、福州软件园 A-D 区提升改造工程、泉州软件园、南平武夷智谷·软件园等一部分投资亿元以上的重点项目建立重点跟踪项目库，及时跟进项目进度，帮助协调解决项目遇到的难题，充分发挥重点项目的支撑作用，推动产业持续稳步发展，形成以福州、厦门两市为龙头，其他地市差异化协同发展的梯度布局，强化项目的跟踪落实，力争储备一批、开工一批、投产一批，用项目支撑产业快速发展。

（三）完善产业生态链

发挥龙头骨干企业构建产业生态链的核心作用，支持龙头企业围绕自身优势产品平台构建生态链，积极推进重点突出、资源集聚、服务专业、特色鲜明的创业创新载体建设，形成产业链上下游协调发展的产业格局，从单个企业的竞争扩展到产业链的竞争，提升产业整体竞争力。通过政策引导、资金支持等方式，鼓励龙头企业带头布局 VR、窄带物联网、大数据、云服务等产业新热点，抢占产业发展先机。

2016年山东省软件和信息技术服务业发展概况

2016年，山东省深入贯彻落实工信部在促进软件和信息技术服务业快速健康发展等方面的决策部署，牢牢把握稳中求进的工作总基调，主动适应经济发展新常态，创新工作机制、完善工作举措，在软件和信息技术服务业创新发展等方面取得了显著工作成效。

一、发展情况及特点

2016年，山东省软件和信息服务业统计规模内企业3965家，从业人员48.9万人，实现软件业务收入4261亿元，同比增长17%，增速低于2015年3.8个百分点。产业规模是"十一五"末（2010年）的4.86倍，同比增速高于山东省信息技术产业9.9个百分点。产业规模占山东省信息技术产业比重为30%，比2015年占比增加了2个百分点。实现利润558亿元，同比增长21.4%。软件业务出口18.9亿元，同比增长16.6%，高于2015年同期9个百分点。

总体来看，主要呈现以下几个特点。

（一）软件服务占比继续提升

基于云计算、大数据等新业态的快速发展，2016年实现信息技术服务收入1891亿元，占全行业比重近45%，高于2015年1.1个百分点。嵌入式系统软件收入增势较强，同比增长22.1%，高于全行业4.2个百分点，软件产品收入在占比和增速上基本呈回落态势。

（二）产业综合实力稳步提升

5家企业入围2016年中国软件业务收入前百家企业，海尔、浪潮、海信分别列百强第2、第4、第5位。浪潮、中创连续多年进入全国自主品牌软件十强，先后承担了多个国家"核高基"科技重大专项。累计培育省级软件工程技术中心106家。浪潮ERP软件、中创中间件等一批软件产品市场占有率居全国前列。

（三）聚集发展特点明显

济南市于2011年年底被工业和信息化部授予"中国软件名城"称号。山东省共培育国家级软件园区2家（齐鲁软件园、青岛软件园）、省级软件园区12家。齐鲁软件园、青岛软件园入围全国第一批"国家新型工业化（软件和信息服务）产业示范基地"，入园企业2000余家。2016年济南、青岛共实现软件业务收入3892亿元，平均同比增长16.15%；两市占山东省软件规模的91.2%。

（四）两化融合支撑有力

面向传统行业，涌现出一批在国内具有较高知名度的优势企业及产品。以东方电子生产监控管理系统、蓝光采矿设计与安全系统、华天三维CAD（计算机辅助设计）等一批市场应用良好的软件产品和技术为代表，极大地带动了传统产业的改造升级。

二、主要工作

（一）产业转型升级不断加快

山东省加大了对《山东省信息技术转型升级实施方案》《山东省软件和信息技术服务业转型升级实施方案》的实施力度，坚持创新驱动、高端引领、应用导向、融合发展，突破重点领域核心关键技术，着力发展战略性新兴领域，统筹内外需市场，推动全行业呈现出"规模稳步增长、质量效益持续提升、产业布局趋于优化、竞争实力不断增强"的发展格局。根据转型升级实施的具体情况，起草了《山东省信息技术产业转型升级情况评估工作报告》，对两年来的转型升级实施成效进行了系统总结，并将取得的成效向张务锋副省长做了专题汇报，得到了领导的充分肯定。

大力推进化工企业和软件企业合作对接，助力化工产业转型升级。2016年5月在济南组织召开了"国产工业软件优秀解决方案展示暨山东化工行业软企合作对接会"，编印完成《山东省化工行业优秀软件产品和解决方案汇编》，共收录优秀软件产品或解决方案108个，向山东省化工企业推介，推进化工企业与软件企业精准对接。

（二）大数据产业全面、有序发展

一是成立了山东省大数据产业创新联盟。2016年5月召开了联盟成立会议。联盟由浪潮集团作为理事长单位，会员单位180余家，涵盖了大数据产业链条产、学、研、用各个方面。二是举办了大数据产业发展高峰论坛。来自山东省200余家大数据相关企业和省直单位、高校院所的代表500余人参加了论坛，对大数据产业发展进行了热烈的讨论交流。三是组织开展了"2016年山东省优秀大数据解决方案"评选活动，浪潮软件"警务云大数据平台解决方案"等7个方案入围。四是积极推动大数据产业聚集发展。济南市启动了"数创公社"规划，计划在济南高新区建设大数据产业基地，培育打造立足济南、服务全国的大数据加工、应用及产品生产中心和数据创新服务基地。青岛市打造大数据产业高地，成立了大数据与智慧城市应用研究中心。济宁市建设山东省信息技术产业基地，吸引大数据优势企业在济宁投资落户。

（三）积极落实所得税优惠政策

深入宣贯落实财政部、国家税务总局、发展改革委、工业和信息化部《关于软件和集成电路产业企业所得税优惠政策有关问题的通知》文件精神，会同省财政厅、国地税、省发改委下发了《关于核查软件和集成电路企业所得税优惠有关问题的通知》，保障山东省软件企业享受5年内企业所得税梯度减免的优惠政策，进一步明确了部门职责分工和工作流程。经核查，山东省116家软件企业符合税收优惠政策，共享受所得税优惠2.02亿元，有力地支持了山东省软件骨干企业和小微企业创新发展。

（四）产业载体建设步伐加快

大力推进济南、青岛、济宁等市产业载体建设。推动齐鲁软件园园区生态建设，形成了"创业咖啡+创业苗圃+孵化器+加速器"的孵化体系，能够提供政策、法律、融资、技术平台和市场推广等全方位专业服务，2016年4月成功获批国家级科技企业孵化器。济南齐鲁创新谷建设顺利，创新谷1号孵化器已经装修完毕，加速器1期工程封顶，一批省内外高科技企业将签约入驻。青岛市大力推进千万平方米软件园建设，全力推进 58 个支撑项目建设，2016 年完成投资 108.4 亿元，累计竣工 583 万平方米，完成计划的 106%，累计入驻企业 500 多家，产业集聚度达到 68%。推动济宁市"山东省信息产业基地"建设，吸引惠普等一批国内外知名 IT 企业汇聚济宁，形成济宁市软件业强有力的发展后劲。

（五）服务职能不断强化

一是修订并印发《山东省软件产业园区认定管理办法)》和《山东省软件工程技术中心认定管理办法》，对园区和技术中心进行规范。二是组织海尔集团、浪潮集团、海信集团、中创软件、东方电子 5 家企业参选 2016 年全国软件百强。三是发挥软件行业协会等各类产业联盟的桥梁纽带作用，组织 60 多家园区、企业参加第二十届国际软件博览会，不断扩大山东省信息技术产业的影响力。

三、存在的困难和问题

（一）产业规模较小，自主创新能力较弱

山东省软件和信息技术服务业企业的业务领域主要集中在传统业务领域，企业产品创新、技术创新、模式创新能力不够，在信息获取、商务交易、网络娱乐、安全服务等新兴领域涉足较少，缺少像阿里、腾讯、百度、新浪等具有较强国际影响力的新兴信息服务企业。而在商业模式上，也是以传统模式为主，创新能力不足。

（二）产业发展环境需进一步优化

产业发展存在结构性矛盾，高层次的技术人才、复合型人才缺乏。高校人才培养模式与企业需求间存在偏差，大部分高校毕业生需再培训才能承担开发任务。软件产业是高智力密集型产业，企业固定资产相对较少，融资难一直是困扰软件企业发展的一大难题。软件产品和信息技术服务有其特有的复杂性和多样性，评价标准难以量化，软件的合理价值得不到体现，软件企业利润率普遍偏低。

（三）自主可控软件产品的市场开拓较难

国产自主可控软件是山东省软件产业的一大特色和亮点，在 ERP 软件、中间件软件、安全软件、工业软件等领域居于全国前列，并初步形成了从主机、芯片、数据库、中间件、应用软件、安全软件、云计算平台服务到系统集成、运维服务的国产自主软硬件产业链条。但由于国产软硬件的应用环境较差，一体化协同应用较少，产品间兼容配套性相对较弱，市场难以突破。而由于应用少，市场小，国内软件用户对国产软件缺乏认知和信任，使用和推广处处受限，阻碍了山东省自主可控软件产业的发展。

四、2017 年重点工作任务

2017 年是实施"十三五"规划的关键之年，是供给侧改革的深化之年，下步的总体思路是：大力推进信息技术产业转型升级，加快大数据和虚拟现实等新兴产业发展，不断培育产业新增长点。主要预期目标是：力争 2017 年软件业同比增长 14%。重点做好以下工作。

（一）积极发展大数据产业

支持大数据基础软硬件、存储管理和计算平台、数据分析处理等关键技术的研发创新及产业化，培育一批创新能力强、技术水平高的大数据产业龙头企业，形成一批自主创新、技术先进、市场领先的产品、服务和解决方案。充分发挥大数据产业创新联盟作用，完善大数据创新合作平台，尽快建设一批大数据服务支撑平台，适时出台《山东省大数据产业发展指导意见》。

（二）逐步增强技术创新能力

瞄准产业发展制高点，选择新型计算、安全存储、智能传感等前沿关键技术开展联合攻关，加快突破基础软件、应用软件，以及移动互联网、云计算、大数据、物联网等领域关键技术，加快培育新业态、新产业，构建新生态，拓展网络经济新空间。

（三）进一步优化产业发展环境

做好《山东省软件和信息技术服务业转型升级实施方案（2015—2020 年）》（鲁政办字〔2015〕215 号）实施中期评估工作。与山东省财政、税务等部门做好配合沟通，做好《关于软件和集成电路产业企业所得税优惠政策有关问题的通知》（财税〔2016〕49 号）的落实工作，引导符合条件的软件企业享受有关国家税收优惠。建立重点软件企业联系制度，通过重点软件企业负责人联席会议、重点企业运行调度监测等方式，进一步加强政府与企业间沟通，更好地为企业发展服务。进一步搭建软件企业与传统行业企业沟通合作平台，在 2016 年成功举办化工行业"软企对接会"的基础上，将对接领域进一步向智能制造、医药、节能、物流等领域拓展，以市场应用促进软件产业发展。加强对山东省软件业经济运行的监测及统计分析，以及对重点骨干软件企业的动态监测，及时掌握产业发展中的趋势性、苗头性问题，更好地为产业发展服务。

2016 年江西省软件和信息技术服务业发展概况

一、总体概况和特点

（一）总体概况

2016 年，江西省软件产业保持平稳较快发展，业务收入与经济效益保持稳定增长，实现软件业务收入 86 亿元；营业收入超过亿元的软件企业达到 29 家，国家规划布局内重点企业 4 家。

（二）主要优势和主要差距

1．主要优势

（1）龙头企业引领优势显现。捷德（中国）信息、先锋软件、广电网络 3 家企业营业收入超过 10 亿元，思创数码、泰豪软件、方兴科技、北方联创通信、江西通服 5 家企业主营业务收入超过 6 亿元，瑞智信息、华睿交通、忆源多媒体等一批企业快速发展，主营业务收入增长超过 50%，贝谷科技、金格科技等 6 家企业被认定为 2016 年度省级服务业龙头企业。

（2）特色园区聚集效应凸显。南昌高新区发挥国家服务外包示范区品牌优势，国家级金庐软件园产业聚集效应明显，吸引了微软、IBM、甲骨文、谷歌、东软、用友、百度等一大批国内外知名企业入驻，集聚了江西省 80% 以上的软件企业，形成了以服务外包、高端嵌入、应用软件、游戏动漫等为重点的软件产业带，成为江西软件产业发展的主体经济区。

（3）行业细分领域特色突出。在电子政务、电力调度、电力预算、工业 4.0、电子签章、地理信息、第三方支付等细分市场，涌现了思创数码、泰豪软件、博微新技术、易往信息、金格科技、华宇软件、新和技术等一批特色突出并占据一定市场优势的骨干企业，进一步丰富和支撑了江西省软件产业发展体系。

（4）公共服务助推产业发展。国家级软件园金庐软件园依托其品牌效应，形成了以软件研发服务为主的南大科技园，以信息服务为主的中兴产业园，以电子商务服务为主的浙大科技园，以呼叫中心服务为主的昌大瑞丰产业园。建设了鄱湖云计算中心、科技信息平台、软件测试平台、人才培训平台等公共服务平台，目前有 130 余家企业通过鄱湖云计算中心开展业务，150 余家企业使用科技信息平台提升研发进程，190 余家企业使用软件测试平台提升产品质量，270 余家企业通过基地内人才培训平台完成 7000 多名人才招聘、培训，为软件产业发展提供了重要支撑。

2．主要差距

（1）人才问题仍较突出。人才结构不够合理，高层次的专业技术人才、领军人才、管理人才、实用型人才较为缺乏。高校学历教育传授的知识技能滞后于快速发展的产业应用技术，应届毕业生缺乏有效的实践锻炼。区域间、企业间竞争激烈，人员流动性大，影响企业的稳定发展。

（2）产业整体规模偏小。江西省软件产业规模总量居全国第 20 位，中部地区第 5 位。软件企业数量达 400 多家，但大都规模偏小，软件开发工程化程度较低，附加值不高，市场竞争力不强。

（3）创新发展步伐偏小。资源整合、技术迭代和优化能力弱，缺乏创新引领能力强的大企业，生态构建能力亟待提升。国际市场拓展能力较弱，国际化发展步伐急需持续加快。

二、2016 年产业发展情况

（一）产业运行特点

1．产业规模继续壮大

江西省软件产业实现软件业务收入 86 亿元，实现利税 12.3 亿元，与 2015 年相比均有不同幅度的增长，全省软件从业人员达到 1.7 万人，同比增长 40%。

2．产业结构不断优化

软件业务收入涵盖软件产品、信息技术服务和嵌入式系统等领域。2016 年，软件产品收入占总收入的 38.7%，信息技术服务收入占总收入的 60%，呈现出网络化、服务化的发展趋势。

3．优势企业带动增强

江西省软件产业共 29 家企业实现主营业务收入超过亿元，比 2015 年增加 1 家，占江西省软件产业的 82%，捷德信息等 3 家企业实现主营业务收入超过 10 亿元。

4．服务外包增幅明显

2016 年，软件服务外包收入 21407 万元，同比增长 38%。其中，泰豪软件、中兴软件、先锋信息 3 家企业服务外包收入均增长 100%。

（二）开展的主要工作

1．抓好产业运行调度

按照工信部运行局的工作部署，按月调度、统计江西省软件产业运行情况，同时重点跟踪监测营业收入亿元以上软件企业发展情况，确保软件产业保持平稳运行。

2．推进资质指导监管

加强与赛宝、江西省电子检验院等认证服务机构和评审机构的工作联动，推进信息系统集成及服务资质工作监督指导，13 家企业成功申报计算机信息系统集成及服务资质，19 家企业完成计算机信息系统集成及服务资质换证，江西省计算机信息系统集成及服务资质企业总数达到 85 家。

3．落实企业减免税政策

认真落实国家《关于软件和集成电路产业企业所得税优惠政策有关问题的通知》（财税〔2016〕49 号）精神，积极宣贯软件企业税收减免最新政策，对江西省国税局、江西省地税局移交的企业减免税备案材料进行认真核查，20 家申请减免税备案企业共减免税收 5032 万元。

4．服务企业项目需求

帮助用友产业园、浙大科技园2家软件园区及汇天科技、金格软件等6企业成功申报2016年江西省现代服务业集聚区及服务业龙头企业；联合赛宝服务机构，举办信息系统集成资质企业IT服务项目经理培训考试，通过率达75%；组织江西省内重点软件企业参加第20届中国软件博览会和大连软交会。

5．落实机关绩效管理

作为责任单位之一，与有关部门一道，成功举办了第二届中国青年APP大赛，建成了北大软件科技园，顺利完成了2016年省直机关绩效管理工作任务。

三、2017年产业发展重点

（一）发展目标

2017年，江西省软件产业主营业务收入力争达到180亿元，同比增长13%。年主营业务收入超过10亿元的大型软件企业达到5家，年主营业务收入超过亿元的企业达到30家。

（二）发展重点

1．行业应用软件

围绕农村、城市、社区、物流信息化等工程建设，重点推进软件技术在交通、电力、电信、教育、医疗等领域的深度应用。

2．工业软件

围绕工业转型升级，重点推进嵌入式软件及系统、企业管理软件、基于北斗卫星的地理信息系统软件等大型应用软件、工业软件及行业解决方案等研发和应用。

3．软件服务外包

围绕全球服务外包业务的拓展，重点推进服务外包业务向价值链高端延伸，重点发展人力资源、公共信息、呼叫中心等服务外包，不断优化信息技术外包、商业流程外包、知识流程外包等业务结构。

4．信息系统集成服务

围绕软件产业向网络化、服务化、平台化转变的趋势，重点推进系统设计、集成实施、系统运维等全业务流程服务，进一步推广应用信息技术服务标准（ITSS），鼓励相关企业依据自主标准建立服务能力体系。

（三）发展举措

1．抓好产业运行调度

一是按照工信部要求，认真完成软件产业统计监测月报、年报工作，实时掌握行业动态和发展趋势。二是突出重点，抓好重点软件企业季度调度工作，跟踪监测企业主要指标完成情况，帮助企业协调解决有关问题。三是抓好有自主知识产权、发展潜力大的新兴软件企业调度监测，确保江西省软件产业保持平稳较快发展。

2．推进资质指导监管

一是加强与赛宝认证中心、江西省电子检验院等认证服务机构的工作联动，深化计算机信息系统集成资质企业工作监督指导，做好计算机信息系统集成企业资质申报和换证工作，力争全年新增资质企业20家，江西省资质企业总数突破100家。二是积极推进信息技术服务标准ITSS宣贯，联合相关培训机构，开展IT服务相关培训，为企业获证、换证及开拓市场创造条件。三是加强重点企业应用示范，指导帮助企业积极开展运维资质申报及ITSS信息技术服务标准通用符合性评估。

3．加强企业宣传合作

一是组织省内知名软件企业积极参加第21届中国国际软博会及第15届大连软交会，推动企业了解掌握行业最新前沿技术和发展趋势，增进对外交流合作。二是积极参加其他部门牵头举办的涉及软件企业的展览展示、创新大赛等各种交流合作活动，增强软件业在其他行业领域内的影响力。

4．服务企业有效需求

一是加强与江西省有关部门的工作联动，按照国家有关政策，对软件企业减免税备案材料认真进行核查，建立核查机制，让企业充分享受政策优惠。二是帮助软件企业、软件园区积极参加省级服务业龙头企业和聚集区评选，进一步增强软件企业在江西省服务业内的影响力。三是指导企业积极申报"两化融合"、战略性新兴产业等国家和省重点项目，通过项目带动，促进企业发展。

2016 年河南省软件和信息技术服务业发展概况

一、基本情况

2016 年，河南省软件和信息技术服务业保持平稳增长，完成软件业务收入 296 亿元，同比增长 6.5%，其中软件产品收入 112 亿元，同比增长 44.7%，占软件业务收入总额的 37.7%；信息技术服务收入 183 亿元，同比增长 7.3%，占软件业务收入总额的 61.9%；嵌入式系统软件收入 1.14 亿元，同比下降幅度较大，占软件业务收入总额的 0.4%。全行业利润总额 38 亿元，同比增长 19.3%，从业人员达到 37003 人，同比下降 4.1%。

二、主要特点

（一）产业情况

2016 年河南省软件和信息技术服务企业上市企业 38 家：辉煌科技、思维列控 2 家企业 A 股上市；汉威电子、新开普、新天科技、光力科技 4 家企业创业板上市；威科姆、天迈科技、众诚信息、欧丽信大等 32 家企业在新三板挂牌，软件业务收入超过亿元的企业 19 家。通过信息技术服务标准（ITSS）运维能力成熟度标准评估的企业 13 家，参与信息系统工程咨询设计标准试点的企业 10 家。

（二）特色领域

一是在应用软件领域，为工业、交通、电力、教育、医疗及社会管理等领域提供应用软件及整体解决方案。新天科技、大方软件等在电力行业，辉煌科技、思维列控、捷安高科、蓝信科技等在轨道交通，威科姆在教育行业，天迈科技、神阳科技、宇通信息等在地理信息系统，华南医电、新益华等企业在医疗行业，航天金穗在税务领域，都具有较强竞争优势。例如，蓝信科技的"动车组列控检测设备"、思维列控的"LKJ 系列列车运行监控记录装置系统"、辉煌科技的"无线调车机车信号和监控系统"、捷安高科的"网络数字化机车模拟驾驶仿真系统"等在全国市场都占有较大份额。新开普的校园一卡通系统、威科姆的中小学教育"班班通"整体解决方案在同行业中均处于领先地位。二是在信息安全领域，依托解放军信息工程大学等科研院所，涌现出了信大捷安、山谷网安、金惠计算机、信源信息等一批从事信息安全的软件企业，2015 年 3 月成立了云安信息安全产业联盟，在信息安全领域具有重要影响力。

（三）园区发展情况

河南省软件和信息技术服务业园区主要分布在郑州、洛阳两地，共 20 余家。郑州有 IT 产业园、中部软件园、国家 863 中部软件孵化器、河南省大学科技园、河南科技园区、金水科教园区、河南省软件园、航空港区的台湾软件园 8 个园区，形成了以软件开发、计算机系统、系统集成、服务外包、动漫游戏为重点的产业基地。洛阳有洛阳国家大学科技园、洛阳北航科技园、洛阳软件园、洛阳信息科技城、洛阳恒生科技园、惠普—洛阳国际软件人才及产业基地、中兴通讯智慧产业基地、洛阳顺兴产业园、洛阳 863 电子商务产业园、炎黄科技园、洛阳智慧工场暨物联网创新科技园、景安 IDC 云计算产业园、洛阳浙大科技创意园、洛阳卓阳耀滨科技孵化园、洛阳科技城创智广场 15 个园区。

三、面临问题

存在的主要问题：一是缺少龙头企业。河南省虽在个别领域有全国知名企业，但大都规模较小，缺乏在国内具有突出影响力的龙头企业，尤其缺乏量大面广、能充分带动产业链发展的航母型企业。从工信部发布的数据来看，目前河南省没有一家企业入围软件百强企业和国家规划布局内的重点软件企业。二是园区实力较弱。虽然河南省有软件产业园区二十余家，但与国内知名园区相比，河南省的软件园区产业规模小，定位不清晰，特色不突出，没有形成在全国有影响力的园区和品牌。三是人才吸引力较低。目前河南省对适宜软件人才发展的软硬件环境的营造力度不够，一方面高端、高级人才吸引困难，另一方面每年培养的软件专业类大学生（1.5 万人）仅有 10%留在本地发展，绝大部分都到一线城市和沿海城市发展，无法满足软件产业高端发展的需要。四是政策保障少，在资金投入、企业培育、公共服务、人才培养等方面还未形成政策体系，河南省内出台的产业扶持政策力度不够，没有软件产业发展专项资金，对中小软件企业的关注度不够。同时，还存在产业管理职能较为分散，政策连续性较差，具体执行力落实不到位等问题。

四、2017 年展望与目标

2017 年，河南省软件和信息技术服务业将紧密围绕"中国制造 2025""互联网＋"等重大战略，鼓励行业领军企业，在轨道交通、智能电网、电子政务、医疗卫生、地理信息、3D 打印、虚拟现实、工业控制、教育信息化等领域，研发核心技术，提升创业能力，积极跨界融合，打造全产业链条，引导企业向提供综合解决方案和信息技术服务商转变。河南省 2017 年软件业务收入力争达到 331 亿元，同比增长 12%左右。

五、下一步工作重点

"十三五"时期是我国全面建成小康社会决胜阶段，全球新一轮科技革命和产业变革持续深入，国内经济发展方式加快转变，软件和信息技术服务业迎来更大发展机遇。为深入贯彻《中国制造 2025》《国务院关于积极推进"互联网+"行动的指导意见》《软件和信息技术服务业发展规划（2016—2020 年）》等国家战略，提高河南省软件业整体水平，把河南省建设成为中部地区居前，在全国具有重要地位的软件和信息技术服务大省，将采取以下措施。

（一）优化软件产业政策环境

持续做好软件企业享受所得税优惠政策后的核查工作，按照《财政部 国家税务总局 发展改革委 工业和信息化部关于软件和集成电路产业企业所得税优惠政策有关问题的通知》（财税〔2016〕49 号）文件的要求，认真做好实地核查，使符合所得税优惠政策的软件企业应享尽享。推动软件和信息技术服务业政府补助资金管理办法的制定，针对软件产业轻资产、重人力的特点，探索符合软件企业的补助形式。

（二）做好 ITSS 标准宣贯和体系建设

推进标准化是保障行业有序、健康发展的重要手段，河南省将继续做好 ITSS 标准（信息技术服务标准）的宣贯工作，举办信息技术服务标准培训会，召开河南省信息技术服务企业专题座谈会和 ITSS 咨询设计标准符合性评估专题座谈会，积极推广我国具有自主知识产权的 ITSS 标准体系应用。推动地方团体参与标准研制，指导河南省信息技术服务标准化专业委员会，做好《信息系统运行维护服务成本度量规范》的制定工作。

（三）培育骨干企业

依托郑州市辉煌科技、思维自动化、蓝信科技等企业，推动运输调度指挥、列车运行控制和行车安全监控等领域的发展，巩固和提升河南省在轨道交通软件领域的国内领先地位。支持河南思维自动化设备股份有限公司加速实施轨道交通产业园项目建设，支持辉煌科技深入研发铁路信号调度指挥系统和集中监测系统。巩固和提升郑州汉威电子、新天科技、新益华、向心力、洛阳中重自动化、信阳榕基等企业在工业、教育、医疗、电子政务等行业应用软件领域的优势地位。

举办"工业软件和典型解决方案推介活动"，以优秀工业软件产品和解决方案评选为抓手，组织软件企业和装备制造企业对接，鼓励企业间跨界联合，开展设计工具、工业操作系统、工业控制系统等方面的协同攻关和应用示范。研发一批行业智能制造整体解决方案，培育一批具有自主知识产权和核心竞争力的优秀软件企业。

（四）支持信息安全产业发展

发挥郑州信大捷安信息技术股份有限公司的技术优势，以"移动智能终端公共安全技术基础服务平台"建设为契机，加快高安全等级移动终端关键技术研究与应用示范项目建设，构建可容忍深度入侵、可感知安全态势、支撑多应用环境的高安全等级移动终端，打造国内领先的移动网络信息安全基地。指导云安信息安全产业联盟建立技术成果、产学研信息、知识产权等资源共享机制，促进产学研密切合作，探索信息安全发展新模式，推动产业链完整发展，提升河南省信息安全产业的核心竞争力。

（五）重视软件人才培养

制定留才引才计划，留住河南省专业人才，引进省外高层次人才，实现从单个人才的引进向人才团队的引进的转变。组织省内重点软件企业赴全国知名高校举办人才招聘会，加快企业高端人才培育，支持国内外著名高校、培训机构在省内开展软件专业人才培养。

（六）完善软件和信息技术服务业统计分析

举办河南省软件和信息技术服务业统计培训，建立省市联动、科学统一的统计体系，完善产业统计制度，指导各地市做好本地产业统计工作；开展产业数据统计分析工作，加强产业动态监测。

2016 年湖北省软件和信息技术服务业发展概况

2016 年，湖北省推进武汉中国软件名城创建工作，进一步优化产业发展环境，企业竞争力进一步增强、新兴业态不断涌现、产业规模不断壮大，软件产业呈现平稳较快增长的良好发展态势。

一、基本情况

2016 年，湖北省软件和信息技术服务业实现软件业务收入 1331 亿元，同比增长 31.1%，在全国处于第 10 位，保持中部地区第 1 位。湖北省软件产业从业人员超过 36 万人。顺应软件产业服务化、网络化、平台化、融合化趋势，按照大行业管理要求，湖北省及时研究将新的服务业态纳入直报范围，2016 年统计的软件企业总数达 2547 家。

二、主要特点

（一）产业规模持续增长，增速逐月提高

2016 年湖北省软件业产业规模持续增长，全行业呈现平稳较快的发展态势。软件业务收入同比增长 31.1%，高于全国平均增幅 18.5 个百分点，增速同比提高 11.8 个百分点。

（二）软件业务总体发展均衡，收入构成稳定

2016 年，湖北省软件产品收入 693.7 亿元，同比增长 30.1%，占软件业务总收入的 52.1%，依然是湖北省软件业务收入的主要构成部分；信息技术服务收入 571.2 亿元，占软件业务总收入的 41.9%，部分软件企业从软件开发向技术服务转型，从"卖软件"向"卖服务"转型，信息技术服务收入同比增长 34.4%，增速高出全行业水平 3.3 个百分点；嵌入式系统软件收入 65.6 亿元，同比增长 15.2%。三类收入占比情况与 2015 年基本持平（见图 1）。

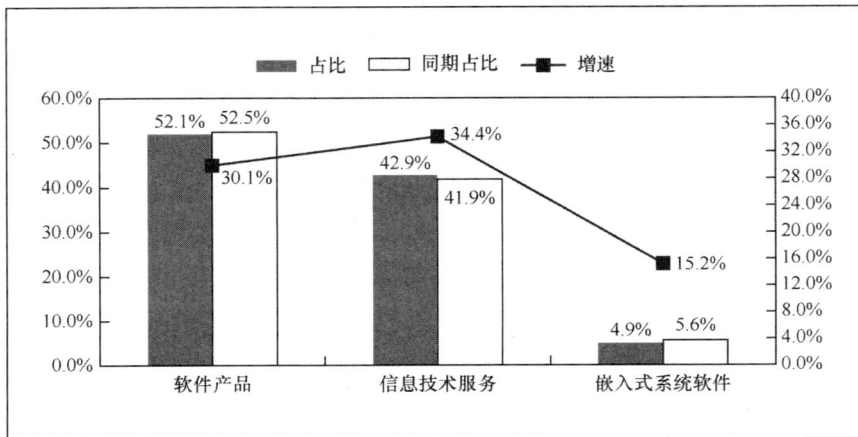

图 1　湖北省 2016 年 1—12 月软件产业分类收入增长情况

（三）软件出口大幅提升，利税总额大幅提高

出口呈较快上升态势。2016 年湖北省软件业实现软件业务出口收入 19555 万美元，同比增长 56.2%，增速同比提高 32.3 个百分点。

利润水平明显提高。2016 年湖北省软件业实现利税 236.6 亿元，同比增长 29.1%。其中，实现利润总额 164.9 亿元，同比增长 30.4%，税金总额 71.7 亿元，同比增长 26.2%。

（四）企业实力不断增强，发展势头持续向好

纳入 2016 年年度统计范围的 2547 家软件企业中，软件业务收入在 1000 万元以上的企业 1594 家，其中收入 5000 万元到 1 亿元的企业 265 家，1 亿元以上的企业 199 家，5 亿元以上的企业 34 家。湖北省通过国家信息技术服务标准（ITSS）运维服务能力成熟度符合性评估的企业共 38 家，其中二级 15 家，三级 22 家，四级 1 家，数量超过上海、广东等省市，排全国第 6 位；通过计算机信息系统集成资质认证企业达到 290 家，其中一级 4 家，二级 40 家，三级 199 家，四级 47 家。

在工业和嵌入式软件、地理空间信息、信息安全、服务外包、数字内容和创意等领域保持了原有的特色和优势，以烽火科技、天喻信息、中地数码、武大吉奥、达梦、开目信息等为代表的优质企业，形成了产业集聚度较高的企业群、产品群和技术群。2016 年中国软件业务收入前百家企业中，武汉邮电科学研究院软件业务收入 51.4 亿元，排名第 19 位；武汉天喻信息产业股份有限公司软件业务收入 13.5 亿元，排名第 98 位。互联网领域快速发展，斗鱼科技、盛天网络分别实现同比 10.3 倍和 1.5 倍的大幅增长；斑马快跑完成新一轮 6.5 亿元融资，公司估值超过 60 亿元，成为湖北省第三家互联网"独角兽"企业；理工数传业务不断扩张，发展成为我国"互联网+出版"领域的领军企业。

（五）积极开展技术创新，产业竞争力进一步提升

企业研发投入持续增长，积极开展技术创新，取得了丰硕的科研成果，产业竞争力进一步提升。2016 年第 20 届中国国际软博会，湖北省参展的软件产品和信息化解决方案有 8 项荣获金奖，7 项荣获创新奖。武大吉奥信息参与研发的"国家地理信息公共服务平台（天地图）研发与系统建设"，武汉大学参与研发的"国家电子政务协同式空间决策服务关键技术与应用"2 个项目获国家科技进步二等奖；武汉光迅科技股份有限公司、湖北高通空间技术有限责任公司、武汉烽火众智数字技术有限责任公司、武汉华安科技股份有限公司、武汉理工光科股份有限公司、武汉盛帆信息技术有限公司、武汉兴得科技有限公司、武汉慧联无限科技有限公司、武汉东浦信息技术有限公司、武汉光谷北斗控股集团有限公司、湖北九洲农信科技有限公司等软件企业的研发项目分别获湖北省科技进步奖项；武汉微创光电股份有限公司、武汉湾流科技股份有限公司获湖北省科技型中小企业创新奖。

三、存在问题

（一）产业规模仍偏小

湖北省软件产业虽然已形成了良好的基础和条件并且发展较快，但与国内其他先进省份相比，总体实力相对偏弱，2016 年软件业务收入仅占全国的 2.7%，仅为排名第 1 位江苏省的 15.4%。武汉市软件业务收入在全国 15 个中心城市中排名第 8 位，与深圳、南京等先进城市相比，规模不足其一半，仍需加快发展。襄阳、荆州、黄石、宜昌等 11 个市州软件业务收入之和仅为 9 亿元，产业发展仍处于起步阶段。

（二）市场开拓能力有待加强

湖北省特色软件企业多由大专院校科研团队演变而来，市场意识、市场开拓能力不强，软件创新成果转化及产业化率相对较低，部分技术创新优势未转化成市场优势。软件企业管理人员的战略思维能力、开拓创新能力和市场营销能力有待提高，高层次领军人才短缺，人才结构性矛盾突出。企业的品牌推广和营销力度还有待加强，品牌影响力有待提高。企业对内外部资源的整合和利用程度不高，商业模式有待创新。

四、2017 年展望与目标

2017 年，将继续围绕武汉中国软件名城创建工作，贯彻落实《湖北省人民政府关于进一步推进软件和信息技术服务业发展的意见》《省人民政府办公厅关于加快促进云计算创新发展培育信息产业新业态的实施意见》及有关规划、文件要求，优化政策环境，推进产业园区和公共平台建设，推进优势特色产业发展，培育壮大市场主体，进一步推动湖北省软件和信息服务业又好又快发展，力争湖北省实现软件业务收入 1600 亿元，同比增长达 20%以上。

五、下一步工作

（一）推动产业创新，提升发展动能

积极构建以企业为主体的创新体系，倡导基于网络的开放式创新模式，促进各类创新主体协同创新。支持骨干软件企业搭建开放各类创业创新平台，发挥其在"双创"中的重要带动作用。加快共性技术突破，支持操作系统、数据库、中间件、VR/AR 等软件技术和产品的研发应用。加强信息技术服务创新，提升"互联网+"综合集成应用水平，发展智能服务、开发运营一体化服务等新型服务模式。支持自主可控安全可靠攻关基地、武汉超算中心等研发基础设施建设。

（二）促进融合发展，拓展产业空间

充分发挥软件的深度融合性、渗透性和耦合性作用，推动软件与各行业领域融合应用。面向"互联网+"发展需求，支撑重点行业领域转型发展，开展农业、能源、物流、政府治理、民生服务等行业领域软件和信息技术服务的研发及示范应用。支持工业企业利用软件技术提升自身创新发展能力，发展工业软件及相关信息技术服务。加快推进基于北斗卫星时空基准的政务信息化、智慧城市建设，促进相关软件及信息技术服务业发展。依托"楚天云"，培育壮大云计算、大数据产业。

（三）加强园区建设，引导产业集聚

提升重点软件产业园区发展水平，按照产业化聚集、功能化服务、产业链支撑、生态化

发展的标准，加快光谷软件园、武汉软件新城、金融港、襄阳云谷等园区建设，壮大园区规模，提升园区服务水平。支持省内龙头企业发起募集并管理湖北省大数据产业基金，建设湖北大数据产业园。依托重点园区，健全完善湖北省软件和信息服务业公共服务平台，不断丰富平台资源和内容，创新服务运营模式，提升平台服务质量。推动园区与校区、社区"三区融合、联动发展"，形成以知识为桥梁，价值创造为纽带，资源集聚共享为特征，共同发展的园区模式，打造一流宜居宜业环境。

（四）培育市场主体，夯实发展基础

加强政策扶持、项目带动和示范引领，支持骨干企业牵头实施重大产品研发和创新成果转化，不断提高新产品、新服务的市场占有率和品牌影响力，培育一批专业化程度高，创新能力突出、发展潜力大的细化领域优势企业。支持建设创客空间、开源社区等新型众创空间，发展创业孵化、咨询、检验检测、投融资等专业化服务，优化改善中小企业创新创业环境。充分利用湖北国家自贸区及武汉东湖国家创新示范区等有利条件，依托各个软件园区，采取多种形式，进一步加大招商引资力度，引进一批国内外知名软件企业。

2016 年湖南省软件和信息技术服务业发展概况

2016 年，在工信部的指导下，在湖南省委、省政府的领导下，湖南省软件和信息技术服务业，围绕贯彻落实《中国制造 2025》及"互联网+"发展战略，以深入推进智能制造、两化融合为信息化工作重点，在工业领域推进实施了"+互联网"专项行动，大力推进重点项目建设、示范企业培育、两化融合贯标，进一步提升了湖南省信息化水平，以服务制造强省为软件产业发展的核心，大力推动软件和信息技术服务业及移动互联网产业发展。

一、基本情况

2016 年，湖南省软件企业实现软件业务收入 396 亿元，同比增长 15.6%。根据湖南省工商局企业登记数据，湖南省 2016 年登记注册软件和互联网企业新增 9815 家，是 2015 年新增数的 1.5 倍。南车时代电气股份有限公司在 2016 年度全国软件百强中排第 9 位，比 2015 年前进了 3 位，是中西部地区唯一进入前十强的企业。快乐阳光互娱、竞网智赢、大汉电商三家企业荣登"2016 中国互联网百强"榜单。根据工信部 2016 年发布的《2015 年中国信息化发展水平评估报告》，湖南省信息化发展指数为 68.17，同比增长了 7.83，略高于全国增长数 7.69。2016 年，湖南省 39 家企业列入工信部两化融合贯标试点，4 家企业通过贯标认定。在装备制造、钢铁、有色等 7 个制造业领域实施的"+互联网"重点项目，已经呈现效益。

二、重点工作和产业发展特点

（一）立足制造强省发展战略，科学规划布局谋发展

1．编制出台了《湖南省软件和信息服务业发展"十三五"规划》

规划明确提出，坚持市场导向、任务导向、问题导向，以创新驱动、融合发展为主线，以智能制造为主攻方向，以"互联网+"和移动互联网经济为抓手，大力推动云计算、大数据、物联网等新一代信息技术与各行业领域的深度融合，促进传统产业转型升级，培育新兴业态，保障信息安全，全面提升湖南省软件和信息服务业的战略支撑能力、创新发展能力及服务引领能力。

2．出台了《湖南制造+互联网+服务工程专项行动方案》

为进一步贯彻落实《湖南省贯彻〈中国制造 2025〉建设制造强省五年行动计划（2016—2020 年）》，出台了《湖南制造+互联网+服务工程专项行动方案》，提出以制造业为基础、以互联网为支撑、以服务延伸和创新为重点，坚持需求主导、创新驱动、融合发展、安全高效为原则，聚焦湖南重点优势产业，大力实施"制造+互联网+服务"专项行动，进一步推进制造、互联网、生产服务的深入对接。

3．做好产业集聚区建设及布局工作

组织实施了湖南省软件和信息服务业产业园申报工作，长沙芯城科技园、株洲大汉电子

信息产业园、衡阳湘梦电商产业园被认定为湖南软件和信息服务（移动互联网）产业园。

（二）围绕"互联网+制造业"，两化深度融合加快推进

1．推进实施制造业"+互联网"专项行动

在装备制造、钢铁产业、有色金属、石油化工、烟花陶瓷、医药食品、纺织服装 7 个行业开展制造业与互联网融合创新的示范试点工程，征集和筛选了 20 个"+互联网"重点项目，并将抓好 20 个"+互联网"重点项目建设列入 2016 年度省政府绩效评估个性指标，进行重点调度和跟踪服务。

2．开展两化融合管理体系贯标工作

目前湖南省共有 39 家企业列入了工信部两化融合贯标试点，通过开展贯标动员、集中培训等一系列工作，其中南车机车、三一重工、中联重科、中车时代电气 4 家企业通过了贯标认定，益阳橡机、常德烟机、岳阳林纸、湖南轻盐集团、湖南华菱钢铁、国网湖南电力 6 家企业进入评定申请阶段。

3．大力推进两化深度融合项目建设

2016 年信息化和信息产业专项资金在有色、化工、医药、食品、冶金、机械、新材料、纺织、轻工等传统行业，以制造业与互联网融合项目为重点，湖南省信息化专项安排资金 3000 多万元，共扶持 100 多个重点项目建设，着力推动制造业与互联网的融合发展。2016 年湖南省移动互联网专项资金支持了华菱、中联、三一、时代电气、远大、梦洁等 20 个重点项目、46 个一般项目，支持金额共计 5800 万元，有效地促进了湖南省制造企业向服务型制造转变。

4．推进信息消费和智慧城市建设

组织推进株洲、衡阳、郴州和常德市武陵区信息消费试点城市建设，进展顺利，已开展总结评估工作。株洲市入选全国首批信息消费示范城市，株洲县域农产品电商发展平台项目获批国家信息消费创新应用示范项目。

（三）聚焦移动互联网产业发展，产业发展新动能涌现

1．一批重大项目落地

2016 年新引进胜利者同盟、卡友支付（投资 51 亿元）、亿科思奇（投资 10 亿元）、北京优股（投资 5 亿元）、阿里云创客+、映客直播、华为（永州）云计算数据中心等 30 余个移动互联网重大合作项目。其中，全国最大的互联网直播公司映客直播已确定将总部落户湖南，著名天使投资人王刚发起的胜利者同盟首批 35 家企业，已经有 6 家落户。

2．产业集聚区建设取得新进展

通过近三年的产业载体建设，湖南省已形成 1 个产业集聚区、16 个产业园，"集聚区+专业园区+创客中心"的产业格局已经形成，为促进产业集聚、完善产业生态搭建了平台。长沙市高新区加快移动互联网产业集聚区建设，已建成中电软件园、长沙广告产业园、长海创业基地、芯城科技园等一批移动互联网园区，2016 年新引进移动互联网企业 1400 家，注册资本总额 85 亿元，现园区集聚移动互联网企业总数 3200 家，其中中电软件园 2016 年获得国家级科技企业孵化器等三项国家级资质，已成为国内知名的移动互联网专业园区。长沙已成为全国移动互联网产业"第五城"。株洲、湘潭、岳阳、常德、郴州、衡阳、娄底等市依托

当地特色产业园区建设移动互联网功能性产业园。

3. 创新创业蓬勃发展

制造企业积极建设互联网"双创"平台。目前已涌现出三一众智新城、远大 P8 创新社区等成功案例，铁建重工、轻工盐业集团等一些企业也在积极谋划之中。互联网企业构建双创服务体系。目前已有亚马逊、谷歌、腾讯、阿里、百度、58 信息等国内外著名企业在长沙设立创客孵化基地。百度创新中心落户长沙，云智数三位一体的百度云计算技术将助力长沙中小企业成长。竞网智赢正在积极推进百度双创中心建设。省会长沙目前成型的众创空间已达 30 多家。着力打造了移动互联网品牌"柳枝行动"投融资平台，柳枝行动共收到 1620 个创业团队报名，288 个团队获得柳枝行动扶持资格，入孵团队总人数达 3210 人，吸引北上广回长创业人才近 1000 人。长株潭等中心城市以外的娄底等市州县一级的移动互联网+新兴产业开始萌芽，电商创业等新业态与县域经济特色产业对接紧密，发展迅速。小微企业和网络就业创业的蓬勃发展已成为新常态下经济发展的新动力。

（四）夯实产业发展基础，提升行业管理服务水平

1. 积极协调落实软件企业所得税优惠政策

财税〔2016〕49 号文件下发后，围绕政策落实做了一系列的工作。2016 年湖南省 46 家软件企业享受所得税税收优惠金额共计 13586.2 万元，切实有效地减轻了软件企业税赋负担，为产业发展营造了良好的发展氛围。

2. 做好产业调度统计工作

全面掌握湖南省移动互联网产业发展情况，按时完成软件和信息服务业统计年报及月报工作，同时制定信息消费统计制度。

3. 进一步强化行业管理服务工作

深入开展了 ITSS 标准验证应用及试点示范工作，推动和引导湖南省内相关企业参与 ITSSS 标准评估。2016 年组织市州和相关企业召开了两次 ITSS 培训，加强了产业政策宣传及行业发展指导工作。

4. 深入开展产业调查研究工作

根据湖南省工业经济发展要求，开展了工业电子商务调研，充分认识工业电子商务对地方经济发展和产业转型升级的重要意义。此外，还开展了大数据产业调研工作。

（五）强化产业对接和对外交流，营造产业发展氛围

1. 支持互联网服务企业和传统企业的合作对接

针对中小企业普遍存在的互联网应用水平不高、人才缺乏等问题，湖南省整合资源、加强对接，支持成立互联网服务商联盟，并组织联盟到湘乡、邵阳、临湘等地为工业企业免费开展三期"互联网+特色产业"培训。

2. 积极组织省内企业参加 2016 年全国软件博览会

为提升湖南省移动互联网产业发展的影响力和知名度，组织长沙软件园、中电软件园、中兴通讯、中移电子商务、芒果 TV、潭州教育等 14 家知名园区和企业参加了 2016 年全国

软件博览会，集中展示了湖南省移动互联网产业的发展成果及良好的产业发展环境。

3．举办行业峰会，进一步提升产业发展氛围

成功举办湖南移动互联网岳麓峰会和移动互联网领袖湘江峰会、中国制造业产品创新数字化国际峰会、2016 网络安全湖南峰会等专题活动。通过专题活动集中展示了湖南省的产业发展成果，为移动互联网产业发展营造了良好的舆论氛围。

三、存在的主要问题

（一）制造业与互联网融合发展认识有待提高

信息技术是当今世界创新速度最快、通用性最广、渗透性最强的高技术之一。制造业与互联网融合是推进工业转型升级的重要手段，但是对"互联网＋"和"中国制造 2025"这两个新概念，目前社会各层面还存在认识不清、认识不到位的问题。必须进一步凝聚各级政府、市场主体、中介机构等全社会各阶层推进融合发展的共识，协同推进。

（二）制造业与互联网融合发展投入力度不够

推进信息技术在工业生产中的广泛深入应用，首先必须从政策、资金和推进机制等多方面夯实融合发展的基础。目前两化融合政策方面没有强有力的依托，资金投入方面没有专项等财税扶持。建议工信部加大信息化的投入，加大工作力度，进一步推动两化融合政策和配套专项资金的出台，引导制造业企业围绕互联网开展信息化建设，推广两化融合管理体系，促进两化融合发展。

（三）优惠政策的宣贯和核查工作存在困难

一是申报企业数量不多，"双软认定"取消后，税收优惠政策从事前审批变事后监管，原先已经认定的软件企业已经不适应相关工作流程，再加上对相关政策了解不到位，存在不能再享受税收优惠的误区。部分企业对税务部门"事后监管"存在疑虑和担心，选择了高新技术企业的相关优惠政策。二是核查工作压力增大，现行政策采取"先退税后核查"的方式，企业不能通过核查，不仅要退还相关优惠税额，还会面临相应处罚，增加了核查工作的压力和难度。

四、2017 年工作思路

（一）推进深度融合

贯彻落实国务院《关于促进制造业与互联网深度融合的指导意见》，加快推进互联网与制造业、生产性服务业的深度融合，大力发展产业互联网，拓展移动互联网产业的发展空间，促进制造业的稳增长和转型升级。根据部委指导，进一步推进湖南省两化融合管理体系贯标工作。

（二）着力扶大扶强

聚焦优势特色领域，重点培育一批规模较大、带动作用较强且增长较快的龙头骨干企业

做大做强，带动引领形成优势产业集群。

（三）抓好项目建设

大力支持园区招商，进一步抓好以商招商、产业链招商，突出抓好省政府与央企、国内知名企业的战略合作的项目落地，加快在建项目建设，促进已建项目尽快见效。

（四）优化"双创"环境

鼓励大型制造企业及互联网企业开展双创工作。深入推进"移动互联网柳枝行动"，筛选一批功能完善、资源丰富、服务优良、特色鲜明的互联网创业中心，促进资源整合，集中给予指导和扶持，进一步提升双创环境。

（五）提升行业管理

继续加强软件企业所得税优惠政策贯彻落实工作。深入推进 ITSS 标准验证应用及试点示范工作。

（六）强化工控安全

深入贯彻落实《工业控制系统信息安全防护指南》，进一步提升湖南省工业企业工业控制系统信息安全防护水平，保障工业控制系统安全。

2016 年广东省软件和信息技术服务业发展概况

一、基本情况

（一）产业规模与效益同步增长

2016 年，广东省软件业和信息技术服务业在云计算、物联网、移动互联网等新兴业务的带动下，保持了较快增长，广东省软件信息服务业企业 4200 多家，从业人员 90 多万人，累计实现软件业务收入 8223.4 亿元，同比增长 15.7%，产业规模居全国首位（见图 1）。实现利润总额 1518 亿元，同比增长 13%。

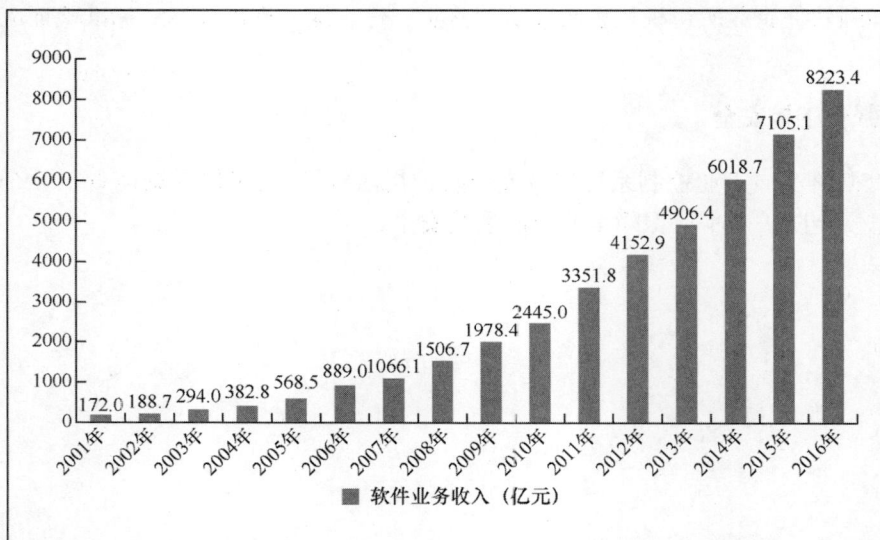

图 1　2001—2016 年广东省软件业务收入增长情况

（二）产业结构持续优化

2016 年，软件产业服务化和网络化加速发展，信息技术服务增长突出，全年累计实现信息技术服务收入 3895.9 亿元，同比增长 24.5%，占全行业比重为 47.4%，较 2015 年提高了 3.4 个百分点（见图 2）。随着智能手机市场逐渐趋于饱和，嵌入式系统软件收入增速明显下滑，累计实现收入 2366.3 亿元，同比增长 5.1%，低于 2015 年 13.8 个百分点。传统的软件产品收入保持平稳增长，实现收入 1961.2 亿元，同比增长 13.8%。

（三）软件出口继续保持全国领先

2016 年，广东省软件业务出口 250.7 亿美元，占全国近一半的份额，同比增长 4.7%。其中，软件外包服务出口 10.9 亿美元，同比增长 86.6%；嵌入式系统软件出口 150 亿美元，同比下降 2.7%。深圳市继续保持全国软件出口龙头地位，2016 年软件出口 224.5 亿美元，同比增长 5.2%。

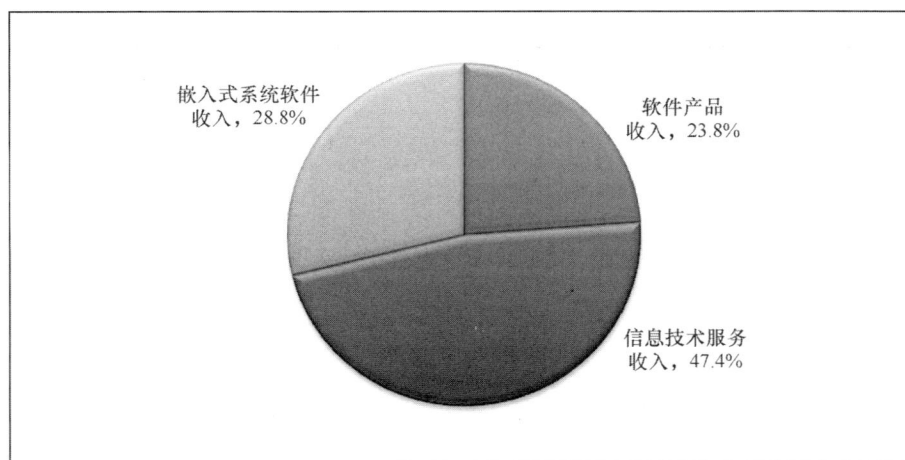

图 2 2016 年广东省软件业务收入构成情况

（四）骨干企业规模持续壮大

2016 年广东省软件业务收入超过亿元的企业达 808 家，比 2015 年增加了 123 家。全行业在境内外上市的企业累计超过 450 家。19 家企业入选 2016 年（第十五届）中国软件业务收入前百家企业，软件业务总收入占全国前百家企业的 44.7%，比 2016 年提高了 6.7 个百分点，居全国第一位，华为连续 15 届蝉联前百家之冠。腾讯、网易、唯品会、多益、迅雷等 12 家企业入选 2016 年"中国互联网企业 100 强"排行榜。截至 2016 年年底，获计算机信息系统集成企业资质的企业 1031 家，居全国前列，其中一级 34 家，二级 134 家，三级 734 家，四级 707 家。2016 年（第十五届）中国软件业务收入前百家企业名单（广东省）如表 1 所示。

表 1 2016 年（第十五届）中国软件业务收入前百家企业名单（广东省）

排名	企业名称	软件业务收入 （万元）
1	华为技术有限公司	17861603
2	中兴通讯股份有限公司	4600000
14	金山软件有限公司	567611
22	深圳市华讯方舟科技有限公司	489531
30	广州佳都集团有限公司	421653
38	大族激光科技产业集团股份有限公司	336714
44	广州广电运通金融电子股份有限公司	291857
50	深圳市金证科技股份有限公司	258565
55	深圳市欧珀通信软件有限公司	239114
56	广州海格通信集团股份有限公司	238348
66	平安科技（深圳）有限公司	198138
67	东莞市步步高通信软件有限公司	197269
68	深圳创维数字技术有限公司	195379
76	深圳怡化电脑股份有限公司	170723

排名	企业名称	软件业务收入 （万元）
78	深圳天源迪科信息技术股份有限公司	167740
79	深圳市大疆创新科技有限公司	164967
80	金蝶软件（中国）有限公司	161497
82	北明软件有限公司	160087
96	广州杰赛科技股份有限公司	135582

二、产业特点

（一）产业集聚显著，区域特色鲜明

广东省作为信息产业发展大省，电子信息制造业和软件服务业相互融合渗透、相互促进，软件和信息服务业形成了以广州、深圳两个中国软件名城为中心，珠三角地区为主体，依托各地市软件及信息服务业园区辐射全省的格局。2016 年，珠三角地区完成软件业务收入 8230 亿元，占广东省的 99.8%，广州、深圳两市产业规模占广东省的 90.8%，深圳产业规模位居全国 15 个副省级城市之首。

结合城市产业定位和区位优势，广东省软件产业区域特色鲜明。其中，广州、深圳优先发展高端新兴信息服务产业，在移动互联网、数字内容创意产业、嵌入式系统软件、云计算、工业软件、卫星导航等信息服务业高端领域和新兴领域开拓创新，不断涌现新亮点。广州琶洲互联网产业集聚区以腾讯、阿里、国美、小米等企业为龙头，有望成为华南乃至国内最大的互联网产业集聚区。深圳布局建设了留仙洞战略性新兴产业基地、南山云谷、天安云谷、蛇口网谷、南山智园等新一代信息技术产业基地。珠海着力发展软件和集成电路设计产业，形成了芯片设计、制造、封装测试、系统应用的集成电路设计产业链。惠州、东莞、佛山、中山等电子信息制造业集中城市则大力发展面向设计开发、生产制造、物流仓储、商贸流通的现代信息服务业，以及支撑传统产业优化升级的工业软件和嵌入式软件业。

（二）软件技术创新活跃，信息服务新业态蓬勃发展

2016 年，广东省软件著作权登记 91715 件，同比增长 48.4%，占全国登记总量的 22.5%，居全国第一位。PCT 国际专利申请量达 23574 件，同比增长 55.2%，占全国 PCT 国际专利受理总量的 56%，居全国之首，中兴通讯和华为公司分别凭借 4123 件、3692 件专利位居国内 PCT 专利申请榜首和第二位。世界知识产权组织（WIPO）公布的 2016 年全球专利申请情况，中兴申请量位居榜首，华为紧随其后。

（三）一批自主创新能力强的企业在多个细分领域独占鳌头，品牌效应明显

在移动互联网、云计算的带动下，广东省软件信息服务新业态发展迅速。华为、中兴、华讯方舟等企业在 4G、云计算和移动智能终端等新业务的推动下持续发展，规模和效益稳步增长。腾讯持续加大移动互联网布局，积极推进"互联网+"战略。微信总部、飞信、飞聊、灵犀、139 邮箱、MM 商店应用等基础趋势型应用服务发源并发展于广州。有米广告、指点传媒等移动广告平台企业产值年均增幅超过 1.5 倍。广州超算中心的天河二号计算能力首屈一指，在国际 TOP500 组织发布的第 46 届世界超级计算机 500 强排行榜中夺魁，获"六连冠"

殊荣。网络游戏方面聚集了博冠、多益、爱九游、菲音、百田等著名游戏公司，制作了大话西游、梦幻西游、神武等一批优秀产品。广州云宏公司是除了华为以外，真正掌握云计算底层虚拟化技术并能够交付商用产品的企业。优蜜、坚和两家公司充分利用大数据分析，成功占据移动广告、个性化定制移动阅读平台的行业领先地位。UC 浏览器是仅次于谷歌的全球第二大浏览器；YY 是全球最大的娱乐资讯互动平台，市场占有率超过 90%；酷狗是中国综合排名第一的数字音乐客户端，广电运通在国产 ATM 机市场销售连续 9 年排名第一。

（四）服务化趋势突出，融合带动作用不断增强

面对当前全球云服务、大数据技术浪潮，广东省软件信息服务企业积极调整转型，信息技术服务收入远远超过软件产品收入，成为广东省软件产业增长的主要力量。2016 年广东省信息技术服务收入 3895.9 亿元，占软件业务收入的 47.4%，比 2015 年提高 3.4 个百分点，继续领先行业发展。其中，云计算服务收入 1107.6 亿元，同比增长 15%，比 2010 年增长了 7.4 倍，年均增长 43.5%，高出全行业增速 21.1 个百分点。

云计算、移动互联网、大数据挖掘、物联网等已成为广东省软件产业最具活力的发展形态，并由此催生了大量新兴业态。越来越多的信息技术、产品和服务融入经济社会各领域，构成了数字经济时代的"基础设施"。同时，软件作为信息技术的核心，在产业结构调整和传统企业改造过程中发挥着积极的作用，甚至改变企业的具体业务发展模式，成为广东各大支柱行业的新型竞争力。

（五）粤港两地合作交流进一步深化

广东省积极发挥粤港合作的地缘优势，成立了粤港信息化专家委员会，推进实施第五届粤港 ICT 青年创业计划，深化粤港在云计算、大数据应用和服务模式推广等领域的合作。广东软件行业协会与香港数码港管理有限公司联合成功举办了五届粤港云计算大会；组织企业赴港参加"2016 年粤港云计算大会暨粤港信息科技创新交流活动"；连续 5 年与香港数码港管理有限公司合作举办创意微型基金"粤港青年创业计划"，四届粤港青年创业计划共有来自广东和香港 30 多所大学 800 多名学生参加活动，共有 40 个团队的 40 个项目成功获得总金额近 400 万港币的资助。

三、其他产业相关情况

（一）信息基础设施建设

截至 2016 年 12 月底，广东省已累计实现信息基础设施建设投资 1011 亿元，其中光纤网络建设累计投资达到 389.6 亿元，通信基站建设累计投资达到 616.5 亿元。广东省 2016 年新增光纤接入用户 906.6 万户，较 2015 年增长 70.8.%，完成全年计划任务的 107.2%，新增数和增速均创历年新高。广东省光纤接入用户从 2013 年的 310 万户增长到 1975.5 万户，居全国第 2 位，比 2013 年上升 4 位。光纤入户率从 2013 年的 11.8%提升至 61.3%，居全国第 6 位，比 2013 年上升 8 位。广东省累计开通光纤接入业务的行政村达到 14807 个，占总数的 75%。广东省 2016 年新增 4G 基站 24.8 万座，较 2015 年增长 68.7%，累计达 79.4 万座，居全国第 1 位。广东省基站站址新增 2.48 万个，同比增长 81%，累计达 14.12 万个。4G 用户

约 9085 万户，同比增长 85.5%，规模居全国第 1 位。广东省所有行政村和 11 万个自然村（总数约 18 万个）基本实现 4G 网络覆盖。截至 2016 年 12 月底，累计完成 1425 个原中央苏区农村超高速无线局域网试点村的应用试点选址，其中潮州 125 个、河源市 317 个、梅州 778 个、韶关 205 个；完成 713 个村的设计出图，其中潮州 12 个、河源 179 个、梅州 377 个、韶关 145 个。2016 年，新增公共区域 WLAN 热点 6703 个，累计达 10.49 万个，新增 AP 点 8.85 万个，累计达 53.63 万个。"i-GuangDong"第一期项目建成 3541 个 AP 热点，累计为 64.7 万用户提供免费接入服务。

（二）"互联网+"行动

2016 年 6 月广州召开全省推进"互联网+"工作会议，总结广东全省"互联网+"发展情况，研究部署当前和今后一个时期广东省推进"互联网+"工作。印发《广东省"互联网+"小镇创建工作方案》，编制《广东省"互联网+"小镇创建导则》，在广东省开展"互联网+"小镇创建，遴选出 10 个"互联网+"创建小镇和 8 个"互联网+"培育小镇，其中产业型小镇 6 个，应用型小镇 12 个。印发《广东省"互联网+先进制造"专项实施方案（2016—2020年）》，加快促进制造业与互联网技术融合，推动制造业智能化、协同化、网络化发展。组织"互联网+"领域重点项目遴选，广东省选出 200 个项目开展试点工作，试点项目涵盖"互联网+"行动计划 13 个重点领域。

（三）信息化和工业化深度融合

2016 年，广东省两化融合继续引领全国，全省新增国家级贯标试点企业 79 家、省级贯标试点企业 308 家，部省级贯标试点企业总数达 765 家。2016 年通过评定的企业数量达 89 家，总数达 114 家，居全国第一位，约占全国的五分之一。试点企业涵盖广东省 21 个地市及顺德区，覆盖主要支柱行业。广东省政府出台《广东省人民政府关于深化制造业与互联网融合发展的实施意见》，以建设"双创"平台为抓手，加快培育互联网与制造业融合的新产品、新模式、新业态；成立中国两化融合服务联盟广东分联盟，整合产学研资源、聚合各方优势，为政府、企业提供技术、标准、方案、产品、成果转化等专业化服务，提升广东两化融合质量水平。

（四）物联网·信息消费·智慧城市建设

据行业估算，2016 年广东全省物联网市场规模约为 3700 亿元，同比增长 19.35%；相关企业有 4220 家，增长率约为 21.5%，其中市场规模超过 1 亿元的企业有 16 家，超过 10 亿元的企业有 7 家，超过 50 亿元的企业有 4 家。发布广东省地方标准《智慧城市评价指标体系》。加快培育信息消费，推进深圳、佛山国家信息消费示范城市建设，形成可复制、可推广的信息消费新模式，带动广东省信息消费快速发展。

（五）三网融合

一是做好广东省三网融合推进工作部署。广东省经济和信息化委加强统筹指导，牵头编制了《加快推进我省三网融合的工作方案》《三网融合推广工作实施方案》，由广东省政府办公厅正式发布实施。

二是大力促进融合，广电及电信业务双向进入业务开展地区步入实质性发展阶段。经广东省政府同意，确定将珠三角地区及云浮市整体纳入首批推广阶段广电和电信双向进入业务开展地区，实现了珠三角地区双向业务全覆盖。目前相关地区三网融合 IPTV 业务发展良好。截至 2016 年 12 月底，广东省 IPTV 总用户数 609 万。其中，广东 IPTV 集成播控分平台用户数达 480 余万，年增长率超过 100%；深圳 IPTV 集成播控系统用户超过 71 万，年增长率超过 20%。

三是推动产业发展，三网融合"新经济""新产业"培育上规模。以宽带网络建设、业务创新推广、用户普及应用为重点，加快培育广东省三网融合"新经济""新产业"。以发展移动多媒体广播电视、IPTV、手机电视等新业务为依托，创新合作机制，凝聚产业资源，促进三网融合相关产业上规模。深圳市三网融合相关产业规模超过 3000 亿元，三网融合工作在国内处于领先地位。广东省国资委下属企业广州广晟数码技术有限公司自主研发的 DRA 标准在移动多媒体广播手机终端的应用已达到 5000 万用户量。

2016 年广西壮族自治区软件和信息技术服务业发展概况

一、基本情况

2016 年，广西壮族自治区（以下简称广西）软件和信息技术服务业保持平稳增长态势，规模不断扩大，创新能力持续提升，人才队伍继续壮大，对国民经济和社会发展的支撑作用进一步增强。广西软件和信息技术服务业完成软件业务收入 72.9 亿元，同比增长 10%。

2016 年，广西软件和信息技术服务业企业 256 家，其中，国有企业 5 家，有限责任公司 60 家，股份有限公司 16 家，私营企业 170 家，其他企业 5 家。主营业务收入 1000 万～5000 万元的企业有 95 家，5000 万～10000 万元的企业有 12 家，超过 10000 万元以上的企业有 17 家。

产品主要涉及酒店、电力、动漫游戏、金融、保险、交通、旅游、教育、医疗、北斗、城市综合管理等领域。主要产品包括酒店信息管理系统软件、网络游戏软件、项目综合管理系统软件、车辆管理系统软件、糖厂无线调度指挥系统软件、电子签章系统软件等。

重点企业包括北海石基信息技术有限公司、广西博联信息通信技术有限责任公司、广西德意数码股份有限公司、柳州腾龙煤电科技有限公司、桂林力港网络科技有限公司、广西桂能软件有限公司、广西宏智科技有限公司、广西盛源行电子信息有限公司、广西瀚特信息产业有限公司、广西申能达智能技术有限公司、桂林大为通信技术有限公司、广西联正达通信技术有限公司、广西航天信息技术有限公司、南宁超创信息工程有限公司、广西金源信息产业有限公司等。

二、主要特点

（一）产业保持平稳发展态势

2016 年，广西软件和信息技术服务业总体保持平稳发展态势，全年完成软件业务收入 72.9 亿元，同比增长 10%。

（二）产业涌现新的增长点

以发展北斗导航、云计算、移动互联网、工业软件、行业解决方案、信息安全服务、电子商务、动漫游戏等产业为核心，加快软件和信息技术服务业的发展步伐，培育产业新的增长点。

（三）产业发展区域集中

广西软件和信息技术服务业发展区域比较集中，主要集中在南宁、桂林、北海、柳州 4 个城市。在广西 14 个城市中，南宁、桂林、北海、柳州 4 个市实现的主营业务收入占广西全行业的 90%以上。

三、面临问题

（一）产业规模小，发展水平不高

广西软件和信息技术服务业企业数量少、规模小，产品水平不高。无论是经济总量还是企业数量，与全国发达省市相比仍有很大差距。发展方向较为分散，桂东、桂西地区产业发展薄弱，地区发展不平衡仍然比较突出。

（二）企业自主创新能力不足

广西软件和信息技术服务业产业基础研发能力较弱，关键核心技术和产品对外依存度大，自主创新不足，缺乏龙头企业与知名品牌，科技成果转化率低，缺乏自主知识产权等。企业产品和服务较单一，关联度不高，部分企业主要依托通信、电力、交通等行业发展，企业综合竞争力不强。

（三）高层次复合型人才队伍缺乏

广西有多所高等院校和科研院所为软件和信息技术服务业培养专业技术人才，但高层次、高技能人才短缺，尤其是缺少技术领军的高层次人才，在移动互联网、云计算、大数据、物联网、信息安全等新兴产业领域人才不足，各层次和领域人才缺口大，制约了软件和信息技术服务业的发展。同时，与东部沿海地区特别是珠三角地区相比，广西经济发展水平和企业工资水平相对较低，导致不仅难以吸引外地人才，而且本地培养的人才尤其是高端人才大量流失，给信息服务业发展带来严峻的人才挑战。

（四）财政支持力度不足

广西软件和信息技术服务业企业多数为中小微企业，企业创业之初，资产单薄，企业缺乏发展资金，融资困难，非常需要财政资金的大力支持。目前财政对信息服务业的支持力度不够，每年安排信息服务业专项资金仅有 0.15 亿元，不利于推动软件和信息技术服务业的快速发展。

（五）收集行业统计数据难度大

软件和信息技术服务业企业对填报行业月报和年报统计报表的积极性不高，按时报送月报和年报统计报表的企业少，"当统未统"现象比较严重。加上统计人员业务水平参差不齐，行业统计数据收集工作难度大。

四、2017 年展望与目标

（一）产业发展趋势

2017 年广西软件和信息技术服务业将继续保持平稳发展趋势，增速在两位数以上。南宁、桂林、北海、柳州 4 个市软件和信息技术服务业的发展规模将进一步壮大。贵港、钦州等市软件和信息技术服务业将得到发展。

（二）产业发展热点

2017 年，新一代信息技术产业成为产业发展热点，此外，产业发展热点还包括北斗导航、遥感遥测、云计算、大数据、移动互联网、工业软件、行业解决方案和信息安全服务等。

（三）产业发展重点

1．北斗导航、遥感遥测产品

加强导航定位卫星应用的技术研究、产品开发，提高应用水平，重点发展北斗卫星及多模式兼容的移动导航信息系统应用产品、无人航空器，推动"北斗"卫星导航系统在经济社会领域的应用及产业化，发展壮大广西北斗产业规模。

2．云计算、大数据、移动互联网产业

重点发展面向多业态的电子商务交易平台、第三方支付平台研发及产业化、网络动漫游戏、移动支付、智慧旅游、数字影视等信息服务关键支撑技术开发与产业化。支持网络编程模型、分布式数据存储技术、虚拟化技术、海量数据处理技术和大规模集群管理技术等云计算关键技术和重点产品的研发和产业化，培育新兴服务业态；加快推进移动互联网产业发展，促进新型智能终端与互联网服务的结合。

3．工业软件、行业解决方案与信息安全服务业

重点开发具有自主知识产权的工业软件产品，加快信息技术在研发、生产、管理、营销等环节的应用，积极培育工业互联网应用技术和产业发展；发展居全国领先水平或具有区域特色的行业解决方案、东盟语种应用软件、数字内容加工处理技术软件、嵌入式软件等产品。推动信息安全技术在工业领域的推广应用；进一步推进广西数字证书在全区各行业、各领域的推广应用。为广西国民经济和社会信息化建设提供物质支撑。

（四）产业发展目标

2017 年，广西软件和信息技术服务业实现主营业务收入 145 亿元，同比增长 10%。

五、下一步工作

（一）组织实施"十三五"产业发展规划

贯彻落实工业和信息化部《关于印发软件和信息技术服务业发展规划（2016—2020）的通知》《关于印发大数据产业发展规划（2016—2020）的通知》等规划，认真组织实施《广西软件和信息技术服务业发展"十三五"规划》，进一步加大对广西软件和信息技术服务业发展的结构调整、政策扶持力度，促进产业的快速发展。

（二）加强引导和扶持

贯彻落实广西壮族自治区人民政府《关于加快信息服务业发展的实施意见》（桂政发〔2010〕75 号），加强信息服务业发展专项资金管理。组织下达 2017 年自治区工业和信息化

发展专项资金信息服务业发展项目；跟踪推进自治区财政安排信息服务业专项资金扶持的项目，尽快形成产能；开展自治区信息服务业发展专项资金到期项目验收工作。

（三）积极帮助软件企业落实所得税优惠

按照《财政部 国家税务总局 发展改革委 工业和信息化部 关于软件和集成电路产业企业所得税优惠政策有关问题的通知》（财税〔2016〕49 号）要求，继续做好软件和集成电路产业企业所得税优惠相关工作，顺利推动由事前认定到事中事后监管核查的转变，确保符合条件的企业继续享受所得税优惠政策。

（四）深入开展调研，加强组织协调服务

一是积极与国家、自治区各相关部门加强沟通，密切配合，协调解决有关问题；二是深入各市工信委、各重点企业，加强调查研究，加强政策宣传和贯彻，落实目标责任，及时发现、协调、解决工作中遇到的重大问题，切实落实国家、自治区发展软件和信息服务业的各项政策措施。

（五）开展软件和信息技术服务业统计工作

一是做好广西软件和信息技术服务业行业统计工作，按时完成月报、季报、年报的编制工作，加强对产业发展态势和运行情况的分析，为工作决策提供真实、可靠的数据。创新统计工作，探索将产业统计工作与及时发现企业和行业发展情况、帮助企业解决实际问题、促进产业发展相结合。二是加强与统计部门之间的沟通和衔接，理顺软件和信息技术服务业的指标统计口径及相关工作程序，提高企业填报的积极性，争取做到应统尽统。

（六）做好北斗导航产业化的推进工作

以广西国家级北斗综合应用省级示范为契机，围绕北斗导航综合应用示范项目，积极引进国内具有北斗导航技术研发、产业化及应用服务综合实力的企业，以应用牵引产业发展，以产业发展促进应用水平提高。努力扶持和培育本土企业，开发北斗导航技术产品，提高应用和服务水平，培育一批市场开拓能力强、具有发展潜力的企业，促进北斗导航应用及产业化发展。支持富士康开展北斗定位模块、建筑形变监测系统、汽车定位导航应用等产品研究，与本地系统集成商合作，共同拓宽北斗产品应用领域。支持在中马钦州产业园建设卫星应用大数据中心和位置服务监控运营中心，以高端研发、科技孵化和总部经济为主体，以龙头企业引领和带动，重点发展北斗导航应用及高新技术产业链。支持中电科东盟卫星导航运营服务有限公司牵头筹建广西北斗产业联盟，争取 2017 年内成立。大力支持相关企业到东盟国家拓展北斗导航系统应用相关业务。

2016 年海南省软件和信息技术服务业发展概况

一、基本情况

（一）总体情况

2016 年，海南省软件和信息技术服务业较快发展，整体趋势向好。截至 2016 年年底，海南省软件和信息技术服务业规模以上软件企业有 143 家，营业收入超过亿元的企业 22 家，比 2015 年增加 8 家；营业收入超过 5000 万元的企业 35 家。实现软件业务收入 76.7 亿元，同比增长 79.2%。2016 年实现利润总额 11 亿元，同比增长 65.3%。从业人员年末人数 18531 人，同比增长 83.4%。

（二）企业认定情况

截至 2016 年年底，海南省累计有 170 家企业获得计算机系统集成资质，同比增长 120.8%。其中，一级 1 家，二级 1 家，三级 30 家，四级 138 家；具备信息系统工程监理资质单位累计 3 家，其中，乙级 1 家，丙级 1 家，丙级暂定 1 家；软件著作权登记数量 252 件，申请企业 85 家；累计 12 家企业通过 ITSS（信息技术服务）运行维护服务能力成熟度符合性评估。

二、主要特点

（一）产业规模加快发展

2016 年，海南省软件和信息技术服务业产业规模加快发展，软件业务同比增长速度高于全国平均水平。海南省实现软件业务收入 76.7 亿元，同比增长 79.2%，比全国平均增速 14.9% 高 64.3 个百分点。

（二）产业环境不断优化

2016 年，一方面，优化产业配套环境。海南省在重点建设澄迈、海口、三亚、陵水 4 个省级信息产业园区的基础上，将海口复兴城互联网创新创业园和海南数据谷授牌为"省重点互联网创新创业基地"，将阿里云创客+、海口车库咖啡、海口光谷咖啡、海南微软创新中心、海南互联网+众创中心、海口市新华南信息产业孵化园、三亚云港创业孵化基地和海南生态软件园沃克众创空间 8 家众创空间认定为首批省互联网众创空间，不断改善互联网产业配套环境。另一方面，优化政策发展环境。海南省出台并全面落实互联网产业政策，推动产业快速发展。

（三）市场主体不断壮大

2016 年，海南省营业收入超过亿元的企业 22 家，比 2015 年增加 8 家；营业收入超过 5000 万元的企业 35 家，比 2015 年新增 12 家；易建科技、新生飞翔、凯迪网络、天涯社区、新道科技等 11 家互联网企业在新三板挂牌上市，占海南省的三分之一，比 2015 年新增 7 家；新注册互联网企业超过 5000 家。

（四）就业前景良好

2016 年，海南省软件和信息技术服务就业前景良好，就业人数和职工薪酬不断增加。从业人员工资总额 14 亿元，同比增长 100.6%。从业人员年末人数 12569 人，同比增长 28.7%。

（五）效益水平不断提升

2016 年，海南省软件和信息技术服务业实现利润总额 11 亿元，同比增长 65.3%，增速比全国平均增速高出 50.4 百分点；全行业销售利润 11.6%。

三、面临问题

（一）人才严重不足

软件和信息技术服务业属于知识技术密集型产业，是"智力产业"和"创造产业"，对专业性人才和经营者要求很高。海南省一般性人力资源尚不能完全自给，专业性技术人才、高级管理人才等高层次人才更加不足。同时，由于产业氛围不足、发展平台缺乏，教育、医疗、就业等配套条件不够，造成招人难、留人也难。人才匮乏成为海南未来发展产业的重大制约。

（二）企业创新能力有待提升

企业研发经费支出少，2016 年支出 4 亿元，占主营业务收入的 4.5%，同比增长 4.5%；研发人员数量少，2016 年研发人员 2226 人，仅占从业人员年末人数的 12%；软件著作权登记数量少，2016 年申请企业 85 家，申请数量 252 件。

（三）产业规模偏小

海南省软件和信息技术服务业规模小，实力弱。2016 年海南省软件业务收入占全国的 0.16%，无企业列入全国软件百家，只有 100 多家年收入超过 500 万元的企业，20 多家超过亿元的企业，行业龙头企业少，对产业链的整体带动作用不强。海南软件和信息技术服务业还处在初步发展阶段，与全国其他省份相比还存在一定差距。

四、2017 年展望与目标

2017 年，海南省将以互联网产业模式创新和技术创新为突破口，加快发展大数据、电子商务、服务外包等互联网产业，积极实施"互联网+"战略，加快互联网与旅游、农业、医疗、教育、文化等行业的融合应用，力争 2017 年海南省软件和信息技术服务业营业收入超过 100 亿元。

五、下一步工作

一是加大力度培育本土软件和信息技术服务业企业，扶持发展壮大。

二是做好招商工作，引进国内外知名企业，争取更多龙头企业落地海南，发挥集聚效应。

三是引导信息技术企业转型升级。深入实施创新驱动发展战略，围绕海南省产业转型升级迫切需求，着力营造有利于重点产业集群创新发展的市场环境，形成以企业为主体的产学研用相结合的创新体系，支持基于互联网的各类创新，激发市场活力和社会创造力。

四是全面贯彻落实《海南省人民政府关于加快发展互联网产业的若干意见》，按照《海南省互联网产业发展专项资金管理暂行办法》，充分发挥财政专项资金的撬动作用，确保政策落到实处。

五是建设人才培养体系，做好人才引进工作。

2016 年重庆市软件和信息技术服务业发展概况

一、基本情况

2016 年是"十三五"开局之年，重庆市落实国家战略，深入推进"互联网+"行动计划，务实推动大数据发展战略，率先推出分享经济发展意见，一手抓产业布局，一手抓龙头企业促进，推动重庆市软件和信息技术服务产业快速发展。2016 年，重庆市全行业共实现软件业务收入 1025 亿元，同比增长 20.9%，行业实现利润总额 66.5 亿元，同比增长 26.7%。占重庆市电子信息产业比重达到 17%，有力地支撑了重庆市工业产业的转型升级和进一步发展壮大。

二、主要特点

（一）行业规模迈入千亿元软件省市

2016 年，重庆市软件业务收入达到 1025 亿元，重庆成为全国第 13 个、西部地区第 3 个迈入千亿元软件产业的省级行政区。同时，随着 2016 年重庆市软件产业持续快速增长，重庆市软件产业规模与部分排名靠前的省市差距逐步缩小。重庆市软件和信息技术服务业企业超过 5000 家，其中，纳入统计的规模以上企业超过 1000 家，从业人员数量近 15 万人。

（二）企业创新能力持续提升

2016 年，重庆市新增计算机软件著作权超过 3500 件，较 2015 年同期增长 101.4%，历年累计软件著作权登记数量超过 12000 件。2016 年，重庆软件和信息服务产业专利申请 262 件，较 2015 年增长 27%，累计申请量 590 件。截至 2016 年年底，重庆市共有 51 家企业通过国家信息技术运行维护标准（ITSS）认证，其中成熟度二级 9 家、三级 29 家、四级 4 家，超过浙江、陕西、湖北、四川等省。市级企业技术中心达到 27 家，包括猪八戒、同趣、梅安森、金算盘、中联信息等，其中 2016 年新增市级企业技术中心 8 家，约占重庆市总新增量的 10%。

（三）行业投资不断增长

2016 年，重庆市 130 个互联网+试点项目投资总额超过 68 亿元，预计 2016 年营收达 101 亿元。2016 年，重庆市新增中迪医疗等 6 家软件和信息技术服务业企业挂牌新三板，截至 2016 年年底，重庆市 119 家新三板挂牌企业中，软件和信息技术服务企业有 20 家，占重庆市已挂牌企业总量的 17%。

（四）先行先试抢抓重大机遇

2016 年，重庆市陆续出台《进一步加快全市大数据发展的工作方案》《重庆市软件服务业提升发展行动计划（2016—2020 年）》等文件，率先于全国各省市出台分享经济相关发展意见。成功获批国家大数据综合试验区，定位为区域示范类综合试验区，引领西部板块大数据产业发展。中新（重庆）战略性互联互通示范项目信息通信领域合作开局顺利，双方合作加快推进，重庆互联网国际合作综合试验区和中新国际数据通道等重点项目建设筹备启动。

（五）产业承载能力进一步增强

2016年，重庆市软件行业产业载体加快建设，并在差异化、集群化、专业化发展上取得积极成效。两江互联网产业园、渝北仙桃大数据谷、渝中区信息消费产业园、永川软件和服务外包产业园等纷纷发力，重庆市新增产业载体超过80万平方米，渝北仙桃大数据谷新签约91个项目，两江新区互联网产业园新签约企业177家，行业领域主要集中在软件研发、互联网教育、云计算、移动游戏、大数据等。永川区、南岸区、渝中区增速较快，两江新区软件业务收入规模继续保持重庆市区县园区龙头地位。

（六）龙头企业实力不断壮大

本地企业抢抓"互联网+"风口快速成长，互联网服务交易平台猪八戒估值100亿元，大龙网是国家商务部跨境电商试点前四强企业之一，易宠科技成为国内最大的宠物用品B2C平台。此外，云威、誉存等大数据企业，秒银科技、博拉网络等云计算企业，小闲在线、享弘影视、隆讯科技、火缘步甲等游戏动漫企业陆续在各自细分领域崭露头角。

（七）新兴热点领域加快发展

2016年，重庆市云计算发展迈上新台阶，浪潮（重庆）云计算中心、中国移动（重庆）数据中心、中国电信（重庆）数据中心按期投运，两江国际云计算产业园服务器运营支撑能力超过10万台，比2015年增加1倍。"互联网+"领域投资活跃，2016年近500家企业申报"互联网+"试点示范项目，130家企业入围；大数据方面，在成功引进华大基因大数据、美国微软大数据学院、浪潮集团大数据基地、东方网力视频大数据等重点项目的同时，云威、智慧思特、博拉网络等本地大数据企业在金融风控、电子商务、环保、数字营销等行业基于大数据应用技术的细分领域开始崭露头角，推动重庆市大数据产业链加速完善。

（八）产业发展氛围更加浓厚

全面启动2017世界智能科技大会筹备工作，联合工信部、科技部等国家部委打造智能科技领域国际品牌盛会，助推重庆市人工智能、虚拟现实、机器人、大数据、无人机等前沿性技术和产业加快发展。"大数据龙门阵"、iPlus"互联网+"项目路演计划、"大数据四方行动"计划、"2016重庆市首届产业互联网高峰论坛"、首届重庆互联网+创新创业之星评选暨2016云计算大数据创新创业项目路演（重庆站）系列活动陆续举行，重庆市软件企业和国家规划布局内重点软件企业所得税优惠政策工作——落实。

三、面临问题

（一）龙头企业少，规模实力有待增强

近年来，重庆市软件和信息技术服务业发展速度较快，规模不断扩大，但企业整体规模

偏小，年软件业务收入达到 10 亿元以上的企业仅有中冶赛迪集团和中煤科工重庆研究院两家，年收入 10 亿元以上的纯软件开发类企业家数为零，国内知名的软件和信息技术服务龙头企业不多，综合实力有待进一步增强。

（二）融资难，投资不足制约企业发展

中小企业融资是普遍性难题，软件和信息技术服务业企业属于轻资产行业，中小企业融资相对更加困难。截至 2016 年年底，重庆市新三板挂牌企业中，软件和信息技术服务企业有 20 家，较武汉、成都等地差距明显。同时，重庆市目前还没有形成较为完善的风险投资体系，对软件企业的资金支撑力度十分有限。资金短缺导致投资不足问题已成为重庆市软件企业做大做强的主要障碍之一。

（三）企业招人难、留人难

2016 年，重庆市软件和信息技术服务业从业人员近 15 万人，但企业仍反映高端人才主要是高级开发人才和既懂管理又懂技术的复合型人才紧缺，呈现出招不来、招来后留不住的局面。即使是企业自己培养的人才，也往往在成长成熟后向北上广外流。企业招人难、用人难成为制约企业快速发展的重要因素。

四、2017 年展望与目标

2017 年，重庆市力争实现全市行业软件业务收入达到 1200 亿元，同比增长 20%。

五、下一步工作

（一）抓新业态发展，促进产业转型升级

一是落实分享经济意见，推动产能设备、科学仪器、紧缺人才、知识技能和教育五大工程顺利启动实施，切实推动分享经济发展。二是制定《重庆市"互联网+"产业基地管理办法》，建立一批"互联网+"产业基地，开展"互联网+"区域载体的横向试点示范，进一步推动"互联网+"经济发展。三是积极推动国家级大数据综合试验区建设，组织推动大数据在经济社会等领域的广泛应用和大数据新产品、新服务及公共服务平台建设，以应用带动产业发展。四是推进"水土云扬"工程，加快数据中心建设。

（二）抓招商引资，培育重庆市软件服务业发展新动力

一是推动中国移动"互联网+"等重点项目尽快落地。二是积极引进汇桔网（知识产权分享）等行业细分领域国内领军企业。三是指导区县园区加强专业招商、特色招商，重点围绕人工智能、大数据、移动互联网等领域加快一批行业重要企业发展。

（三）抓产业载体，指导各区县园区差异化共同发展

一是研究制定重庆市软件服务业产业基地管理办法，进一步加强对重庆市以云计算、大数据、移动互联网等为核心的软件服务业产业载体平台的统筹管理和规划指导；二是规划打造重庆市"4+11+N"软件服务业园区战略体系，加快推进渝北仙桃大数据谷、两江新区互联网产业园等 4 个重点园区和沙坪坝（西永）、渝中等 11 个特色区县园区建设。

（四）抓人才建设，不断增强产业发展智力支撑能力

一是启动"大数据人才百千万工程"，引进大数据科学家、数据分析师等相关中高级人才；积极推动微软、Cloudera 等全球行业知名大数据企业在渝建设中外协同办学的大数据学院（培训基地），培养大数据产业化应用的中高级人才。二是启动"人工智能百千万人才工程"，以自然语言处理、计算机视觉、人脸识别等领域为重点，支持建设人工智能研究中心，鼓励中科院绿色智能研究院等与重庆大学、重庆邮电大学加强人工智能领域专业人才培养合作。

（五）抓氛围打造，进一步提升产业发展环境

一是办好 2017 世界智能科技大会，聚集各方资源，实现全球人工智能、虚拟现实、机器人等前沿技术在重庆汇集和展示，助推重庆市乃至全国人机智能等产业跨越式发展。二是继续开展 iPlus "互联网+"服务计划等系列活动。三是进一步做好重庆市软件企业和国家规划布局内重点软件企业所得税优惠政策落实工作。

2016 年四川省软件和信息技术服务业发展概况

2016 年，四川省软件和信息技术服务业基本保持平稳发展，收入持续增长，出口低迷中略有回升，产业规模继续扩大，在全国依然保持领先态势。

一、总体运行情况

（一）软件业务收入稳定增长

2016 年，四川省软件和信息技术服务业累计实现软件业务收入 2423 亿元，同比增长 14%，增速比 2015 年提高 1.9 个百分点。四川省软件业务收入分别占全国总量的 5%，中西部地区的 32.0% 和西部地区的 45%。

（二）盈利难度增大

受产业结构调整及市场等多方面因素影响，2016 年企业盈利难情况加剧，实现利润总额 276 亿元，同比下降 12.4%。

（三）产业优惠支持力度加大

2016 年，四川省继续落实产业税收优惠政策，企业享受优惠政策已退税额 12.3 亿元，同比增长 105.3%，税金大幅下降，总额 108 亿元，同比增长-20.8%。

（四）出口增速略有回升

2016 年实现软件业务出口 14.7 亿美元，同比增长 5.7%，增速同比提高 1.1 个百分点。其中，软件外包服务收入增长 4.4%，嵌入式系统软件出口同比增长 7.5%。

（五）从业人员工资大幅增长

2016 年，四川省软件和信息技术服务业从业平均人数 28 万人，同比增长 13.3%，增速同比回落 3.1 个百分点，从业人员工资总额 302 亿元，同比增长 29.5%，增速同比上升 31.6 个百分点，以上两项因素使得企业人力成本大幅上升。

二、分领域运行情况

从业务类型看，2016 年，四川省软件和信息技术服务业收入中，软件产品收入 958.7 亿元，同比增长 15.5%，高于全行业平均水平 1.57 个百分点；信息技术服务收入 1448.7 亿元，同比增长 13%，占产业总收入的 59.8%；嵌入式系统软件收入 15.7 亿元，同比增长 11.7%，增速同比回落 19.88 个百分点。

（一）应用软件收入大幅增长

2016 年，四川省应用软件产品收入 479 亿元，同比增长 50.5%；嵌入式应用软件收入 42.3

亿元，同比增长 92.8%。

（二）信息安全领域由传统产品向新兴领域倾斜

2016 年，信息安全产品行业重心发生改变。随着移动终端应用，终端与数字安全产品爆发式增长，2016 年完成收入 45.8 亿元，同比增长 105.7，占信息安全产品收入的 45%。

（三）服务类收入增速较快

2016 年四川省数字新媒体、游戏娱乐、在线交易等领域继续保持蓬勃发展。运行维护服务合计 155.7 亿元，同比增长 127%；数据服务收入 333 亿元，同比增长 32%；平台运营服务收入 78 亿元，同比增长 203%。在线交易支撑服务收入同比增长 401%。

（四）工业软件形势严峻

四川省软件和信息技术服务业在传统工业领域较为薄弱。2016 年四川省工业软件收入 9.8 亿元，同比增长-48%，装备自动控制产品收入同比增长 3.9%。

三、2017 年展望与目标

2017 年是建设先进制造强省的关键之年，四川省主动适应把握引领经济发展新常态，按照四川省委十届八次、九次全会部署，坚持稳中求进工作总基调，认真贯彻落实"三大发展战略"，以全面创新改革为指引，着力加强供给侧结构性改革，加快培育发展新动能，构建软件产业发展新格局。

预计 2017 年全年完成软件与信息服务业主营业务收入 3470 亿元，同比增长 15%，软件业务收入 2687 亿元，同比增长 11%，增加值 1225 亿元，同比增长 11%。

四、下一步工作

（一）夯实基础，全面提升产业发展

1．持续加强信息基础设施建设

建设高速、安全、泛在的新一代信息通信基础设施；推动建设一批基础公共云平台；探索建设大数据交易中心；争取全国数据资源聚集四川省，在交通、数字音乐、金融服务、旅游、医疗卫生等领域形成国家级（或区域）数据处理和备份中心。

2．抢占发展先机，开展 5G 产业布局，将四川省建设成为国内领先的 5G 产业高地

加强四川省大专院校、科研院所、骨干企业与华为的合作，争取新一代宽带无线移动通信网国家科技重大专项资金支持，抢占产业发展制高点；编制完成《成都天府国际机场 5G 试商用方案》，力争中国移动 5G 联合创新中心落地建设；积极争取工信部支持四川省建设面向 5G 的虚拟现实（VR）、增强现实（AR）、车联网等新兴业态的测试与实验应用，待条件成熟，授牌四川"5G 产业应用示范基地"。

3．打造国内一流、国际知名的"国家级军民融合北斗产业示范基地"

培育一批行业骨干企业和创新型中小企业，建设一批覆盖面广、支撑力强的公共服务平

台。促进部分北斗重点技术由军用市场拓展到民用市场，实现军地协同发展、北斗产业集中集聚发展。争取"国家级军民融合北斗产业示范基地"获批。

4．加快推进软件产业发展

培育软件与信息安全龙头企业，对销售收入增长率达到要求，获得国家级荣誉、资质或上市的软件骨干企业给予奖励。组织开展软件与信息安全专项支持。落实完成四川省工业集成应用或控制软件首版次产品认定工作，促进工业软件做大做强。实施软件产业人才计划，鼓励企业引进高层次软件人才，支持企业对软件从业人员进行知识更新学习。积极开展软件正版化工作，规范产业市场环境。举办行业产品推荐会、银企对接会，组织参展软博会、软恰会，帮助企业拓展市场。

5．进一步落实产业税收优惠政策

加强软件企业税收优惠政策宣贯，提高政策宣贯覆盖的广度和深度。出台备案材料模板，提高申报规范性。协调国税、地税解决企业享受税收优惠政策中遇到的困难和问题。继续完成 2016 年度软件企业所得税优惠备案资料核查工作。

（二）继续培育新技术、新产品、新业态、新模式

1．加强大数据发展生态建设

制定《四川省大数据发展促进办法》《四川省大数据产业规划》，引导四川省大数据产业科学有序发展；积极筹建四川大数据产业发展研究院，四川省大数据产业联合会、四川省大数据专家咨询委员会，为四川省大数据产业发展提供支撑；探索设立"四川省大数据产业发展基金"用资本的力量推动四川省大数据产业发展和各行业全面创新。

2．促进数据资源聚集开放共享

探索建立政务数据和公共数据资源的聚集开放机制、公共数据与社会数据融合共享机制、数据资源应用机制；构建大数据汇聚共享和交易体系和平台，专业大数据公共服务平台，打造大数据产业基础，催生四川省新的大数据产业模式和业态发展。

3．培育发展大数据产业集群

积极争取国家大数据综合试验区建设、工信部大数据产业集聚区建设，打造大数据产业聚集区，授牌 3~4 个大数据产业基地；支持研究机构、企业合作在大数据关键技术等领域突破，形成一批具有自主知识产权的软硬件产品；支持拥有大量数据资源的电信运营商、大型互联网企业建设大数据产业平台，形成一批创新型研发平台，培育一批基于大数据的信息消费、文化创意、先进制造等领域新兴企业。

4．推进大数据应用带动产业发展

推进大数据在社会管理和民生服务领域的普遍应用，带动大数据产业发展；利用大数据应用带动产业转型升级。结合中国制造 2025 推动"互联网+四川制造""航天云网"等公共服务平台建设，探索"互联网+制造"的公共服务运营模式。逐步建立四川省工业领域大数据应用平台、云服务平台、互联网协调制造平台，以应用推动大数据关键技术、产品、方案研发和产业化，培育产业新模式、新业态发展。

5．优化大数据产业发展环境

举办 2017 中国大数据应用大会及应用大赛，提升四川省大数据产业的影响力；推动大数据开源社区、双创平台建设，探索建立大数据模拟研发平台、验证平台，为双创提供支撑和服务；加快大数据行业标准及规范制定。

（三）继续推进全社会各领域信息化应用

1．继续推动信息化与工业化深度融合

遴选 100 家以上的企业，开展省级两化融合管理体系贯标试点。贯彻落实工信部《"十三五"物联网发展规划》，重点培养一批物联网工程重点实验室、技术研发中心、创新中心和工业物联网（智能制造）应用示范基地，打造具有鲜明特色的物联网产业集聚区和有较好影响力的物联网示范区。

2．协调推进各部门、各领域信息化建设进程

落实各信息化相关规划，积极开展试点示范，总结典型案例，做好经验推广。继续支持信息扶贫工作，适时推广"智慧乡村"建设，探索结对帮扶等扶贫方式。

（四）继续推进信息安全保障体系建设

1．加强工业控制系统信息安全保障

落实国家《网络安全法》要求，组织实施《工业控制系统信息安全防护指南》落实，出台四川《工业控制系统信息安全防护指南》实施方案，开展企业工业控制系统信息安全试点示范，加大政策支持。参与国家标准体系研究制定，建立工业控制系统信息安全技术支撑机构，组织开展工业企业信息安全检查，对工业领域的重要信息系统和市政、化工、装备制造、有色金属、钢铁、电力等行业的工业控制系统进行摸底和检查。

2．逐步健全大数据安全保障体系

以政务大数据的开发为抓手做实大数据安全机制和产业；实施大数据安全试点示范；开展大数据安全标准化和安全评估，做好大数据平台及服务商的可靠性及安全评测、监测预警和风险评估工作；探索安全大数据交易平台建设；鼓励电信营运商建设移动互联网大数据的安全服务和风险控制公共服务平台，做好移动大数据的风控与监管工作。

3．大力推动四川省党政网络空间安全示范工程

立足省级政务云平台，向更大领域拓展，进一步开展党政网络空间安全示范。启动内江党政网络空间安全试点示范，形成初步示范经验，积极争取科技部重大专项，适时在省内其他市（州）开展试点。

4．加快建立健全省级政务云灾备体系

建成省级政务云灾备平台，建立云灾备平台运行和管理制度，从组织队伍、流程管理、运营管理、技术手段保障等方面，明确管理责任，强化运行保障。制订应急预案，建立应急响应机制，开展灾备演练。做好与云监管、服务、整合平台的衔接，探索为市（州）政务云平台提供灾备服务。以省级政务云灾备平台建设为契机，打造成国家级灾备中心和产业基地，向全省、全国用户提供国家级云灾备服务，促进四川信息技术产业特别是灾备产业大发展，树立四川经济产业转型的重要标杆。

（五）继续加强人才队伍培养

对接产业人才需求，搭建 IT 人才公共服务平台，为人才引进、培育等提供专业服务；加强政府、企业、高等院校、职业学校、培训机构、行业协会的合作，创新培养模式，推动建立多层次信息技术服务人才培养体系；加强对国家"千人计划"和四川省"千人计划"中软件产业领军人才的跟踪服务，注重引进培养开拓型、具有国际视野的企业家群体；积极开展引进国外智力工作，集聚海外高层次创新创业人才和智力推动四川省软件产业创新发展。

2016 年陕西省软件和信息技术服务业发展概况

一、基本情况

2016 年，陕西省软件和信息技术服务企业总数达到 2043 家，其中世界 500 强企业 31 家，中国软件百强企业 38 家，火炬计划软件产业基地骨干企业 14 家，"中国十大服务外包领军企业" 8 家，年末从业人员 14.8 万人。

2016 年，陕西省软件和信息技术服务业总收入继续保持高速增长，软件业务收入 1300 亿元，同比增长 14.1%；实现出口 9.1 亿美元，同比增长 23.3%。

二、主要特点

（一）软件新城建设步伐加快，"一核、一轴、一城"的产业布局初步形成

"一核"即示范区，占地 600 亩，建筑面积 55 万平方米；"一轴"即国家服务外包基地，占地 210 亩，建筑面积 40 万平方米；"一城"即西安软件新城。作为"一核、一轴、一城"软件与服务外包产业空间发展框架体系的重要组成部分，软件新城未来将打造成为陕西省建设西安国际化大都市的重要组成部分，西安市高新区"打造一带一路创新之都、建设世界一流园区"的重点板块。

2016 年软件新城建设进一步提速，国家数字出版基地、研发基地二期、中软国际万人基地、腾飞科汇城、环普产业园等项目陆续建成投用，产业承载空间超过 180 万平方米。欧森国际、长城联声大厦、航微微软创新中心、元征及思安等项目也在紧张施工之中。华为、三星、施耐德、中软国际、软通动力、东华软件、活跃网络、当当集团研发基地、中烟新商盟等国内外知名企业已进驻软件新城，超过 4 万人在此办公，2016 年引进的项目也将入驻软件新城。

（二）产业特色显著，成为世界级高端研发实施地和自主创新示范区

1. 自主创新特色显著

截至 2016 年，陕西省双软认定（现为评估）企业达 800 余家，企业软件著作权累计超过 6000 余项，平均每家企业拥有著作权超过 7 件，同比增长 32.1%。陕西省著作权数量前 10 名企业如表 1 所示。

西安西电捷通无线网络通信股份有限公司制订的"WAPI 标准"，西安诺瓦电子科技有限公司的 LED 显示屏逐点校正技术，西安三茗科技有限责任公司研发的数据恢复软件，西安华迅微电子有限公司设计的导航芯片等产品和技术享誉业界。截至 2016 年年末，西电捷通国内外专利授权达到 608 件，诺瓦电子公司国内外专利申请数达到 415 件（其中，发明专利 222 件，授权 26 件），显示了这些企业在自主创新方面的实力。

表 1　陕西省著作权数量前 10 名企业

序号	企业名称	著作权数
1	西安中兴新软件有限责任公司	192
2	西安三茗科技有限责任公司	152
3	西安联客信息技术有限公司	138
4	陕西纷腾互动网络科技有限公司	133
5	西安华海医疗信息技术股份有限公司	116
6	西安市亿利达网络信息技术有限公司	111
7	西安煤航信息产业有限公司	91
8	西安天网软件股份有限公司	157
9	西安华海盈泰医疗信息技术有限公司	77
10	西安未来国际信息股份有限公司	108

2014 德勤-西安高成长 20 强中，软件企业占 55%，包括西部资信、诺瓦电子、灵境科技、山脉科技等 11 家企业。高新区 8 家企业入选德勤中国高科技高成长 50 强，其中 5 家为软件企业。2015 年，博达软件、交大捷普、山脉等 65 家企业被认定为科技小巨人企业，占高新区小巨人企业总数的 17%。远古信息、美林数据、邦正科技、通源石油等 14 家本土创新企业上市上柜。

2．理想的 IT 业务实施地

西安软件园已成为美国 Microsoft、Google、IBM、Intel、Oracle、Honeywell、Emerson；德国 SAP、Siemens、DHL；日本 Fujitsu、NEC、NTTDATA、DENSO；韩国三星；港台无敌、研华、联咏、电讯盈科；国内华为、中兴、中软国际、软通动力、中电科、太极等众多国际知名公司的理想实施地，成为西安国际化程度最高的区域。

3．推动区域主导产业发展的动力

软件和信息技术服务业成为陕西通信产业向高附加值业务攀升，以及改造提升传统行业，如石油、煤炭、电力等高耗能行业和装备制造业，增强区域产业综合竞争力的重要推动力。同时，为调整提升区域产业结构，解决就业做出了应有的贡献。

（三）确定了六大产业发展重点板块

1．行业应用软件服务

在煤炭、石油、电力、通信、金融、旅游、教育等行业应用软件服务方面，聚集了华光、美林电子、西软、石文软件、闻泰、龙旗、神码融信、银博、泰为、合众思壮等 560 余家优秀企业，市场覆盖全国，销售超过 500 亿元，尤其在行业标准、技术成果及产品等方面，形成国内领先的局面。

西安西电捷通无线网络通信股份有限公司发明的网络安全接入标准——虎符 TePA-WAPI，成为国际标准，为我国互联网、移动互联网信息安全提供保障；西安三茗科技有限责任公司基于 BIOS 的信息恢复技术居国际领先地位，其一键恢复技术被众多世界知名计算机生产厂商广泛应用；协同软件是最完整的集成中间件系列产品提供商，拥有全球最快的工作流管理系统，获得国家"核高基"项目支持。

2. 嵌入式软件

陕西西安具有发展嵌入式软件的雄厚基础，现已聚集了中兴、华为、酷派、易朴、锐嘉科、TCL、研华、和利时等一批龙头企业，在通信及工业控制方面处于国内第一方阵。

其中，华为、中兴在西安建立了其全球最大通信研发中心，研发人员均超万人，产品线覆盖有线、无线通信设备和智能终端等方面。西安诺瓦电子科技有限公司的 LED 显示屏逐点校正技术，可大幅提高 LED 显示屏的像素及色彩丰富度，被广泛应用于北京奥运会、抗战胜利 70 周年阅兵、上海世博会、广州亚运会、西安世园会等大型知名工程中，处于国际领先水平。

发挥华为、中兴、酷派等龙头企业的带动作用，聚集从事终端设计服务、生产服务、测试服务的大中型科技企业，陕西西安高新区正着力打造规模超过千亿元的智能终端产业集群，西安软件园将紧密围绕高新区战略布局，大力发展以智能终端为主的嵌入式软件。

3. 集成电路设计与测试

全球第一大存储器芯片公司三星电子一期投资 100 亿美元的闪存芯片落户西安，全球第二大存储器公司美光在西安生产、测试、封装生产线不断扩大，带动了西安集成电路设计的快速发展。目前，在集成电路设计和测试服务方面，已聚集了英特尔、紫光国芯、联咏、航天华迅、展讯、全志、爱德万、智多晶、宏佑等 140 余家行业企业，在手机基带芯片、存储芯片、屏驱动芯片、可编程芯片、导航芯片等领域具备国内一流的研发实力。

在存储器芯片方面，西安华芯半导体有限公司研发的 2GB DRAM 芯片是国内唯一自主可控、性能优良的存储器芯片。

在手机基带芯片方面，Intel 西安研发中心研发成功体积最小的 40 纳米基带芯片，处于国际领先水平。

在导航芯片方面，航天华迅微电子公司自主研发了中国第一款 GPS 导航芯片。

4. 物联网

在物联网方面，陕西西安拥有华迅微电子、优势科技、烽火集团、中星测控、大唐电信等一批优秀企业，技术和产品涵盖了物联网核心芯片、智能传感器、射频识别、智能天线、软件与应用平台、系统集成方案等全产业链，形成了物联网相关标准。西谷微功率数据公司是国内 2.4G 有源 RFID 国家标准及 2.4G RTLS 实时定位系统国家标准的起草单位；优势微电子公司研发的"唐芯一号"芯片，是我国第一颗 2.4GHz 超低功耗射频可编程片上系统。

5. 移动互联网

在移动互联网方面，陕西西安聚集了泰为、活跃网络、极客、瑜乐、多听、联客等 150 多家移动互联网应用开发集群。其中，泰为软件有限公司基于移动互联网 LBS 陌生交友应用——"兜兜友"，是 Appstore 排名第一的社交类应用。西安极客软件科技有限公司的"文件大师"应用，以专业、强大的手机文件管理功能，在全球揽获超过 1 亿用户，已获得投资 3300 万元。西安瑜乐软件科技有限公司的"每日瑜伽"，是全球下载量第一的移动瑜伽应用软件，全球用户数已超过 2100 万人。

6. 信息技术服务

陕西西安拥有 IAOP 全球服务外包百强企业中 10 家，中国 10 大服务外包领军企业 7 家，形成了以 IBM、SAP、富士通、NEC、NTTData、艾默生、爱立信、中软国际、博彦科技、软通动力、文思海辉、奥博杰天、西步数据、百胜、平安保险、HOV、博通国际为代表的，以软件开发外包、金融后台服务、数据处理与分析、电子商务为主的信息技术服务企业集群，年创造出口额 7.39 亿美元。其中，平安保险电话营销及客服中心坐席超过 1.3 万坐席；西安利安公司在全国十三个城市设立了近万个"利安社区电超市"门店，是全国最大的线上线下电子商务服务商。

（四）打造多样化产业公共服务平台，进一步提高服务企业能力

在创新创业扶持方面，软件园以现有产业基础为依托，以战略性新兴产业不同业态为重点方向，紧密围绕"创新驱动、国际化提升、产城融合"战略，在创新创业方面做了较多尝试。

1. 构建专业孵化器集群，提升精准服务效率

通过自建和引进相结合，一方面自建了软件园移动梦工场、软件新城创智空间孵化器；另一方面招引了光照孵化器、Plug and Play 孵化器、中关村 e 谷孵化器等 5 家以 AR/VR 智能视觉、外贸电商、集成电路、智能硬件等不同专业方向为主的国内外知名企业孵化器，形成了西安软件园战略性新兴产业创新孵化器群，总孵化面积达到 12600 平方米。牵头组织集群内孵化器活动，互通有无，各取所长，错位发展，提升整个区域创业帮扶服务的水平。

2. 助力全国"双创"，迸发园区创新创业活力

作为全国双创周西安分会场高新区主会场的重要内容，举办了 1 个大赛（智慧技术应用创新创业大赛）、2 个论坛（腾讯"云+未来"高峰论坛、"新丝路"上的陕西外贸新起点论坛）和 1 次名人讲堂（当前经济形势和中国的软实力——龙永图）。

3. 继续推进"四库九平台"公共服务体系建设

在完成客户联络平台建设的基础上，2016 年陕西省着重推进统计平台、企业库、项目库等公共服务项目建设工作，西安软件园"四库九平台"公共服务体系日趋完善。

4. 完善创新创业投融资体系

在产业发展资金支持方面，陕西西安软件园已着手设立 1 亿元的西安天使创投基金，计划设立 2 亿～3 亿元的西安高新区软件和信息服务业风险投资子基金，2 亿元的西安高新区文化创意与设计服务产业基金，10 亿元的西安高新区创意企业创业投资基金，助推企业快速发展。在力推企业资本市场融资方面，西安软件园上市上柜企业累计 28 家，其中新三板企业 25 家。在协助企业申请各级产业扶持资金方面，协助区内企业获批省市产业扶持资金总额超过 7800 万元。

5. 积极支持产业联盟发展

推行"以市场凝聚企业，以联盟拓展市场"的模式，持续支持云计算产业联盟、移动互联网产业联盟、西安网络信息安全联盟、大数据产业联盟等 11 家企业联盟开展企业间技术交流和合作，扩展产业链，实现创新产业集群特色发展（见表 2）。

6. 智慧园区建设

2013 年 7 月，作为"智慧高新"重点板块，陕西西安软件园启动"智慧软件园"建设工作，围绕基础设施建设、IT 系统配套、产业创新等 6 个维度，制定"智慧软件园"建设方案。首期进行"智慧能效管理""园区一卡通""智能停车及引导"三个系统试点建设，随后将根据试点经验进行扩展和推广。

表 2　陕西省相关产业联盟

序号	联盟名称	序号	联盟名称
1	西安对日外包企业联盟	7	西安能源信息化联盟
2	西安对欧美服务外包联盟	8	西安.NET 技术创新联盟
3	西安移动互联网企业联盟	9	网络信息安全产业联盟
4	西安云计算企业发展联盟	10	软件和服务外包人才联盟
5	西安电子商务企业联盟	11	大数据产业发展联盟
6	西安呼叫中心产业联盟		

三、面临问题

（一）金融手段缺乏

软件和信息技术服务企业属于轻资产公司，企业发展过程中融资难一直是困扰企业的难题，银行创新不足，缺乏相应融资产品，本地缺乏为创新型科技企业发展助力的金融体系和创业风险资本。

（二）人才优势遭遇瓶颈

陕西省软件和信息技术服务业一直引以为豪的是"西安人才优势"，但随着产业升级和发展，西安大量的"毛坯型"人才已不能满足企业发展需要。软件和信息服务业人才结构不尽合理，大量的基础人才亟待培训和实训才能上岗，中、高端人才难求，国际化人才匮乏。

（三）产业品牌宣传不足

软件和信息技术服务业是"品牌经济"，新形势下必须找准产业定位，凝炼产业品牌，通过精准渠道，向国内外业界准确传递西安软件产业特征，提高产业品牌城市认知度。外界对陕西的整体印象还是历史文化名城，软件和信息技术服务产业形象宣传仍有不足。

四、2017 年展望与目标

（一）总体工作思路

2017 年，是围绕陕西西安高新区自主创新示范区及"陕西自贸区"—"双自联动"建设的"机遇年"，是陕西省软件和信息技术服务业"十三五"发展规划和"赶超计划"加快实施的"加速年"，是探索机制体制创新，坚持市场化运作的"改革年"。陕西省将以机制体制改革创新为核心，招商引资、产业促进和软件新城建设为重点，人才引进、创新孵化、国际化提升为抓手，将西安软件园建设成为智慧化应用示范区、新兴业态引领区、国际化合作先行区，成为"西部硅谷，中国软件和信息技术服务业创新之都"。

（二）发展目标

软件和信息技术服务业增加值增速不低于 15%；

实现软件和信息服务业总收入 2400 亿元，同比增长 20%；

企业数达到 2116 家，从业人员达到 18.9 万人，同比增长 6%。

五、下一步工作

未来一段时间，陕西省将紧密围绕西安高新区国家自主创新示范区建设，全面督促指导落实《西安高新区软件和信息服务业赶超计划》和《西安高新区软件和信息服务业"十三五"发展规划》，以建设"数字丝路"、建成西部大数据应用和交易中心为目标。预计 2021 年陕西省软件和信息技术服务业收入将突破 5000 亿元，从业人数超过 25 万人。力争在促进产业聚集发展、深化产业结构等方面取得更大成绩。

（一）科学规划谋发展

指导编制完成了《西安高新区软件和信息服务业赶超计划》《西安高新区软件和信息服务业"十三五"发展规划》，通过对国内外和陕西省软件和信息技术服务产业发展趋势的研究分析，找出发展存在的问题、面临的挑战和机遇，科学制定未来一段时间软件和信息技术服务业发展规划，为产业发展指明方向。

（二）加快软件新城建设，为产业聚集发展夯实基础

到 2020 年，软件新城将完成约 350.8 万平方米新增建筑面积，并将优先保障软件和信息技术服务业用地需求，园区水、电、暖、路、网等基础设施，商业、居住、餐饮等生活配套设施将全面完善，新城整体环境显著提升。同时，通过投资促进、人才跨越和创新创业举措，将西安软件园打造成国内外知名 IT 企业投资的热点区、国内最大的 IT 和软件专业人才基地和国内一流、国际知名的创新创业孵化集群，为软件和信息技术服务业聚集发展创造合适基础。

（三）实施"云管端"战略和"互联网+"战略，深化产业结构升级

"云管端"战略，即结合陕西西安高新区打造千亿元手机产业链，重点关注智能终端设计、芯片设计、软件设计和移动互联网应用软件，与云计算和互联网结合形成产业特色。"互联网+"战略，即结合互联网+和中国制造 2025 等战略，配合西安高新区制造业攀登计划，加快与传统产业融合，催生骨干龙头企业，实现产业跨越发展。通过上述战略的实施，使陕西省在发展软件和信息技术服务业新业态、深化产业结构升级方面取得突破。

（四）通过四个方面的保障措施，强化规划的落实保障

分别从完善体制机制、优化产业环境、打造特色集群、发展投融资市场四方面，强化对规划落实的保障。在完善体制机制方面，统一思想，形成合力，促进省市各级政策和资金向软件和信息技术服务业倾斜，同时，健全行业统计（运行）分析体系，提升省市产业在全国的影响力。在优化产业环境方面，加强政策支持力度，整合各级政府优惠政策，分层次和方向重点支持。打造"丝路软件"的品牌，促进省市政府多维度、多层次宣传城市形象，塑造城市软件产业形象；推动省市创建 "中国软件名城"，为西安城市发展增添亮丽名片。在打造特色集群方面，围绕智能终端设计及软件、互联网+行业应用、集成电路

设计、大数据—云计算—物联网、移动互联网、电子商务六大领域快速发展，形成一批特色的产业集群。在发展投融资市场方面，在 1 亿元的"PnP 中国（西安）创投基金"和 3000 万元"移动互联网应用专题资金"的基础上，逐步增加支持力度。发挥西安高新区科技金融政策，与银行、投资公司合作，撬动社会资金，成立 3 亿～5 亿元的软件和信息技术服务创投基金。

2016 年甘肃省软件和信息技术服务业发展概况

2016 年，甘肃省软件和信息技术服务业紧紧围绕国家信息化和信息技术服务业发展战略目标和发展需求，以优化发展环境为抓手，以产业基地和园区建设为载体，坚持以企业支撑产业、以产业推动发展，产业规模不断壮大，创新能力持续提升，社会贡献率逐步提高，软件和信息技术服务业整体竞争实力进一步增强。

一、基本情况

（一）产业规模快速增长

2016 年，甘肃省软件和信息技术服务业实现软件业务收入 41.4 亿元，较"十二五"末增长 19.5%。实现利润 2.9 亿元；上缴税金总额 2.2 亿元，较"十二五"末增长 7.4%。甘肃省软件和信息技术服务业 2011—2016 年主营业务收入情况如图 1 所示。

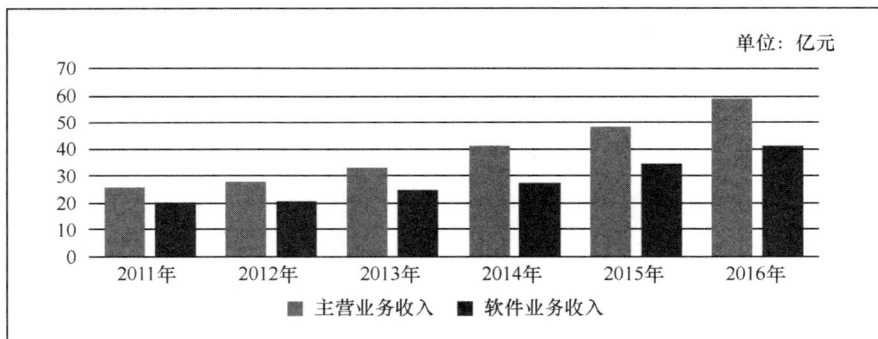

图 1　甘肃省软件和信息技术服务业 2011—2016 年主营业务收入情况

（二）产业结构不断优化

2016 年，甘肃省软件产业结构在软件和信息技术服务业全面综合发展的格局上不断优化。甘肃省实现软件业务收入 41.4 亿元，较"十二五"末增长 19.5%。其中软件产品、信息技术服务收入仍是支撑行业发展的主要力量，两项合计占全行业的 69.1%。运营服务收入、电子商务平台服务收入等服务类收入分别实现增长 35% 和 18.5%。甘肃省 2016 年软件业务收入构成情况如图 2 所示。

（三）企业社会贡献稳步提高

2016 年，甘肃省软件和信息技术服务业从业人员达到 9221 人，同比增长 18.6%；从业人员工资总额 4.9 亿元，同比增长 24.2%。

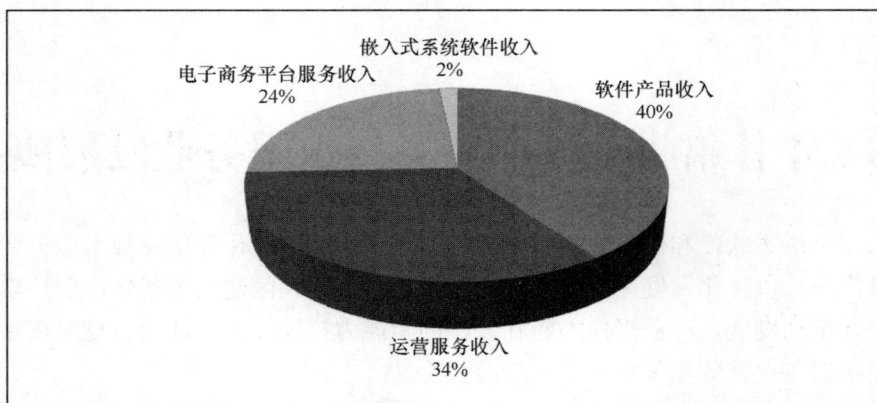

图 2　甘肃省 2016 年软件业务收入构成情况

（四）发展实力持续增强

2016 年，甘肃省从事软件开发和信息技术服务的企业近 1000 家，主营业务收入超过千万元的企业 84 家，其中超过亿元的 10 家。现有通过认定及评估软件企业 105 家；评估登记软件产品 45 件，现有登记及评估软件产品 561 件（见图 3）；新增 50 家系统集成资质企业，累计达 200 家，其中系统集成资质一级资质企业 2 家、二级资质 8 家、信息系统工程监理甲级资质 1 家、乙级 2 家。CMMI3 级认证企业 4 家。

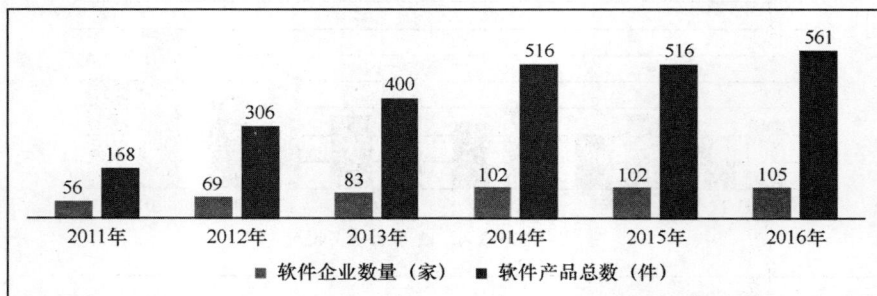

图 3　甘肃省软件和信息技术服务业 2011—2016 年软件企业和软件产品数量

（五）骨干企业优势明显

2016 年，甘肃省软件业务收入超过千万元企业 62 家，超过亿元企业 8 家。10 家甘肃省内重点软件企业实现主营业务收入 25.6 亿元、软件业务收入 17 亿元，分别占甘肃省软件和信息技术服务业的 43.5% 和 41.3%。甘肃万维公司、甘肃紫光公司营业收入均突破 5 亿元。甘肃万维公司开发的精准扶贫大数据平台通过聚焦"六个精准"总体要求，紧盯"1+17"方案落实，利用大数据和移动互联技术，建立精准扶贫大数据库和数据中心，支持扶贫开发业务全过程信息化动态管理，目前系统已经完成了扶贫对象、扶贫措施、扶贫成效、大数据分析、绩效考核、在线帮助培训等功能的开发。甘肃紫光公司先后通过 CMMI3 级正式评估和《运维通用要求》符合性评估，成为甘肃省首家获得"信息技术服务运行维护标准符合性证书"的企业。

（六）创新能力不断提升

国家电子行业标准三维数字社会服务管理系统技术规范在第一部分已发布的基础上，基础数据库、业务办理、服务受理、网格化管理、辅助决策 5 部分技术规范已起草完成，上报工信部。兰州万桥智能科技有限公司、兰州大方电子有限责任公司通过 2016 年省级企业技术中心评审。现甘肃省软件和信息技术服务业累计拥有国家级企业（工程）技术中心 1 个、省级企业技术中心 12 个、省级重点实验室 5 个。西北中小企业云平台作为甘肃省"中小企业公共服务示范平台"，已取得工信部"可信云服务认证"，上线各类应用 105 项，形成办公管理、沟通通信、网络安全、大数据应用等 10 大类 17 个子类的云服务产品体系，现接入企业超过 1.8 万家，使用用户超过 60 万户。

（七）园区基地逐步集聚

"十二五"以来，充分考虑甘肃省软件服务业发展现状和特色，以兰州、天水、敦煌三个城市软件园区建设为重心点，带动甘肃省东、中、西区域软件服务业发展。兰州软件园以兰州高新区、兰州经济技术开发区、兰州新区为依托，兰州三维数字社会服务管理系统联盟推广中心、甘肃紫光大厦、万华互联网创业创新大厦基本建成，产业发展的基础载体进一步夯实。现甘肃省 95%以上的软件企业集中在兰州市，收入占甘肃省软件收入的 98%。兰州新区联创智业园投资建设电商基地创客空间、创业咖啡服务中心、OTO 体验店、员工公寓、健身中心等，使用面积达 10000 平方米，已入驻电子商务企业 30 多家。兰州经济开发区以兰州交通大学国家科技园为依托，重点发展科技创新与成果转化、高新技术企业孵化、创业人才培养和科技产业辐射。兰州市软件和信息技术服务业已初步形成"一园三区"的发展格局。

二、主要特点

（一）政策环境日趋完善

"十二五"末以来，甘肃省积极贯彻落实国家相关产业扶持政策，省政府先后出台了《甘肃省人民政府关于加快软件服务业发展的意见》《甘肃省关于深化制造业与互联网融合发展的实施意见》《甘肃省"十三五"信息化发展规划》等多个政策性文件，省工信委印发了《甘肃省"十三五"电子信息产业发展规划》《甘肃省互联网+协同制造实施方案》《中国制造 2025 甘肃行动"互联网+"制造专项实施方案》《中国制造 2025 甘肃行动信息技术产业专项计划》等，编制了《甘肃省大数据发展规划》《甘肃省关于深入推进信息畅通建设的实施方案》等多个政策性文件，在政策导向、资金支持、税收优惠等方面建立了保障机制，全省软件和信息技术服务业工作政策保障体系日臻完善。

（二）项目支撑效应显现

坚持把项目建设作为加快信息化和信息产业发展的切入点，以项目建设促发展。甘肃省工信委与九次方公司签署大数据产业发展合作框架协议，协调推进成立了丝绸之路大数据公司、甘肃省大数据研究院、甘肃省大数据产业基地和甘肃省大数据创新创业中心。中国移动集团兰州新区数据中心、中国电信集团兰州新区集团级数据中心、甘肃省广电网络公司兰州新区数据中心、金昌紫金云大数据产业园等加快建设，为大数据产业发展奠定了基础。中植北大众志"中国芯"技术产业化项目落地甘肃省兰州新区，打造"中国芯"高新技术产业示范基地。西北中小企业云服务平台、三维数字社会管理服务平台、北斗卫星导航综合服务平台等10个平台建设加快推进。甘肃省电子信息产业500万元以上项目全年完成固定资产投资8.2亿元，同比增长30%。通过项目的建设实施，不断壮大甘肃省软件产业总体规模，进一步优化产业结构，提升产业发展质量，带动甘肃省软件和信息技术服务业快速发展。

（三）支撑两化深度融合

为推动工业云、工业大数据和工业电子商务能力建设，促进大企业"创新创业"发展，甘肃省出台了《甘肃省2016年两化深度融合工作要点》。甘肃工大电子科技有限公司被中国两化融合服务联盟推荐为两化融合管理体系贯标咨询服务机构，甘肃省内落地的具备国家授予资质的各类两化融合服务机构达3家。酒泉汉武御酒业等4家企业成为国家级工业电子商务运行形势指数企业。组织开展两化融合管理体系对标引导和评估诊断，甘肃省累计已有1100家企业参与两化融合对标引导和评估诊断工作。兰石集团等13家企业被工信部列为国家级两化融合管理体系贯标试点企业，国家级贯标试点企业总数达到22家，其中甘肃银光聚银化工有限公司成为甘肃省首个通过国家两化融合管理体系贯标的企业。西北中小企业云平台通过"以租代建、按需购买、即开即用"应用接入服务，现已实现1300多家小微企业接入云平台，拥有企业自己的云服务器、门户网站、财务系统和办公软件，一站式解决了小微企业的各类信息化需求，有效带动了甘肃省企业信息化水平提升。

（四）典型带动示范显著

近年来，鼓励龙头骨干企业建立研发机构，加大研发投入，构建产学研用相结合的技术创新平台和支撑体系，支持以骨干企业为龙头建立技术、标准、产业和应用联盟，提高科研成果转化能力。甘肃省率先在全国建成了公共资源交易系统体系，第一个实现了与国家平台的对接和数据推送，实现甘肃省14个市级平台的互联互通和信息共享，8个市州远程异地评标系统已上线运行，共开展远程异地及电子开评标项目1000多个。甘肃物流与信息技术研究院，已立项和完成了20余项国家及省市科技项目，承担了甘肃省商务厅《甘肃省十三五商贸物流发展规划》、武威市、定西市、张掖市等市州的"十三五"商贸物流发展规划，以及兰州铁路局"十三五"发展战略研究、兰州铁路局"一带一路"战略规划，酒钢兰州商贸产业园可行性研究等物流业（或商贸物流业）发展规划，占甘肃省物流业"十三五"发展规划的38%。

三、面临问题

总体上看，2016年，甘肃省软件和信息技术服务业呈现平稳较快发展态势，发展中的困难和问题依然很大。一是由于地域经济等因素限制，人才短缺依然是制约产业发展的主要瓶颈，甘肃省对人才吸引力不足，不能充分吸引利用省外人力资源；留人机制不完善，软件企业人才流失严重。二是自主创新能力弱，产品市场认知度低，企业品牌影响力不足，产业扩大发展面临较大挑战。三是产业基础发展薄弱，尽管软件和信息技术服务业近几年发展较快，但差距有进一步拉大的趋势，大部分软件企业规模偏小，市场竞争力较弱。四是企业经营成本提高。软件企业人才是关键，近年来随着物价上涨，工资急速增加，使得人员成本占总成本 60%～70%的软件企业倍感压力。

四、2017 年展望与目标

2017 年，甘肃省将认真贯彻落实党的十八大及三中、四中全会精神，以产业结构优化升级为主线，以优化发展环境为抓手，以产业基地和园区建设为载体，以体制机制创新和技术创新为动力，以推动项目建设和招商引资为重点，围绕两化融合，促进信息消费，提升发展质量，提高监管水平，更好地发挥战略性新兴产业的引领作用，确保甘肃省信息产业实现平稳较快增长，大力发展云平台、云软件、云服务、云终端，推进软件产业集聚区和发展载体建设，积极培育新业态，确保软件和信息技术服务主营业务收入增长 24%以上。

五、下一步工作打算

（一）加强宏观指导，推动产业发展

加快产业发展配套政策完善制定工作，结合国家部委《信息产业发展指南》《软件和信息技术服务业发展规划（2016—2020 年）》等国家政策规划，组织企业学习了解国家和甘肃省政策，使企业和基层了解政策、用好政策。组织编制《电子信息产业政策汇编》。完善和丰富网信产业相关网站、微信公众号等，发挥新媒体作用，为各方面了解政策、掌握信息提供便利。结合工信部《关于软件和集成电路产业企业所得税优惠政策有关问题的通知》，加强与财税等部门沟通，使软件产业企业优惠政策落到实处。

（二）重视项目建设，壮大产业规模

跟踪推进在建或续建项目建设，抓好建成项目的达产达标，组织完成竣工项目的验收工作。以云计算、大数据产业发展为先导，主动加强与中电科、中国电子、阿里巴巴、富士康等大企业、大集团的联系对接，重点在物联网、云计算、大数据信息产业新领域，有效推进兰州新区大数据备份中心、电子信息产业园、物联网传感器等已有合作意向和工作基础的信息产业项目真正落地。协调推进华为集团、浪潮集团与甘肃省有关市州企业的协议落实。

（三）围绕园区基地，推动集聚发展

推动基地园区建设，完善配套设施，引导企业和各种创新要素向基地园区集聚，通过园区建设引进更多的大项目和产业集群，促进产业的集聚发展。加快三维数字软件园、联创智业园、海默科技产业园等园区基地建设，推进西北中小企业云服务平台、三维数字社会管理服务平台、现代物流与信息技术服务平台等 10 个平台建设运营，引导和鼓励大型企业开设众创空间，打造众创平台，培育联创孵化园等小企业孵化器和创新中心，支持和引导双创项目落地。推进联创智业园、紫光智能大厦、万华甘肃互联网创新创业大厦等基地建设，鼓励支持甘肃省内外互联网、软件和信息技术服务业企业入驻，壮大产业规模。

（四）强化行业监管，提升服务能力

着力加强行业监管，以兰州为中心，重点了解现有国家级企业（工程）技术中心、省级企业技术中心和重点实验室基本情况，调研大数据、互联网、云计算、物联网等新模式、新

技术、新业态的情况，与省内有关高校加强互动，搭建产学研用活动平台。对在统软件企业进行调研，全面掌握软件行业主攻方向、软件研发、著作权登记、业务收入、产品存续、税收优惠等情况，形成优势软件企业和软件产品清单。结合中国制造 2025 甘肃省行动纲要和"互联网+"带来的应用需求，促进软件和信息技术服务业与传统产业、现代服务业结合，加强协同创新、融合发展。

（五）培育内需市场，优化发展环境

以应用为牵引，加快在交通、安防、环保等领域的信息化进程，开发信息化市场资源，为软件和信息技术业发展搭建平台。承办好第 2 届中国丝绸之路（敦煌）文化博览会专项论之一的数字论坛，着力宣传甘肃省在政策环境、资源禀赋、战略地位、向西开放等方面的优势，营造产业发展环境。开展首届电子信息产业宣传月活动。会同新华网（甘肃）、甘肃日报、人民网等媒体，组织甘肃省内有关市州、重点企业、科研院所、行业协会，围绕政策环境、产业发展、行业特色，进行集中宣传，优化发展环境，营造良好氛围。加强对甘肃省信息产业协会的日常监管和业务指导，做好系统集成项目经理等相关人员和业务培训，为甘肃省软件服务业产业发展做好人才保障。

2016 年青海省软件和信息技术服务业发展概况

一、基本情况

2016 年，在工业和信息化部的指导和帮助下，在青海省委、省政府的正确领导下，青海省立足特色优势产业基础，抢抓新一轮科技革命和产业变革发展机遇，坚持以信息化推动工业供给侧结构性改革为主题，以信息化激发工业企业创新活力、发展潜力和转型动力为主线，以信息化促进工业经济转方式、调结构、增效益为主要路径，大力推进信息化融合创新，着力培育特色软件产业，各项工作取得显著成效。2016 年，在统的 24 家骨干企业累计实现软件业务收入达 1.2 亿元。

二、主要工作及特点

（一）加强政策引领，促进应用发展

青海省紧跟国家发展战略，按照青海省"十三五"工业和信息化发展规划编制总体要求，编制印发了《青海省信息产业"十三五"发展规划》《青海省大数据产业发展规划》，为"十三五"期间青海省信息产业和大数据产业发展奠定了政策基础。为深入贯彻落实《关于深化制造业与互联网融合发展的指导意见》（国发〔2016〕28 号），在深入调研和反复征求意见的基础上，研究提出并报请青海省人民政府印发了《关于推动制造业与互联网融合发展的实施意见》（青政〔2016〕90 号），这也是青海省首次以省政府名义印发的促进两化融合发展的政策性文件。同时，为推动青海省制造企业打造信息化环境下的新型竞争力，制定并印发了《关于做好 2016 年"互联网+"工业重点工作的通知》和十余项配套文件。

（二）推动创新发展，培育特色软件产业

一方面，协调推动青海中关村高新技术产业基地（海东科技园）积极承接东部地区电子信息转移产业，国家软件和集成电路公共服务平台等 129 家企业相继入驻园区、落地生根。另一方面，少数民族语言软件产业迅速发展，2016 年安排信息服务专项资金 930 万元，支持了"机织藏毯 ERP 生产管理平台""基于移动物联网的智慧矿山防灾减灾关键技术研究及互联网+应用示范"等 11 项重点软件项目，预计带动投资近 1.5 亿元。2016 年 8 月 22 日，全球首个藏文搜索引擎——"云藏"在海南藏族自治州正式上线运行，藏文手写输入法和语音识别关键技术研发取得实质突破，《藏羚羊》等一批少数民族文化网络游戏和动漫产品相继上线。软件产业的发展壮大，为青海省经济社会发展提供了本地化的软件服务支撑，为民族团结进步先行区建设做出了积极的贡献。

（三）加强协调联动，带动产业发展

2016 年安排信息服务专项资金 440 万元，支持了"基于以太网技术远程集中监控蓝宝石

生产的示范与应用"、"基于 ULP 无线技术的可穿戴智能蓝牙温度计研发及产业化"等 6 项电子信息制造重点项目，预计撬动投资近 21 亿元。青海省内首条藏文电子产品组装生产线投产运行，可穿戴智能电子产品、光电元器件等电子信息终端产品项目有序推进。

（四）加快基础设施投入，推动大数据产业发展

依托青海省气候寒冷、能源充沛、区位特殊且列入全国数据中心建设一类地区等方面的优势，积极协调推动青海省内基础电信运营企业加快大数据中心建设。中国移动（青海）总建设规模 28205 平方米，拥有 3200 个标准机架的高原大数据中心已经正式启动运行；中国联通集团公司"十三五"期间将在青海省布局建设该集团公司在国内的第二个大型数据中心，中国联通青海分公司正在开展凤凰城及海湖新区数据中心机房建设项目，积极拓展大数据业务；中国电信青海分公司在现有提供云服务和异地云灾备服务数据中心的基础上，正在西宁市、海东市、格尔木市扩建数据中心。推动青海省国投公司和北京九次方大数据公司于 2015年 8 月共同出资成立了青海省大数据有限公司，并就筹建青海省大数据产业研究院与青海大学、省测绘地理局及有关企业达成共识，阿里巴巴农村电商、浪潮大数据产业园等项目亦在抓紧实施。同时，安排 2016 年信息服务专项资金 475 万元，支持了"智慧城市云数据平台"等 6 项大数据建设及应用项目，预计带动投资 8720 万元。

三、存在的问题

一是产业基础研发能力仍然薄弱，自主创新能力不足，产业结构不合理，仍处于价值链中低端水平。二是融资困难。企业由于没有固定资产等做抵押，贷款困难，加之行业竞争日趋激烈，企业回款难度大，进一步加剧了资金紧张程度，导致企业研发投入持续减少，无法实现重要技术的创新和高端产品的研发。三是人才缺乏。由于青海省经济发展相对落后，就业环境欠佳，使企业引进人才难度加大。四是部分企业对"互联网+"认识还不到位，对移动互联网、云计算、大数据等新一代信息技术了解还不够深入，新技术的应用推广还存在难度。五是软件企业所得税优惠政策还面临落实不够到位的问题。

四、2017 年工作思路和目标

贯彻落实十八届六中全会和习近平总书记视察青海时重要讲话精神，以改革创新为动力，以经济社会发展需求为导向，以信息产业发展为根本，加快推动新一代信息技术应用，加快推动信息化和工业化深度融合，加快推动信息技术成果惠及广大人民群众，为青海省"三区建设"和全面实现"四个转变"提供有力支撑。力争 2017 年软件服务业总收入突破 6 亿元，占信息产业比重进一步提升。

五、下一步重点工作

（1）按照《青海省信息产业"十三五"发展规划》《青海省大数据产业发展规划》确定的目标和重点任务，力争实现电子信息制造和软件服务业收入达到 60 亿元以上。

（2）贯彻实施工信部《信息化和工业化融合发展规划（2016—2020 年）》，完善青海省两化融合贯标实施办法和指标体系，谋划和实施一批制造业与互联网融合创新项目，启动建设

一批数字化车间、智能化工厂，培育两化融合贯标企业 10 家以上。提升软件产业自主创新能力，推广工业软件和行业解决方案，推动传统产业新一代信息技术应用，提升信息服务能力。

（3）推动落实《关于推动制造业与互联网融合发展的实施意见》，实施信息化促进工业智能绿色发展、工业互联网"双创"平台建设、工业互联网新模式培育等专项行动，加快推进"互联网+"专项行动计划，积极引进互联网龙头企业参与青海省制造业创新中心、工业电子商务、绿色制造等工程。

（4）贯彻落实《国家信息化发展战略纲要》和《"十三五"国家信息化规划》，协调、配合有关部门和单位，在信息基础设施建设、电子政务、电子商务、民生信息化应用、网络安全等信息化建设领域实现新的突破，创造新的成绩。按照《促进云计算发展培育大数据产业实施意见》分工任务，协调督促有关部门和单位做好"四朵云"建设，力争在电子政务、环保、交通、农牧等云平台建设方面初见成效，推动大数据产业发展。

2016 年大连市软件和信息技术服务业发展概况

2016 年，大连市软件和信息技术服务业始终以两化深度融合、智能制造、互联网+、云计算、大数据为发展战略及工作重点，有效推动了产业平稳发展。新兴业态保持快速增长，在云计算、大数据、物联网、移动互联网等新一代信息技术领域涌现出一批颇具潜力的企业。

一、基本情况

2016 年，规模以上（软件业务收入 500 万元以上）企业实现软件业务收入 1015 亿元，同比增长 4%，实现出口 27.2 亿美元，同比增长 1.8%；从业人员 18 万人，企业 667 家，其中外资企业 147 家，70 余家世界著名跨国公司在大连设立了全资的研发中心和信息技术服务中心。从业务结构上看，国内市场占 82.8%，出口占 17.2%。

（一）业务收入构成与分析

2016 年，软件产品收入 405 亿元，占总销售收入的 39.9%；信息技术服务收入 560 亿元，占销售收入的 55.2%；嵌入式系统软件收入 50 亿元，占总销售收入的 4.9%。各业务占比情况与 2015 年纳入统计的企业变化不大，反映出大连市产业结构通过近几年的发展与优化，结构趋于合理。

（二）软件出口构成与分析

软件服务外包出口 21.4 亿美元，占总量的 78.7%，嵌入式系统出口 1 亿美元，占总量的 3.7%。在出口收入中，对日出口依然是主体，从 2016 年年初日元汇率的不断上升，对日市场正在日渐复苏，占总量的 56%，相比 2015 年有所增长。欧美外包收入比例与 2015 年相比有小幅增加，占总量的 38%，其他国家出口占比下降至 6%。

（三）企业构成与分析

今年纳入统计范畴（软件业务收入 500 万元以上）的企业有 667 家。其中，外资企业有 167 家。百人以上规模的企业 350 家，千人以上规模的企业达 46 家。从规模上看，大多数从业人员集中在这些发展稳健、业务收入超过 500 万元的软件企业中。

（四）人力资源构成与分析

从人员规模来看，截至 2016 年年底，从业人员 18 万人。其中软件开发人员近 13 万人，管理人员近 3 万人。从人员的学历结构看，研究生以上学历的人数 3 万人，占人员总数的 15%；本科生 13 万人，占 80%，其他为大专以下人员。软件行业对高端人才的需求依然强烈，随着业务结构的调整，接下来的几年里这一需求仍然不会有改变，如何吸引高端软件人才是大多数企业亟待解决的问题。

二、2016 年完成的主要工作

（一）扎实推进大连云计算公共服务平台建设

在推进大连云计算公共服务平台建设的过程中，重点调研大连市企业云计算技术应用状况及对云计算基础设施的需求情况，实地走访调研 31 家企业，并赴贵阳调研云计算大数据发展情况，根据调研情况撰写了《大连市云计算公共服务平台应用调研报告》。目前，大连云计算公共服务平台已经为大连市 60 多家企业提供公共服务。针对调研和平台推进过程中存在的不足，组织 10 家重点企业召开座谈会，探索建立云基础设施联合共建机制。在召开座谈会的基础上，为充分发挥大连云计算公共服务平台的作用，达到集全市云计算优秀资源，共同打造公益性服务平台的目的，制定了《大连云计算公共服务平台服务商合作管理暂行办法》。为加快大连市软件和信息技术服务业公共服务平台建设，鼓励和支持有能力的企业参与产业发展所需的公共服务平台的建设和运营，充分发挥好政府资金扶持引导作用，依据《大连工业和信息化发展资金暂行管理办法》制定了《大连软件和信息技术服务业公共服务平台资金管理办法》，为保持平台持续、平稳和健康发展奠定了基础。同时，进一步加快华为软件云服务平台和云服务创新中心项目建设。重点协调推进，解决电力、带宽等问题，目前平台已具备上线条件，有 110 家企业的 600 多个项目在使用华为软件云服务，反响良好。华为云服务创新中心建设已初步落成，50 人的研发团队全部到位。

（二）指导支持中国 CAE 产业联盟开展自主研发和应用对接工作

通过中国 CAE 产业联盟，重点开展传统制造业企业 CAE 需求调研工作，形成了《大连制造业企业 CAE 应用调查报告》。英特仿真公司引入 2000 万元投资基金壮大发展，面向智能制造设计领域，启动了中国仿真云平台和 CAD/CAE 集成数值化创新中心项目建设。此外，通过中国 CAE 产业联盟，在全国各地召开 CAE 自主研发论坛、联盟融资对接会，联盟网站上线、联盟企业案例库征集等一些工作也都取得显著成效。

（三）积极向部省推荐大连市企业及优秀产品

推荐 11 个大数据优秀产品、服务和应用解决方案报送国家工信部，汇编成册进行宣传推广。推荐 6 个工业软件产品入选国产工业软件解决方案白皮书名录；9 家企业入选省智能制造支撑企业名录；46 家企业项目入选军民两用高技术项目。组织参加辽宁省智能制造对接会并作产品介绍。参与完成建设国家工业互联网基地申报工作。

（四）认真落实软件企业税收优惠政策

深入贯彻《关于软件和集成电路产业企业所得税优惠政策有关问题的通知》（财税〔2016〕49 号）等软件和信息技术服务业有关政策文件精神；与国税局、地税局、发改委一同召开协调会，共同研究落实具体意见和办法，起草《大连市软件企业所得税优惠征收核查工作细则（试行）》，进一步明确、规范有关程序和内容，确保核查工作准确、高效、合规。目前，此项工作已全部完成，大连市已有 24 家企业申请备案享受优惠政策，减免企业所得税 2772 万元。

（五）注重做好产业招商和产品宣传推广工作

为促进重点项目引进与建设，加快推进软件产业发展，先后赴北京、贵州、深圳等地开展项目招商、经验学习交流等活动。组团参加北京第二十届中国国际软件博览会，大连软协及 15 家重点软件企业参展；展会期间，工信部部长、党组书记苗圩，中纪委驻工信部纪检组组长、工信部党组成员金书波，信软司司长谢少锋等领导视察了大连展位，重点了解了大连英特仿真公司 CAE 软件产品研发等情况，并给予充分肯定和鼓励。英特仿真公司的"复杂装备制造创新设计数字化平台"入选了软博会信息发布会产品序列。参展大连软交会，组织了40 家中小企业参加创新展区，近 30 家从事工业软件企业参加 2016 智能制造趋势和应用高峰论坛，对重点企业和项目进行交流对接，进一步推动工业软件应用推广工作。

三、2017 年重点工作安排

2017 年，大连市将继续深入结合《中国制造 2025 大连行动计划》十二大重点领域有关工作任务，推动大连市软件和信息技术服务业做强做大，重点做好以下几个方面的工作。

（一）培育软件和信息技术服务业服务于制造业的新模式

学习和落实《中国制造 2025 大连行动计划》，以工业企业的信息化、智能化和服务化为切入点，用政府基金或专项进行引导和撬动，对大连市软件和信息技术服务业的企业进行梳理，整理出服务于制造业的链条企业，确定牵头单位，制定公约和条款，采取联盟或公司形式，成立服务制造业的联合团队。选取工业企业进行咨询、现状诊断、提出解决方案、实施和评估，打造样板和示范工程，然后进行宣传、复制和推广，培育软件和信息技术服务业服务于制造业的软件新模式和新商业模式，促进工业企业的转型升级。

（二）加速推动大连云计算公共服务平台和云服务创新中心建设

快速推动华信、华为、神州云等公司在云计算基础设施方面的联合，充分发挥云计算公共服务平台建设单位的作用，建设好大连云计算公共服务平台、云服务创新中心，促进大连市软件和信息技术服务业转型升级。

（三）充分发挥政府资金的引导和撬动作用

培育重点业务骨干企业，构建产业核心支撑体系，统筹政策、资金、项目、市场等手段，充分发挥政府资金的引导和撬动作用，有针对性地进行扶持，支持企业间合作，逐步形成产业核心支撑队伍。

（四）推进软件和信息技术服务外包高端化发展

认真落实《中国制造 2025 大连行动计划》，重点加强工业软件研发应用，加快大数据、云计算、物联网、移动互联网产业发展，鼓励"大物云移"研发应用，打造工业仿真服务云、医疗健康云、车联网云和跨境电商云等平台，完善项目功能，推动工业企业互联网化，形成制造业应用软件新模式和新商业模式。推进软件和信息技术服务外包向高端化发展。同时，利用大连多年对日外包形成的人才、技术和资金等城市产业综合成熟度优势，促进离岸软件外包向高端化发展，促进产业的转型升级。

2016 年宁波市软件和信息技术服务业发展概况

2016 年，宁波市软件和信息技术服务业保持快速增长态势，产业规模和经济效益保持良好发展态势，产业综合竞争力不断提升。各区（县）市产业主管部门认真落实有关软件产业的政策要求，结合本地实际，强化政策扶持、夯实支撑载体，大力招商引资和培育企业，各项工作取得显著成效。

一、基本情况

（一）收入规模以较快速度增长

2016 年，宁波市软件产业保持较快增长势头，实现软件业务收入 465 亿元，同比增长 18.3%。信息技术服务收入引领增长，实现信息技术服务收入 214 亿元，同比增长 32.2%，其中运营服务收入 119 亿元，同比增长 44.8%，电子商务平台服务收入 93.8 亿元，同比增长 29.9%。软件产品收入 118 亿元，同比增长 23.3%。

（二）鄞州、高新首次突破百亿元规模

2016 年，鄞州区、高新区软件收入突破百亿元规模，鄞州区和高新区软件收入分别为 114.7 亿元和 112.8 亿元，是宁波市率先实现收入上百亿元的地区，分别占宁波市总收入的 25.5% 和 25.1%，为宁波市软件和信息服务业的主要分布地区，占宁波市软件业务收入的 50% 以上。慈溪软件业务收入达到 50 亿元以上，余姚、江东、海曙软件业务收入达到 30 亿元以上，北仑、保税、镇海、江北等地达 10 亿元以上。

（三）软件助推智能制造趋势显著

软件业与制造业融合发展效果显著，嵌入式软件在提升产品、生产装备智能化水平方面发挥重要作用，2016 年嵌入式系统软件收入 133.4 亿元，占软件业总收入的 28.7%。海天智造、舜宇智能、紫藤信息、华泰车载等一批从事智能制造软件及系统集成的企业不断涌现，有望依托行业优势资源实现快速增长。

（四）骨干企业队伍稳步成长

软件骨干企业在产业发展中的支撑引领作用突出，东蓝数码有限公司、宁波理工监测科技股份有限公司被评为 2016（第 16 届）浙江省电子信息 50 家成长性特色企业。软件企业上市取得新进展，宁波市上市软件企业已达 30 家，其中主板 2 家，新三板 28 家，上市软件企业已成为行业的中坚力量。软件行业创新创业活跃，年度新设立注册资金千万元以上企业 183 家。

（五）企业经济效益良好

据对宁波市网上直报重点监控 100 家企业的统计分析，实现利税 17.7 亿元，同比增长

30%，实现利润总额 14.03 亿元，同比增长 59.6%。其中营业收入 5000 万元以上的企业 32 家，实现利润 13.25 亿元，利润率为 10.37%；营业收入 2000 万～5000 万元之间的企业 21 家，实现利润 6865 万元，利润率为 10.78%；营业收入 2000 万元以下的企业 47 家，实现利润 1121 万元，利润率为 3.54%。

二、面临的问题

（1）软件和信息技术服务业发展的人才、政策、市场等环境有待改善，软件和信息技术服务业大项目、大企业培育引进不够，缺乏有效手段和途径吸引民营资本和国内大企业来宁波市投资设立软件和信息技术服务企业，"中国制造 2025"试点示范和智慧城市建设的市场效应还未能充分发挥。

（2）软件产业对"中国制造 2025"试点示范创建工程的支撑作用不够明显，企业规模偏小、自主研发能力不足、行业影响力弱等问题制约了宁波市软件企业更好地服务于工业企业转型升级，不能全面、深入地参与到"智能制造""制造业+互联网"等项目中。

三、2017 年发展目标和主要工作安排

2017 年，宁波市将认真贯彻国家、省、市有关软件产业发展的政策要求，加强引导和扶持，促进软件产业继续快速发展，全年软件业收入突破 500 亿元，同比增长 15%，助推中国制造 2025 试点示范城市建设，重点做好以下几个方面的工作。

（一）支持企业技术创新

鼓励企业开展技术创新活动，争取财政资金对技术研发费用给予一定的补助；支持企业申报行业云制造平台项目、制造业+互联网产业化项目、工业物联网项目等"中国制造 2025"相关试点示范项目；支持软件企业同国内知名 IT 企业、科研院所加强合作，引进和建设院士工作站、专家工作室，创建国家级、省级研发中心，整合外部智力资源，提升技术研发能力。

（二）落实产业优惠政策

开展政策宣讲，帮助企业熟知软件和集成电路产业企业所得税优惠政策，指导企业按照要求准备享受税收优惠企业的备案资料；与市国税、市地税等部门加强协作，赴企业进行实地核查，并调阅企业合同、发票等原始资料，使符合条件的企业能够享受到政策优惠；鼓励大型制造业企业剥离软件技术服务部门，设立软件企业，充分发挥政策的引导和扶持作用。

（三）推动产业合作交流

组织企业参加世界互联网大会、中国软件博览会、宁波智博会等会展活动，帮助企业了解国内外信息技术产业发展情况；支持行业协会、重点企业举办技术交流会、资本对接会、创业辅导会等会议，推动软件企业之间、软件企业与金融等相关企业之间开展经济技术合作；大力培育骨干软件企业，评选宁波市软件业 10 强、创新之星企业等优秀企业，大力宣传典型企业和优秀案例，提升企业品牌影响力。

（四）建设产业人才队伍

举办嵌入式系统等一系列技术培训班，鼓励软件企业选派企业技术骨干参加培训，帮助软件企业培养技术人才；组织宁波市软件企业与高校开展人才对接，赴中西部高校及信息技术人才密集的城市开展专场招聘活动，帮助企业引进人才；谋划引进软件及信息技术培训机构，大批量培养企业急需的适用人才。

（五）强化产业支撑载体

支持各县（市）区结合自身优势，扩建和新建软件产业园区，拓展产业发展空间；加强产业园区配套服务能力建设，推进人才、技术、资本等要素的优化配置，构建产业生态系统；推进省级信息经济示范区、软件产业特色基地建设，提升园区管理和服务水平；督促已有建设意向的县（市）区加快推进园区建设。

（六）加强产业统计分析

按照工信部软件业统计制度要求，做好软件产业的月报、季报和年报工作，撰写经济运行分析；按照浙江省经信委关于信息经济统计工作要求，加强信息经济核心产业的统计分析，摸清统计样本、细分行业构成，开展核心产业评价；与宁波市统计局加强协作，做好口径内的样本软件企业的跟踪分析工作；开展工业物联网行业统计。

2016 年厦门市软件和信息技术服务业发展概况

2016 年以来，厦门市深入学习习近平总书记在网络安全和信息化座谈会讲话精神，贯彻落实全国工业和信息化工作会议精神、《中国制造 2025》等有关政策文件，围绕协同创建"中国软件名城"、创建信息消费示范城市，通过打基础、优环境、建平台、抓项目，推进"互联网+"、创业创新建设，强化创新驱动，深入推进两化融合，努力培育新增长点，提升信息化和软件服务业在制造业、创业创新等领域的支撑保障作用。2016 年，厦门市软件和信息服务收入超过 1000 亿元，达到 1108 亿元，实现了创建千亿元产业链的目标，成为厦门市第三条达到千亿元产值的产业链。

一、基本情况

（一）主要经济指标

2016 年，厦门市软件和信息技术服务业继续保持快速平稳发展态势，实现软件业务收入 1108 亿元，同比增长 19.6%，其中，软件产品收入 295 亿元、信息技术服务收入 691 亿元、嵌入式系统软件收入 123 亿元。

（二）主要特点

1. 企业创新能力进一步增强

国网信通亿力科技有限责任公司首次入围中国软件业务收入百强、首届中国软件和信息技术服务综合竞争力百强企业，四三九九网络股份有限公司等 3 家企业入选中国互联网企业 100 强。新增美亚柏科通过信息系统集成服务一级资质认定，厦门科华恒盛股份有限公司获第五届福建省政府质量奖。2016 年新增路桥信息、特力通、风云科技等 27 家软件和互联网信息服务类企业在新三板挂牌成功。吉比特获得证监会主板 IPO 批文，于 2017 年 1 月正式挂牌上市，成为福建省首家在上交所主板上市的游戏企业，目前公司股票成为厦门第一股；美图公司正式在港交所挂牌上市，成为软件和信息技术服务业在境外的第二家上市公司。截至目前，据不完全统计，共有 48 家企业上市及挂牌新三板，总市值超过 1000 亿元，其中港交所主板 2 家、A 股主板 1 家，创业板 3 家、中小板 1 家。此外，四三九九、亿联网络、智业软件在创业板上市的 IPO 申请已被受理。

2. 软件和游戏企业移动化服务转型加快

智业软件发力互联网+医疗，推出智业互联网医院和艾嘉健康服务产品；吉比特《问道》4 月手游上线，首月活跃用户超 600 万，月流水超过 4 亿元，目前流水维持在 3 亿元左右；四三九九"4399 游戏盒"上线，目标是成为国内最大移动小游戏平台，游戏企业从端游到手游转型基本完成。

3. 布局新产业加快构建生态链

美亚柏科、信息集团、科技谷、南讯软件、科华恒盛积极利用大数据构建产业生态链；

四三九九、吉比特、妮东科技研发电竞游戏和 VR 游戏，谋求在电竞和 VR 内容提供等新业务板块占有优势；盈趣科技、凤凰创壹、观印文化等企业积极布局 VR 装备和 VR 集成应用产业；风云科技运用"文化+科技+创意"的新模式，致力于新媒体影视和新媒体电影 IP 的研发，搭建"投、创、展"平台。

4．动漫游戏企业跟进新领域

动漫企业利用厦门市咪咕手机动漫平台，积极跟进 IP 授权交易的步骤，找到变现渠道。翔通信息、中天启航等 CP 在咪咕手机动漫平台收入超过 1000 万元；翔通动漫、青鸟动画、中科亚创等老牌动漫企业，通过 IP 授权在咪咕手机动漫平台的收入大幅增长。

5．传统软件企业融合步伐加快

美亚柏科瞄准智能硬件升级为"硬件+软件+服务"模式，布局"四大产品+四大服务"的全新战略体系；芯阳科技以集成电路设计为核心，通过智能控制器方案开发，延伸到现代化生产制造，形成集"电路设计+应用+生产+销售"于一体的模式；雅迅网络则通过汽车智能终端生产，将产业生态延伸到汽车信息安全产品与应用等领域；美图公司围绕"美"将美图独有的美颜软件技术与硬件配置相结合，推出美图智能手机，同时创新性地将互联网营销手段与传统智能硬件相结合，打造全新的销售模式；绿网天下通过打造"绿色上网服务+智慧课堂整体解决方案+智能移动终端解决方案"，将软件服务延伸到智能硬件制造，提升产品的变现能力。

二、2016 年主要工作措施

（一）强化政策规划制定，引导产业发展

围绕创建软件名城、信息消费试点建设和中国制造 2025，抓好规划政策研究，制定出台了《厦门市软件和信息服务业"十三五"发展专项规划》《厦门市新一代信息技术产业专项规划》，引导产业发展，提升产业的支撑作用；制定了《2016 年厦门市互联网经济发展工作要点》，开展《关于进一步加快软件和信息服务业发展若干意见的实施细则》修订，开展软件名城过程评估工作，提升政策针对性；突出重点，加强对大数据等产业的调研，起草《关于促进大数据发展工作实施方案》《厦门市政务大数据管理暂行办法》。

（二）完善支撑体系，强化公共服务供给

发挥厦门大学等人才技术优势和厦门市重点企业的优势，完善产学研公共服务平台建设，提升厦门信息和信息化产业研究院的产业支撑作用，打造"借外脑、探新路"的工作模式；新组建成立了厦门市大数据产业协会、VR/AR 产业协会、集成电路产业协会等中介组织，为企业抱团发展提供服务；积极支持软件测评中心、集成电路保税交易公共服务平台、厦门市 3D 创意设计与打印公共服务平台等公共服务平台建设，提高行业公共技术服务能力；以中共中央深化人才发展体制机制改革意见为指引，健全人才评价机制，完善人才引进、培养、培训、招聘和人才服务支撑体系建设；完善园区服务支撑体系，围绕软件和信息服务业、物联网、智能制造等实施创新驱动发展战略，重点配合推进软件园、火炬高新区、湖里高新区等特色园区的创新城区、创新社区建设，创新要素进一步配套完善，园区载体服务功能得到提升，厦门软件园获得 2016 年度中国互联网行业最佳投资奖、2016 年中国优秀软件园区。

此外，信息消费产业园已完成控规和市政专项规划的编制及批复，翔安区已建成海西明珠电子商务园区等项目。

（三）发挥资金引导作用，助力企业发展

一是发挥产业基金作用。厦门市引进金圆清科母基金，李开复创业工场、中石油海峡能源基金等来厦参股设立产业引导子基金，引导其投资互联网创新创业企业；积极发挥社会资本力量参与股权投资，如易联众、新意科技分别发布设立大数据研发基金，重点用于健康医疗大数据和金融大数据研发，信息集团与咪咕动漫联合设立规模为 5 亿元的厦门首个二次元发展基金。二是发挥国家和市级扶持资金作用，加大企业扶持力度。兑现国家现代服务业试点项目资金 8752 万元，重点用于支持启尚科技"基于 3D 技术的纺织面料公共服务平台"等15 个项目，核定投资 4.04 亿元，拉动企业投资 5.07 亿元；落实 5000 万元市级软件和信息服务业产业资金，重点用于支持企业的研发投入、资质认定、岗位能力提升等，2016 年有 163 家企业获得资金奖励。同时积极争取福建省级资金对厦门市产业的支持，配合做好吉比特的"动漫创意和运营服务平台"等 5 个项目申报福建省电子信息产业集群创新发展专项的推荐工作；推荐科技谷 Smart 大数据平台"等 4 个大数据产品、"交通大数据分析应用服务平台"等5 个大数据服务平台、"公安大数据资源服务平台解决方案"等 6 个大数据应用解决方案申报工信部大数据优秀产品、服务和应用解决方案。

（四）组织各类专业展会，搭建交流平台

举办第九届国际动漫节，展会展馆面积 2.6 万平方米，规划展位 600 个，共有 153 家行业协会和动漫游戏企业参展，其中来自法国、日本等 8 个国家和地区的企业 42 家，参观人流量 8 万人次；举办 2016 厦门大数据大赛，乐商云集、美亚柏科等 9 家知名的题主企业发布11 道大赛题目，来自全国 60 个高校的 200 支队伍参赛；举办大数据企业展暨人才招聘会，大数据大赛题主企业、厦门信研院合作企业、大数据产业协会会员企业等大数据企业到会参展；举办第十二届海峡两岸信息化论坛暨百名台湾青年创新创业对接洽谈会。积极组织美亚柏科、国网信通亿力科技、信息集团、咪咕动漫等 14 家重点龙头企业参加第二十届中国国际软件博览会，集中展示厦门重点软件企业形象，启尚科技展示的 3D 服装设计演示技术寻找到合作意向伙伴，智业软件获古巴驻华大使关于建设古巴智慧医疗的邀请，蓝斯通信的"智慧公交整体解决方案"等 3 个项目获大会创新奖；配合做好中国移动娱乐产业年度高峰会相关活动，开展 2016DEAS 鹭岛行——泛娱乐大咖走进厦门软件园活动，做好产业发展环境推介；发挥行业协会作用，组织 11 家企业参加 2016 杭州国际动漫节、9 家企业参加上海 CCG动漫游戏展、35 家企业参加 CHINAJOY 上海国际数码互动娱乐展览会、4 家企业参加香港国际授权展。配合举办中国移动游戏产业高峰会（MGAS）及 2016 中国数字产业峰会（DCC），配合开展"福建省互联网经济创新创业大赛"相关活动，厦门市晋级前 80 名的有 10 个项目，进入初赛 5 个，决赛 2 个。

（五）支持骨干企业提升，拓展发展空间

发挥产业资金的引导作用，通过鼓励骨干企业加大研发投入、参加国家标准制定、积极创建各种资质等，提升企业的行业竞争力，其中有 2 家企业的 3 个项目获得制定标准奖励 70

万元，拨付软件企业认证补助资金 166.5 万元，极大地提升了企业开展资质认定的积极性。2016 年新增美亚柏科通过信息系统集成服务一级资质认定，兆翔科技、和盛高科技、罗普特等 3 家通过信息系统集成二级资质认定；信息港通过 ITSS 二级资质认定，亿力吉奥等 2 家通过 ITSS 三级资质认定，厦门意行半导体科技有限公司的"24GHz 锗硅（SiGe）工艺单片微波雷达发射机芯片 SG24T1"入选 2016 "中国芯"最佳潜质芯片，英麦科（厦门）微电子科技有限公司入选 2016 "中国芯"新锐设计企业；新认定 42 家"厦门市动漫企业"企业，109 家通过"厦门市动漫企业"年审。此外，国网信通、趣游入围年度创新软件企业行列（全国 21 家），国网信通的"国产化的企业级分级多域大数据平台 V1.0"、云顶伟业的"社会保险信息系统 V1.0"入围年度创新软件产品名录（全国 21 个产品），其中国网信通的"国产化的企业级分级多域大数据平台 V1.0"被评为十大创新软件产品；39 家软件和信息服务业企业入选福建省第一批科技小巨人领军企业培育名单。

（六）加大政策宣传力度，优化营商环境

广泛开展优惠政策宣传，加强国家、省、市政策解读，多次联合人才、税务及中介协会等单位联合深入园区开展软件产业扶持政策、软件和集成电路产业企业所得税优惠政策、人才扶持政策的宣讲，并通过网络、微信公众号推送，改进宣传辅导方式；完善工作流程，联合税务部门，认真开展软件企业所得税优惠政策核查工作，共核查 50 家软件和集成电路设计企业，其中 48 家企业通过核查，可享受税收优惠 13209.59 万元。此外，指导企业进行国家规划布局内重点软件和集成电路设计企业所得税备案申报，商市发改委核查 9 家集成电路生产企业、国家规划布局内重点软件和集成电路设计企业，7 家企业通过核查，共可享受税收优惠 14688.67 万元，极大地减轻了企业负担。推动协会间协调配合，优化企业服务工作，2016 年，厦门市软协开展 5 批次"双软评估"，通过软件企业评估 87 家，软件产品评估 220 件，协会通过整体打包方式与 SGS 合作提供国际认证咨询服务，目前已有一家企业通过 ISO20000 认证，受理计算机软件著作权申报登记 1000 份；市动漫协会发挥协会优势，邀请阿里鱼平台举办优质 IP 对接会，厦门市 21 个优秀原创动漫 IP 顺利接入阿里鱼平台；邀请 HTC 举办 VR 平台对接会；虚拟与增强现实产业协会举办厦门第一次 VR 高峰论坛，举办 VR/AR 项目路演；信息消费产业与应用促进会认真指导企业开展信息系统集成资质认证，厦门市共有 200 家企业通过信息系统集成及服务资质认证，其中新增美亚柏科 1 家一级资质认定，共有一级资质企业 5 家，新增兆翔科技等 3 家二级资质认定，共有二级资质企业 12 家，新增求实智能网络等 10 家三级资质认定，共有三级资质企业 62 家，新增星熠科技等 54 家四级资质认定，共有四级资质企业 124 家。

三、2017 年工作思路

2017 年，厦门市软件和信息技术服务业将以协同创建"中国软件名城"为抓手，抓住大数据应用、IP 授权、泛娱乐等产业升级和融合发展机会，培育物联网、大数据、云计算、移动互联网和 VR/AR 等新业态，努力形成新的百亿元产业分支，促进软件和信息技术服务业产业再上新台阶，力争软件业务收入达到 1300 亿元以上，同比增长 19%。主要工作思路如下。

（一）以规划实施提升产业发展层次

认真贯彻国家的政策措施，重点推动建设"双创"平台和"双创"服务体系；结合《厦门市软件和信息服务业"十三五"发展专项规划》实施，加快子产业培育，推进软件和信息服务千亿元产业链向更高层次发展，力争形成新的百亿元产业分支；修订《软件和信息服务业发展的实施意见》，使发展专项资金覆盖到大数据应用、新媒体、VR/AR、二次元等新业态。

（二）以软件园建设推进产城融合创新发展

以创新城区、创新社区建设为抓手，会同火炬管委会、集美区政府，继续加快推进软件园三期建设，加快中移动手机动漫基地、中电信动漫营运中心、中国数码港、吉比特、富春通信、雅马哈等重点项目建设，推动软件园三期尽快形成集聚效应，配合推进医疗数据大健康中心及产业园建设；会同思明、湖里、海沧、同安、翔安等各区开展专业园区规划建设，提升专业园区的服务水平。

（三）完善公共服务平台建设

着力支持厦门市信息化和信息产业研究院建设，加强物联网技术及应用调研，促进物联网技术及应用在智慧城市建设落地；完善提升厦门市软件评测中心的公共服务能力，尽快建成促进软件和信息技术服务业发展的公共服务平台体系，支持行业协会和产业联盟发展；继续支持集成电路保税交易公共服务平台、厦门市 3D 创意设计与打印公共服务平台等公共服务平台建设，提高服务制造业发展的水平。

（四）推进人才发展工作

认真贯彻《中共中央关于深化人才发展体制机制改革的意见》，探索改革、修订软件和信息服务业、集成电路、物联网等领域人才评价体系，突出行业紧缺人才培养和引进，重点鼓励引进软件高级和中级人才，鼓励开展软件和信息服务业人才培训，支持软件人才在岗能力提升与培养；大力扶持软件园三期等重点项目人才引进，引导软件相关专业本科以上毕业生到软件重点企业和项目工作，提升行业企业创新能力。

（五）聚集资源助力企业发展

通过市区联动的政策支持、专项支持，形成更多的创新能力强、品牌影响力大的行业龙头企业；继续加强与税务部门的沟通联系，认真落实《关于软件和集成电路产业企业所得税优惠政策》，加大政策宣传和解读，建立规范的工作流程，做好核查工作，指导企业用足用好国家优惠政策，减轻企业负担；配合推进实施兼并重组计划，鼓励龙头企业通过兼并重组、合作共赢，强化管理创新和商业模式创新带动，扩大行业影响力；加大龙头企业招商，认真梳理咪咕动漫等知名平台合作伙伴企业，推进宇信、咪咕动漫产业合作伙伴等项目早日落地，培育一批行业龙头企业，提升产业聚集度。

（六）支持企业拓展市场

按照厦门市领导关于"让'国际动漫节'这张名片永不褪色"的要求，认真筹划第十届厦门国际动漫节和十年庆典活动，为企业展示新技术、新产品，推广新理念、新业态，发现创意人才，为创业团队提供支持；发挥产业研究机构和协会的作用，指导中介组织开展厦门大数据大赛、各种论坛等，强化产业上下游的优势互补，提升产业水平；继续加强与有关部门的合作，组织骨干企业参加国内外专业展会，努力拓展国内外市场；完善对首台套软件产品的支持力度，加大对安全可靠软件产品的应用试点，加大对物联网及大数据产品、方案的宣传推广，促进规模化应用。

2016 年青岛市软件和信息技术服务业发展概况

2016 年，青岛市深入贯彻落实国家《中国制造 2025》《促进大数据发展纲要》《软件和信息技术服务业发展规划（2016—2020 年)》等文件精神，深入推动两化深度融合，加快推进大数据、云计算产业应用，鼓励促进产业技术创新，青岛市软件和信息技术服务业实现了平稳健康发展。

一、基本情况

（一）软件和信息技术服务业务收入稳步增长

2016 年，青岛市列入统计企业 1591 家，同比增长 22.6%；实现软件业务收入 1608.5 亿元，同比增长 23.6%。软件产品、信息技术服务、嵌入式软件收入分别完成 501 亿元、582.5 亿元、525 亿元，保持同步较快增长。2016 年实现软件和信息技术服务业务出口收入 13.4 亿美元，其中软件外包服务出口 5017 万美元。重点监测的 70 家企业完成软件业务收入 764.2 亿元，同比增长 16.9%，对青岛市软件产业稳步发展起到了较好的支撑作用。

（二）园区建设取得阶段性成果

2012 年启动的"千万平方米"软件及服务外包园区建设工程超额完成阶段性建设目标。累计完成总投资额 320.3 亿元，累计开工面积 782.9 万平方米，竣工面积 583.4 万平方米，入驻企业近 500 家，提前完成五年建设目标任务。

（三）企业自主创新能力提升

鼓励加大研发投入，推进技术成果、产业模式创新。2016 青岛市软件著作权申报产品新增 500 件，认定集成资质企业 55 家。培育引导涉软企业创立青岛名牌累计达到 26 个，"专精特新"产品总数 102 个，挂牌及上市企业累计达到 23 家。海尔、海信入选国家 2016 年软件百强企业第三位和第五位。

二、2016 年主要工作

（一）强化软件行业管理和服务

1. 组织企业参展北京软博会

联合青岛市软件协会组织青岛展团参展中国软博会，参展产品获"金奖"6 项，"创新奖"3 项，青岛市及市软件协会分别荣获"优秀组织奖"。

2. 组织开展"推新创优"表彰评审活动

落实青岛市委《关于推进青岛国家软件和信息服务业示范基地建设促进软件产业跨越式

发展的意见》（青发〔2012〕7 号）文件政策，组织开展"推新创优"表彰评审活动，选拔年度软件上规模企业 6 家，评选出 2014—2015 年度"青岛市领军软件企业"10 家、"高成长性软件企业"30 家、市优秀软件企业 15 家、优秀软件产品 15 个。对高校信息等 6 家上规模企业奖励资金 300 万元。为 27 家享受所得税优惠政策软件企业减免税额 1.32 亿元。

（二）助推互联网工业促进两化融合

1. 组织实施试点示范行动

启动互联网工业"555"试点示范专项行动，新认定互联网工业平台 7 个、智能（互联）工厂 8 个、数字化车间 30 个、自动化生产线 43 条。组建咨询服务团队，组建 2 名院士领衔的互联网工业发展专家咨询委员会，成立囊括 50 家国内外方案解决商的国内首个服务商（国际）联盟。组织开展服务商与制造企业交流对接会，分领域推出 150 个工业软件信息化解决方案，2 个项目新入选国家智能制造试点示范项目，4 个项目新获国家智能制造专项资金。

2. 成功举办 2016 世界互联网工业大会

以"第四次工业革命：互联网工业的创新实践"为主题，云集中外专家、商界领袖和国内外 300 位嘉宾，以及本地企业 2000 余人参会，大会引起极大反响，取得丰硕成果。开展了互联网工业服务商与制造企业专题对接会、机器人推广应用现场交流会等，搭建了交流对接平台。

3. 深入开展区域两化融合发展水平评估工作，开展两化融合管理体系贯标试点

按照工信部发布两化融合管理体系标准（试行），全面学习标准、领会贯标要义，研究推广工作思路，组织咨询、培训、指导、审核、认定等相关工作。14 家企业被确定为工信部第三批国家贯标试点企业。

4. 争创"中国制造 2025"城市试点示范

成功获批创建"中国制造 2025"试点示范城市。加大政策扶持力度，组建了总规模 5.2亿元的互联网工业发展基金，为 7 个互联网工业平台补助资金 1908 万元。重点关注并指导即墨等 3 个区市出台了专门的扶持政策。

（三）加快推进大数据产业布局与行业应用

1. 成功举办 2016 全球大数据应用研究论坛

协同相关单位圆满完成 2016 全球大数据应用研究论坛的举办，来自国内外的 600 余位专家学者、行业精英，在青岛西海岸共同探讨大数据应用与研究，论坛搭建了国际高端交流平台，开启了大数据未来城市体验之旅，带动了项目合作与创新发展，为推动青岛大数据产业发展，建设全国性的社会化大数据中心提供了前沿理论支撑和实践案例。

2. 重点项目引进取得突破进展

引进投资 40 亿元的中国联通 IDC 项目、中国移动 5G 创新中心项目。与浪潮集团签署战略合作框架协议，浪潮集团将投资 40 亿元在青岛建设大数据云计算研究中心。与国际互联网巨头亚马逊 AWS 签署战略合作备忘录，共同建设中国首个亚马逊 AWS 联合创新中心，创新中心将汇聚信息、技术、人才、资本，打造国内领先的互联网企业成长平台。此外，还与中国移动、百度、华为、中兴、金山、腾讯等签订战略合作协议。

3．企业数据平台建设初具规模

3D 打印、工业机器人、智能交通、北斗导航、新能源汽车充电服务网络等数据平台相继建成，并在全国处于领先地位。三迪时空建成全国最大的 3D 智造云平台，汇集了国内外 95% 的优秀 3D 打印设备、耗材及服务商数据。宝佳自动化建成工业机器人大数据平台，可实时远程监控机器人运行状态，实现售后服务集约化、网络化、平台化。特锐德公司打造的智能云平台汇聚了新能源汽车领域的市场、信息、服务等各类数据，管理和运营全国 60 多个城市的超过 2 万个充电终端。

三、面临问题

一是制造业增速减缓对软件行业影响增大。传统行业不景气，导致工业企业压缩信息化改造项目和经费，工业应用软件产品及解决方案订单缩减，相关领域软件企业发展受限制。二是缺乏有实力的系统集成服务商。青岛市服务商企业与国内知名企业相比专业化程度不高，服务层级和技术含量参差不齐，为企业提供整体解决方案的能力有待提高。三是大数据龙头企业和集聚效应未形成。本地大数据企业规模普遍较小，集中于底层硬件设备生产和产业链中间环节，企业数据挖掘和分析能力有限，缺少从事数据清洗、数据可视化的企业，没有设立大数据产业园区，未形成产业集聚。

四、2017 年展望与目标

2017 年，要深入贯彻落实国家《软件和信息技术服务业发展规划（2016—2020 年）》，紧紧抓住青岛"中国制造 2025"城市试点示范机遇，深入实施《青岛市"十三五"信息化发展规划》，充分发挥制造业对软件产业的带动作用，突出工业应用软件的优势，积极参与青岛市互联网工业"555"目标建设进程；顺应新一代信息技术发展趋势，着力研发云计算、大数据、移动互联网、物联网等新兴领域关键软件产品和解决方案，在两化深度融合和培育新业态中提升青岛软件企业实力。2017 年，青岛市软件业务收入预期增长 16% 左右。

五、下一步工作

（一）积极推进"中国制造 2025"试点示范城市创建

一是深入开展"555"示范试点行动。全方位建立"555"项目库，广泛征求专家意见，完善"555"认定标准。继续开展认定工作，2017 年力争认定互联网工业平台 2～3 个、智能（互联）工厂 5 个、数字化车间 40 个、自动化生产线 50 条以上。分领域选树一批示范项目，加强宣传推广，形成示范效应。持续加大政策扶持力度，用好扶持制造业发展 15 条措施，制订相关实施细则，发挥好互联网工业基金效能，年内力争投出 2～3 个项目。

二是搭建两化融合对接平台。按照"一行一对策""一企一方案"思路，发挥专家咨询委员会、服务商（国际）联盟、互联网工业创新中心等效能，深入对接企业做好咨询服务工作。推进两化融合管理体系建设。按照工信部工作部署，继续推进企业两化融合管理体系贯标工作，推动试点企业的贯标工作开展，争取 20 家以上企业成为 2017 年国家、山东省两化融合管理体系贯标试点企业。

三是培育发展系统方案供应商。引导制造业企业延伸服务链条，鼓励海尔等优势制造企业通过业务流程再造，面向行业提供社会化、专业化服务，宝佳等提供智能装备企业向提供系统集成总承包服务发展，软控等提供产品企业向提供整体解决方案转变，力争在各优势制造行业领域内培育 2～3 家国内知名的系统解决方案供应商。

（二）继续推进软件信息服务业发展壮大

一是继续优化软件产业布局。以青岛市东园、西谷、北城为软件产业核心区，力争 2017 年软件园区新竣工、投入运营 50 万平方米以上。引导园区向专业特色小镇发展，争创软件产业示范园区。支持青岛市软件企业入园壮大发展，提高园区运营率。

二是着力培育重点软件企业和产品。基于青岛市在电力载波、智能交通、工控安全、3D 打印、智能装备（机器人）等领域的软件研发优势，加快做强软件企业及品牌。以先进制造业基地支撑政策为抓手，支持壮大骨干企业，培育标志性产品，强化软件对先进制造业的支撑。推荐中小软件企业走"专精特新"道路，针对下一代互联网、物联网、云计算等领域所需关键产品，申报更多软件著作权和集成资质，争创产品名牌和服务名牌。

三是强化行业管理和企业服务工作。落实好国家、山东省有关发展规划意见，依据青岛市打造先进制造业基地有关政策，研究制定进一步推进青岛市软件产业发展的政策措施细则。指导协会开展税收优惠政策复核服务、信息技术服务标准和系统集成资质的培训评审，开展企业年检年报工作，建立列统企业数据库，抓好行业统计分析、完善重点软件企业监测坐标，支持涉软工业企业剥离软件业务，组建专业的软件公司，力争全年新列统企业 200 家左右。

（三）持续推进青岛大数据行业研究与应用

一是加快推进工程项目建设。加快推进浪潮大数据、慧与大数据、亚马逊 AWS 等项目建设，并以此为契机，推动联通、移动和电信三大通信运营企业的 IDC（互联网数据中心）建设，充分发挥清华—青岛大数据工程研究中心的科研支撑能力，通过工程项目建设推进青岛市大数据产业协同发展。

二是推进大数据与工业的融合发展。推动大数据在工业研发设计、生产制造、经营管理、市场营销、售后服务等产品全生命周期、产业链全流程各环节的应用，分析感知用户需求，提升产品附加价值，打造智能工厂。建立面向不同行业、不同环节的工业大数据资源聚合和分析应用平台，整合利用数据资源，推进家电、服装等传统行业向大规模个性化定制及众创、众包、众筹等新业态转变，整合传统行业产能，提升企业的自主创新能力和管理效率。

（四）创新筹办 2017 青岛国际软博会和世界互联网工业大会

一是创新举办 2017 青岛国际软博会。为扩大展会影响力，拓展参展企业范畴，本届软博会拟更名为中国（青岛）国际软件融合创新博览会暨信息通信技术博览会，将设置展览、论坛、大赛、发布等活动板块，全面展示青岛市两化融合、智慧城市、信息消费、数字文化、终端产品等相关内容，突出实物和动态相结合，力争实现展示洽谈与项目招商新突破。

二是继续举办第三届世界互联网工业大会。提前做好大会前期策划、市场化运作、氛围营造等筹备工作，进一步提高办会层次和水平，将 2017 世界互联网大会办出新意，办出水平，打造互联网工业强市形象。

2016 年深圳市软件和信息技术服务业发展概况

一、基本情况

2016 年，深圳软件和信息技术服务业发展平稳，全市实现软件业务收入 4870 亿元，同比增长 15.4%，产业规模居全国大中城市第二位，约占全国的 10%；实现软件出口 225 亿美元，约占全国的 40%，连续多年居全国首位；软件产业利润总额 943 亿元，同比增长 6.8%；税金总额 540 亿元，同比增长 29.5%。

在软件收入构成方面，软件产品收入 827 亿元，同比增长 12.9%；信息技术服务收入 2179 亿元，同比增长 23.7%（其中，运营服务收入 743 亿元、电子商务平台服务收入 71 亿元、集成电路设计收入 50 亿元）；嵌入式系统软件收入 1864 亿元，同比增长 9.4%。

二、主要特点

（一）骨干企业持续壮大

腾讯、云中飞等企业在云计算、下一代信息网络等新业务推动下持续发展，规模和效益增长较快。腾讯旗下腾讯计算机 2016 年营业收入将近 396 亿元，同比增长 43.6%，利润增长 51 亿元，同比增长 84.4%；云中飞营收突破 40 亿元，利润 34 亿元，收入和利润增长率均超过 100%；金蝶营收首次突破 20 亿元，特别是云服务业务实现收入同比大幅增长 138.3%，金蝶云 ERP 已具备与国际软件企业巨头 SAP、Salesforce 抗衡的资本；精斗云收购管易云，推出"新零售、新财务、新体验"三大创新特性的精斗云 V2.0，面向小微企业提供一站式云服务平台，已成为小微企业云服务市场领军品牌；金证科技营收 36 亿元，同比增长 37.6%，金证专注于金融领域，与平安集团签订战略合作协议，为"深港通"提供强有力的技术保障。

（二）优势领域亮点纷呈

在国家知识产权局公布的 2016 年国内企业发明专利授权量排名前十强中，华为、中兴、腾讯 3 家深圳电子信息类企业入围。金蝶天燕中间件股份有限公司入选"2016 中国自主可靠企业核心软件品牌企业"，华为、中兴等 9 家深圳企业入选"2017 中国电子信息行业创新能力五十强企业"。华为发布企业级大数据分析平台，针对金融、运营商等数据密集型行业的运行维护、应用开发等需求，打造了高可靠、高安全、易使用的 OM 系统和建模中间件，让企业更快、更准、更稳地从各类繁杂无序的海量数据中发现价值。腾讯在用户端和客户端双向发力，重点打造"社会化营销平台""腾讯视频"和"下一代腾讯网"等核心产品及解决方案，最终实现腾讯在大数据时代的跨越式发展。

三、2016 年主要工作

（一）做好产业统计监测预警工作

不断健全产业数据统计监测系统，积极对接企业统计人员。加强对重点软件企业生产经营情况的统计监测，及时发现龙头企业经营数据的异常情况并分析原因，采取相应措施，保持龙头骨干企业的稳定增长。

（二）加大税收优惠支持力度

会同税务部门积极落实四部委关于软件企业所得税优惠措施，2016 年，深圳市软件增值税即征即退 130 亿元；458 家软件和集成电路企业（含重点软件和集成电路设计企业）享受企业所得税两免三减半优惠政策，减免税额约为 60 亿元。

（三）用足用好财政资金政策

通过软件产业和集成电路设计产业专项资金，加大对软件和集成电路设计企业首次开发的创新性较强、应用推广价值较高的示范应用项目予以扶持，2016 年资助金额为 3423 万元，2017 年预算将增加到 5000 万元。同时，组织企业积极申报国家和省级相关专项资金扶持项目。

（四）推进软件企业通用标准

随着电子技术、网络技术和软件技术的不断创新和飞速发展，软件渗透到各行各业，并有力地推动社会进步，但在标准化和规范化方面仍不成熟，相关标准缺失。为此，由国家工业和信息化部主导，国家工业和信息化电子工业标准化研究院牵头制定软件企业和软件产品的系列标准。深圳市软件行业协会牵头，会同华为、中兴、大族激光等近 20 家企业参与制定了《信息技术、软件企业通用要求》行业标准工作，初稿已上报工信部。行业标准的制定和实施对软件企业的界定、规范化经营管理将发挥重要作用。

（五）积极帮助企业拓展市场

2016 年，深圳市共组织约 50 家代表性企业参加中国软博会、中国软交会两个重要的软件产业展示交易平台，推动企业加强技术交流、拓展国内外市场。

四、存在问题

（一）高地价、高房价影响实体经济

由于深圳市土地成本高，用于研发办公的写字楼租金价格提升较快，加上内地城市在深圳大力招商引资，为不少深圳企业提供地价减免、税收返还等优惠政策，企业外迁加剧，对深圳软件和信息技术服务产业的后续发展造成严重影响。

（二）人力成本持续上涨

深圳市最低工资标准从 2010 年的 1100 元/月快速上升到 2015 年的 2030 元/月，上涨幅

度达 84.5%，全国最高，由此带动企业社保、公积金大幅上升，人力成本成为企业较大的负担，严重挤占了企业的利润空间。

（三）高端核心人才缺乏

由于住房、教育、医疗等因素对高端人才的吸引力下降，深圳企业软件系统开发管理、系统应用设计，特别是云计算、大数据、智能制造等高端软件人才缺口很大。目前，我国高校中少有相应的专业人才培养计划，必须通过机构专业培训或由企业培养，导致高技能软件人才供不应求。

（四）企业结构分化愈发严重

深圳市龙头企业一业独大的风险日益突出。华为、中兴、腾讯等龙头企业仍保持较快增长，中小企业经营情况相对较差，规模普遍偏小，资源有限，系统整合能力不强。由于企业各自为战，顶层规划和设计欠缺，标准化程度低，产品之间和各种原有应用的小系统之间整合难度很大，严重影响了如云计算等大规模软件模式的发展。

五、2017 年工作思路及建议

（一）积极落实相关政策

配合税务部门落实《关于软件和集成电路产业企业所得税优惠政策有关问题的通知》（财税〔2016〕49 号），出台深圳市资金管理办法，公平公正地开展核查工作。进一步加大宣传力度，使更多的企业能享受优惠政策；对企业存疑的问题及时解答，减少政策风险。

（二）抓龙头企业

强化软件百强企业经营情况的统计监测力度，编制软件行业分析报告，掌握企业发展动态，及时发现经营数据的异常情况，保持龙头企业总体稳定增长，带动中小微企业协同发展。

（三）支持企业发展，减轻企业负担

对深圳市重点支持领域予以项目资金资助，鼓励企业创新发展；对企业能提供工具软件租赁、产品测试、资质认证等服务的平台建设予以扶持，创造环境，共同发展；对软件企业入驻原特区外园区给予租金补贴，扩大园区数量，普惠更多企业。

（四）鼓励企业承担国家重大课题

对于国家及广东省重点发展、重点推进的新技术、新应用，如区块链、自主时空信息服务等，要积极推荐深圳企业参与标准制定，承接重大课题研究，培育新的经济增长点。

（五）增加人才保障房供给

加大保障房的建设工作，并在定向配租时尽量向轻资产、发展势头良好的软件企业倾斜。

（六）加快软件人才队伍建设

鼓励普通高校、职业院校、科研院所与企业联合培养软件高端人才，加强学校教育与产业发展的有效衔接，为软件产业发展提供高水平智力支持。完善激励机制，对做出突出贡献的软件领军人才和技术带头人，可按国家有关规定给予表彰奖励。设立专项资金，对引进和培养高端人才、高技能紧缺人才的企业给予支持。

II 综合统计

	企业数（个）	软件业务收入	其中：软件产品收入
软件企业合计	**32310**	**482322235**	**150278252**
一、按企业登记注册类型分列			
内资企业	29746	373066387	127683905
国有企业	617	33442221	10344885
集体企业	48	4831984	620227
股份合作企业	258	4198460	1267135
联营企业	120	987251	269100
国有联营企业	45	340720	94432
集体联营企业	37	207357	86989
国有与集体联营企业	15	169525	35706
其他联营企业	23	269649	51972
有限责任公司	11333	158624738	52507144
国有独资公司	182	3979737	1200189
其他有限责任公司	11151	154645001	51306955
股份有限公司	3669	72373600	24901880
私营企业	13140	92707564	36100471
私营独资	1831	13665875	5189932
私营合伙	480	3496880	1461916
私营有限责任公司	9729	66529945	26125352
私营股份有限公司	1100	9014863	3323271
其他内资企业	561	5900570	1673061
中国港、澳、台商投资企业	830	44732874	9341510
合资经营企业（中国港、澳、台资）	184	4726549	960888
合作经营企业（中国港、澳、台资）	13	145608	126337
中国港、澳、台商独资经营企业	593	37413658	6359349
中国港、澳、台商投资股份有限公司	32	2388437	1862900
其他中国港、澳、台商投资企业	8	58622	32036
外商投资企业	1734	64522974	13252837
中外合资经营企业	412	12202910	2391511
中外合作经营企业	20	268710	65670
外资企业	1226	47525554	10315827

服务业主要指标汇总表（一）

单位：万元

信息技术服务收入	嵌入式系统软件收入	其中：
		软件外包服务收入
260904233	**71139750**	**21394225**
198053147	47329335	13790056
17824600	5272736	862256
3023639	1188117	53321
1916407	1014918	496691
653716	64435	159705
192137	54151	96502
116288	4079	51902
127614	6205	8290
217676		3011
87626374	18491220	5355267
2327054	452494	185005
85299320	18038726	5170262
37707888	9763832	2839906
46202084	10405009	3927638
6326581	2149363	499282
1885343	149621	364055
33421079	6983514	2645983
4569081	1122511	418317
3098440	1129068	95272
30800643	4590721	976082
2808500	957161	124477
5536	13734	
27685824	3368486	714605
274196	251341	115727
26587		21273
32050442	19219695	6628087
5464169	4347229	610481
163168	39873	5346
23093276	14116451	5906326

	企业数（个）	软件业务收入	其中：
			软件产品收入
外商投资股份有限公司	44	3553901	179688
其他外商投资企业	32	971899	300141
二、按控股经济分列			
国有控股	2133	86110286	26467773
集体控股	4076	67093876	22280246
私人控股	20098	198261424	66538375
中国港、澳、台商控股	638	35624437	6594192
外商投资	1308	47963947	10596927
其他	4057	47268266	17800740
三、按企业规模分列			
大型企业	2585	248054417	64629393
中型企业	13819	149040434	56193293
小型企业	14094	78314475	26601821
微型企业	1812	6912909	2853746
四、按行业分列			
软件产品行业	15183	163475272	125677955
信息技术服务行业	13749	226635932	16923184
嵌入式系统软件行业	3378	92211031	7677113
五、按跨国经营分列			
有并购境外企业	231	15067246	2326449
在境外有生产线的企业	243	44164953	6513292
在境外有研发中心的企业	311	25841055	5495383
在境外仅有销售网点的企业	724	25544809	9177069
未从事跨国经营活动	30801	371704172	126766059
六、按区域分列			
东部地区	21665	381126123	112202035
中部地区	3576	23938305	10548470
西部地区	3775	51563839	17344490
东北地区	3294	25693968	10183258

服务业主要指标汇总表（一）

单位：万元

		其中：
信息技术服务收入	嵌入式系统软件收入	软件外包服务收入
2964127	410085	97782
365701	306056	8153
47637857	12004657	3362186
39517984	5295646	2263999
104388014	27335036	7384846
25408826	3621418	858494
20355790	17011230	4615871
23595762	5871764	2908831
139545364	43879660	8465998
78018942	14828200	9739114
39914461	11798193	3016576
3425466	633697	172538
35814199	1983118	9858063
208355913	1356834	11082077
16734120	67799798	454085
6540991	6199806	182344
15487710	22163950	2312572
14739512	5606160	2016346
11437453	4930287	983054
212698567	32239546	15899909
203280409	65643679	12915805
11966272	1423563	588488
31668617	2550731	2488467
13988934	1521776	5401465

2016年软件和信息技术服务业主要指标汇总表（二）

单位：万美元

	软件业务 出口收入	软件外包服务 出口收入	嵌入式系统软件 出口收入
软件企业合计	**4994608**	**964586**	**2044205**
一、按企业登记注册类型分列			
内资企业	3176934	387776	1600662
国有企业	128957	50088	60315
集体企业	20200	1916	16540
股份合作企业	12779	60	11167
联营企业	1057	988	60
国有联营企业	402	333	60
集体联营企业	555	555	
国有与集体联营企业	100	100	
其他联营企业			
有限责任公司	1855759	117274	873769
国有独资公司	18286	17921	44
其他有限责任公司	1837473	99353	873725
股份有限公司	747749	96823	429863
私营企业	304747	120104	106937
私营独资	58483	15601	23910
私营合伙	1179	371	118
私营有限责任公司	204466	98314	66547
私营股份有限公司	40619	5818	16362
其他内资企业	105687	523	102011
中国港、澳、台商投资企业	499402	55588	99854
合资经营企业（中国港、澳、台资）	158069	5690	8467
合作经营企业（中国港、澳、台资）	235		235
中国港、澳、台商独资经营企业	214164	43744	90039
中国港、澳、台商投资股份有限公司	124618	3840	1113
其他中国港、澳、台商投资企业	2315	2315	
外商投资企业	1318272	521222	343688
中外合资经营企业	140256	42392	28868
中外合作经营企业	2065	494	

2016年软件和信息技术服务业主要指标汇总表（二）

单位：万美元

	软件业务 出口收入	软件外包服务 出口收入	嵌入式系统软件 出口收入
外资企业	1078166	476444	268522
外商投资股份有限公司	4067	794	1860
其他外商投资企业	93718	1098	44437
二、按控股经济分列			
国有控股	815566	106455	419293
集体控股	296041	119921	29643
私人控股	2370074	166209	1102654
中国港、澳、台商控股	234829	50711	80466
外商投资	1035967	453526	351788
其他	242131	67763	60360
三、按企业规模分列			
大型企业	3593153	608795	1554971
中型企业	681855	243118	192271
小型企业	678642	100495	295360
微型企业	40957	12178	1603
四、按行业分列			
软件产品行业	961538	420279	12151
信息技术服务行业	1147513	537009	4771
嵌入式系统软件行业	2885556	7298	2027283
五、按跨国经营分列			
有并购境外企业	193752	10581	155098
在境外有生产线的企业	1871893	52519	947634.4
在境外有研发中心的企业	564433	134856	362440
在境外仅有销售网点的企业	522954	46606	154566
未从事跨国经营活动	1841576	720023	424467
六、按区域分列			
东部地区	4390547	616018	2021586
中部地区	45723	9159	3969
西部地区	253442	106510	7597
东北地区	304895	232899	11053

2016年软件和信息技术服务业主要指标汇总表（三）

单位：万元

	利润总额	流动资产平均余额	资产合计	负债合计	固定资产投资额
软件企业合计	**65578520**	**400220838**	**703089552**	**347632560**	**15468573**
一、按企业登记注册类型分列					
内资企业	44778701	314143733	565211707	289792035	11266587
国有企业	3115645	29597778	55838012	30716383	947409.4
集体企业	641210	320936	6965266	5361603	12320.29
股份合作企业	272587	2056130	4112371	1716901	103361.6
联营企业	186298	469235	1054196	294315	28975.7
国有联营企业	41858	107339	384313	114738	14439.38
集体联营企业	14945	36953	104791	34197	9412.8
国有与集体联营企业	21687	65362	129707	58287	875.4
其他联营企业	107808	259582	435385	87092	4248.12
有限责任公司	19026253	117607783	217952493	134617355	3708094
国有独资公司	567334	4946189	8650094	3882436	516437.4
其他有限责任公司	18458919	112661594	209302400	130734919	3191656
股份有限公司	10445895	78598298	147885289	55551485	3427411
私营企业	10484901	83480953	114353816	59480417	3011082
私营独资	1288346	4223375	7830944	4113841	180339.8
私营合伙	516141	1787244	7711135	2433318	47395.56
私营有限责任公司	7580228	64898558	83496575	46985026	2516642
私营股份有限公司	1100187	12571776	15315162	5948232	266705
其他内资企业	605912	2012620	17050263	2053575	27933.26
中国港、澳、台商投资企业	15613978	56387225	79541213	31021601	954220.8
合资经营企业（中国港、澳、台资）	408599	3721467	6284383	3797534	68198.65
合作经营企业（中国港、澳、台资）	22665	340447	501926	179387	1824.91
中国港、澳、台商独资经营企业	14305875	47778427	67121214	24754288	834721.9
中国港、澳、台商投资股份有限公司	881078	4428068	5461264	2121882	49116.21
其他中国港、澳、台商投资企业	-4239	118817	172426	168510	359.16
外商投资企业	5185840	29689880	58336632	26818925	3247765
中外合资经营企业	1208600	4731344	12646345	5143513	2474935
中外合作经营企业	9639	144228	334293	168246	2029.66

2016年软件和信息技术服务业主要指标汇总表（三）

单位：万元

	利润总额	流动资产平均余额	资产合计	负债合计	固定资产投资额
外资企业	3496477	23529289	42663597	20786923	676810.1
外商投资股份有限公司	166242	768941	2029010	424598	90672.06
其他外商投资企业	304882	516078	663387	295645	3317.27
二、按控股经济分列					
国有控股	9764744	91370264	161538373	83068994	2562684
集体控股	8027672	45579052	80759593	40156415	1428091
私人控股	25133977	170980517	300549087	157508338	6540142
中国港、澳、台商控股	12496877	41283658	58161065	22365321	686950.9
外商投资	4187412	21252244	40818765	19374827	563443.4
其他	5967839	29755104	61262668	25158665	3687261
三、按企业规模分列					
大型企业	37049782	224142472	389815145	187688721	6859309
中型企业	18886115	118585310	239357679	126989811	4539442
小型企业	9018998	40818157	68288179	30440772	3906771
微型企业	623625	16674899	5628548	2513257	163051.7
四、按行业分列					
软件产品行业	31932683	153890254	264351226	112155441	5005696
信息技术服务行业	27842011	205352214	370323973	193999311	9843051
嵌入式系统软件行业	5803826	40978369	68414352	41477808	619825.9
五、按跨国经营分列					
有并购境外企业	3048212	9961631	25382134	12298998	1293265
在境外有生产线的企业	2909157	22876071	37398882	21919542	457733.1
在境外有研发中心的企业	3209991	19934723	42334459	13327942	2916027
在境外仅有销售网点的企业	4072686	30335758	46575514	22993932	1455944
未从事跨国经营活动	52338474	317112655	551398564	277092147	9345603
六、按区域分列					
东部地区	55908461	321912285	580061697	289034175	12416579
中部地区	2834515	31079672	52957864	26318748	1360539
西部地区	4341621	39169822	56031618	25984469	1352160
东北地区	2493924	8059060	14038373	6295168	339295.3

2016年软件和信息技术服务业主要指标汇总表（四）

单位：万元

	主营业务税金及附加	年末所有者权益	年初所有者权益	应交增值税
软件企业合计	**9563721**	**355456992**	**258187947**	**13878459**
一、按企业登记注册类型分列				
内资企业	8284553	275419672	201688217	10690533
国有企业	491708	25121629	21121986	623821
集体企业	53976	1603663	1318946	151764
股份合作企业	47963	2395470	1531454	70464
联营企业	22826	759882	658460	20834
国有联营企业	3931	269574	241933	5276
集体联营企业	10824	70594	63745	4452
国有与集体联营企业	4273	71420	66156	2488
其他联营企业	3798	348293	286626	8619
有限责任公司	2263327	83335139	66991179	4878653
国有独资公司	32131	4767658	3916021	121065
其他有限责任公司	2231196	78567481	63075158	4757589
股份有限公司	2956747	92333804	68967327	2101882
私营企业	2318521	54873399	40239403	2791508
私营独资	428512	3717104	2794140	268447
私营合伙	81344	5277817	1068559	86787
私营有限责任公司	1671509	36511548	29137769	2145039
私营股份有限公司	137156	9366930	7238934	291235
其他内资企业	129487	14996688	859462	51606
中国港、澳、台商投资企业	423588	48519612	35965528	2220094
合资经营企业（中国港、澳、台资）	52507	2486849	1765615	-3005
合作经营企业（中国港、澳、台资）	1292	322539	230073	9692
中国港、澳、台商独资经营企业	341124	42366927	31127779	2031987
中国港、澳、台商投资股份有限公司	28342	3339382	2828943	181033
其他中国港、澳、台商投资企业	323	3916	13118	386
外商投资企业	855580	31517707	20534202	967833
中外合资经营企业	119267	7502833	6008396	241275
中外合作经营企业	7097	166047	109610	3414

2016年软件和信息技术服务业主要指标汇总表（四）

单位：万元

	主营业务税金及附加	年末所有者权益	年初所有者权益	应交增值税
外资企业	702395	21876673	13523925	666348
外商投资股份有限公司	21586	1604412	713741	16072
其他外商投资企业	5236	367742	178530	40724
二、按控股经济分列				
国有控股	972372	78469379	69295198	2204678
集体控股	999257	40603179	30666667	1426434
私人控股	5709084	143040748	99333848	6152920
中国港、澳、台商控股	299709	35795745	26922172	2052320
外商投资	791172	21443938	13254522	821656
其他	792128	36104003	18715540	1220453
三、按企业规模分列				
大型企业	2899821	202126424	142814877	7380072
中型企业	4655118	112367869	84066507	4665056
小型企业	1896679	37847408	28838630	1683765
微型企业	112103	3115291	2467932	149565
四、按行业分列				
软件产品行业	2974846	152195785	120417573	7120894
信息技术服务行业	5441029	176324662	118193490	4863905
嵌入式系统软件行业	1147847	26936544	19576883	1893661
五、按跨国经营分列				
有并购境外企业	2089719	13083136	9345545	495189
在境外有生产线的企业	234935	15479340	10356407	1493043
在境外有研发中心的企业	463388	29006517	11853558	417657
在境外仅有销售网点的企业	547281	23581582	19738181	1616592
未从事跨国经营活动	6228399	274306417	206894256	9855977
六、按区域分列				
东部地区	7671082	291027521	207502654	11147583
中部地区	278224	26639116	20718276	838509
西部地区	668199	30047149	23262600	1546137
东北地区	946217	7743205	6704417	346230

2016年软件和信息技术服务业主要指标汇总表（五）

单位：万元

	应交所得税	出口已退税额	研发经费	主营业务成本
软件企业合计	**8238521**	**1282683**	**45452003**	**414223594**
一、按企业登记注册类型分列				
内资企业	5673446	773206	34838577	330539150
国有企业	362800	142521	2412214	34206023
集体企业	110148	2827	241000	3626545
股份合作企业	31692	6016	172232	8127608
联营企业	17205	1255	74634	878574
国有联营企业	4180	105	31780	269525
集体联营企业	1802	1101	15510	245613
国有与集体联营企业	2066	47	10019	123083
其他联营企业	9157	2	17326	240354
有限责任公司	2541549	190053	16672409	129077137
国有独资公司	49182	4910	354780	4484536
其他有限责任公司	2492367	185144	16317628	124592600
股份有限公司	1028134	200210	6994126	68747758
私营企业	1534591	224977	7936299	69916063
私营独资	165016	50424	673636	9859878
私营合伙	68684	9447	227999	2522665
私营有限责任公司	1189600	149975	6057130	50577348
私营股份有限公司	111292	15131	977534	6956172
其他内资企业	47327	5347	335663	15959440
中国港、澳、台商投资企业	1864774	286952	7161766	23506173
合资经营企业（中国港、澳、台资）	55506	120685	684482	4533375
合作经营企业（中国港、澳、台资）	4243		20148	148140
中国港、澳、台商独资经营企业	1702487	39877	6070802	16317509
中国港、澳、台商投资股份有限公司	102381	126390	381616	2441482
其他中国港、澳、台商投资企业	158		4718	65667
外商投资企业	700301	222525	3451660	60178272
中外合资经营企业	114584	14478	586766	11333937
中外合作经营企业	2567	2381	19448	257041

2016年软件和信息技术服务业主要指标汇总表（五）

单位：万元

	应交所得税	出口已退税额	研发经费	主营业务成本
外资企业	576640	163767	2726134	43698182
外商投资股份有限公司	5105	1130	47560	4465289
其他外商投资企业	1405	40769	71752	423823
二、按控股经济分列				
国有控股	1185369	460198	8009376	81923835
集体控股	967035	98433	6189359	57954024
私人控股	3249682	353044	17873866	164746305
中国港、澳、台商控股	1489613	40262	6295773	13338500
外商投资	566967	240427	2448734	41574190
其他	779855	90319	4634895	54686741
三、按企业规模分列				
大型企业	4476389	791346	26833083	205921899
中型企业	2667347	235784	12739936	131200712
小型企业	1006535	249489	5479305	72177048
微型企业	88249	6064	399678	4923936
四、按行业分列				
软件产品行业	3536390	571762	21818131	124456946
信息技术服务行业	3888897	354682	18109481	222689027
嵌入式系统软件行业	813234	356239	5524391	67077622
五、按跨国经营分列				
有并购境外企业	296851	21035	896871	18556174
在境外有生产线的企业	454928	64319	4426207	34063404
在境外有研发中心的企业	248453	97653	2831283	35627549
在境外仅有销售网点的企业	515810	352386	4494946	30582491
未从事跨国经营活动	6722480	747291	32802696	295393976
六、按区域分列				
东部地区	6992323	1071381	36869379	327199427
中部地区	412259	135519	2589260	24509479
西部地区	584537	57904	4983918	45998400
东北地区	249403	17879	1009447	16516288

2016年软件和信息技术服务业主要指标汇总表（六）

单位：万元

	应收账款	应付账款	本年折旧	本年应付职工薪酬
软件企业合计	**109134498**	**87364756**	**8191927**	**69158814**
一、按企业登记注册类型分列				
内资企业	90414881	73332879	5279162	51830272
国有企业	10268460	10010334	770146	4504457
集体企业	578871	1425490	11340	210749
股份合作企业	864883	475517	55520	419471
联营企业	91164	63634	20996	134706
国有联营企业	34352	23556	9034	41062
集体联营企业	16715	8584	5414	24409
国有与集体联营企业	4561	9692	1798	15660
其他联营企业	35536	21801	4749	53575
有限责任公司	36331470	30049225	2568258	21745079
国有独资公司	1445844	1067427	97908	587155
其他有限责任公司	34885626	28981799	2470349	21157924
股份有限公司	22640121	15283774	880316	11682927
私营企业	18750530	14365997	948788	12694150
私营独资	1901816	1318449	97603	1330991
私营合伙	595587	327080	36624	477182
私营有限责任公司	13748073	11687145	731358	9451304
私营股份有限公司	2505053	1033323	83202	1434673
其他内资企业	889382	1658907	23799	438734
中国港、澳、台商投资企业	8385606	5917865	985785	7158096
合资经营企业（中国港、澳、台资）	1452439	945507	38333	678691
合作经营企业（中国港、澳、台资）	170143	113592	2775	27307
中国港、澳、台商独资经营企业	5439041	3995845	896573	6023233
中国港、澳、台商投资股份有限公司	1312746	826758	45766	403121
其他中国港、澳、台商投资企业	11238	36163	2337	25743
外商投资企业	10334012	8114013	1926980	10170446
中外合资经营企业	1941915	1496947	160386	2269164
中外合作经营企业	40396	60541	11330	21078

2016年软件和信息技术服务业主要指标汇总表（六）

单位：万元

	应收账款	应付账款	本年折旧	本年应付职工薪酬
外资企业	7828580	5875655	1722992	7481107
外商投资股份有限公司	193632	487788	28052	262581
其他外商投资企业	329489	193081	4221	136516
二、按控股经济分列				
国有控股	28095457	25925849	1519291	12516989
集体控股	11957309	9954483	528722	9136748
私人控股	46716350	35810371	2679683	27375435
中国港、澳、台商控股	5042764	3307348	878660	5956484
外商投资	7745687	5496582	1870484	7249861
其他	9576932	6870123	715087	6923297
三、按企业规模分列				
大型企业	58649440	48307506	4036936	36564949
中型企业	35915496	25212999	2171237	21367546
小型企业	13524424	13092353	1927307	10512916
微型企业	1045138	751898	56447	713403
四、按行业分列				
软件产品行业	47242509	26690442	2760749	29991245
信息技术服务行业	46507359	47304891	4304867	34287629
嵌入式系统软件行业	15384631	13369424	1126311	4879940
五、按跨国经营分列				
有并购境外企业	3060436	5236261	55538	1838102
在境外有生产线的企业	9759836	5260178	375686	3268035
在境外有研发中心的企业	4512356	4933294	190423	4561547
在境外仅有销售网点的企业	10233510	8031084	464982	3822352
未从事跨国经营活动	81568360	63903940	7105299	55668778
六、按区域分列				
东部地区	86402201	71085418	6768318	55237618
中部地区	12064126	9419623	630303	4267742
西部地区	8433682	5565847	658086	6414848
东北地区	2234490	1293868	135221	3238606

2016年软件和信息技术服务业主要指标汇总表（七）

单位：人

	从业人员 年末人数	软件研发 人员	管理 人员	硕士以 上人员	大本 人员	大专 以下人员
软件企业合计	**5858212**	**2196447**	**914881**	**620436**	**3146247**	**2091479**
一、按企业登记注册类型分列						
内资企业	4792256	1817106	718538	494723	2646963	1650546
国有企业	383851	126630	37940	54738	183311	145805
集体企业	33853	2753	3986	6210	15366	12278
股份合作企业	47983	9650	3542	4516	26611	16856
联营企业	14846	7297	1732	1303	9690	3853
国有联营企业	3898	2392	543	476	2976	444
集体联营企业	3828	1882	471	228	2857	744
国有与集体联营企业	2406	810	331	198	1241	968
其他联营企业	4714	2213	387	401	2616	1697
有限责任公司	1773832	726483	297280	207887	1018909	547043
国有独资公司	48793	14997	7351	5814	26499	16482
其他有限责任公司	1725039	711486	289929	202073	992410	530561
股份有限公司	1083208	395779	149776	99862	599354	384011
私营企业	1398965	525925	218192	112440	763085	523384
私营独资	249709	81006	24885	17961	103120	128604
私营合伙	49254	14088	5981	4154	29991	15104
私营有限责任公司	956257	378909	163042	80343	549550	326347
私营股份有限公司	143745	51922	24284	9982	80424	53329
其他内资企业	55718	22589	6090	7767	30637	17316
中国港、澳、台商投资企业	417433	143696	95375	54761	188964	173709
合资经营企业（中国港、澳、台资）	86102	26841	20417	6415	27765	51918
合作经营企业（中国港、澳、台资）	2785	748	156	241	1414	1130
中国港、澳、台商独资经营企业	303534	103890	70291	44595	144211	114735
中国港、澳、台商投资股份有限公司	23712	11696	4329	3404	14616	5690
其他中国港、澳、台商投资企业	1300	521	182	106	958	236
外商投资企业	648523	235645	100968	70952	310320	267224
中外合资经营企业	155375	49008	16619	9478	61143	84749
中外合作经营企业	2876	834	531	113	1260	1501
外资企业	449867	171280	80773	59371	224559	165918

2016年软件和信息技术服务业主要指标汇总表（七）

单位：人

	从业人员年末人数	软件研发人员	管理人员	硕士以上人员	大本人员	大专以下人员
外商投资股份有限公司	28774	7664	2155	1419	15294	12060
其他外商投资企业	11631	6859	890	571	8064	2996
二、按控股经济分列						
国有控股	995567	376941	149503	135412	520673	339484
集体控股	928719	289865	100104	87349	441702	399672
私人控股	2563587	1009722	425920	239496	1470368	853694
中国港、澳、台商控股	294084	114987	79530	41642	141622	110817
外商投资	465044	195149	93965	54535	234617	175869
其他	611211	209783	65859	62002	337265	211943
三、按企业规模分列						
大型企业	2349867	939872	433709	334316	1272716	742819
中型企业	2028127	772724	320308	189279	1194209	644630
小型企业	1395028	453111	149932	88811	627325	678867
微型企业	85190	30740	10932	8030	51997	25163
四、按行业分列						
软件产品行业	2358850	977514	393943	271977	1387423	699450
信息技术服务行业	2823952	863086	463249	284363	1552116	987473
嵌入式系统软件行业	675410	355847	57689	64096	206708	404556
五、按跨国经营分列						
有并购境外企业	206126	39555	12287	21753	120472	63899
在境外有生产线的企业	243321	145144	16130	47092	128147	68077
在境外有研发中心的企业	328888	125638	31156	43815	161269	123807
在境外仅有销售网点的企业	317908	127370	23767	33573	157530	126796
未从事跨国经营活动	4761969	1758740	831541	474203	2578829	1708900
六、按区域分列						
东部地区	4365342	1600452	776924	456284	2240368	1668654
中部地区	454835	146656	45355	43490	293467	117878
西部地区	670714	224007	44578	68598	353944	248155
东北地区	367321	225332	48024	52064	258468	56792

2016年软件和信息技术服务业分产品完成情况

项　　目	企业数（个）	本年收入（万元）	其中：本年出口（万美元）
软件业务收入明细合计	**32310**	**482322235**	**4994608**
软件产品行业（E6201）			
一、软件产品合计	20915	150278252	1148973
（一）基础软件	4436	29251104	371033
1．操作系统	1294	9586539	115227
2．数据库管理系统	768	2948299	12289
3．中间件	460	5751937	202161
4．办公软件	905	2650467	6669
5．其他	1009	8313863	34688
（二）支撑软件	768	2701806	29831
1．开发工具	265	1039775	2291
2．测试工具软件	242	613867	549
3．其他支撑软件	261	1048164	26991
（三）应用软件	10469	77886109	438681
1．通用应用软件	3682	22350478	121620
2．行业应用软件	6787	55535631	317062
（1）通信行业软件	1190	17132016	134375
（2）金融财税软件	390	4219052	12345
（3）教育软件	468	1276029	1481
（4）交通运输行业软件	510	3326430	5073
（5）能源控制软件	444	3546738	7674
（6）动漫游戏软件	401	3911169	38960
（7）物流管理软件	148	441220	1750
（8）医疗卫生领域软件	484	1948224	11368
（9）其他行业应用软件	2752	19734754	104037
（四）工业软件	1235	8366432	25370
1．产品研发类软件	411	2147469	5285
2．生产控制类软件	824	6218962	20085
（五）嵌入式应用软件	1361	11874114	133506
（六）信息安全产品	1039	7764314	22103
1．基础类安全产品	174	1082842	5884
2．终端与数字内容安全产品	137	1150441	2407

2016年软件和信息技术服务业分产品完成情况

项　　目	企业数（个）	本年收入（万元）	其中：本年出口（万美元）
3．网络与边界安全产品	172	2028913	5179
4．专用安全产品	168	1142185	2296
5．安全测试评估与服务产品	49	187030	2495
6．安全管理产品	134	634622	121
7．其他信息安全产品及相关服务	205	1538282	3721
（七）移动应用软件（APP）	381	3893683	8704
（八）软件定制服务	748	6224122	103643
（九）平台软件	478	2316570	16103
信息技术服务行业（E6202）			
二、信息技术服务行业合计	21620	260904233	1801430
（一）信息技术咨询设计服务	5844	37684394	252599
1．信息化规划	454	2683743	24839
2．信息系统设计	1681	11743355	35402
3．信息技术管理咨询	2592	18092467	174728
4．信息系统工程监理	420	2385642	9439
5．测试评估	174	701003	4894
6．信息技术培训	523	2078183	3298
（二）信息系统集成实施服务	6601	77396269	797530
1．基础环境集成实施服务	521	14122677	681145
2．硬件集成实施服务	1367	14911477	38316
3．软件集成实施服务	1778	10940083	11798
4．安全集成实施服务	353	2341170	1181
5．系统集成实施管理服务	2582	35080863	65090
（三）运行维护服务合计	3700	19226751	86076
1．基础环境运维服务	302	2301695	1507
2．硬件运维服务	472	2329463	49668
3．软件运维服务	1578	5644522	12024
4．安全运维服务	266	1538835	2066
5．运维管理服务	1082	7412236	20811
（四）数据服务	1611	21391757	118025
1．数据加工处理服务	897	12711059	65767
2．数字内容处理服务	714	8680698	52258

2016年软件和信息技术服务业分产品完成情况

项　目	企业数 （个）	本年收入 （万元）	其中：本年出口 （万美元）
（1）地理遥感信息服务	79	435257	2368
（2）动漫、游戏数字内容服务	194	3111424	21297
（3）其他数字内容处理服务	441	5134017	28593
（五）运营服务	2347	47781642	50805
1．软件运营服务	526	5327258	12822
2．平台运营服务	1612	38405691	35407
（1）物流管理服务平台	115	2436387	2538
（2）在线信息平台	424	14964843	1117
（3）在线娱乐平台	369	13112494	12979
（4）在线教育平台	149	1083243	27
（5）其他在线服务平台	555	6808723	18746
3．基础设施运营服务	209	4048694	2576
（六）电子商务平台技术服务	893	37241444	71462
1．在线交易平台服务	708	33263539	18817
2．在线交易支撑服务	185	3977905	52645
（七）集成电路设计	624	20181976	424934
嵌入式系统软件行业（E6203）			
三、嵌入式系统软件合计	4116	71139750	2044205
（一）通信设备	1135	29926674	1581837
1．通信传输设备	430	10928071	589958
（1）光通信设备	173	2426143	46305
（2）卫星通信设备	74	1538203	114870
（3）无线通信设备	183	6963725	428783
2．通信交换设备	89	903710	14836
（1）数字程控交换机	53	548209	12753
（2）软交换机	15	133204	2083
（3）光交换机	21	222297	
3．移动通信设备	44	10857462	861029
（1）基站	25	10726735	859457
（2）直放站	19	130728	1572
4．网络设备	572	7237431	116014
（1）网络控制设备	323	4297589	39148

2016年软件和信息技术服务业分产品完成情况

项　　目	企业数（个）	本年收入（万元）	其中：本年出口（万美元）
（2）网络接口和适配器	68	737572	52954
（3）网络连接设备	130	1979218	23568
（4）网络优化设备	51	223052	344
（二）数字家用视听产品	129	4676730	62588
1．电视接收机顶盒	57	1550282	57109
2．家庭网关中心	72	3126448	5478
（三）计算机应用产品	802	15204789	275810
1．金融、商业、税务电子应用产品	89	689251	6088
（1）银行自助服务终端	37	215954	370
（2）POS机	31	266005	169
（3）税控机	21	207293	5548
2．汽车电子	252	7951714	9643
（1）传动系控制系统	65	1086456	5718
（2）行驶系控制系统	48	488522	1332
（3）车身控制系统	75	4451979	648
（4）安全控制系统	64	1924757	1945
3．智能交通	57	145530	20
（1）交通信号控制机	57	145530	20
4．医疗电子设备	146	1064655	32374
（1）医用电子仪器设备	128	961134	31571
（2）医学影像设备	18	103521	803
5．智能识别装置	166	4101906	189364
6．自动检售票设备	23	67134	61
7．超大屏幕控制器	69	1184598	38261
（四）信息系统安全产品	137	2286647	23722
1．边界防护类设备和系统	34	237071	3766
2．密钥管理类设备和系统	103	2049575	19956
（五）装备自动控制产品	1913	19044912	100247
1．集散控制系统	671	11164518	27902
2．电气传动及控制系统	478	3517434	47317
3．装备制造工控系统	764	4362960	25028

出口国家和地区	一、软件产品合计	（一）基础软件	1. 操作系统	2. 数据库管理系统	（二）支撑软件
中国香港	54154	5722	385	1844	511
中国台湾	44202	1440			13
韩国	33923	687	65	328	722
美国	306289	98768	3557	7977	26983
日本	182257	18859	1287	1157	369
德国	13316	4850	4850		
法国	4142	707			
英国	4580	366	280		
印度	9197	29	11		116
墨西哥	959	294	131	43	
巴西	1543	179			14
俄罗斯	3035	13	13		
南美洲其他国家	1312	490	483		8
大洋洲	385	10	10		
亚洲其他国家	45082	2697	1534	911	599
西欧其他国家	12354	5			
东欧其他国家	9573	71	71		
非洲	4290	154	154		215
					264

出口国家和地区表（一）

单位：万美元

（三）应用软件	1．通用 应用软件	2．行业 应用软件	（四）工业软件	1．产品 研发类软件	2．生产 控制类软件	（五）嵌入式 应用软件
30316	8529	21787	372	308	64	5749
4139	1580	2560	366	200	166	27488
24801	11297	13504	122		122	4826
119516	11302	108214	7333	1555	5778	25233
81327	37508	43819	2729	2259	470	36341
4241	75	4166	1796		1796	1210
2116	1633	483	234		234	748
3050	1677	1373	366		366	288
954	65	889	212		212	247
419	50	368	245		245	1
529	435	95	75		75	4
2728	113	2615	60		60	234
144	92	52	158		158	
290	152	138				85
26049	5304	20745	4148	194	3954	2631
8209	4585	3624				379
8950	170	8781	231		231	
1812	35	1777	149	149		236
			3518	620	2898	11177

出口国家和地区	（六）信息 安全产品	（七）移动应用软 件（App）	（八）软件 定制服务	（九）平台 软件	二、信息技术 服务合计
中国香港	3835	3084	4558	7	237876
中国台湾			10757		87380
韩国	584	1349	599	233	54651
美国	5773	1379	17320	3983	260644
日本	6779	419	34852	581	76076
德国	266	124	828		6267
法国			337		7110
英国	147	361	1		24103
印度	200	49	7390		11788
墨西哥					293
巴西			565	176	695
俄罗斯					1854
南美洲其他国家	502			10	2320
大洋洲					494
亚洲其他国家	2614	367	2861	3115	110849
西欧其他国家			593	3168	7974
东欧其他国家			321		11284
非洲	448	193	712	370	10442

出口国家和地区表（二）

单位：万美元

（一）信息技术咨询设计服务	（二）信息系统集成实施服务	（三）运行维护服务	（四）数据服务	（五）运营服务	（六）电子商务平台服务
4986	45399	479	3151	491	11310
2639	6531	4243	45302	1162	2000
790	1860	645	1022	369	
52494	10279	52713	11937	26340	8888
33892	9131	3853	17646	4161	508
1919	3221		990	134	
349		3894			
2146		530	10021	39	2475
11434					9
			23		
		215			
	760			1094	
14		49		2257	
294	35		165		
24579	19665	4911	16056	7122	12354
5188	703	25	1022	88	650
26	10228		380		
1731	2036	6633	42		

出口国家和地区	（七）集成电路设计	三、嵌入式系统软件合计	（一）通信设备
中国香港	172060	119665	61228
中国台湾	25504	216072	104789
韩国	49965	35196	31308
美国	97992	114425	34093
日本	6886	29573	4205
德国	3	3245	1723
法国	2867	2818	1250
英国	8892	1936	151
印度	345	41567	29354
墨西哥	270	682	260
巴西	480	1665	1013
俄罗斯		1940	565
南美洲其他国家		1322	141
大洋洲		84933	84659
亚洲其他国家	26162	41516	2453
西欧其他国家	298	111708	102289
东欧其他国家	650	14234	292
非洲		109448	109387

出口国家和地区表（三）

单位：万美元

（二）数字家用视听产品	（三）计算机应用产品	1．金融、商业、税务电子应用产品	2．汽车电子	3．智能交通
3119	50715	248	252	
1200	78520		3241	
191	560	105	300	
11336	42996	5486	3013	20
9456	12415	13	1055	
14	480	4	390	
25	488			
60	519		519	
24	10514	57		
19	76	1		
	84	30		
	34		31	
262	91	2	44	
	228		228	
9780	21563	28	155	
824	2559		120	

出口国家和地区	4．医疗电子设备	5．智能识别装置	（四）信息系统安全产品
中国香港	496	49718	40
中国台湾		75278	16000
韩国	155		221
美国	933	33349	1432
日本	1175	10172	45
德国	68	19	
法国	394	94	
英国			1074
印度	57	400	
墨西哥	75		
巴西	14	40	
俄罗斯	3		
南美洲其他国家	45		
大洋洲			
亚洲其他国家	939	339	
西欧其他国家	10	2430	3000
东欧其他国家			
非洲			

出口国家和地区表（四）

单位：万美元

（五）装备自动控制产品	1．集散控制系统	2．电气传动及控制系统	3．装备制造工控系统
4564	106	3849	610
15563	152	41	15370
2916	204	15	2697
24568	13007	10655	906
3452	529	556	2367
1028	224	578	226
1055	1055		
132	21	111	
1674	66	1560	48
329	150		179
568	5		563
1341	293	974	73
829	595	234	
47	47		
7720	5132	2023	565
3036	1841	1159	36
13942	338	13468	137
60	35	20	5

2016年各省市软件和信息技术

	企业数（个）	软件业务收入	其中： 1. 软件产品收入
软件企业合计	32310	482322235	150278252
（一）按省市分列			
北京市	2879	64160228	24448314
天津市	465	11858459	2824402
河北省	204	2101822	365043
山西省	85	239172	104621
内蒙古自治区	72	279598	163399
辽宁省	1892	18903341	7906035
吉林省	900	5110867	1668621
黑龙江省	502	1679761	608601
上海市	1479	38158600	11922807
江苏省	4844	81656015	18513795
浙江省	1492	36000230	10866988
安徽省	298	2600306	909752
福建省	2563	21578985	7776170
江西省	113	870067	338927
山东省	3965	42610828	15610362
河南省	178	2963543	1117252
湖北省	2547	13305111	6937091
湖南省	355	3960107	1140827
广东省	3631	82233915	19612172
广西壮族自治区	163	729215	100953
海南省	143	767042	261981
重庆市	1201	24230870	9586500
四川省	222	1278329	502687
贵州省	91	502951	123645
云南省	1158	10249597	2386354
陕西省	580	13001964	4204166
甘肃省	93	414210	105954
青海省	15	11541	3983
宁夏回族自治区	51	132037	61855

服务业主要指标汇总表（一）

单位：万元

2. 信息技术服务收入	3. 嵌入式系统软件收入	软件外包服务收入
260904233	**71139750**	**21394225**
39571159	140755	1636467
7568853	1465203	62999
1721880	14899	7912
125911	8640	63
115023	1176	
10340257	657048	4460222
2708275	733970	47150
940402	130758	894094
24385984	1849808	1050316
37455568	25686652	3007709
21893586	3239656	408456
1488655	201899	56431
12307126	1495689	280359
520876	10263	21407
18912595	8087871	4318037
1834942	11348	5869
5711966	656054	329546
2283922	535359	175172
38958597	23663145	2137121
622851	5410	5988
505061		6429
14487056	157313	600134
767758	7884	2866
377760	1546	40432
6596127	1267116	1255555
7702833	1094964	561156
303776	4481	13493
6691	867	
61419	8764	78

	企业数 （个）	软件业务收入	其中： 1.软件产品收入
新疆维吾尔自治区	129	733527	104994
（二）按副省级城市分列			
大连市	667	10147487	4051053
宁波市	703	4652759	1179632
厦门市	1116	11084264	2947187
青岛市	1591	16085362	5009730
深圳市	1523	48700230	8269260
沈阳市	1145	8509426	3752149
长春市	582	3417638	1226718
哈尔滨市	500	1678247	607701
南京市	1907	34838701	10931319
杭州市	478	29948821	9243382
济南市	1736	22836343	9668275
武汉市	2502	13217915	6902139
广州市	1639	26007741	9411540
成都市	1168	23548069	9389950
西安市	580	13001963.61	4204165.88

服务业主要指标汇总表（一）

单位：万元

2. 信息技术服务收入	3. 嵌入式系统软件收入	软件外包服务收入
627323	1210	8764
5598912	497522	3572360
2138645	1334482	107307
6909472	1227605	160913
5825188	5250444	94859
21787225	18643745	559000
4640248	117028	887060
1580483	610437	32446
940402	130144	893194
21119727	2787655	2178417
19058872	1646567	284259
11458770	1709299	4177137
5669286	646490	329546
15361570	1234631	1179548
14021220	136899	598508
7702833.4	1094964.33	561155.74

2016年各省市软件和信息技术服务业主要指标汇总表（二）

单位：万美元

	软件业务出口收入	软件外包服务出口收入	嵌入式系统软件出口收入
软件企业合计	**4994608**	**964586**	**2044205**
（一）按省市分列			
北京市	256703	255683	1020
天津市	8347	4427	
河北省	3805	238	
山西省			
内蒙古自治区			
辽宁省	292434	223685	10231
吉林省	8261	5536	300
黑龙江省	4200	3678	522
上海市	361877	75579	
江苏省	669714	93256	337828
浙江省	351179	30600	29524
安徽省	15314	2206	3903
福建省	40939	22473	7584
江西省	9625	25	
山东省	189790	23442	144872
河南省	860		
湖北省	19555	6928	66
湖南省	369		
广东省	2507067	109760	1500759
广西壮族自治区	1		
海南省	1126	561	
重庆市	147393	28814	939
四川省	5	5	
贵州省	198	198	
云南省	14709	5403	4644
陕西省	91054	72090	2014
甘肃省			
青海省	82		

2016年各省市软件和信息技术服务业主要指标汇总表（二）

单位：万美元

	软件业务出口收入	软件外包 服务出口收入	嵌入式系统 软件出口收入
宁夏回族自治区			
新疆维吾尔自治区			
（二）按副省级城市分列			
大连市	271335	214325	10023
宁波市	90371	4139	22993
厦门市	27939	17202	7036
青岛市	133724	5017	109783
深圳市	2245628	7743	1372296
沈阳市	19769	9360	15
长春市	5031	3702	300
哈尔滨市	4200	3678	522
南京市	94666	60175	5061
杭州市	255329	25808	2706
济南市	18795	16980	797
武汉市	19545	6928	66
广州市	71934	57528	1360
成都市	147172	28814	850
西安市	91054	72090	2014

2016年各省市软件和信息技术服务业主要指标汇总表（三）

单位：万元

	利润总额	流动资产平均余额	资产合计	负债合计	固定资产投资额
软件企业合计	**65578520**	**400220838**	**703089552**	**347632560**	**15468573**
（一）按省市分列					
北京市	7180064	74890823	132297864	62471997	1682703
天津市	929617	4812827	14166910	2119840	151724
河北省	359063	1216247	2915085	1795267	325889
山西省	26522	381466	729087	312015	17893
内蒙古自治区	23655	128840	297633	125717	10699
辽宁省	1798574	7070871	11487359	5631374	196729
吉林省	449305	773722	1505907	572420	72450
黑龙江省	246045	214466	1045107	91374	70117
上海市	4346378	40711380	60092761	33225729	790197
江苏省	8171200	36581104	91275630	37629426	4923601
浙江省	11639661	37843615	57783941	22086357	937002
安徽省	429180	2258127	5894833	2388463	97669
福建省	2413553	17423401	22929154	15369351	1350133
江西省	94791	634150	1322576	587172	9780
山东省	5578089	21735645	38121750	24711161	785311
河南省	383052	4440958	6743547	3839851	41100
湖北省	1405452	17380776	28784024	14847939	1058148
湖南省	495518	5984195	9483798	4343308	135947
广东省	15180753	86149291	158607108	88911008	1457415
广西壮族自治区	66825	780011	744138	385386	5014
海南省	110082	547953	1871493	714040	12605
重庆市	2761702	8751771	15815884	7056853	505497
四川省	71665	668253	1518516	747692	48163
贵州省	27339	611848	862893	445414	8333
云南省	665218	4519112	13905010	4905398	197174
陕西省	616396	9298618	20979688	11313150	510096
甘肃省	29310	362754	753957	385925	51682
青海省	-154	13547017	13494	5921	

2016年各省市软件和信息技术服务业主要指标汇总表（三）

单位：万元

	利润总额	流动资产平均余额	资产合计	负债合计	固定资产投资额
宁夏回族自治区	17442	55532	245671	118406	8450
新疆维吾尔族自治区	62223	446065	894736	494607	7053
（二）按副省级城市分列					
大连市	685871	2289806	7014508	4268761	95207
宁波市	369660	2563650	5122940	2786330	171006
厦门市	1398298	4647171	5981935	3714405	146904
青岛市	1340295	11740820	13249550	8459365	68752
深圳市	9434301	54701121	98494622	65147791	655607
沈阳市	1056246	1614104	3094077	946425	91669
长春市	303351	585596	1205520	454641	30974
哈尔滨市	246109	214464	1043808	91252	70094
南京市	5519155	27365854	65580219	25827423	2165960
杭州市	11004403	33714746	50225271	18134286	712008
济南市	4104457	9210250	22587878	15361435	656252
武汉市	1393900	17272295	28563606	14759685	1049683
广州市	4787056	26525825	49707241	19355242	681570
成都市	2697873	7849853	14365770	6255464	328735
西安市	616396	9298618	20979688	11313150	510096

2016年各省市软件和信息技术服务业主要指标汇总表（四）

单位：万元

	主营业务税金及附加	年末所有者权益	年初所有者权益	应交增值税
软件企业合计	**9563721**	**355456992**	**258187947**	**13878459**
（一）按省市分列				
北京市	400003	69825867	58336387	1818155
天津市	38404	12047070	6767767	184479
河北省	15346	1119818	900665	102565
山西省	3627	417072	366848	12479
内蒙古自治区	1876	171916	158150	7126
辽宁省	826487	5855985	5147014	283298
吉林省	87225	933487	732164	14642
黑龙江省	32504	953733	825239	48291
上海市	235002	26867032	19924785	623850
江苏省	3778826	53646204	23065549	1632777
浙江省	417337	35697583	28622490	1928603
安徽省	26072	3506370	2883819	84771
福建省	733596	7559803	5988275	510969
江西省	9690	735404	682799	18168
山东省	1050365	13410590	10533388	1039363
河南省	19845	2903696	2746240	80585
湖北省	184047	13936084	10092018	440110
湖南省	34944	5140490	3946553	202395
广东省	996459	69696101	52917731	3285794
广西壮族自治区	10379	358752	270084	13016
海南省	5744	1157453	445617	21028
重庆市	264975	8759031	6598484	815524
四川省	54069	770823	708045	14024
贵州省	4236	417479	360322	10744
云南省	176448	8999612	7964367	393922
陕西省	140089	9666538	6442714	262055
甘肃省	8009	368032	324333	9138
青海省	308	7573	7116	102
宁夏回族自治区	1376	127264	88754	4573

2016年各省市软件和信息技术服务业主要指标汇总表（四）

单位：万元

	主营业务 税金及附加	年末所有者权益	年初所有者权益	应交增值税
新疆维吾尔自治区	6434	400129	340230	15913
（二）按副省级城市分列				
大连市	303795	2745747	2435052	216592
宁波市	80528	2336610	1711269	94095
厦门市	150779	2267530	1408205	51338
青岛市	286578	4790185	3102359	313040
深圳市	373210	33346830	24806881	2040658
沈阳市	516311	2147652	1825670	50358
长春市	55147	750879	600099	8840
哈尔滨市	32487	952556	824496	48233
南京市	2918323	39752796	16021083	1271115
杭州市	305529	32090984	25908172	1762552
济南市	614229	7226443	6413541	693907
武汉市	182315	13803921	9969793	434749
广州市	560876	30351999	23706179	924975
成都市	259348	8110306	5976299	805176
西安市	140089	9666538	6442714	262055

2016年各省市软件和信息技术服务业主要指标汇总表（五）

	应交所得税	出口已退税额	研发经费	主营业务成本
软件企业合计	**8238521**	**1282683**	**45452003**	**414223594**
（一）按省市分列				
北京市	1103743		6452415	37970143
天津市	95949	1196	375687	10638048
河北省	42212	2421	54622	1905207
山西省	5559		41168	268371
内蒙古自治区	2129		22747	249568
辽宁省	208131	12542	627344	11614069
吉林省	22366	3701	137872	3673738
黑龙江省	18906	1636	244230	1228481
上海市	499636	127507	3400168	28461301
江苏省	1032711	301642	3500418	104049957
浙江省	1203486	250110	5551248	22073731
安徽省	42739	3401	266060	2707762
福建省	83354	58251	2088898	18121669
江西省	11693	4806	55821	1022561
山东省	901709	22208	3647617	36446295
河南省	50677	103	125611	2859253
湖北省	207866	126622	1736228	13562061
湖南省	93726	586	364372	4089470
广东省	2000178	308047	11758405	66955050
广西壮族自治区	8579		23568	927364
海南省	29346		39900	578026
重庆市	302994	7312	2277950	17228008
四川省	6326		32305	819863
贵州省	5605		46311	535243
云南省	110189	13124	1444222	10677898
陕西省	129126	37303	1098069	14129847
甘肃省	7605	69	17932	464422
青海省	48		78	38510
宁夏回族自治区	2672		6713	131076
新疆维吾尔自治区	9264	96	14022	796602

2016年各省市软件和信息技术服务业主要指标汇总表（五）

单位：万元

	应交所得税	出口已退税额	研发经费	主营业务成本
（二）按副省级城市分列				
大连市	160838	4414	373617	6427191
宁波市	50809	76546	164964	5410165
厦门市	34537	27681	737899	11161307
青岛市	149264	9040	1649558	11022622
深圳市	1229080	145710	6884882	31285272
沈阳市	40694	2695	230530	4818101
长春市	18108	346	100568	2524901
哈尔滨市	18873	1636	243937	1227485
哈尔滨市	851873	37873	2717761	51619604
杭州市	1120898	166421	5268713	15031341
济南市	737359	5850	1924161	22256563
武汉市	207161	126570	1726007	13485192
广州市	657239	6649	4079326	24486054
成都市	298333	7025	2203874	16326885
西安市	129126	37303	1098069	14129847

2016年各省市软件和信息技术服务业主要指标汇总表（六）

单位：万元

	应收账款	应付账款	本年折旧	本年应付职工薪酬
软件企业合计	**109134498**	**87364756**	**8191927**	**69158814**
（一）按省市分列				
北京市	18663065	11114926	1435630	15216851
天津市	1013421	749505	19907	992055
河北省	390502	341002	33440	694399
山西省	229438	117150	5862	63052
内蒙古自治区	58692	31645	4171	26767
辽宁省	1777976	1015001	64198	2785479
吉林省	360914	208750	48030	245223
黑龙江省	95600	70117	22993	207903
上海市	8700072	6160101	308930	6203744
江苏省	17191860	17555207	2090906	9406619
浙江省	7245480	5375725	1332252	4849475
安徽省	1115974	774585	36799	397430
福建省	3434970	5923621	71871	2582857
江西省	315001	235617	6859	120877
山东省	6730118	4441491	485098	3106807
河南省	2447549	2079828	32730	301771
湖北省	6013684	4573867	515783	2912055
湖南省	1942480	1638575	32270	472557
广东省	22904369	19323341	978068	12044416
广西壮族自治区	193810	99079	2079	151452
海南省	128343	100499	12216	140394
重庆市	3354161	2070466	260704	3019178
四川省	250803	314633	5834	95226
贵州省	223843	197655	6285	109371
云南省	2283816	1596249	63888	1101303
陕西省	1514878	845389	302013	1712458
甘肃省	128322	105486	3660	57129
青海省	4457	854	103	4953
宁夏回族自治区	63434	26512	1924	22365
新疆维吾尔自治区	357466	277881	7425	114647

2016年各省市软件和信息技术服务业主要指标汇总表（六）

单位：万元

	应收账款	应付账款	本年折旧	本年应付职工薪酬
（二）按副省级城市分列				
大连市	913054	537424	33984	1685013
宁波市	937974	695534	58221	572651
厦门市	1427968	1582326		1429682
青岛市	1178723	1821685	3302	800120
深圳市	14370803	10343521	524608	5773137
沈阳市	510398	344791	20063	1056349
长春市	270649	173482	29375	183143
哈尔滨市	95455	70117	22986	207593
南京市	11408235	11031143	401032	5017692
杭州市	5691940	4270346	1248942	4028441
济南市	5133043	2421712	462644	2001386
武汉市	5972904	4546991	510751	2893913
广州市	6448217	7247734	333885	5061956
成都市	3024505	1861243	246514	2957139.18
西安市	1514878	845389	302013	1712458

2016年各省市软件和信息技术服务业主要指标汇总表（七）

单位：人

	从业人员 年末人数	软件研发 人员	管理人员	硕士以上 人员	大本人员	大专以下 人员
软件企业合计	**5858212**	**2196447**	**914881**	**620436**	**3146247**	**2091479**
（一）按省市分列						
北京市	704488	288080	418791	98717	390289	215471
天津市	87553	29345	6161	5845	49476	32232
河北省	33947	8213	2326	3183	18103	12662
山西省	7592	2969	1018	386	4605	2600
内蒙古自治区	4346	1204	527	217	2600	1529
辽宁省	296004	188178	38994	45197	207791	43021
吉林省	42786	15372	4705	5344	27514	9929
黑龙江省	28531	21782	4325	1523	23163	3842
上海市	370372	121715	35457	52030	220218	98127
江苏省	1169891	290623	99805	90822	467993	611006
浙江省	295120	96024	32822	27197	148993	118901
安徽省	46250	18141	4245	4446	28920	12882
福建省	278872	110108	35173	17638	146855	114382
江西省	17103	3992	1813	1055	10019	6029
山东省	489004	124135	50858	59731	298367	130964
河南省	37003	9553	5097	2929	19881	14192
湖北省	289129	93325	26800	29634	197412	62087
湖南省	57758	18676	6382	5040	32630	20088
广东省	917564	529983	94146	100482	490204	326887
广西壮族自治区	24831	2757	1513	492	6908	17431
海南省	18531	2226	1385	639	9870	8022
重庆市	284510	58788	18354	29466	151499	103541
四川省	21764	7926	1764	2244	11596	7925
贵州省	10985	5120	1315	444	6975	3566
云南省	147419	42200	13706	13758	91569	42084
陕西省	147866	99951	4964	21077	66839	59946
甘肃省	9221	2761	1074	326	6048	2846
青海省	861	44	27	18	282	561

2016年各省市软件和信息技术服务业主要指标汇总表（七）

单位：人

	从业人员年末人数	软件研发人员	管理人员	硕士以上人员	大本人员	大专以下人员
宁夏回族自治区	4105	1385	330	91	2272	1741
新疆维吾尔自治区	14806	1871	1004	465	7356	6985
（二）按副省级城市分列						
大连市	180368	128966	21140	23537	131801	25031
宁波市	76103	11997	8064	2709	23220	50155
厦门市	147902	26080	20286	9394	66106	72402
青岛市	131869	16282	9428	15354	70000	46558
深圳市	386520	240092	36582	61302	199683	125535
沈阳市	107297	57054	17008	21180	72591	13525
长春市	29701	11926	3323	3543	19473	6687
哈尔滨市	28500	21756	4320	1518	23143	3836
南京市	472463	146661	42706	66712	286765	118968
杭州市	185252	75540	21484	23491	114883	46873
济南市	298933	94281	37293	38459	206315	54167
武汉市	285689	92410	26326	29513	195391	60788
广州市	425811	247609	45780	32752	242866	150198
成都市	276249	56100	17184	28656	147649	99941
西安市	147866	99951	4964	21077	66839	59946

	软件产品合计	位次	其中:									
			基础软件	位次	支撑软件	位次	应用软件	位次	工业软件	位次
合计	150278252		29251104		2701806		77886109		8366432	
北京市	24448314	1	1926139	8	18953	16	15209769	1	672387	4
天津市	2824402	12	74981	15	41025	13	1002209	14	398078	9
河北省	365043	20	18550	25	5077	20	191749	18	18511	20
山西省	104621	27	21567	23	3216	21	65812	25	3808	24
内蒙古自治区	163399	23	25186	21	448	24	62999	26	64367	17
辽宁省	7906035	8	2436802	6	388437	2	3517345	9	367360	10
吉林省	1668621	14	362391	14	25599	15	1099641	12	100388	15
黑龙江省	608601	18	44639	18	36477	14	394204	16	33955	19
上海市	11922807	5	1480045	9	60666	12	7475206	4	243253	12
江苏省	18513795	3	2953499	4	345181	3	10566348	3	1241591	2
浙江省	10866988	6	4429420	1	103447	9	2815323	10	931915	3
安徽省	909752	17	56977	16	222035	5	379705	17	53401	18
福建省	7776170	9	2395842	7	107271	8	3794451	8	522509	7
江西省	338927	21	53231	17	6512	18	183830	19	4611	23
山东省	15610362	4	4413919	2	454453	1	6602427	5	606606	5
河南省	1117252	16	30062	19	13725	17	175385	20	587846	6
湖北省	6937091	10	406954	13	283815	4	4121907	7	258907	11
湖南省	1140827	15	8342	29			567091	15	130415	14
广东省	19612172	2	3750048	3	204387	6	10627413	2	1362118	1
广西壮族自治区	100953	28	16254	26	1062	22	78916	23	1375	26
海南省	261981	22	24877	22			139392	21		
重庆市	2386354	13	577977	11	103254	10	1040695	13	201922	13
四川省	9586500	7	2453579	5	75185	11	4789403	6	98841	16
贵州省	502687	19	502687	12						
云南省	123645	24	20030	24	450	23	76309	24	5923	22
陕西省	4204166	11	707944	10	194526	7	2746743	11	444426	8
甘肃省	105954	25	13753	28	87	25	80778	22	3365	25
青海省	3983	30	2067	30			1416	29		
宁夏回族自治区	61855	29	14507	27	20	26	26358	28	8497	21
新疆维吾尔自治区	104994	26	28835	20	6498	19	53286	27	56	27

服务业分产品收入汇总表（一）

单位：万元

嵌入式应用软件	位次	信息安全产品	位次	移动应用软件（APP）	位次	软件定制服务	位次	平台软件	位次
11874114		7764314		3893683		6224122		2316569	
210986	12	2627701	1	1589020	1	1960037	1	233322	4
1170631	5	20498	18	122	23	106121	10	10736	13
109695	16	19922	19			294	27	1245	20
3685	24	2642	24	231	21	2445	23	1216	21
8068	22	24	28	434	19	1350	25	523	23
301830	10	145863	9	13069	12	689217	4	46114	10
4848	23	52915	13	2836	16	11839	16	8163	16
49485	20	24196	17	8503	13	2966	22	14176	12
872991	6	620645	5	95237	7	977697	2	97067	7
1908198	1	515031	6	104857	6	526149	6	352941	3
1626282	3	200815	7	129026	5	614661	5	16099	11
131998	15	49491	14	3078	15	4009	21	9059	15
198543	13	170621	8	272433	4	126146	8	188355	5
79313	17	4258	23	953	18	6066	17	154	27
422427	8	1052879	2	774099	2	736030	3	547522	2
185797	14	97701	11	111	24	23240	13	3386	18
1619756	4	93894	12	30555	9	71240	11	50064	9
373876	9	16535	20	27359	10	17209	14		
1825284	2	820818	4	762192	3	162073	7	97840	6
367	26	91	27	136	22	2328	24	426	25
59129	18	31759	15	2287	17	4384	20	154	28
220906	11	133294	10	23424	11	33788	12	51094	8
423574	7	1018721	3	46069	8	116715	9	564414	1
9971	21	4276	22	306	20	5984	18	396	26
55144	19	29746	16	7350	14	15253	15	3033	19
1331	25	153	26			5431	19	1056	22
								500	24
		1629	25			1326	26	9518	14
		8196	21			123	28	7999	17

	信息技术服务合计	位次	其中:					
			信息技术咨询设计服务	位次	信息系统集成实施服务	位次	运行维护服务	位次
合计	260904233		37684394		77396269		19226751	
北京市	39571159	1	5007125	2	8450395	3	1683432	3
天津市	7568853	11	682737	13	1070556	15	320298	13
河北省	1721880	17	38291	23	1493042	14	116427	18
山西省	125911	27	14274	28	82181	26	26270	26
内蒙古自治区	115023	28	19445	26	51369	27	16798	27
辽宁省	10340257	9	5244332	1	1926281	12	917155	10
吉林省	2708275	14	634488	14	973879	17	434870	12
黑龙江省	940402	19	97557	21	430060	20	165771	14
上海市	24385984	4	3326778	6	5475693	5	973229	9
江苏省	37455568	3	4406465	5	11062033	2	3651495	1
浙江省	21893586	5	1356581	9	2222634	9	1145211	6
安徽省	1488655	18	336798	16	520614	18	116575	17
福建省	12307126	8	624016	15	5166633	6	988386	8
江西省	520876	23	122037	18	293653	23	40823	24
山东省	18912595	6	4663026	3	6435414	4	3076706	2
河南省	1834942	16	143015	17	1542331	13	105833	19
湖北省	5711966	13	1701702	8	1952536	10	565639	11
湖南省	2283922	15	23545	25	1069511	16	87886	20
广东省	38958597	2	4525207	4	16300658	1	1614805	4
广西壮族自治区	622851	22	57000	22	374021	21	157132	15
海南省	505061	24	110482	20	85340	25	48921	22
重庆市	6596127	12	1053660	10	2882875	8	1109093	7
四川省	14487056	7	1733225	7	4592930	7	1556734	5
贵州省	767758	20	767758	12				
云南省	377760	25	31387	24	296408	22	28939	25
陕西省	7702833	10	823626	11	1929596	11	155461	16
甘肃省	303776	26	8191	29	212076	24	73539	21
青海省	6691	30	2461	30	2992	29	1237	29
宁夏回族自治区	61419	29	15854	27	32545	28	6033	28
新疆维吾尔自治区	627323	21	113332	19	468010	19	42052	23

服务业分产品收入汇总表（二）

单位：万元

数据服务	位次	运营服务	位次	电子商务平台服务	位次	集成电路设计	位次
21391757		**47781642**		**37241443**		**20181976**	
3357793	1	17117502	1	3043804	4	911108	6
1889900	5	1268968	9	1211051	7	1125343	5
36551	18	37111	20	457	24		
2049	27	532	27	47	25	557	19
15562	20	10342	23	1506	22		
635607	11	1498088	8	92021	13	26773	14
258490	14	396052	13	7616	18	2880	18
123589	16	119102	17	4323	19		
2185136	4	3285525	4	5913418	3	3226205	3
1723474	6	1871515	7	7759713	2	6980873	1
956343	9	3797792	3	12049110	1	365915	10
259873	13	100942	18	91175	14	62679	13
2325206	3	2066504	6	660486	10	475896	8
6785	22	38697	19	15078	16	3804	17
1502101	7	2145330	5	720188	8	369829	9
16558	19	26458	21	747	23		
761478	10	624108	11	87914	15	18589	15
53103	17	390177	14	593147	11	66553	12
1388559	8	11075746	2	2583598	5	1470023	4
5346	24	25314	22	4038	20		
6518	23	147662	16	106138	12		
285219	12	465684	12	680430	9	119166	11
3334478	2	979011	10	1603487	6	687192	7
7378	21	7729	25			5920	16
247672	15	273373	15	10433	17	4262672	2
1540	28	8430	24				
3397	25	3590	26				
2051	26	359	28	1518	21		

2016年各省市软件和信息技术服务业分产品收入汇总表（三）

单位：万元

	嵌入式系统软件合计	位次	其中：通信设备	位次	数字家用视听产品	位次	计算机应用产品	位次	信息系统安全产品	位次	装备自动控制产品	位次
合计	71139750		29926674		4676730		8786495		8704940		19044912	
北京市	140755	16	68329	12	10706	11	24053	13	35294	12	2373	20
天津市	1465203	7	38139	13	3813	15	869942	5			553310	5
河北省	14899	18	1352	21			2492	18			11056	16
山西省	8640	22	17	25	53	18			14	20	8556	17
内蒙古自治区	1176	28					318	23	69	19	789	26
辽宁省	657048	11	167097	8	57054	5	482	22	123601	6	308815	10
吉林省	733970	10	3629	18			597265	6	7577	14	125499	13
黑龙江省	130758	17	7322	16	19468	8	27104	12	44432	11	32433	14
上海市	1849808	5	189358	7			1654179	2			6271	18
江苏省	25686652	1	5833226	2	2866649	1	2430427	1	3794156	1	10762194	1
浙江省	3239656	4	524630	6	7131	13	1172118	3	336219	4	1199558	4
安徽省	201899	14	10929	15	4648	14	3147	16	47592	10	135584	12
福建省	1495689	6	835707	4	11435	10	50158	11	277891	5	320497	9
江西省	10263	20	6968	17			593	21	1157	18	1546	22
山东省	8087871	3	3397188	3	969102	2	209615	9	843288	3	2668678	2
河南省	11348	19	2423	20					5079	15	3846	19
湖北省	656054	12	116803	9	238	17	320071	7	50661	9	168282	11
湖南省	535359	13	30367	14	30100	7	3104	17	54421	8	417367	7
广东省	23663145	2	17773226	1	362423	3	1091573	4	2975895	2	1460029	3
广西壮族自治区	5410	24	3225	19	289	16	10	24	7	21	1879	21
海南省												
重庆市	1267116	8	717786	5	41486	6	52446	10	80981	7	374418	8
四川省	157313	15	90589	11	16004	9	6310	15	21223	13	23187	15
贵州省	7884	23			7884	12						
云南省	1546	26	119	24			1427	20				
陕西省	1094964	9	107479	10	268248	4	259345	8	3890	16	456002	6
甘肃省	4481	25	6	26			1901	19	1494	17	1080	23
青海省	867	29									867	24
宁夏回族自治区	8764	21	347	23			8416	14				
新疆维吾尔自治区	1210	27	413	22							797	25

III 三资企业统计

	企业数（个）	软件业务收入	其中： 1. 软件产品收入
软件企业合计	**2564**	**109255848**	**22594347**
一、按企业登记注册类型分列			
中国港、澳、台商投资企业	830	44732874	9341510
合资经营企业（中国港、澳、台资）	184	4726549	960888
合作经营企业（中国港、澳、台资）	13	145608	126337
中国港、澳、台商独资经营企业	593	37413658	6359349
中国港、澳、台商投资股份有限公司	32	2388437	1862900
其他中国港、澳、台商投资企业	8	58622	32036
外商投资企业	1734	64522974	13252837
中外合资经营企业	412	12202910	2391511
中外合作经营企业	20	268710	65670
外资企业	1226	47525554	10315827
外商投资股份有限公司	44	3553901	179688
其他外商投资企业	32	971899	300141
二、按控股经济分列			
国有控股	97	5855377	2589348
集体控股	359	13852658	4131696
私人控股	280	9079475	2278763
中国港、澳、台商控股	560	30751346	3758931
外商投资	1099	43913681	9193499
其他	169	5803310	642109
三、按行业分列			
软件产品行业	947	33862871	20528396
信息技术服务行业	981	48742073	856816
嵌入式系统软件行业	636	26650904	1209135
四、按企业规模分列			
大型企业	490	69648559	13847407
中型企业	1124	21837942	5528396
小型企业	892	17076683	3102234
微型企业	58	692664	116310

主要指标汇总表（一）

	其中：	
2. 信息技术服务收入	3. 嵌入式系统软件收入	软件外包服务收入
62851085	**23810415**	**7604169**
30800643	4590721	976082
2808500	957161	124477
5536	13734	
27685824	3368486	714605
274196	251341	115727
26587		21273
32050442	19219695	6628087
5464169	4347229	610481
163168	39873	5346
23093276	14116451	5906326
2964127	410085	97782
365701	306056	8153
2304762	961267	263925
8316404	1404558	849910
5273655	1527056	1365150
23737265	3255150	805699
18912148	15808035	4166105
4306851	854350	153381
13055050	279425	3603787
47714594	170663	3955890
2081442	23360327	44493
42233544	13567607	3825833
11642325	4667222	2937083
8580495	5393953	753356
394721	181633	87897

	企业数（个）	软件业务收入	其中：1.软件产品收入
五、按省市分列			
北京市	507	20878438	7559664
天津市	66	6282550	566569
河北省	3	87903	73888
山西省	1	23055	6039
内蒙古自治区	1	1159	1159
辽宁省	183	5122344	1176565
吉林省	27	660930	43793
黑龙江省	16	62934	14239
上海市	233	12495104	2961048
江苏省	659	26498982	2211315
浙江省	124	13790795	2699374
安徽省	10	114910	25840
福建省	106	2882326	577571
江西省	3	88585	80049
山东省	109	1420783	461981
河南省	1	18041	18041
湖北省	59	455761	312967
湖南省	10	191876	146355
广东省	266	9965534	2172012
广西壮族自治区			
海南省	4	11947	6433
四川省	84	2532886	1081870
贵州省	1	3104	2505
云南省	1	1508	1508
重庆市	28	790922	124694
陕西省	61	4872994	268700
甘肃省	1	479	168
青海省			
宁夏回族自治区			

主要指标汇总表（一）

		其中：
2. 信息技术服务收入	3. 嵌入式系统软件收入	软件外包服务收入
13309609	9165	1124435
4534403	1181578	24702
14015		1763
17016		
3673639	272140	3053661
211837	405300	8353
46666	2029	49011
8132294	1401762	739249
8642271	15645395	810484
10595521	495900	151715
79098	9971	743
1148879	1155876	65621
8470	66	2355
488970	469832	264187
111218	31576	17378
16618	28902	16618
5469872	2323649	321374
5515		5993
1442424	8592	516689
599		1205
		1508
380851	285377	162336
4520990	83305	264789
311		

	企业数 （个）	软件业务 收入	其中： 1.软件产品收入
新疆维吾尔自治区			
六、按副省级城市分列			
大连市	170	4462031	1125421
宁波市	81	724970	178917
厦门市	84	2498344	390002
青岛市	44	277227	110511
深圳市	118	6573240	1137664
沈阳市	12	656792	47625
长春市	14	600778	25630
哈尔滨市	16	62934	14239
南京市	139	2333694	853841
杭州市	30	12924187	2470443
济南市	51	765652	319089
武汉市	59	455761	312967
广州市	101	1604054	791461
成都市	84	2532886	1081870
西安市	61	4872994	268700

主要指标汇总表（一）

单位：万元

		其中：
2. 信息技术服务收入	3. 嵌入式系统软件收入	软件外包服务收入
3064471	272140	2930189
215707	330346	18701
1033144	1075198	52959
87204	79512	2
4716472	719104	226942
609167		123473
169847	405300	6405
46666	2029	49011
949421	530432	633896
10358333	95411	123003
360725	85838	263371
111218	31576	17378
581105	231489	55856
1442424	8592	516689
4520990	83305	264789

2016年三资企业主要指标汇总表（二）

单位：万美元

	软件业务 出口收入	软件外包服务 出口收入	嵌入式系统软件 出口收入
软件企业合计	**1817673**	**576810**	**443542**
一、按企业登记注册类型分列			
中国港、澳、台商投资企业	499402	55588	99854
合资经营企业（中国港、澳、台资）	158069	5690	8467
合作经营企业（中国港、澳、台资）	235		235
中国港、澳、台商独资经营企业	214164	43744	90039
中国港、澳、台商投资股份有限公司	124618	3840	1113
其他中国港、澳、台商投资企业	2315	2315	
外商投资企业	1318272	521222	343688
中外合资经营企业	140256	42392	28868
中外合作经营企业	2065	494	
外资企业	1078166	476444	268522
外商投资股份有限公司	4067	794	1860
其他外商投资企业	93718	1098	44437
二、按控股经济分列			
国有控股	270389	7020	5903
集体控股	199506	68269	7048
私人控股	59444	22045	7001
中国港、澳、台商控股	221975	46691	72099
外商投资	991685	424441	347380
其他	74675	8344	4110
三、按行业分列			
软件产品行业	497306	231103	
信息技术服务行业	811077	341944	2800
嵌入式系统软件行业	509291	3763	440742
四、按企业规模分列			
大型企业	1004616	374964	160990
中型企业	299944	129535	23692
小型企业	498718	64620	258840
微型企业	14396	7691	20
五、按省市分列			

2016年三资企业主要指标汇总表（二）

单位：万美元

	软件业务 出口收入	软件外包服务 出口收入	嵌入式系统软件 出口收入
北京市	176326	175686	640
天津市	3323	2807	
河北省	986	234	
山西省			
内蒙古自治区			
辽宁省	215391	169076	9544
吉林省	1265	1028	
黑龙江省	1696	1496	200
上海市	326599	64178	
江苏省	568087	50052	312445
浙江省	189009	17744	16836
安徽省	8770	116	399
福建省	17565	7982	7036
江西省	9600		
山东省	17364	11532	4500
河南省			
湖北省	2727	1869	
湖南省			
广东省	126305	9267	91568
广西壮族自治区			
海南省	882	561	
四川省	109020	23156	
贵州省			
云南省	198	198	
重庆市	4714	3474	374
陕西省	37847	36353	
甘肃省			
青海省			
宁夏回族自治区			
新疆维吾尔自治区			
六、按副省级城市分列			

2016年三资企业主要指标汇总表（二）

单位：万美元

	软件业务 出口收入	软件外包服务 出口收入	嵌入式系统软件 出口收入
大连市	211186	165861	9544
宁波市	26734	2476	14014
厦门市	14867	6584	7036
青岛市	387		
深圳市	59733	4988	31833
沈阳市	4205	3215	
长春市	974	821	
哈尔滨市	1696	1496	200
南京市	55342	28207	4294
杭州市	161428	14764	2501
济南市	12350	11532	
武汉市	2727	1869	
广州市	3750	3648	22
成都市	109020	23156	
西安市	37847	36353	

2016年三资企业主要指标汇总表（三）

单位：万元

	主营业务税金及附加	利润总额	流动资产平均余额	资产合计	负债合计
软件企业合计	**1279168**	**20799819**	**86077105**	**137877845**	**57840526**
一、按企业登记注册类型分列					
中国港、澳、台商投资企业	423588	15613978	56387225	79541213	31021601
合资经营企业（中国港、澳、台资）	52507	408599	3721467	6284383	3797534
合作经营企业（中国港、澳、台资）	1292	22665	340447	501926	179387
中国港、澳、台商独资经营企业	341124	14305875	47778427	67121214	24754288
中国港、澳、台商投资股份有限公司	28342	881078	4428068	5461264	2121882
其他中国港、澳、台商投资企业	323	-4239	118817	172426	168510
外商投资企业	855580	5185840	29689880	58336632	26818925
中外合资经营企业	119267	1208600	4731344	12646345	5143513
中外合作经营企业	7097	9639	144228	334293	168246
外资企业	702395	3496477	23529289	42663597	20786923
外商投资股份有限公司	21586	166242	768941	2029010	424598
其他外商投资企业	5236	304882	516078	663387	295645
二、按控股经济分列					
国有控股	50579	1204599	7144822	11418140	4976996
集体控股	120397	2218973	13009600	20005376	9739556
私人控股	93035	1039714	4383612	10256408	2655094
中国港、澳、台商控股	263884	12140976	40488113	56334338	21519349
外商投资	692241	3794709	19911162	38175357	18134832
其他	59033	400847	1139796	1688226	814697
三、按行业分列					
软件产品行业	341630	11524904	37079385	53307044	18484196
信息技术服务行业	428283	8035335	43218779	72103711	32502425
嵌入式系统软件行业	509256	1239580	5778942	12467090	6853905
四、按企业规模分列					
大型企业	496036	17280322	65118650	96252782	40436033
中型企业	151932	1774201	14523661	29694460	12114749
小型企业	620388	1628486	6039151	11063280	4936647
微型企业	10812	116810	395643	867323	353097

2016年三资企业主要指标汇总表（三）

单位：万元

	主营业务 税金及附加	利润总额	流动资产 平均余额	资产合计	负债合计
五、按省市分列					
北京市	116934	2445230	25974861	36629156	16571974
天津市	18479	656112	2425866	7189112	1030497
河北省	2461	85996	391701	445830	125374
山西省	241		54043	99817	42145
内蒙古自治区	5	68		1945	482
辽宁省	120407	215196	662015	2722771	1962640
吉林省	8910	39761	34528	43176	18413
黑龙江省	1692	7369	4720	24305	3950
上海市	64648	2099761	10597013	16841408	7688041
江苏省	560220	1729046	4748204	11605142	4908618
浙江省	141886	7859000	17827066	23633542	6122117
安徽省	406	30752	118867	161510	40704
福建省	23781	238546	2694287	3306185	2343325
江西省	1680	74	113497	167136	103188
山东省	29884	173255	649994	1064049	648619
河南省	283	1059	36984	52795	6328
湖北省	3563	114338	595957	966340	370688
湖南省	1483	33509	460897	640951	251881
广东省	101323	3956405	16768106	21841263	10925750
广西壮族自治区					
海南省	564	59		1095	140
四川省	35166	917328	925798	2853784	828859
贵州省	6	-79		7740	5352
云南省	1		944	1329	648
重庆市	6573	51584	29960	439294	41985
陕西省	38570	145403	961798	7136400	3798108
甘肃省	1	48		1770	699
青海省					
宁夏回族自治区					

2016年三资企业主要指标汇总表（三）

	主营业务 税金及附加	利润总额	流动资产 平均余额	资产合计	负债合计
新疆维吾尔自治区					
六、按副省级城市分列					
大连市	78097	157243	661884	2640500	1938292
宁波市	5347	60905	617353	1095309	440590
厦门市	21783	197672	2253318	2653588	2180010
青岛市	7171	19777	275309	117171	58895
深圳市	58832	3328345	13793357	16759379	8809495
沈阳市	40509	57952	131	82271	24348
长春市	8377	33553	29569	33514	14022
哈尔滨市	1692	7369	4720	24305	3950
南京市	40479	466929	1322723	2781317	1090126
杭州市	135859	7773065	17088931	22316955	5588705
济南市	19492	150846	371732	757438	566016
武汉市	3563	114338	595957	966340	370688
广州市	33922	332082	1936105	3483442	1493065
成都市	35166	917328	925798	2853784	828859
西安市	38570	145403	961798	7136400	3798108

2016年三资企业主要指标汇总表（四）

单位：万元

	年末所有者权益	年初所有者权益	应交所得税	应交增值税	出口已退税额
软件企业合计	**80037319**	**56499730**	**2565075**	**3187927**	**509477**
一、按企业登记注册类型分列					
中国港、澳、台商投资企业	48519612	35965528	1864774	2220094	286952
合资经营企业（中国港、澳、台资）	2486849	1765615	55506	-3005	120685
合作经营企业（中国港、澳、台资）	322539	230073	4243	9692	
中国港、澳、台商独资经营企业	42366927	31127779	1702487	2031987	39877
中国港、澳、台商投资股份有限公司	3339382	2828943	102381	181033	126390
其他中国港、澳、台商投资企业	3916	13118	158	386	
外商投资企业	31517707	20534202	700301	967833	222525
中外合资经营企业	7502833	6008396	114584	241275	14478
中外合作经营企业	166047	109610	2567	3414	2381
外资企业	21876673	13523925	576640	666348	163767
外商投资股份有限公司	1604412	713741	5105	16072	1130
其他外商投资企业	367742	178530	1405	40724	40769
二、按控股经济分列					
国有控股	6441144	5583087	145470	151812	227158
集体控股	10265819	7543993	211020	175470	11742
私人控股	7601314	4129747	218364	223902	20207
中国港、澳、台商控股	34814989	26247780	1449689	1865806	36310
外商投资	20040525	12316285	520300	714923	211906
其他	873529	678838	20232	56014	2154
三、按行业分列					
软件产品行业	34822849	28279075	1274925	2073531	198285
信息技术服务行业	39601286	24687819	1164859	951214	188089
嵌入式系统软件行业	5613184	3532836	125291	163182	123103
四、按企业规模分列					
大型企业	55816749	39969565	1999307	2499951	345816
中型企业	17579711	12650529	429156	499476	37891
小型企业	6126633	3433935	126736	170802	125389
微型企业	514226	445702	9877	17699	381

2016年三资企业主要指标汇总表（四）

	年末所有者权益	年初所有者权益	应交所得税	应交增值税	出口已退税额
五、按省市分列					
北京市	20057181	17397722	481758	675388	
天津市	6158614	3018542	71753	120047	835
河北省	320456	291059	22054	19793	229
山西省	57672	51339	1117	1118	
内蒙古自治区	1463	1419			
辽宁省	760131	643122	63771	70754	3373
吉林省	24764	24292	3492	2152	
黑龙江省	20354	20433	663	2016	514
上海市	9153367	6066524	209842	69378	109909
江苏省	6696524	2281830	175267	169218	123041
浙江省	17511425	13818767	802270	1266626	167060
安徽省	120807	89245	918	3141	214
福建省	962860	888638	12515	29132	3883
江西省	63948	39758	1618	3475	4759
山东省	415430	228936	125192	26448	89
河南省	46466	39334	1506	2138	
湖北省	595652	416776	15415	17911	2970
湖南省	389070	294388	5838	15041	60
广东省	10915513	8662942	458608	528633	91292
广西壮族自治区					
海南省	954	814	201	18	
四川省	2024926	1101653	86473	130283	279
贵州省	2388				
云南省	681	679			
重庆市	397309	359773	5126	20671	73
陕西省	3338292	761744	19678	14546	899
甘肃省	1071				
青海省					
宁夏回族自治区					

2016年三资企业主要指标汇总表（四）

单位：万元

	年末所有者权益	年初所有者权益	应交所得税	应交增值税	出口已退税额
新疆维吾尔自治区					
六、按副省级城市分列					
大连市	702208	598840	61109	70201	3373
宁波市	654719	625037	8930	8908	26998
厦门市	473578	496125	5741	5441	1938
青岛市	58276	36478	197	5135	21
深圳市	7949884	5844076	376102	426826	27978
沈阳市	57923	44282	2662	553	
长春市	19493	18731	3492	1310	
哈尔滨市	20354	20433	663	2016	514
南京市	1691191	1061131	138157	98928	1565
杭州市	16728250	13086443	788996	1253843	139883
济南市	191422	163818	124209	19536	68
武汉市	595652	416776	15415	17911	2970
广州市	1990377	2055734	43176	50822	65
成都市	2024926	1101653	86473	130283	279
西安市	3338292	761744	19678	14546	899

2016年三资企业主要指标汇总表（五）

单位：万元

	研发经费	固定资产投资额	本年折旧	本年应付职工薪酬
软件企业合计	**10613426**	**4201985**	**2912765**	**17328542**
一、按企业登记注册类型分列				
中国港、澳、台商投资企业	7161766	954221	985785	7158096
合资经营企业（中国港、澳、台资）	684482	68199	38333	678691
合作经营企业（中国港、澳、台资）	20148	1825	2775	27307
中国港、澳、台商独资经营企业	6070802	834722	896573	6023233
中国港、澳、台商投资股份有限公司	381616	49116	45766	403121
其他中国港、澳、台商投资企业	4718	359	2337	25743
外商投资企业	3451660	3247765	1926980	10170446
中外合资经营企业	586766	2474935	160386	2269164
中外合作经营企业	19448	2030	11330	21078
外资企业	2726134	676810	1722992	7481107
外商投资股份有限公司	47560	90672	28052	262581
其他外商投资企业	71752	3317	4221	136516
二、按控股经济分列				
国有控股	870391	88534	77979	717061
集体控股	1178595	245007	94825	2236953
私人控股	328471	205797	42367	984191
中国港、澳、台商控股	5909149	668180	869222	5457204
外商投资	2203878	525627	1777539	6652168
其他	122941	2468841	50832	1280966
三、按行业分列				
软件产品行业	5774355	909840	751261	6787233
信息技术服务行业	4423077	3221750	1649948	9352712
嵌入式系统软件行业	415994	70396	511556	1188597
四、按企业规模分列				
大型企业	8311254	1183968	1236598	11027394
中型企业	1444558	511781	285063	3628882
小型企业	796925	2496753	1383802	2579602
微型企业	60689	9484	7302	92665

2016年三资企业主要指标汇总表（五）

	研发经费	固定资产投资额	本年折旧	本年应付职工薪酬
五、按省市分列				
北京市	2578792	505898	596226	6558473
天津市	123629	98246	150	330862
河北省	4772	1741	4460	25926
山西省	2351	378	589	20013
内蒙古自治区	35			695
辽宁省	149405	21441	13168	811033
吉林省	7113	3729	5927	13689
黑龙江省	7019	1030	708	13429
上海市	1333686	263701	115213	2141933
江苏省	503680	2579966	1402173	2829283
浙江省	3608030	339060	460923	1475721
安徽省	14192	902	1996	22446
福建省	222567	12236	9271	266959
江西省	7396		9	12373
山东省	90466	49869	14759	98253
河南省	1999	193	217	3968
湖北省	65392	88214	30169	75049
湖南省	20234	2392	2982	33275
广东省	1414219	119261	153149	1870928
广西壮族自治区				
海南省	2112	37	30	3231
四川省	265431	86849	5308	496612
贵州省				74
云南省				258
重庆市	111045	846	7653	36546
陕西省	79860	25996	87686	187436
甘肃省				76
青海省				
宁夏回族自治区				

2016年三资企业主要指标汇总表（五）

	研发经费	固定资产投资额	本年折旧	本年应付职工薪酬
新疆维吾尔自治区				
六、按副省级城市分列				
大连市	129679	19101	13168	768011
宁波市	29768	35302	12199	93534
厦门市	156771	6255		141538
青岛市	39059	1527		19307
深圳市	1105769	68856	104301	1400648
沈阳市	19726	2340		43002
长春市	6635	1964	4778	10352
哈尔滨市	7019	1030	708	13429
南京市	203858	94729	21328	436192
杭州市	3563484	298165	444830	1370915
济南市	50996	45508	14012	67632
武汉市	65392	88214	30169	75049
广州市	231596	41441	18948	358339
成都市	265431	86849	5308	496612
西安市	79860	25996	87686	187436

2016年三资企业主要指标汇总表（六）

单位：人

	从业人员年末人数	软件研发人员	管理人员	硕士以上人员	大本人员	大专以下人员
软件企业合计	**1065956**	**379341**	**196343**	**125713**	**499284**	**440933**
一、按企业登记注册类型分列						
中国港、澳、台商投资企业	417433	143696	95375	54761	188964	173709
合资经营企业（中国港、澳、台资）	86102	26841	20417	6415	27765	51918
合作经营企业（中国港、澳、台资）	2785	748	156	241	1414	1130
中国港、澳、台商独资经营企业	303534	103890	70291	44595	144211	114735
中国港、澳、台商投资股份有限公司	23712	11696	4329	3404	14616	5690
其他中国港、澳、台商投资企业	1300	521	182	106	958	236
外商投资企业	648523	235645	100968	70952	310320	267224
中外合资经营企业	155375	49008	16619	9478	61143	84749
中外合作经营企业	2876	834	531	113	1260	1501
外资企业	449867	171280	80773	59371	224559	165918
外商投资股份有限公司	28774	7664	2155	1419	15294	12060
其他外商投资企业	11631	6859	890	571	8064	2996
二、按控股经济分列						
国有控股	49003	24732	6897	7742	29471	11788
集体控股	163641	45221	14396	20845	81052	61743
私人控股	108648	41561	13013	6926	47584	54136
中国港、澳、台商控股	255729	91154	76600	37303	117492	100934
外商投资	410712	166463	82505	49162	201980	159549
其他	78223	10210	2932	3735	21705	52783
三、按行业分列						
软件产品行业	324673	133804	70295	51071	192195	81407
信息技术服务行业	539407	175089	112767	66299	260853	212255
嵌入式系统软件行业	201876	70448	13281	8343	46236	147271
四、按企业规模分列						
大型企业	511426	192243	128416	85615	274869	150934
中型企业	252315	106738	45136	24958	136781	90574
小型企业	294587	77580	22292	14039	82429	198103
微型企业	7628	2780	499	1101	5205	1322

2016年三资企业主要指标汇总表（六）

单位：人

	从业人员年末人数	软件研发人员	管理人员	硕士以上人员	大本人员	大专以下人员
五、按省市分列						
北京市	218413	86474	132186	44134	122764	51511
天津市	24431	6851	1815	1870	12185	10375
河北省	3518	834	318	49	883	2586
山西省	352	24	45	7	116	229
内蒙古自治区	93	84	6	4	60	29
辽宁省	90245	66360	10334	11301	66039	12903
吉林省	3124	611	167	308	1853	964
黑龙江省	2363	2056	244	80	1447	836
上海市	107245	30904	4788	21527	67515	18204
江苏省	346605	64833	20163	13461	73985	259139
浙江省	53742	23197	7531	9352	29090	15296
安徽省	2298	1366	266	277	1360	661
福建省	22415	9192	3203	1668	11579	9168
江西省	1887	81	20	97	485	1305
山东省	14902	4961	1609	1609	10011	3286
河南省	275	73	38	11	119	145
湖北省	7445	3355	722	877	5434	1135
湖南省	4371	685	132	251	2050	2070
广东省	112283	57118	10613	11771	63859	36652
广西壮族自治区						
海南省	304	73	26	27	132	145
四川省	29637	7436	1108	5126	17592	6919
贵州省	71	46	8	2	56	13
云南省	93			1	86	6
重庆市	5422	1970	500	551	3761	1109
陕西省	14369	10750	498	1351	6778	6240
甘肃省	53	7	3	1	45	7
青海省						
宁夏回族自治区						

2016年三资企业主要指标汇总表（六）

	从业人员 年末人数	软件研发 人员	管理 人员	硕士以 上人员	大本 人员	大专以 下人员
新疆维吾尔自治区						
六、按副省级城市分列						
大连市	84554	64377	9760	10598	61322	12632
宁波市	12738	2241	1610	230	2328	10178
厦门市	14798	3298	2812	1244	6171	7382
青岛市	3238	318	164	322	2047	870
深圳市	64954	32417	6209	9798	40010	15143
沈阳市	5685	1983	574	703	4717	265
长春市	2440	488	128	216	1406	819
哈尔滨市	2363	2056	244	80	1447	836
南京市	47047	14939	5174	5108	19326	22613
杭州市	39706	20131	5808	9037	26127	4542
济南市	10065	3361	1241	1160	7092	1814
武汉市	7445	3355	722	877	5434	1135
广州市	33450	20801	3602	1668	19119	12665
成都市	29637	7436	1108	5126	17592	6919
西安市	14369	10750	498	1351	6778	6240

2016年三资企业软件和信息技术服务业分产品完成情况

项　目	企业数 （个）	本年收入 （万元）	其中：本年出口 （万美元）
软件业务收入明细合计	**2564**	**109255848**	**1817673**
软件产品行业（E6201）			
一、软件产品合计	1222	22594347	545927
（一）基础软件	189	5027571	157433
1．操作系统	45	1546057	7230
2．数据库管理系统	28	718398	2625
3．中间件	18	1761819	123925
4．办公软件	29	577795	1376
5．其他	69	423503	22276
（二）支撑软件	32	210349	880
1．开发工具	15	86391	803
2．测试工具软件	12	49833	
3．其他支撑软件	5	74126	77
（三）应用软件	614	11055780	195031
1．通用应用软件	184	2230436	26843
2．行业应用软件	430	8825344	168187
（1）通信行业软件	95	4143165	88163
（2）金融财税软件	31	381326	4416
（3）教育软件	21	73067	929
（4）交通运输行业软件	22	266594	3744
（5）能源控制软件	17	391324	2737
（6）动漫游戏软件	27	801248	6881
（7）物流管理软件	8	48730	1551
（8）医疗卫生领域软件	30	142259	955
（9）其他行业应用软件	179	2577631	58812
（四）工业软件	67	598848	5497
1．产品研发类软件	22	220989	1003
2．生产控制类软件	45	377858	4494
（五）嵌入式应用软件	135	2464547	116208
（六）信息安全产品	45	811373	10511
1．基础类安全产品	6	41447	5017
2．终端与数字内容安全产品	12	418914	108

2016年三资企业软件和信息技术服务业分产品完成情况

项　　目	企业数（个）	本年收入（万元）	其中：本年出口（万美元）
3．网络与边界安全产品	9	211418	1382
4．专用安全产品	4	12692	706
5．安全测试评估与服务产品	2	72541	2495
6．安全管理产品	5	30107	
7．其他信息安全产品及相关服务	7	24254	803
（七）移动应用软件（APP）	23	585149	509
（八）软件定制服务	102	1603616	59472
（九）平台软件	15	237116	387
信息技术服务行业（E6202）			
二、信息技术服务行业合计	1351	62851085	828204
（一）信息技术咨询设计服务	348	7446074	233954
1．信息化规划	23	391962	23148
2．信息系统设计	87	2080475	27291
3．信息技术管理咨询	189	4128443	166464
4．信息系统工程监理	19	312979	9439
5．测试评估	14	98880	4357
6．信息技术培训	16	433334	3256
（二）信息系统集成实施服务	274	7834621	33544
1．基础环境集成实施服务	20	398116	760
2．硬件集成实施服务	71	1262628	4904
3．软件集成实施服务	61	676763	9366
4．安全集成实施服务	7	242771	815
5．系统集成实施管理服务	115	5254342	17699
（三）运行维护服务合计	149	1580989	71319
1．基础环境运维服务	16	206546	1112
2．硬件运维服务	15	412702	49393
3．软件运维服务	67	235372	8399
4．安全运维服务	7	205878	1688
5．运维管理服务	44	520491	10727
（四）数据服务	131	4502833	85058
1．数据加工处理服务	96	3381661	57800
2．数字内容处理服务	35	1121171	27259

2016年三资企业软件和信息技术服务业分产品完成情况

项　　目	企业数（个）	本年收入（万元）	其中：本年出口（万美元）
（1）地理遥感信息服务	4	26195	117
（2）动漫、游戏数字内容服务	6	205569	60
（3）其他数字内容处理服务	25	889408	27082
（五）运营服务	185	13539817	27714
1．软件运营服务	32	1008145	7751
2．平台运营服务	135	12224738	19963
（1）物流管理服务平台	8	406193	688
（2）在线信息平台	48	6310564	545
（3）在线娱乐平台	33	4539597	593
（4）在线教育平台	16	139267	
（5）其他在线服务平台	30	829118	18136
3．基础设施运营服务	18	306933	
（六）电子商务平台技术服务	61	14090662	7490
1．在线交易平台服务	49	13719755	5048
2．在线交易支撑服务	12	370907	2442
（七）集成电路设计	203	13856090	369125
嵌入式系统软件行业（E6203）			
三、嵌入式系统软件合计	692	23810415	443542
（一）通信设备	209	5570946	154757
1．通信传输设备	77	1096160	40122
（1）光通信设备	29	348239	12762
（2）卫星通信设备	12	136541	7717
（3）无线通信设备	36	611380	19643
2．通信交换设备	13	260906	11400
（1）数字程控交换机	9	242933	11400
（2）软交换机	2	6657	
（3）光交换机	2	11316	
3．移动通信设备	3	31294	
（1）基站	1	1650	
（2）直放站	2	29644	
4．网络设备	116	4182587	103235
（1）网络控制设备	48	2346380	28894

2016年三资企业软件和信息技术服务业分产品完成情况

项　　目	企业数 （个）	本年收入 （万元）	其中：本年出口 （万美元）
（2）网络接口和适配器	29	468043	52700
（3）网络连接设备	32	1320708	21641
（4）网络优化设备	7	47457	
（二）数字家用视听产品	21	2851306	8217
1．电视接收机顶盒	11	741855	8217
2．家庭网关中心	10	2109450	
（三）计算机应用产品	162	8801280	233567
1．金融、商业、税务电子应用产品	9	186775	416
（1）银行自助服务终端	2	9740	168
（2）POS机	4	142927	
（3）税控机	3	34108	248
2．汽车电子	72	4393156	7713
（1）传动系控制系统	18	557844	5053
（2）行驶系控制系统	9	178984	1300
（3）车身控制系统	26	2188146	348
（4）安全控制系统	19	1468183	1012
3．智能交通	1	1075	20
（1）交通信号控制机	1	1075	20
4．医疗电子设备	30	818747	26941
（1）医用电子仪器设备	26	747567.34	26941.14
（2）医学影像设备	4	71179	
5．智能识别装置	37	2652429	160277
6．自动检售票设备	1	185	
7．超大屏幕控制器	12	748912	38200
（四）信息系统安全产品	18	804753	19545
1．边界防护类设备和系统	3	147275	
2．密钥管理类设备和系统	15	657478	19545
（五）装备自动控制产品	282	5782131	27456
1．集散控制系统	113	3781339	6086
2．电气传动及控制系统	78	1091961	4269
3．装备制造工控系统	91	908830	17100

Ⅳ 内资企业统计

	企业数（个）	软件业务收入	其中： 1. 软件产品收入
软件企业合计	**29746**	**373066387**	**127683905**
一、按企业登记注册类型分列			
内资企业	29746	373066387	127683905
国有企业	617	33442221	10344885
集体企业	48	4831984	620227
股份合作企业	258	4198460	1267135
联营企业	120	987251	269100
国有联营企业	45	340720	94432
集体联营企业	37	207357	86989
国有与集体联营企业	15	169525	35706
其他联营企业	23	269649	51972
有限责任公司	11333	158624738	52507144
国有独资公司	182	3979737	1200189
其他有限责任公司	11151	154645001	51306955
股份有限公司	3669	72373600	24901880
私营企业	13140	92707564	36100471
私营独资	1831	13665875	5189932
私营合伙	480	3496880	1461916
私营有限责任公司	9729	66529945	26125352
私营股份有限公司	1100	9014863	3323271
其他内资企业	561	5900570	1673061
二、按控股经济分列			
国有控股	2036	80254909	23878424
集体控股	3717	53241218	18148550
私人控股	19818	189181950	64259611
中国港、澳、台商控股	78	4873090	2835261
外商投资	209	4050265	1403428
其他	3888	41464955	17158631
三、按行业分列			
软件产品行业	14236	129612401	105149559
信息技术服务行业	12768	177893859	16066368

主要指标汇总表（一）

| | | 其中： |
2. 信息技术服务收入	3. 嵌入式系统软件收入	软件外包服务收入
198053147	**47329335**	**13790056**
198053147	47329335	13790056
17824600	5272736	862256
3023639	1188117	53321
1916407	1014918	496691
653716	64435	159705
192137	54151	96502
116288	4079	51902
127614	6205	8290
217676		3011
87626374	18491220	5355267
2327054	452494	185005
85299320	18038726	5170262
37707888	9763832	2839906
46202084	10405009	3927638
6326581	2149363	499282
1885343	149621	364055
33421079	6983514	2645983
4569081	1122511	418317
3098440	1129068	95272
45333095	11043390	3098261
31201580	3891088	1414089
99114358	25807980	6019696
1671561	366268	52795
1443642	1203195	449766
19288911	5017414	2755450
22759150	1703693	6254276
160641320	1186171	7126187

	企业数（个）	软件业务收入	其中：1. 软件产品收入
嵌入式系统软件行业	2742	65560127	6467978
四、按企业规模分列			
大型企业	2095	178405858	50781986
中型企业	12695	127202492	50664897
小型企业	13202	61237792	23499586
微型企业	1754	6220245	2737436
五、按省市分列			
北京市	2372	43281790	16888650
天津市	399	5575908	2257833
河北省	201	2013919	291155
山西省	84	216117	98582
内蒙古自治区	71	278439	162240
辽宁省	1709	13780996	6729470
吉林省	873	4449937	1624829
黑龙江省	486	1616827	594362
上海市	1246	25663496	8961759
江苏省	4185	55157034	16302480
浙江省	1368	22209435	8167614
安徽省	288	2485396	883912
福建省	2457	18696659	7198599
江西省	110	781482	258878
山东省	3856	41190045	15148381
河南省	177	2945502	1099211
湖北省	2488	12849350	6624124
湖南省	345	3768232	994471
广东省	3365	72268381	17440160
广西壮族自治区	163	729215	100953
海南省	139	755095	255549
四川省	1117	21697984	8504631
贵州省	221	1275225	500182
云南省	90	501443	122137

主要指标汇总表（一）

2. 信息技术服务收入	3. 嵌入式系统软件收入	其中：软件外包服务收入
14652678	44439471	409592
97311819	30312053	4640165
66376617	10160979	6802031
31333966	6404240	2263220
3030746	452063	84640
26261550	131590	512032
3034450	283625	38297
1707865	14899	6149
108895	8640	63
115023	1176	
6666618	384909	1406561
2496438	328670	38797
893736	128729	845083
16253691	448046	311067
28813297	10041257	2197226
11298065	2743756	256741
1409557	191928	55688
11158247	339813	214738
512406	10198	19052
18423625	7618039	4053850
1834942	11348	5869
5600748	624478	312168
2267303	506457	158554
33488725	21339496	1815747
622851	5410	5988
499547		436
13044632	148721	83446
767159	7884	1661
377760	1546	38924

	企业数 （个）	软件业务收入	其中： 1. 软件产品收入
重庆市	1130	9458675	2261660
陕西省	519	8128969	3935466
甘肃省	92	413731	105786
青海省	15	11541	3983
宁夏回族自治区	51	132037	61855
新疆维吾尔自治区	129	733527	104994
六、按副省级城市分列			
大连市	497	5685456	2925632
宁波市	622	3927789	1000715
厦门市	1032	8585920	2557184
青岛市	1547	15808134	4899219
深圳市	1405	42126990	7131596
沈阳市	1133	7852634	3704525
长春市	568	2816860	1201087
哈尔滨市	484	1615313	593462
南京市	1768	32505007	10077477
杭州市	448	17024634	6772939
济南市	1685	22070691	9349186
武汉市	2443	12762154	6589172
广州市	1538	24403686	8620079
成都市	1084	21015183	8308081
西安市	519	8128969	3935466

主要指标汇总表（一）

2.信息技术服务收入	3.嵌入式系统软件收入	其中： 软件外包服务收入
6215277	981739	1093219
3181844	1011659	296366
303465	4481	13493
6691	867	
61419	8764	78
627323	1210	8764
2534441	225383	642172
1922938	1004136	88606
5876328	152408	107955
5737984	5170931	94857
17070753	17924641	332058
4031081	117028	763587
1410635	205137	26040
893736	128115	844183
20170307	2257223	1544522
8700539	1551156	161256
11098045	1623461	3913766
5558068	614914	312168
14780466	1003142	1123692
12578796	128307	81819
3181844	1011659	296366

2016年内资企业主要指标汇总表（二）

单位：万美元

	软件业务 出口收入	软件外包服务 出口收入	嵌入式系统软件 出口收入
软件企业合计	**3176934**	**387776**	**1600662**
一、按企业登记注册类型分列			
内资企业	3176934	387776	1600662
国有企业	128957	50088	60315
集体企业	20200	1916	16540
股份合作企业	12779	60	11167
联营企业	1057	988	60
国有联营企业	402	333	60
集体联营企业	555	555	
国有与集体联营企业	100	100	
其他联营企业			
有限责任公司	1855759	117274	873769
国有独资公司	18286	17921	44
其他有限责任公司	1837473	99353	873725
股份有限公司	747749	96823	429863
私营企业	304747	120104	106937
私营独资	58483	15601	23910
私营合伙	1179	371	118
私营有限责任公司	204466	98314	66547
私营股份有限公司	40619	5818	16362
其他内资企业	105687	523	102011
二、按控股经济分列			
国有控股	545177	99435	413390
集体控股	96535	51652	22595
私人控股	2310630	144165	1095653
中国港、澳、台商控股	12854	4020	8367
外商投资	44283	29085	4408
其他	167456	59419	56250
三、按行业分列			
软件产品行业	464233	189176	12151

2016年内资企业主要指标汇总表（二）

单位：万美元

	软件业务 出口收入	软件外包服务 出口收入	嵌入式系统软件 出口收入
信息技术服务行业	336437	195064	1971
嵌入式系统软件行业	2376265	3535	1586541
四、按企业规模分列			
大型企业	2588538	233831	1393982
中型企业	381911	113582	168579
小型企业	179924	35875	36520
微型企业	26562	4487	1583
五、按省市分列			
北京市	80377	79997	380
天津市	5024	1620	
河北省	2819	4	
山西省			
内蒙古自治区			
辽宁省	77043	54609	687
吉林省	6996	4508	300
黑龙江省	2504	2182	322
上海市	35278	11400	
江苏省	101627	43204	25382
浙江省	162170	12856	12688
安徽省	6544	2090	3504
福建省	23374	14491	548
江西省	25	25	
山东省	172426	11910	140372
河南省	860		
湖北省	16828	5059	66
湖南省	369		
广东省	2380762	100492	1409191
广西壮族自治区	1		
海南省	245		
四川省	38373	5658	939

2016年内资企业主要指标汇总表（二）

单位：万美元

	软件业务 出口收入	软件外包服务 出口收入	嵌入式系统软件 出口收入
贵州省	5	5	
云南省			
重庆市	9996	1929	4270
陕西省	53207	35737	2014
甘肃省			
青海省	82		
宁夏回族自治区			
新疆维吾尔自治区			
六、按副省级城市分列			
大连市	60149	48464	479
宁波市	63637	1663	8979
厦门市	13071	10618	
青岛市	133337	5017	109783
深圳市	2185895	2754	1340463
沈阳市	15564	6145	15
长春市	4056	2881	300
哈尔滨市	2504	2182	322
南京市	39324	31969	767
杭州市	93901	11044	205
济南市	6445	5448	797
武汉市	16818	5059	66
广州市	68184	53881	1338
成都市	38152	5658	850
西安市	53207	35737	2014

2016年内资企业主要指标汇总表（三）

单位：万元

	主营业务税金及附加	利润总额	流动资产平均余额	资产合计	负债合计
软件企业合计	**8284553**	**44778701**	**314143733**	**565211707**	**289792035**
一、按企业登记注册类型分列					
内资企业	8284553	44778701	314143733	565211707	289792035
国有企业	491708	3115645	29597778	55838012	30716383
集体企业	53976	641210	320936	6965266	5361603
股份合作企业	47963	272587	2056130	4112371	1716901
联营企业	22826	186298	469235	1054196	294315
国有联营企业	3931	41858	107339	384313	114738
集体联营企业	10824	14945	36953	104791	34197
国有与集体联营企业	4273	21687	65362	129707	58287
其他联营企业	3798	107808	259582	435385	87092
有限责任公司	2263327	19026253	117607783	217952493	134617355
国有独资公司	32131	567334	4946189	8650094	3882436
其他有限责任公司	2231196	18458919	112661594	209302400	130734919
股份有限公司	2956747	10445895	78598298	147885289	55551485
私营企业	2318521	10484901	83480953	114353816	59480417
私营独资	428512	1288346	4223375	7830944	4113841
私营合伙	81344	516141	1787244	7711135	2433318
私营有限责任公司	1671509	7580228	64898558	83496575	46985026
私营股份有限公司	137156	1100187	12571776	15315162	5948232
其他内资企业	129487	605912	2012620	17050263	2053575
二、按控股经济分列					
国有控股	921793	8560144	84225442	150120233	78091998
集体控股	878860	5808699	32569452	60754218	30416859
私人控股	5616049	24094262	166596905	290292679	154853244
中国港、澳、台商控股	35825	355901	795545	1826727	845971
外商投资	98931	392703	1341081	2643408	1239995
其他	733095	5566992	28615308	59574442	24343968
三、按行业分列					
软件产品行业	2633217	20407779	116810870	211044182	93671245

2016年内资企业主要指标汇总表（三）

单位：万元

	主营业务税金及附加	利润总额	流动资产平均余额	资产合计	负债合计
信息技术服务行业	5012746	19806676	162133436	298220262	161496886
嵌入式系统软件行业	638591	4564246	35199427	55947263	34623903
四、按企业规模分列					
大型企业	2403786	19769459	159023822	293562363	147252688
中型企业	4503186	17111914	104061648	209663219	114875061
小型企业	1276291	7390512	34779006	57224899	25504125
微型企业	101291	506815	16279257	4761226	2160160
五、按省市分列					
北京市	283070	4734834	48915962	95668708	45900023
天津市	19925	273504	2386961	6977798	1089343
河北省	12885	273067	824546	2469255	1669893
山西省	3386	26522	327423	629270	269870
内蒙古自治区	1871	23587	128840	295688	125235
辽宁省	706080	1583378	6408857	8764588	3668734
吉林省	78316	409544	739194	1462730	554007
黑龙江省	30812	238676	209746	1020803	87424
上海市	170354	2246618	30114367	43251353	25537688
江苏省	3218606	6442155	31832900	79670488	32720808
浙江省	275451	3780660	20016549	34150399	15964240
安徽省	25666	398427	2139260	5733323	2347760
福建省	709815	2175007	14729114	19622969	13026026
江西省	8010	94717	520653	1155440	483984
山东省	1020481	5404834	21085651	37057702	24062542
河南省	19561	381992	4403974	6690752	3833522
湖北省	180484	1291114	16784819	27817684	14477251
湖南省	33461	462009	5523298	8842847	4091427
广东省	895136	11224349	69381185	136765845	77985257
广西壮族自治区	10379	66825	780011	744138	385386
海南省	5179	110023	547953	1870399	713899
四川省	229809	1844374	7825973	12962100	6227994

2016年内资企业主要指标汇总表（三）

单位：万元

	主营业务税金及附加	利润总额	流动资产平均余额	资产合计	负债合计
贵州省	54063	71744	668253	1510776	742340
云南省	4235	27339	610904	861564	444766
重庆市	169874	613634	4489152	13465715	4863413
陕西省	101519	470993	8336820	13843288	7515042
甘肃省	8008	29262	362754	752187	385226
青海省	308	-154	13547017	13494	5921
宁夏回族自治区	1376	17442	55532	245671	118406
新疆维吾尔自治区	6434	62223	446065	894736	494607
六、按副省级城市分列					
大连市	225698	528627	1627922	4374008	2330469
宁波市	75181	308755	1946297	4027631	2345740
厦门市	128996	1200625	2393853	3328347	1534395
青岛市	279407	1320518	11465510	13132380	8400470
深圳市	314378	6105956	40907764	81735243	56338297
沈阳市	475803	998294	1613973	3011806	922077
长春市	46770	269798	556027	1172005	440619
哈尔滨市	30795	238740	209744	1019504	87302
南京市	2877844	5052226	26043131	62798902	24737297
杭州市	169670	3231338	16625815	27908316	12545581
济南市	594737	3953611	8838517	21830440	14795419
武汉市	178753	1279562	16676338	27597266	14388997
广州市	526953	4454975	24589720	46223799	17862177
成都市	224182	1780545	6924054	11511986	5426606
西安市	101519	470993	8336820	13843288	7515042

2016年内资企业主要指标汇总表（四）

单位：万元

	年末所有者权益	年初所有者权益	应交所得税	应交增值税	出口已退税额
软件企业合计	**275419672**	**201688217**	**5673446**	**10690533**	**773206**
一、按企业登记注册类型分列					
内资企业	275419672	201688217	5673446	10690533	773206
国有企业	25121629	21121986	362800	623821	142521
集体企业	1603663	1318946	110148	151764	2827
股份合作企业	2395470	1531454	31692	70464	6016
联营企业	759882	658460	17205	20834	1255
国有联营企业	269574	241933	4180	5276	105
集体联营企业	70594	63745	1802	4452	1101
国有与集体联营企业	71420	66156	2066	2488	47
其他联营企业	348293	286626	9157	8619	2
有限责任公司	83335139	66991179	2541549	4878653	190053
国有独资公司	4767658	3916021	49182	121065	4910
其他有限责任公司	78567481	63075158	2492367	4757589	185144
股份有限公司	92333804	68967327	1028134	2101882	200210
私营企业	54873399	40239403	1534591	2791508	224977
私营独资	3717104	2794140	165016	268447	50424
私营合伙	5277817	1068559	68684	86787	9447
私营有限责任公司	36511548	29137769	1189600	2145039	149975
私营股份有限公司	9366930	7238934	111292	291235	15131
其他内资企业	14996688	859462	47327	51606	5347
二、按控股经济分列					
国有控股	72028236	63712111	1039898	2052866	233040
集体控股	30337359	23122674	756016	1250964	86691
私人控股	135439435	95204101	3031318	5929018	332838
中国港、澳、台商控股	980755	674392	39924	186513	3951
外商投资	1403413	938237	46666	106733	28521
其他	35230475	18036702	759623	1164439	88165
三、按行业分列					
软件产品行业	117372936	92138498	2261465	5047363	373477

2016年内资企业主要指标汇总表（四）

单位：万元

	年末所有者权益	年初所有者权益	应交所得税	应交增值税	出口已退税额
信息技术服务行业	136723376	93505671	2724037	3912691	166593
嵌入式系统软件行业	21323360	16044047	687944	1730479	233135
四、按企业规模分列					
大型企业	146309675	102845312	2477082	4880122	445530
中型企业	94788157	71415979	2238192	4165581	197893
小型企业	31720775	25404695	879800	1512964	124100
微型企业	2601065	2022230	78372	131866	5683
五、按省市分列					
北京市	49768685	40938665	621985	1142768	
天津市	5888455	3749225	24196	64432	361
河北省	799362	609606	20158	82772	2192
山西省	359400	315509	4442	11361	
内蒙古自治区	170453	156731	2129	7126	
辽宁省	5095854	4503892	144360	212543	9169
吉林省	908723	707871	18874	12490	3701
黑龙江省	933379	804806	18243	46274	1122
上海市	17713664	13858261	289794	554472	17598
江苏省	46949680	20783719	857443	1463559	178601
浙江省	18186158	14803723	401216	661977	83050
安徽省	3385563	2794574	41821	81630	3188
福建省	6596943	5099636	70839	481837	54368
江西省	671456	643041	10075	14693	47
山东省	12995160	10304452	776517	1012915	22119
河南省	2857230	2706906	49172	78447	103
湖北省	13340432	9675242	192451	422199	123652
湖南省	4751420	3652165	87888	187354	526
广东省	58780588	44254789	1541570	2757161	216755
广西壮族自治区	358752	270084	8579	13016	
海南省	1156499	444803	29145	21010	
四川省	6734105	5496832	216520	685241	7033

2016年内资企业主要指标汇总表（四）

单位：万元

	年末所有者权益	年初所有者权益	应交所得税	应交增值税	出口已退税额
贵州省	768435	708045	6326	14024	
云南省	416798	359643	5605	10744	
重庆市	8602303	7604594	105063	373252	13051
陕西省	6328246	5680969	109448	247508	36404
甘肃省	366961	324333	7605	9138	69
青海省	7573	7116	48	102	
宁夏回族自治区	127264	88754	2672	4573	
新疆维吾尔自治区	400129	340230	9264	15913	96
六、按副省级城市分列					
大连市	2043539	1836212	99729	146391	1041
宁波市	1681892	1086232	41879	85187	49548
厦门市	1793952	912080	28796	45897	25743
青岛市	4731909	3065881	149067	307905	9020
深圳市	25396947	18962805	852978	1613832	117732
沈阳市	2089729	1781388	38032	49805	2695
长春市	731386	581368	14616	7530	346
哈尔滨市	932202	804062	18210	46217	1122
南京市	38061605	14959952	713717	1172188	36308
杭州市	15362734	12821729	331901	508709	26538
济南市	7035021	6249722	613150	674371	5782
武汉市	13208269	9553016	191745	416839	123599
广州市	28361622	21650445	614063	874153	6584
成都市	6085380	4874646	211860	674893	6746
西安市	6328246	5680969	109448	247508	36404

2016年内资企业主要指标汇总表（五）

单位：万元

	研发经费	固定资产投资额	本年折旧	本年应付职工薪酬
软件企业合计	**34838577**	**11266587**	**5279162**	**51830272**
一、按企业登记注册类型分列				
内资企业	34838577	11266587	5279162	51830272
国有企业	2412214	947409	770146	4504457
集体企业	241000	12320	11340	210749
股份合作企业	172232	103362	55520	419471
联营企业	74634	28976	20996	134706
国有联营企业	31780	14439	9034	41062
集体联营企业	15510	9413	5414	24409
国有与集体联营企业	10019	875	1798	15660
其他联营企业	17326	4248	4749	53575
有限责任公司	16672409	3708094	2568258	21745079
国有独资公司	354780	516437	97908	587155
其他有限责任公司	16317628	3191656	2470349	21157924
股份有限公司	6994126	3427411	880316	11682927
私营企业	7936299	3011082	948788	12694150
私营独资	673636	180340	97603	1330991
私营合伙	227999	47396	36624	477182
私营有限责任公司	6057130	2516642	731358	9451304
私营股份有限公司	977534	266705	83202	1434673
其他内资企业	335663	27933	23799	438734
二、按控股经济分列				
国有控股	7138984	2474150	1441312	11799928
集体控股	5010765	1183084	433897	6899795
私人控股	17545395	6334345	2637316	26391244
中国港、澳、台商控股	386624	18771	9438	499281
外商投资	244855	37816	92945	597693
其他	4511954	1218420	664254	5642332
三、按行业分列				
软件产品行业	16043776	4095856	2009488	23204012

2016年内资企业主要指标汇总表（五）

单位：万元

	研发经费	固定资产投资额	本年折旧	本年应付职工薪酬
信息技术服务行业	13686404	6621301	2654919	24934917
嵌入式系统软件行业	5108397	549430	614755	3691343
四、按企业规模分列				
大型企业	18521829	5675341	2800338	25537555
中型企业	11295378	4027661	1886174	17738665
小型企业	4682380	1410018	543505	7933314
微型企业	338990	153568	49145	620738
五、按省市分列				
北京市	3873624	1176805	839404	8658378
天津市	252058	53478	19757	661193
河北省	49850	324148	28980	668473
山西省	38817	17515	5273	43039
内蒙古自治区	22712	10699	4171	26072
辽宁省	477939	175288	51030	1974446
吉林省	130759	68720	42103	231534
黑龙江省	237212	69087	22286	194474
上海市	2066481	526496	193717	4061811
江苏省	2996738	2343635	688734	6577336
浙江省	1943218	597942	871329	3373753
安徽省	251868	96767	34803	374984
福建省	1866331	1337897	62600	2315898
江西省	48425	9780	6850	108504
山东省	3557151	735442	470339	3008554
河南省	123611	40907	32512	297803
湖北省	1670836	969935	485613	2837006
湖南省	344138	133555	29288	439282
广东省	10344186	1338154	824920	10173489
广西壮族自治区	23568	5014	2079	151452
海南省	37788	12568	12186	137163
四川省	2012519	418648	255396	2522565

2016年内资企业主要指标汇总表（五）

单位：万元

	研发经费	固定资产投资额	本年折旧	本年应付职工薪酬
贵州省	32305	48163	5834	95152
云南省	46311	8333	6285	109113
重庆市	1333177	196327	56235	1064757
陕西省	1018209	484100	214326	1525023
甘肃省	17932	51682	3660	57053
青海省	78		103	4953
宁夏回族自治区	6713	8450	1924	22365
新疆维吾尔自治区	14022	7053	7425	114647
六、按副省级城市分列				
大连市	243938	76106	20817	917002
宁波市	135196	135704	46021	479117
厦门市	581128	140649		1288144
青岛市	1610500	67226	3302	780813
深圳市	5779112	586751	420307	4372489
沈阳市	210804	89329	20063	1013347
长春市	93933	29010	24597	172790
哈尔滨市	236919	69064	22279	194164
南京市	2513904	2071231	379704	4581500
杭州市	1705229	413843	804112	2657526
济南市	1873165	610744	448631	1933754
武汉市	1660616	961469	480581	2818864
广州市	3847730	640129	314937	4703618
成都市	1938443	241886	241206	2460527
西安市	1018209	484100	214326	1525023

2016年内资企业主要指标汇总表（六）

单位：人

	从业人员年末人数	软件研发人员	管理人员	硕士以上人员	大本人员	大专以下人员
软件企业合计	**4792256**	**1817106**	**718538**	**494723**	**2646963**	**1650546**
一、按企业登记注册类型分列						
内资企业	4792256	1817106	718538	494723	2646963	1650546
国有企业	383851	126630	37940	54738	183311	145805
集体企业	33853	2753	3986	6210	15366	12278
股份合作企业	47983	9650	3542	4516	26611	16856
联营企业	14846	7297	1732	1303	9690	3853
国有联营企业	3898	2392	543	476	2976	444
集体联营企业	3828	1882	471	228	2857	744
国有与集体联营企业	2406	810	331	198	1241	968
其他联营企业	4714	2213	387	401	2616	1697
有限责任公司	1773832	726483	297280	207887	1018909	547043
国有独资公司	48793	14997	7351	5814	26499	16482
其他有限责任公司	1725039	711486	289929	202073	992410	530561
股份有限公司	1083208	395779	149776	99862	599354	384011
私营企业	1398965	525925	218192	112440	763085	523384
私营独资	249709	81006	24885	17961	103120	128604
私营合伙	49254	14088	5981	4154	29991	15104
私营有限责任公司	956257	378909	163042	80343	549550	326347
私营股份有限公司	143745	51922	24284	9982	80424	53329
其他内资企业	55718	22589	6090	7767	30637	17316
二、按控股经济分列						
国有控股	946564	352209	142606	127670	491202	327696
集体控股	765078	244644	85708	66504	360650	337929
私人控股	2454939	968161	412907	232570	1422784	799558
中国港、澳、台商控股	38355	23833	2930	4339	24130	9883
外商投资	54332	28686	11460	5373	32637	16320
其他	532988	199573	62927	58267	315560	159160
三、按行业分列						
软件产品行业	2034177	843710	323648	220906	1195228	618043

2016年内资企业主要指标汇总表（六）

	从业人员年末人数	软件研发人员	管理人员	硕士以上人员	大本人员	大专以下人员
信息技术服务行业	2284545	687997	350482	218064	1291263	775218
嵌入式系统软件行业	473534	285399	44408	55753	160472	257285
四、按企业规模分列						
大型企业	1838441	747629	305293	248701	997847	591885
中型企业	1775812	665986	275172	164321	1057428	554056
小型企业	1100441	375531	127640	74772	544896	480764
微型企业	77562	27960	10433	6929	46792	23841
五、按省市分列						
北京市	486075	201606	286605	54583	267525	163960
天津市	63122	22494	4346	3975	37291	21857
河北省	30429	7379	2008	3134	17220	10076
山西省	7240	2945	973	379	4489	2371
内蒙古自治区	4253	1120	521	213	2540	1500
辽宁省	205759	121818	28660	33896	141752	30118
吉林省	39662	14761	4538	5036	25661	8965
黑龙江省	26168	19726	4081	1443	21716	3006
上海市	263127	90811	30669	30503	152703	79923
江苏省	823286	225790	79642	77361	394008	351867
浙江省	241378	72827	25291	17845	119903	103605
安徽省	43952	16775	3979	4169	27560	12221
福建省	256457	100916	31970	15970	135276	105214
江西省	15216	3911	1793	958	9534	4724
山东省	474102	119174	49249	58122	288356	127678
河南省	36728	9480	5059	2918	19762	14047
湖北省	281684	89970	26078	28757	191978	60952
湖南省	53387	17991	6250	4789	30580	18018
广东省	805281	472865	83533	88711	426345	290235
广西壮族自治区	24831	2757	1513	492	6908	17431
海南省	18227	2153	1359	612	9738	7877
四川省	254873	51352	17246	24340	133907	96622

2016年内资企业主要指标汇总表（六）

单位：人

	从业人员年末人数	软件研发人员	管理人员	硕士以上人员	大本人员	大专以下人员
贵州省	21693	7880	1756	2242	11540	7912
云南省	10892	5120	1315	443	6889	3560
重庆市	141997	40230	13206	13207	87808	40975
陕西省	133497	89201	4466	19726	60061	53706
甘肃省	9168	2754	1071	325	6003	2839
青海省	861	44	27	18	282	561
宁夏回族自治区	4105	1385	330	91	2272	1741
新疆维吾尔自治区	14806	1871	1004	465	7356	6985
六、按副省级城市分列						
大连市	95814	64589	11380	12939	70479	12399
宁波市	63365	9756	6454	2479	20892	39977
厦门市	133104	22782	17474	8150	59935	65020
青岛市	128631	15964	9264	15032	67953	45688
深圳市	321566	207675	30373	51504	159673	110392
沈阳市	101612	55071	16434	20477	67874	13260
长春市	27261	11438	3195	3327	18067	5868
哈尔滨市	26137	19700	4076	1438	21696	3000
南京市	425416	131722	37532	61604	267439	96355
杭州市	145546	55409	15676	14454	88756	42331
济南市	288868	90920	36052	37299	199223	52353
武汉市	278244	89055	25604	28636	189957	59653
广州市	392361	226808	42178	31084	223747	137533
成都市	246612	48664	16076	23530	130057	93022
西安市	133497	89201	4466	19726	60061	53706

2016年内资企业软件和信息技术服务业分产品完成情况

项　　目	企业数 （个）	本年收入 （万元）	其中：本年出口 （万美元）
软件业务收入明细合计	**43386**	**373066387**	**3176934**
软件产品行业（E6201）			
一、软件产品合计	19693	127683905	603046
（一）基础软件	4247	24223534	213600
1．操作系统	1249	8040482	107996
2．数据库管理系统	740	2229901	9664
3．中间件	442	3990118	78236
4．办公软件	876	2072672	5292
5．其他	940	7890360	12411
（二）支撑软件	736	2491456	28951
1．开发工具	250	953384	1488
2．测试工具软件	230	564034	549
3．其他支撑软件	256	974038	26915
（三）应用软件	9855	66830329	243651
1．通用应用软件	3498	20120041	94776
2．行业应用软件	6357	46710287	148875
（1）通信行业软件	1095	12988850	46212
（2）金融财税软件	359	3837726	7930
（3）教育软件	447	1202962	552
（4）交通运输行业软件	488	3059836	1329
（5）能源控制软件	427	3155414	4937
（6）动漫游戏软件	374	3109921	32079
（7）物流管理软件	140	392490	198
（8）医疗卫生领域软件	454	1805965	10413
（9）其他行业应用软件	2573	17157123	45225
（四）工业软件	1168	7767584	19873
1．产品研发类软件	389	1926480	4282
2．生产控制类软件	779	5841104	15591
（五）嵌入式应用软件	1226	9409567	17298
（六）信息安全产品	994	6952941	11592
1．基础类安全产品	168	1041395	867
2．终端与数字内容安全产品	125	731527	2299

2016年内资企业软件和信息技术服务业分产品完成情况

项　目	企业数（个）	本年收入（万元）	其中：本年出口（万美元）
3．网络与边界安全产品	163	1817494	3797
4．专用安全产品	164	1129493	1590
5．安全测试评估与服务产品	47	114489	
6．安全管理产品	129	604515	121
7．其他信息安全产品及相关服务	198	1514028	2918
（七）移动应用软件（APP）	358	3308534	8195
（八）软件定制服务	646	4620506	44171
（九）平台软件	463	2079454	15716
信息技术服务行业（E6202）			
二、信息技术服务行业合计	20269	198053147	973226
（一）信息技术咨询设计服务	5496	30238320	18645
1．信息化规划	431	2291782	1691
2．信息系统设计	1594	9662880	8111
3．信息技术管理咨询	2403	13964024	8263
4．信息系统工程监理	401	2072663	
5．测试评估	160	602123	538
6．信息技术培训	507	1644849	42
（二）信息系统集成实施服务	6327	69561648	763986
1．基础环境集成实施服务	501	13724561	680385
2．硬件集成实施服务	1296	13648848	33412
3．软件集成实施服务	1717	10263320	2432
4．安全集成实施服务	346	2098399	366
5．系统集成实施管理服务	2467	29826520	47391
（三）运行维护服务合计	3551	17645762	14757
1．基础环境运维服务	286	2095149	395
2．硬件运维服务	457	1916761	275
3．软件运维服务	1511	5409149	3625
4．安全运维服务	259	1332957	378
5．运维管理服务	1038	6891745	10084
（四）数据服务	1480	16888924	32966
1．数据加工处理服务	801	9329398	7967
2．数字内容处理服务	679	7559527	24999

2016年内资企业软件和信息技术服务业分产品完成情况

项　　目	企业数 （个）	本年收入 （万元）	其中：本年出口 （万美元）
（1）地理遥感信息服务	75	409063	2251
（2）动漫、游戏数字内容服务	188	2905855	21237
（3）其他数字内容处理服务	416	4244609	1511
（五）运营服务	2162	34241825	23091
1．软件运营服务	494	4319112	5071
2．平台运营服务	1477	26180952	15444
（1）物流管理服务平台	107	2030194	1850
（2）在线信息平台	376	8654280	572
（3）在线娱乐平台	336	8572897	12385
（4）在线教育平台	133	943976	27
（5）其他在线服务平台	525	5979605	610
3．基础设施运营服务	191	3741761	2576
（六）电子商务平台技术服务	832	23150782	63972
1．在线交易平台服务	659	19543783	13770
2．在线交易支撑服务	173	3606998	50203
（七）集成电路设计	421	6325886	55809
嵌入式系统软件行业（E6203）			
三、嵌入式系统软件合计	3424	47329335	1600662
（一）通信设备	926	24355728	1427081
1．通信传输设备	353	9831911	549836
（1）光通信设备	144	2077904	33543
（2）卫星通信设备	62	1401661	107153
（3）无线通信设备	147	6352346	409140
2．通信交换设备	76	642804	3436
（1）数字程控交换机	44	305276	1353
（2）软交换机	13	126547	2083
（3）光交换机	19	210981	
3．移动通信设备	41	10826168	861029
（1）基站	24	10725085	859457
（2）直放站	17	101083	1572
4．网络设备	456	3054844	12779
（1）网络控制设备	275	1951209	10253

2016年内资企业软件和信息技术服务业分产品完成情况

项　目	企业数（个）	本年收入（万元）	其中：本年出口（万美元）
（2）网络接口和适配器	39	269529	254
（3）网络连接设备	98	658510	1928
（4）网络优化设备	44	175595	344
（二）数字家用视听产品	108	1825424	54370
1．电视接收机顶盒	46	808426	48892
2．家庭网关中心	62	1016998	5478
（三）计算机应用产品	640	6403509	42243
1．金融、商业、税务电子应用产品	80	502476	5672
（1）银行自助服务终端	35	206214	203
（2）POS机	27	123078	169
（3）税控机	18	173185	5300
2．汽车电子	180	3558557	1930
（1）传动系控制系统	47	528612	665
（2）行驶系控制系统	39	309538	32
（3）车身控制系统	49	2263833	300
（4）安全控制系统	45	456574	933
3．智能交通	56	144455	
（1）交通信号控制机	56	144455	
4．医疗电子设备	116	245909	5432
（1）医用电子仪器设备	102	213567	4630
（2）医学影像设备	14	32341.57	802.79
5．智能识别装置	129	1449476.3	29086.42
6．自动检售票设备	22	66948.7	61
7．超大屏幕控制器	57	435686.66	61.36
（四）信息系统安全产品	119	1481893.86	4177.31
1．边界防护类设备和系统	31	89796.64	3766.31
2．密钥管理类设备和系统	88	1392097.22	411
（五）装备自动控制产品	1631	13262780.71	72791.05
1．集散控制系统	558	7383178.08	21815.17
2．电气传动及控制系统	400	2425472.82	43047.93
3．装备制造工控系统	673	3454129.81	7927.95